Ирина
ОДОЕВЦЕВА

Ирина ОДОЕВЦЕВА

На берегах НЕВЫ

УДК 821.161.1
ББК 84(2Рос=Рус)
О-44

На обложке использованы фотографии из архива А.П. Колоницкой

Оформление С.Е. Власова

Компьютерный дизайн Э.Э. Кунтыш

Подписано в печать 25.05.09. Формат 84x108 1/32.
Усл. печ. л. 21,84. Тираж 3 000 экз. Заказ № 1150и.

Одоевцева, Н.

О-44 На берегах Невы /Ирина Одоевцева. – М: АСТ: АСТ МОСКВА; Владимир: ВКТ, 2009.– 411, [5] с.

ISBN 978-5-17-054913-9 (ООО «Изд-во АСТ»)
ISBN 978-5-403-01617-9 (ООО Изд-во «АСТ МОСКВА»)
ISBN 978-5-226-01460-4 (ВКТ)

Ирина Одоевцева.

Любимая ученица Николая Гумилева. Яркий человек, поэтесса и писательница. Но прежде всего – одна из лучших мемуаристок первой волны русской эмиграции, истинная свидетельница эпохи, под легким и острым пером которой буквально оживают великие поэты и прозаики Серебряного века – Сологуб и Ахматова, Андрей Белый и Блок, Мандельштам и Кузмин, Зинаида Гиппиус и многие, многие другие.

«На берегах Невы» – первая книга легендарных воспоминаний Одоевцевой, посвященная жизни литературного, музыкального и художественного Петрограда в страшный, переломный, трагический период Октябрьского переворота и первых послереволюционных лет.

УДК 821.161.1
ББК 84(2Рос=Рус)

На берегах Невы
Несется ветер, разрушеньем вея...

Георгий Иванов

Посвящаю свою книгу Анне Колоницкой

Предисловие

Это не моя автобиография, не рассказ о том,

> Какой я была,
> Когда здесь на земле жила...

Нет. И для меня: «Воспоминания, как острый нож они». Ведь воспоминания всегда regrets ou remords[1], а я одинаково ненавижу и сожаление о прошлом, и угрызения совести. Недаром я призналась в стихах:

> Неправда, неправда, что прошлое мило.
> Оно как разверстая жадно могила,
> Мне страшно в него заглянуть...

Нет, я ни за что не стала бы описывать свое «детство, отрочество и юность», своих родителей и, как полагается в таких воспоминаниях, несколько поколений своих предков — все это никому не нужно.

Я пишу не из эгоистического желания снова окунуться в те трагические, страшные и прекрасные, несмотря на все ужасы, первые пореволюционные годы.

Я пишу не о себе и не для себя, а о тех, кого мне было дано узнать «на берегах Невы».

Я пишу о них и для них.

О себе я стараюсь говорить как можно меньше и лишь то, что так или иначе связано с ними.

---

[1] Сожаления или угрызения совести *(фр.)*.

Я только глаза, видевшие их, только уши, слышавшие их.

Я одна из последних, видевшая и слышавшая их, я только живая память о них.

Авторы воспоминаний обыкновенно клянутся и божатся, что все, о чем они рассказывают, — чистейшая, стопроцентная правда — и тут же делают ошибки за ошибками.

Я не клянусь и не божусь.

Очень возможно, что и у меня найдутся ошибки и неточности. Я совсем не претендую на непогрешимость, граничащую со святостью.

Но я утверждаю, что пишу совершенно честно и правдиво.

Многих удивляет, что я так точно, так стенографично привожу слова и разговоры. Как могла я все так точно запомнить? А не сочиняю ли я их? Нет ли в моих воспоминаниях больше Dichtung, чем Warheit?[1]

Но, положа руку на сердце, я ничего не сочиняю и не выдумываю. Память у меня действительно прекрасная. Я помню слово в слово то, что слышала сорок — и даже больше — лет тому назад.

Впрочем, по-моему, в этом нет ничего поразительного. Спросите кого-нибудь из ваших пожилых знакомых, как он держал выпускные экзамены или как шел в первый бой, и вы получите от него самый — до мелочей — точный ответ.

Объясняется это тем, что в тот день и час внимание его было исключительно напряжено и обострено и навсегда запечатлело в его памяти все происходившее.

Для меня в те годы каждый день и час был не менее важен, чем экзамен или первый бой.

Мое обостренное, напряженное внимание регистрировало решительно все и на всю жизнь записало в моей памяти даже незначительные события.

Все же приведу пример моей памяти.

Как-то, совсем недавно, я напомнила Георгию Адамовичу о забавном эпизоде его детства. Он и его сестра Таня «выживляли» большого игрушечного льва, по утрам потихоньку вливая ему в пасть горячий чай и суя в нее бутерброды. До тех

[1] Воображение... правда *(нем.)*.

пор, пока, к их восторгу, лев не задергал головой и не «выживился». Но тут-то он и лопнул пополам и залил ковер своим содержимым.

Георгий Адамович, сосредоточенно сдвинув брови, слушал меня.

— Что-то такое было... Мы действительно, кажется, «выживляли» льва, — неуверенно проговорил он. — Да, да! Но, скажите, откуда вам это известно?

— Как откуда? Ведь вы сами рассказывали мне о «выживлении» картонного льва в июле тысяча девятьсот двадцать второго года у вас на Почтамтской, и как вы впервые были с вашей француженкой в Опере на «Фаусте» и она, указывая на Мефистофеля, вздохнула: «Il me rappele mon Polonais!»[1]

Адамович кивнул:

— Да. Все это так и было. Теперь и я вспомнил. Но как странно — вы помните случаи из моего детства, которые я забыл, — и прибавил улыбаясь: — Я могу засвидетельствовать, что вы действительно все помните, решительно все, — можете ссылаться на меня...

Теперь, оглядываясь назад, я иногда спрашиваю себя, не ошибаюсь, не преувеличиваю ли я? Были ли они — те, о ком я пишу, — действительно так очаровательны и блестящи? Не казались ли они мне такими «в те дни, когда мне были новы все ощущенья бытия», оттого что поэтов я тогда считала почти полубогами?

Но нет. Я уверена, что не ошибаюсь. Я стараюсь относиться к ним критически и не скрываю их теневых сторон.

Но стоит мне закрыть глаза и представить себе Гумилева, Блока, Мандельштама, и я сейчас же вижу их лица, окруженные сияньем, как лики святых на иконах.

Да, я восхищалась ими. Я любила их. Но ведь любовь помогает узнать человека до конца — и внешне, и внутренне. Увидеть в нем то, чего не могут разглядеть равнодушные, безучастные глаза.

Зинаида Гиппиус часто повторяла: «Когда любишь человека, видишь его таким, каким его задумал Бог».

---

[1] Он мне напоминает моего поляка! *(фр.)*

Возможно, что и для меня сквозь их земные оболочки просвечивал их образ, задуманный Богом.

Я согласна с Габриелем Марселем, что «любовь дарует бессмертие» и что, произнося: «Я тебя люблю», — тем самым утверждаешь: «Ты никогда не умрешь».

Не умрешь, пока я, любящий тебя, буду жить и помнить тебя.

Я пишу эти воспоминания с тайной надеждой, что вы, мои читатели, полюбите как живых тех, о ком я вспоминаю. Полюбите их, воскресите их в своей памяти и в сердцах.

И тем самым подарите им бессмертие.

Вы, мои современники, и вы, те, кто будет читать, — я и на это самоуверенно надеюсь — «На берегах Невы», когда меня уже давно не будет на свете.

Ноябрь 1918 года.

Огромные ярко-рыжие афиши аршинными буквами объявляют на стенах домов Невского об открытии Института живого слова и о том, что запись в число его слушателей в таком-то бывшем великокняжеском дворце на Дворцовой набережной.

В зале с малахитовыми колоннами и ляпис-лазуревыми вазами большой кухонный стол, наполовину покрытый красным сукном. За ним небритый товарищ в кожаной куртке, со свернутой из газеты козьей ножкой в зубах. Перед столом длинный хвост — очередь желающих записаться.

Запись происходит быстро и просто. Но вот уже моя очередь. Товарищ в кожаной куртке спрашивает:

— На какое отделение, товарищ?

— Поэтическое, — робко отвечаю я.

— Литературное, — поправляет он. И критически оглядев меня: — А не на театральное ли? Но так и запишем. Имя, фамилия?

Я протягиваю ему свою трудкнижку, но он широким жестом отстраняет ее.

— Никаких документов. Верим на слово. Теперь не царские времена. Языки иностранные знаете?

От удивления я не сразу отвечаю.

— Ни одного не знаете? Значения не имеет. Так и запишем.

Но я, спохватившись, быстро говорю:

— Знаю. Французский, немецкий и английский.

Он прищуривает левый глаз.

— Здорово! А вы не заливаете? Действительно знаете? Впрочем, значения не имеет. Но так и запишем. И чего вы такая пугливая? Теперь не те времена — никто не обидит. И билета вам никакого не надо. Приняты, обучайтесь на здоровье. Поздравляю, товарищ!

Я иду домой на Бассейную, 60. Я чувствую, что в моей жизни произошел перелом. Что я уже не та, что вчера вечером и даже сегодня утром.

Институт живого слова.

Нигде и никогда за все годы в эмиграции мне не приходилось читать или слышать о нем.

Я даже не знаю, существует ли он еще.

Скорее всего он давно окончил свое существование.

Но был он одним из самых фантастических, очаровательных и абсолютно нежизнеспособных явлений того времени.

Его основатель и директор Всеволод Гернгросс-Всеволодский горел и пылал священным огнем и заражал своим энтузиазмом слушателей «Живого слова».

Я никогда не видела его на сцене. Думаю, что он был посредственным актером.

Но оратором он был великолепным. С первых же слов, с первого же взмаха руки, когда он, минуя ступеньки, как тигр вскакивал на эстраду, он покорял аудиторию.

О чем он говорил? О высоком призвании актера, о святости служения театральному делу. О том, что современный театр зашел в тупик и безнадежно гибнет. О необходимости спасти театр, вывести его на большую дорогу, преобразить, возродить, воскресить его.

Вот этим-то спасением, преображением, возрождением театра и должны были заняться — под мудрым водительством самого Всеволодского — собравшиеся здесь слушатели «Живого слова».

Всеволодский, подхваченный неистовым порывом вдохновения и красноречия, метался по эстраде, то подбегал к самому ее краю, то, широко раскинув руки, замирал, как пригвожденный к стене.

Обещания, как цветочный дождь, сыпались на восхищенных слушателей.

— Вы будете первыми актерами не только России, но и мира! Ваша слава будет греметь! Отовсюду будут съезжаться смотреть и слушать вас! Вы будете чудом, немеркнущим светом! И тогда только вы поймете, какое счастье было для вас, что вы поступили в «Живое слово»...

Слушателей охватывала дрожь восторга. Они верили в свое непостижимо прекрасное будущее, они уже чувствовали себя всемирными преобразователями театра, увенчанными лучами немеркнущей славы.

Всеволодский был не только директором «Живого слова», но и кумиром большинства слушателей — тех, что стремились стать актерами. Кроме них, хотя и в несравненно меньшем количестве, были стремившиеся стать поэтами и ораторами.

Лекции пока что происходят в Тенишевском училище, но «Живое слово» в скором времени собирается переехать в здание Павловского института на Знаменской.

В будущую пятницу лекция Гумилева. Стихов Гумилева до поступления в «Живое слово» я не знала, а те, что знала, мне не нравились.

Я любила Блока, Бальмонта, Ахматову.

О том, что Гумилев был мужем Ахматовой, я узнала только в «Живом слове». Вместе с прочими сведениями о нем — Гумилев дважды ездил в Африку, Гумилев пошел добровольцем на войну, Гумилев в то время, когда все бегут из России, вернулся в Петербург из Лондона, где был прекрасно устроен. И наконец, Гумилев развелся с Ахматовой и женился на Ане Энгельгардт. На дочери того самого старого профессора Энгельгардта, который читает у нас в «Живом слове» китайскую литературу.

— Неужели вы не слыхали? Не знаете? А еще стихи пишете...

Нет, я не знала. Не слыхала.

Первая лекция Гумилева в Тенишевском училище была назначена в пять.

Но я пришла уже за час, занять место поближе.

Зал понемногу наполняется разношерстной толпой. Состав аудитории первых лекций был совсем иной, чем впоследствии. Преобладали слушатели почтенного и даже чрезвычайно почтенного возраста. Какие-то дамы, какие-то бородатые интеллигенты вперемежку с пролетариями в красных галстуках. Все они вскоре же отпали и, не получив, должно быть, в «Живом слове» того, что искали, перешли на другие курсы.

Курсов в те времена было великое множество — от переплетных и куроводства до изучения египетских и санскритских надписей. Учиться — и даром — можно было всему, что только пожелаешь.

Пробило пять часов. Потом четверть и половину шестого. Аудитория начала проявлять несомненные признаки нетерпения — кашлять и стучать ногами.

Всеволодский уже два раза выскакивал на эстраду объявлять, что лекция состоится, непременно состоится:

— Николай Степанович Гумилев уже вышел из дома и сейчас, сейчас будет. Не расходитесь! Здесь вы сидите в тепле. Здесь светло и тепло. И уютно. А на улице холод, и ветер, и дождь. Черт знает, что творится на улице. И дома ведь у вас тоже нетоплено и нет света. Одни коптилки, — убедительно уговаривал он. — Не расходитесь!

Но публика, не внимая его уговорам, начала понемногу расходиться. Моя соседка слева, нервная дама с вздрагивающим на носу пенсне, шумно покинула зал, насмешливо кивнув мне:

— А вы что, остаетесь? Перезимовать здесь намерены?

Мой сосед слева, студент, резонно отвечает ей:

— Столько уже ждали, можем и еще подождать. Тем более что торопиться абсолютно некуда. Мне по крайней мере.

— И мне, — как эхо вторю я.

Я действительно готова ждать хоть до утра. Всеволодский, надрываясь, старается удержать слушателей:

— Николай Степанович сейчас явится! Вы пожалеете, если не услышите его первую лекцию. Честное слово...

Не знаю, как другие, но я, несомненно, очень жалела бы, если бы не услышала первой лекции Гумилева.

— Он сейчас явится!..

И Гумилев действительно явился.

Именно «явился», а не пришел. Это было странное явление. В нем было что-то театральное, даже что-то оккультное. Или, вернее, это было явление существа с другой планеты. И это все почувствовали — удивленный шепот прокатился по рядам.

И смолк.

На эстраде, выскользнув из боковой дверцы, стоял Гумилев. Высокий, узкоплечий, в оленьей дохе с белым рисунком по подолу, колыхавшейся вокруг его длинных худых ног. Ушастая оленья шапка и пестрый африканский портфель придавали ему еще более необыкновенный вид.

Он стоял неподвижно, глядя прямо перед собой. С минуту? Может быть, больше, может быть, меньше. Но мне показалось — долго. Мучительно долго. Потом двинулся к лекторскому столику у самой рампы, сел, аккуратно положил на стол свой пестрый портфель и только тогда обеими руками снял с головы — как митру — свою оленью ушастую шапку и водрузил ее на портфель.

Все это он проделал медленно, очень медленно, с явным расчетом на эффект.

— Господа, — начал он гулким, уходящим в небо голосом, — я предполагаю, что большинство из вас поэты. Или, вернее, считают себя поэтами. Но я боюсь, что, прослушав мою лекцию, вы сильно поколеблетесь в этой своей уверенности.

Поэзия совсем не то, что вы думаете, и то, что вы пишете и считаете стихами, вряд ли имеет к ней хоть отдаленное отношение.

Поэзия такая же наука, как, скажем, математика. Не только нельзя (за редчайшим исключением гениев, которые, конечно, не в счет) стать поэтом, не изучив ее, но нельзя даже быть понимающим читателем, умеющим ценить стихи.

Гумилев говорит торжественно, плавно и безапелляционно. Я с недоверием и недоумением слушаю и смотрю на него.

Так вот он какой. А я и не знала, что поэт может быть так не похож на поэта. Блок — его портрет висит в моей комнате — такой, каким и должен быть поэт. И Лермонтов, и Ахматова...

Я по наивности думала, что поэта всегда можно узнать.

Я растерянно гляжу на Гумилева.

Острое разочарование — Гумилев первый поэт, первый живой поэт, которого я вижу и слышу, и до чего же он не похож на поэта!

Впрочем, слышу я его плохо. Я сижу в каком-то бессмысленном оцепенении. Я вижу, но не слышу. Вернее, слышу, но не понимаю.

Мне трудно сосредоточиться на сложной теории поэзии, развиваемой Гумилевым. Слова скользят мимо моего сознания, разбиваются на звуки.

И не значат ничего...

Так вот он какой, Гумилев! Трудно представить себе более некрасивого, более особенного человека. Все в нем особенное и особенно некрасивое. Продолговатая, словно вытянутая вверх голова, с непомерно высоким плоским лбом. Волосы, стриженные под машинку, неопределенного цвета. Жидкие, будто молью траченные брови. Под тяжелыми веками совершенно плоские глаза.

Пепельно-серый цвет лица. Узкие бледные губы. Улыбается он тоже совсем особенно. В улыбке его что-то жалкое и в то же время лукавое. Что-то азиатское. От «идола металлического», с которым он сравнивал себя в стихах:

> Я злюсь как идол металлический
> Среди фарфоровых игрушек.

Но улыбку его я увидела гораздо позже. В тот день он ни разу не улыбнулся.

Хотя на «идола металлического» он все же и сейчас похож... Он сидит чересчур прямо, высоко подняв голову. Узкие руки с длинными ровными пальцами, похожими на бамбуковые палочки, скрещены на столе. Одна нога заброшена на другую. Он сохраняет полную неподвижность. Он, кажется, даже не мигает. Только бледные губы шевелятся на его застывшем лице.

И вдруг он резко меняет позу. Вытягивает левую ногу вперед. Прямо на слушателей.

— Что это он свою дырявую подметку нам в нос тычет? Безобразие! — шепчет мой сосед студент.

Я шикаю на него.

Но подметка действительно дырявая. Дырка не посередине, а с краю. И полкаблука сбито, как ножом срезано. Значит, у Гумилева неправильная, косолапая походка. И это тоже совсем не идет поэту.

Он продолжает торжественно и многословно говорить. Я продолжаю не отрываясь смотреть на него.

И мне понемногу начинает казаться, что его косые плоские глаза светятся особенным таинственным светом.

Я понимаю, что это о нем, конечно, о нем Ахматова писала:

И загадочных, темных ликов
На меня поглядели очи...

Ведь она была его женой. Она была влюблена в него.

И вот уже я вижу совсем другого Гумилева. Пусть некрасивого, но очаровательного. У него действительно иконописное лицо — плоское, как на старинных иконах, и такой же двоящийся загадочный взгляд. Раз он был мужем Ахматовой, он, может быть, все-таки «похож на поэта»? Только я сразу не умею разглядеть. Гумилев кончил. Он, подняв голову, выжидательно оглядывает аудиторию.

— Ждет, чтоб ему аплодировали, — шепчет мой сосед студент.

— Может быть, кому-нибудь угодно задать мне вопрос? — снова раздается гулкий, торжественный голос.

В ответ молчание. Долго длящееся молчание. Ясно — спрашивать не о чем.

И вдруг из задних рядов звенящий, насмешливо-дерзкий вопрос:

— А где всю эту премудрость можно прочесть?

Гумилев опускает тяжелые веки и задумывается, затем, будто всесторонне обдумав ответ, важно произносит:

— Прочесть этой «премудрости» нигде нельзя. Но чтобы подготовиться к пониманию этой, как вы изволите выражаться, премудрости, советую вам прочесть одиннадцать книг натурфилософии Кара.

Мой сосед студент возмущенно фыркает:

— Натурфилософия-то тут при чем?

Но ответ Гумилева явно произвел желаемое впечатление. Никто больше не осмелился задать вопрос.

Гумилев, выждав немного, молча встает и, стоя лицом к зрителям, обеими руками возлагает себе на голову, как корону, оленью шапку. Потом поворачивается и медленно берет со стола свой пестрый африканский портфель и медленно шествует к боковой дверце.

Теперь я вижу, что походка у него действительно косолапая, но это не мешает ее торжественности.

— Шут гороховый! Фигляр цирковой! — возмущаются за мной. — Самоедом вырядился и ломается!

— Какая наглость, какое неуважение к слушателям! Ни один профессор не позволил бы себе... — негодует мой сосед-студент.

— Я чувствую себя лично оскорбленной, — клокочет седая дама. — Как он смеет? Кто он такой, подумаешь!

— Тоже, африканский охотник выискался. Все врет, должно быть. Он с виду вылитый консисторский чиновник и в Африке не бывал... Брехня!

Это последнее, что доносится до меня. Я бегу против ветра, только бы не слышать отвратительных возмущенных голосов, осуждающих поэта. Я не с ними, я с ним, даже если он и не такой, как я ждала...

Много месяцев спустя, когда я уже стала «Одоевцева, моя ученица», как Гумилев с гордостью называл меня, он со смехом признался мне, каким страданием была для него эта первая в его жизни, злосчастная лекция.

— Что это было! Ах, Господи, что это было! Луначарский предложил мне читать курс поэзии и вести практические занятия в «Живом слове». Я сейчас же с радостью согласился. Еще бы! Исполнилась моя давнишняя мечта — формировать не только настоящих читателей, но, может быть, даже и настоящих поэтов. Я вернулся в самом счастливом настроении. Ночью проснувшись, я вдруг увидел себя на эстраде — все эти глядящие на меня глаза, все эти слушающие меня уши — и похолодел от страха. Трудно поверить, а правда. Так до утра и не заснул.

С этой ночи меня стала мучить бессонница. Если бы вы только знали, что я перенес! Я был готов бежать к Луначарскому отказаться, объяснить, что ошибся, не могу... Но гордость удерживала. За неделю до лекции я перестал есть. Я репетировал перед зеркалом свою лекцию. Я ее выучил наизусть.

В последние дни я молился, чтобы заболеть, сломать ногу, чтобы сгорело Тенишевское училище — все, все что угодно, лишь бы избавиться от этого кошмара.

Я вышел из дома, как идут на казнь. Но войти в подъезд Тенишевского училища я не мог решиться. Все ходил взад и вперед с сознанием, что гибну. Оттого так и опоздал.

На эстраде я от страха ничего не видел и не понимал. Я боялся споткнуться, упасть или сесть мимо стула на пол. То-то была бы картина!

Я принес с собой лекцию и хотел читать ее по рукописи. Но от растерянности положил шапку на портфель, а снять ее и переложить на другое место у меня уже не хватило сил.

О Господи, что это был за ужас! Когда я заговорил, стало немного легче. Память не подвела меня. Но тут вдруг запрыгало проклятое колено. Да как! Все сильнее и сильнее. Пришлось, чтобы не дрыгало, вытянуть ногу вперед. А подметка у меня дырявая. Ужас! Не знаю, не помню, как я кончил. Я сознавал только, что я навсегда опозорен. Я тут же решил, что завтра же уеду в Бежецк, что в Петербурге после такого позора я оставаться не могу.

И зачем только я про одиннадцать книг натурфилософии брякнул? От страха и стыда, должно быть. В полном беспамятстве.

— Но у вас был такой невероятно самоуверенный, важный тон и вид, — говорю я.

Гумилев весь трясется от смеха.

— Это я из чувства самосохранения перегнул палку. Как тот чудак, который, помните:

> На чердаке своем повесился
> Из чувства самосохранения.

Нет, правда, все это больше всего походило на самоубийство. Сплошная катастрофа. Самый страшный день моей жизни.

Я, вернувшись домой, поклялся себе никогда больше лекций не читать. — Он разводит руками. — И, как видите, клятвы не сдержал. Но теперь, когда у меня часто по две лекции в день, мне и в голову не приходит волноваться.

И чего, скажите, я так смертельно трусил?

Январь 1919 года. Голодный, холодный, снежный январь. Но до чего интересно, до чего весело! В «Живом слове» лекции сменялись практическими занятиями и ритмической гимнастикой по Далькрозу. Кони возглавлял ораторское отделение, гостеприимно приглашая всех на свои лекции и практические занятия.

Я поступила, конечно, на литературное отделение. Но занималась всем, чем угодно, и кроме литературы: слушала Луначарского, читавшего курс эстетики, Кони, самого Всеволодского и делала ритмическую гимнастику.

Гумилев, со времени своей лекции еще перед Рождеством, в Тенишевском училище ни разу не показывался.

Независимо от отделения, на которое они поступили, всем слушателям ставили голос и всех учили театральной дикции актеры Александрийского театра — Юрьев, Железнова, Студенцов и, главное, Всеволодский. Я благодаря своей картавости попала в дефективную группу к «великому исправителю речевых недостатков» актеру Берлинду. Он при первом же знакомстве со мной, желая, должно быть, заставить меня энергичнее взяться да работу, заявил мне:

— Посмотреть на вас, пока молчите, — да, конечно... А как заговорите, вы просто для меня горбунья, хромоножка. Одним словом — уродка. Но не впадайте в отчаяние. Я помогу вам. Я переделаю вас. Обещаю. Я вами специально займусь.

Обещание свое ему исполнить не удалось. Я так на всю жизнь и осталась «горбуньей, хромоножкой, одним словом — уродкой». Впрочем, по своей, а не по его вине. К «исправительным упражнениям» я относилась без должной настойчивости и не соглашалась сто раз подряд выкрикивать звонко: «Де-те-те-де, де-те-те-де-раа. Рак, рыба роза-ра!» — в то время, как рядом со мной другие «дефективники» по-змеиному шипели: «Ш-ш-ш-шило-шут!» Или распевали: «Ло-ло-ло-ла-лук-луна-ложь!»

Я, к огорчению махнувшего на меня рукой Берлинда, ограничилась только постановкой голоса, скандируя гекзаметр: «Он перед грудью поставил свой щит велелепный». Но и тут не вполне преуспела. Что, кстати, меня нисколько не печалило. Ведь я не собиралась стать актрисой. Я хотела быть поэтом. И только поэтом. Ничто, кроме поэзии, меня серьезно не интересовало.

Мы — слушатели «Живого слова», «живословцы» — успели за это время не только перезнакомиться, но и передружиться. Я же успела даже обзавестись «толпой поклонников и поклонниц» и стала считаться первой поэтессой «Живого слова». Кроме меня, не было ни одной настоящей «поэтессы».

Самый «заметный» из поэтов, Тимофеев, жил, как и я, на Бассейной, 60, и, возвращаясь со мной домой, поверял мне свои мечты и надежды как брату-поэту, вернее, сестре-поэту.

Он был так глубоко убежден в своей гениальности, что считал необходимым оповестить о ней великолепными ямбами не только современников, но и — через головы их — потомков:

— Потомки! Я бы взять хотел,
Что мне принадлежит по праву —
Народных гениев удел,
Неувядаемую славу!

И пусть на хартьи вековой
Имен народных корифеев,
Где Пушкин, Лермонтов, Толстой, —
Начертан будет Тимофеев!

На «хартьи вековой» начертать «Тимофеев» ему, конечно, не удалось. Все же такой грандиозный напор не мог пропасть совсем даром. Это он, много лет спустя, сочинил знаменитые «Бублички», под которые танцевали фокстрот во всех странах цивилизованного мира:

Купите бублички,
Горячи бублички,
Гоните рублички
Ко мне скорей!

И в ночь ненастную
Меня, несчастную,
Торговку частную,
Ты пожалей.

Отец мой пьяница,
Он этим чванится,
Он к гробу тянется
И все же пьет!

А мать гулящая,
Сестра пропащая,
А я курящая —
Смотрите — вот!

«Бублички» действительно — и вполне справедливо — прославили своего автора. Но в те дни Тимофеев мечтал не о такой фокстротной славе. Лира его была настроена на высокий лад. Он торжественно и грозно производил запоздалый суд над развратной византийской императрицей Феодорой, стараясь навек пригвоздить ее к позорному столбу.

На мой недоуменный вопрос, почему он избрал жертвой своей гневной музы именно императрицу Феодору, он откровенно сознался, что ничего против нее не имеет, но, узнав о ее существовании из отцовской энциклопедии Брокгауза и Ефрона, не мог не воспользоваться таким великолепным сюжетом.

Понятно, мои «кружевные» стихи пользовались у слушателей и в особенности у слушательниц несравненно бóльшим успехом. Все они были ярыми поклонницами Лидии Лесной и Веры Инбер и, захлебываясь от восторга, декламировали:

> Дама с тонким профилем ноги
> выломала жемчуг из серьги... —

и тому подобный вздор. Из моих стихов им, как, впрочем, и мне самой, особенно нравилось:

> Я сижу на сафьяновом красном диване.
> За окном петербургская снежная даль.
> И я вижу, встает в петербургском тумане
> Раззолоченный, пышный и милый Версаль.
>
> Все сегодня мне кажется странно и ложно.
> Ты сегодня особенно страстен и дик,
> И мне хочется крикнуть тебе: «Осторожно!
> Ты сотрешь мои мушки, сомнешь мой парик!»
>
> Электрический свет и узоры карниза,
> Все предметы и люди чужие вокруг.
> Я сегодня не я. Я сегодня маркиза.
> — Не сердись на маркизу, мой ласковый друг.

Когда в начале февраля нас известили, что в следующую пятницу состоится лекция Гумилева с разбором наших стихов, не только вся литературная группа, но все мои «поклонники» пришли в волнение.

Гумилев на первой своей лекции объявил, что вряд ли наше творчество имеет что-нибудь общее с поэзией. Естественно, Гумилев и предполагать не может, какие среди нас таланты. И, главное, какой талант — я. Было решено удивить, огорошить его, заставить пожалеть о его необоснованном суждении. Но какое из моих стихотворений представить для разбора? Долго спорили, долго советовались. Наконец выбор пал на «Мирамарские таверны». Гумилев, как известно, любитель экзотики и автор «Чужого неба». Его не могут не пленить строки:

> Мирамарские таверны,
> Где гитаны пляшут по ночам...

или:

> Воздух душен и пьянящ.
> Я надену черное сомбреро,
> Я накину красный плащ...

Эти «Таверны», каллиграфически переписанные на большом листе особенно плотной бумаги, не мной, а одним из моих «поклонников», будут положены поверх всех прочих стихов. И Гумилев сразу прочтет и оценит их. Оценит их и, конечно, меня, их автора. В этом ни у меня, ни у других сомнения не возникало.

В ночь с четверга на пятницу я плохо спала от предчувствия счастья. Я радостно замирала, представляя себе изумление Гумилева.

— Я поражен, — скажет он. — Эти стихи настоящего большого поэта. Я хочу сейчас же познакомиться с ним.

И я встану со своего места и подойду к кафедре. Гумилев спустится с нее, низко поклонится мне и пожмет мне руку своей длинной, узкой рукой.

— Поздравляю вас.

И все зааплодируют.

В мечтах мне это представлялось чем-то вроде венчания Петрарки — все же в миниатюре. Я не сомневалась, что все произойдет именно так. Я была уверена, что в жизни сбывается все, чего сильно и пламенно желаешь. А я ли не желала этого с самого детства?

В тот день я оделась и причесалась особенно тщательно и долго крутилась перед зеркалом, расправляя большой черный бант в волосах. Без этого банта меня тогда и представить себе нельзя было.

Дома, как и в «Живом слове», все знали о моем предстоящем торжестве. И здесь, и там никто не сомневался в нем.

Класс, где должен был произойти разбор стихов, был переполнен слушателями других отделений. Я скромно уселась на предпоследнюю скамью. С краю. Чтобы, когда Гумилев попросит «автора этих прекрасных стихов» выйти на середину класса, другим не пришлось бы вставать, пропуская меня.

На этот раз Гумилев не опоздал ни на минуту. «Живое слово» очень хорошо отапливалось, и Гумилев оставил у швейцара свою самоедскую доху и ушастую оленью шапку. Без самоедской дохи и ушастой шапки у него, в коричневом костюме с сильно вытянутыми коленями, был гораздо менее экзотичный вид. Держался он, впрочем, так же важно, торжественно и самоуверенно. И так же подчеркнуто медленно взошел на кафедру, неся перед собой, как щит, пестрый африканский портфель. Он отодвинул стул, положил портфель на тоненькую стопку наших стихов и, опершись о кафедру, обвел всех нас своими косящими глазами.

Я тогда впервые испытала странное, никогда и потом не менявшееся ощущение от его косого, двоящегося взгляда. Казалось, что он, смотря на меня, смотрит еще на кого-то или на что-то за своим плечом. И от этого мне становилось както не по себе, даже жутко.

Оглядев нас внимательно, он медленно сел, скрестил руки на груди и заговорил отчетливо, плавно и гулко, повторяя в главных чертах содержание своей первой лекции. Казалось, он совсем забыл об обещании разобрать наши стихи. Лица слушателей вытянулись. Осталось только четверть часа до конца лекции, а Гумилев все говорит и говорит. Но вдруг, не меняя интонации, он отодвигает портфель в сторону.

— Не пора ли заняться этим? — И указывает своим непомерно длинным указательным пальцем на листы со стихами. — Посмотрим, есть ли тут что-нибудь стоящее?

Неужели он начнет не с меня, а возьмет какой-нибудь другой лист? Я наклоняюсь и быстро трижды мелко крещусь. Только бы он взял мои «Таверны»!

Гумилев в раздумье раскладывает листы веером.

— Начнем с первого, — заявляет он. — Конечно, он неспроста положен первым. Хотя не окажется ли, по слову евангелиста, первый последним?

Он подносит лист с «Мирамарскими тавернами» к самым глазам.

— Почерк, во всяком случае, прекрасный. Впрочем, не совсем подходящий для поэта, пожалуй. Не без писарского шика.

Я чувствую, что холодею. Зачем, зачем я не сама переписала свои стихи? А Гумилев уже читает их, как-то особенно твердо и многозначительно произнося слова, делая паузу между строками и подчеркивая рифмы. Мое сердце взлетает и падает с каждым звуком его гулкого голоса. Наконец он откладывает листок в сторону и снова скрещивает руки по-наполеоновски.

— Так, — произносит он протяжно. — Так! Подражание «Желанию быть испанцем» Козьмы Пруткова: «Тореадор, скорей, скорее в бой! Там ждет тебя любовь!»

Он усмехается. Не улыбается, а именно усмехается. Не только злобно, язвительно, но, как мне кажется, даже кровожадно. В ответ — робкий, неуверенный смех. Несколько голов поворачиваются в мою сторону с удивлением. А Гумилев продолжает:

— До чего красиво! До чего картинно!

> Я надену черное сомбреро,
> Я накину красный плащ... —

по-моему, сомбреро и плащ одно и то же, но, может быть, автор настоящий испанец и лучше знает?

Теперь уже громко смеются. Смеются почти все. Злорадно, предательски. Неужели у меня хватит сил вынести эту пытку? Неужели я не упаду в обморок? Нет, сил, как всегда, больше, чем думаешь. И я продолжаю слушать. Гумилев отодвигает рукав пиджака и смотрит на свои большие никелированные часы.

— К сожалению, время в Испании летит стрелой, — говорит он с комическим вздохом. — Приходится спешно покинуть гитан и гидальго. Аривидерчи! Буоно ноче! Или как это у вас, испанцев! — Он прищелкивает пальцами: — Олэ! Олэ! До следующей корриды!

Теперь хохочут все. До слез. До колик.

— Олэ! Олэ! — несется отовсюду. Гумилев с презреньем отбрасывает мой листок и вынимает новый из середины стопки.

— Посмотрим, что тут такое?

Я сквозь шум в ушах слышу:

Осенний ветер свистит в дубах,
Дубы шуршат, дубы вздыхают...

Пять очень медленно прочитанных строф. И я их все выслушиваю.

— Что же? Довольно грамотно, — произносит Гумилев будто с сожалением. — Только скучное о скучном. Хотя и шуршащие, но дубовые стихи. — И он начинает зло критиковать их. Снова смеются. Но — или это мне только кажется — не так громко, не так предательски. И в голосе Гумилева нет издевательских, злорадных ноток, когда он говорит устало: — А остальное разберем — если вы еще не убедились, что и разбирать не стоит, — в следующий раз.

Он берет свой портфель и не выходит, а торжественно покидает класс. За ним бежит Тимофеев и сейчас же, давясь от смеха, доносит ему, что «испанские стихи принадлежат той рыженькой с бантом».

Об этом я узнала много позже. Но не от Гумилева. Как это ни странно, за все мои ученические годы Гумилев никогда не вспоминал о том, что он чуть было не зарезал меня. Меня, «свою лучшую ученицу». Гумилев притворялся, что так и не узнал, кому принадлежали высмеянные им испанские стихи. Я же притворялась, что верю этому.

Я давным-давно научилась смотреть на себя, ту, прежнюю, —

Как души смотрят с высоты
На ими брошенное тело.

Разве это была я? И все-таки у меня и сейчас сжимается сердце, когда я вспоминаю, как в тот снежный вечер возвращалась домой.

Я не помню, как вышла из класса, спустилась по лестнице, прошла через сад и очутилась на улице.

Я помню только мрачные сумерки, снег и зловещее карканье ворон на углу Бассейной и Греческого.

Обыкновенно я весело кричала каркающим воронам:

— На свои головы! На свои головы каркаете!

Но сейчас я молча слушала их карканье. Конечно, на мою голову. На чью же еще, кроме моей?

Дома меня встретили радостными расспросами. Но я, сбросив шубку прямо на пол — пусть другие вешают ее, если хотят, — махнула рукой.

— Не пришел. Не пришел Гумилев! Напрасно целый час ждали. Не пришел! У меня голова болит. Я пойду лягу. И обедать не буду.

То, что я пожаловалась на головную боль — у меня никогда не болела голова — и главное то, что я пожелала лечь и не обедать, испугало моих домашних — а вдруг я заболела? И они заходили на носках и стали шепотом советоваться, не позвать ли доктора.

У себя в комнате я заперла дверь на ключ и действительно легла. «Легла, как ложатся в гроб», — сказала я себе громко.

На следующий день я проснулась поздно. Лучше всего было бы умереть от горя и позора. Но раз умереть не удалось, надо продолжать жить.

Но как и чем? Ведь я жила только стихами.

И вот оказалось, что я ошиблась.

После вчерашнего возврата к поэзии быть не могло. С поэзией все покончено, раз и навсегда.

Я пролежала сутки в кровати, позволяя домашним ухаживать за собой. За это время я успела все обдумать и решить.

На третий день я записалась на кинокурсы, находившиеся совсем близко, на Суворовском проспекте.

Нет, я не собиралась стать кинематографической звездой, но мне необходимо было найти какое-нибудь занятие.

На кинокурсах меня опять спросили, знаю ли я иностранные языки — вопрос особенно нелепый в годы немого кинематографа, — умею ли я ездить верхом и править автомобилем?

Верхом я ездила с раннего детства, но об управлении автомобилем понятия, конечно, не имела, что, впрочем, не помешало моему условному принятию на кинокурсы.

— Через три недели состоится зафильмованный экзамен, после которого выяснится, кто принят и кто исключен, — нахмурившись, объявил заведующий. И, помолчав с минуту, добавил, улыбаясь дружелюбно: — Впрочем, вам, товарищ, бояться не надо. Вижу, что фотогеничны. И даже очень. Вы-то приняты будете.

Но это обещание не обрадовало меня. Я чувствовала себя здесь совсем не на своем месте. Здесь ничем, кроме кинематографа, не интересовались и часами спорили о Вере Холодной, Мозжухине, Франческе Бертини, Максимове. Но до них всех мне не было решительно никакого дела.

Я чувствовала себя одинокой, несчастной и, чтобы не переживать в сотый раз гибели всех моих надежд, до изнеможения занималась гимнастикой, карабкалась по лестницам, раскачивалась на трапеции. Гимнастике отдавались утренние часы, в остальное время разыгрывали всевозможные театральные сцены, что было довольно забавно и, главное, мешало думать о моем горе.

На кинокурсах жили, как под дамокловым мечом, нервничали, интриговали, заранее стараясь перебежать друг другу дорогу в ожидании страшного экзамена.

Я одна не проявляла нервности, что принималось остальными за самонадеянность.

— Знает, что будет принята, и задирает нос!

Как-то, почти накануне экзамена, выйдя из дома, я не свернула на Суворовский, а пошла вниз по Бассейной, не отдавая себе отчета, куда я иду. И только дойдя до Знаменской, поняла, что иду в «Живое слово». Иду оттого, что не могу не идти.

Первый, кто меня встретил в вестибюле, был Всеволодский. Он обхватил меня за плечи, заглядывая мне в лицо.

— Наконец-то! Вы что, больны были? Ай! Ай! Еще похудели. Но теперь поправились? Ну слава Богу, слава Богу!

Он повел меня с собой в класс и объявил радостно:

— Смотрите, вот она! Вернулась к нам. Ведь как мы все по ней скучали! И вот она с нами опять! Теперь мы уж ее не отпустим!

И я сразу почувствовала себя прежней, окруженной дружбой и любовью. Будто Гумилев не выставлял меня к позорному столбу, будто надо мной никогда не глумились все эти мои друзья и поклонники.

В тот же день я слушала лекцию Луначарского и профессора Энгельгардта, читавшего о китайской литературе, слушала с тем же увлечением, как прежде.

— А завтра будем праздновать юбилей Кони, — сейчас же сообщили мне. — Как хорошо, что вам удастся присутствовать на нем!

Да, это было очень хорошо. Кони мы все глубоко уважали. Я радовалась, что буду на его юбилее.

Кони исполнилось семьдесят пять лет. Возраст, казавшийся нам, слушателям «Живого слова», почти мафусаиловым.

Юбилей, стараниями Всеволодского, удался на славу. Стены ярко освещенного зала были разукрашены звездами и лавровыми венками с красными лентами.

На эстраде восседал сам юбиляр, окруженный группой ораторов, восхвалявших его в юбилейных речах.

Маленький, сухонький, сгорбленный Кони с тоской в глазах выслушивал многословные, пустозвонные приветствия Луначарского, Всеволодского, Юрьева, Студенцова и каких-то незнакомых нам комиссаров и представителей печати.

Но когда на эстраду поднялся один из слушателей «Живого слова» и начал пространно и восхищенно перечислять все события, приведшие Россию к революции, Кони вдруг заерзал на месте и поднял руку.

— Знаю, знаю, верю! Кончайте, голубчик, скорей. Невтерпеж мне!

Оратор поперхнулся на полуфразе.

— Благодарная Россия! Вам! вас!.. Благодарная Россия, — он покраснел, смутился и крикнул: — Поздравляет! — и, пятясь, спрятался за широкую спину Луначарского.

Кони быстро встал и трижды поклонился:

— Сердечно благодарю всех.

И ни с кем не прощаясь, мелкой, старческой походкой заковыляв к выходу, покинул актовый зал под аплодисменты присутствующих.

Мы гурьбой бросились за ним. Каждому из нас — ведь мы все были его учениками — хотелось лично поздравить его и пожать ему руку. Он, держась за перила, уже спускался по широкой лестнице. Швейцар подал ему шубу и распахнул перед ним дверь. Кони нахлобучил котиковую шапку и ринулся в сад.

Все это было похоже на бегство.

В саду он, оглянувшись с испугом, почти с отчаянием на нас, уже успевших выбежать вслед за ним на крыльцо, махнул рукой, будто отгоняя нас, сошел с расчищенной, утоптанной аллеи, ведущей к выходу, и, утопая по колени в снегу, направился к группе черневших деревьев.

Мы остановились, сбитые с толку. Что же это такое? Почему он бежит от нас, словно мы свора гончих, преследующая оленя?

Мы смотрели на него, застыв на месте, не смея двинуться за ним.

А он остановился около деревьев, спиной к нам. Постояв так несколько минут, он снова заковылял по снегу, уже не к нам, а прямо к выходу.

Вот он выбрался на расчищенную аллею и медленно и устало, еще более сгорбившись, дошел до распахнутых ворот, ведущих на улицу.

Вот черная тень его мелькнула на снегу и пропала.

Я все еще стояла в полной растерянности, не понимая, что произошло.

Это был первый юбилей, на котором мне привелось присутствовать.

Но разве таким должен быть юбилей?

А я могла из-за него простудиться. Ведь я выбежала на мороз в одном платье, без шубки и ботиков.

Вернувшись в «Живое слово», я зажила прежней восхитительной, полной жизнью.

Я была почти счастлива.

«Почти» — ведь воспоминание о моем «позоре» все еще лежало, как тень, на моей душе.

На лекции Гумилева я, конечно, не ходила. Мои друзья поддерживали меня в моем решении навсегда «вычеркнуть» из памяти Гумилева.

— Очень он вам нужен, подумаешь! — Теперь они, будто сговорившись, осуждали его за тогдашнее.

— Кто же не знает, что сомбреро — шляпа, а не плащ?

— Но почему же вы хохотали? — спрашивала я.

— Оттого, что он так смешно ломался. Мы не над вашими стихами, а над ним смеялись. Честное слово! Ей-богу! Неужели не верите?

Я качала головой. Нет, я не верила. И все-таки мне было приятно, что они так дружно осуждают Гумилева и по-прежнему восхищаются моими маркизами и гитанами.

Я перестала мечтать о славе, но снова начала писать стихи — в прежнем стиле, как бы назло Гумилеву.

Особенным успехом пользовалось мое стихотворение, кончавшееся строфой:

Ни Гумилев, ни злая пресса
Не назовут меня талантом.
Я маленькая поэтесса
С огромным бантом.

Да, казалось, я примирилась с тем, что с поэзией все кончено, что я из поэта превратилась в «салонную поэтессу».

Я стала ревностно обучаться у Кони ораторскому искусству, слушала лекции Луначарского, Энгельгардта и самого

Всеволодского, мне ставили голос. Но с наибольшим удовольствием, пожалуй, я занималась ритмической гимнастикой по Далькрозу. В ней, несмотря на полную немузыкальность, я чрезвычайно отличалась.

Всеволодский даже спросил меня и другую успешную далькрозистку, согласны ли мы отправиться на год в Швейцарию к Далькрозу — разумеется, на казенный счет.

Конечно, это был чисто риторический вопрос — никого из «Живого слова» не отправили к Далькрозу. Но это свидетельствовало о планетарном размахе Всеволодского.

Хотя я и не ходила на лекции Гумилева, но я не могла не интересоваться тем, что на них происходит.

— Нет, разбора стихов больше не было. Никто больше не пожелал подвергаться такому издевательству. Но практические занятия — обучение, как писать стихи, — очень забавны.

Я жадно слушала.

— К следующему четвергу мы должны написать стихотворение на заданные рифмы, — рассказывает мне живословка, непохожая на остальных. Она — дама. И даже немолодая дама, годящаяся мне в матери. Очень милая, всем интересующаяся.

Она берет меня под руку и спокойно и уверенно убеждает меня:

— Вам непременно надо ходить на его занятия. Это просто необходимо. Вы многому научитесь у него. Забудьте обиду.

— Никогда! — упрямо отвечаю я. — Никогда в жизни!

Но я все же беру листок с рифмами, переписанными ею для меня. И соглашаюсь дать ей написанные мною стихи, с тем чтобы она выдала их за свои.

Ведь это меня ни к чему не обязывает. Я только проверю себя — могу ли я или не могу исполнить задание. Действительно ли я уже так безнадежно бездарна?

В тот же вечер я заперлась у себя в комнате и написала стихотворение на данные Гумилевым рифмы:

> Нет, я не верю, что любовь обман.
> Из дальних стран китаец косоглазый

Привез измены и греха заразы.
Позорной страстью дух твой обуян.

Но неприступны городские стены.
Сны наших жен белее моря пены.
Их верность — золото, их честь — гранит.
За синими мечети куполами,
За городом, за спящими садами,
Там, на заре, китаец твой убит.

Я отдала его моей покровительнице — снова взяв с нее слово, что она выдаст его за свое.

И стала ждать, ни на что не надеясь.

А все-таки... Вдруг Гумилев похвалит его? Нет, этого не будет, уверяла я себя.

Но Гумилев действительно похвалил и даже расхвалил мое стихотворение.

Рифмы, оказалось, были взяты из его собственного усеченного сонета.

Гумилев сказал:

— Этот сонет можно было бы напечатать. Он, право, не хуже моего. Он даже чем-то напоминает пушкинскую «Черную шаль».

Я слушала и не верила. Гумилев не мог этого сказать. Я стала расспрашивать всех, и все повторяли одно и то же: «Можно напечатать. Похож на "Черную шаль"». Что же это такое? Я недоумевала. Значит, я не бездарна? Значит, моя жизнь еще не кончена?..

Теперь, когда оглядываюсь назад, мне ясно, что Гумилеву было известно, кто автор сонета, похожего на «Черную шаль», и он, пожалев «рыженькую с бантом», снова «перегнул палку» уже в сторону чрезмерных похвал.

И все же я не пошла на следующую лекцию Гумилева. Я выдерживала характер. Хотя эта выдержка давалась мне нелегко.

Я, как тень, металась по коридору мимо класса, где вел занятия Гумилев, и только из остатка самоуважения не подслушивала у дверей.

И однажды случилось невероятное: Гумилев, окончив занятия, вышел раньше обыкновенного из класса и спустился по лестнице.

Я, сама не зная почему, стала тихо спускаться за ним. Он, надев свою доху и оленью ушастую шапку, не пошел к двери, а круто повернул прямо на меня. Я, как это бывает во сне, почувствовала, что окаменела и не могу двинуться с места.

— Почему вы больше не приходите на мои занятия? — спросил он, глядя на меня одним глазом, в то время как другой глаз смотрел в сторону, будто внимательно разглядывая что-то.

И под этим двоящимся взглядом я не нашла в себе даже силы ответить.

— Почему вы не приходите? — повторил он нетерпеливо. — Непременно приходите в следующий четверг в четыре часа. Мы будем вместе переделывать ямбы на амфибрахии. Вы знаете, что такое амфибрахии?

Я молча покачала головой.

— А знать необходимо. — Он улыбнулся и неожиданно прибавил: — Вас зовут Наташа.

Не вопрос, а утверждение.

Я снова покачала головой.

— Нет. Совсем нет, — проговорила я быстро, холодея от ужаса за нелепое «совсем нет».

Гумилев по-своему оценил мой ответ.

— Вы, мадемуазель, иностранка?

— Нет, я русская, — ответила я с раскатом на «р» — «ррруская». И будто очнувшись от этого картавого раската, бросилась от него вверх по лестнице, перепрыгивая через ступеньки.

— Так в четверг. Не забудьте, в четыре часа. Я вас жду, — донесся до меня его голос.

Забыть? Разве можно забыть? И разве я могла не пойти, когда он сказал — я вас жду!

И я в четверг уже сидела в классе, когда вошел Гумилев. В тот день я узнала, что такое амфибрахий.

И даже впервые услыхала имя Георгия Иванова.

Гумилев, чтобы заставить своих учеников запомнить стихотворные размеры, приурочивал их к именам поэтов — так, Николай Гумилев был примером анапеста, Анна Ахматова — дактиля, Георгий Иванов — амфибрахия.

Но кто такой амфибрахический Георгий Иванов, я не знала, а Гумилев, считая нас сведущими в современной поэзии, не пояснил нам.

В тот же день мы переделывали «Птичку Божию» в ямбы:

А птичка Божия не знает
Работы тяжкой и труда...

и так далее.

И я с увлечением, забыв о прошлом, подыскивала слова.

С тех пор я стала постоянной посетительницей лекций Гумилева, но старательно избегала встречи с ним в коридоре.

Через месяц я уже понимала, что Гумилев был прав, что мои прежние стихи никуда не годятся, и сожгла тетрадь, где они были записаны.

«Вот эта синяя тетрадь с моими детскими стихами» медленно горела в камине, а я смотрела, как коробятся и превращаются в пепел строки, бывшие мне когда-то так дороги.

Ведь Гумилев говорил: лучше все, что вы написали прежде, сжечь и забыть. Из огня, как феникс, должны восстать новые стихи.

Но мои новые стихи совсем не были похожи на феникса. Ни легкокрылости, ни полета в них не было. Напротив, они, хотя и соответствовали всем правилам Гумилева, звучали тяжело и неуклюже и давались мне с трудом. И они совсем не нравились мне.

Не нравились мне и стихи, сочиненные под руководством Гумилева на практических занятиях, вроде обращения дочери к отцу-дракону:

Отец мой, отец мой,
К тебе семиглавый —
В широкие синие степи твои
Иду приобщиться немеркнущей славы
Двенадцатизвездной твоей чешуи...

И хотя я поверила Гумилеву, что «испанцы и маркизы — пошлость», но семиглавый дракон с двенадцатизвездной чешуей меня не очаровал. Гумилев сам предложил строчку — «Двенадцатизвездной твоей чешуи», и она была принята единодушно. Все, что он говорил, было непреложно и принималось на веру.

Да, учиться писать стихи было трудно. Тем более что Гумилев нас никак не обнадеживал.

— Я не обещаю вам, что вы станете поэтами, я не могу в вас вдохнуть талант, если его у вас нет. Но вы станете прекрасными читателями. А это уже очень много. Вы научитесь понимать стихи и правильно оценивать их. Без изучения поэзии нельзя писать стихи. Надо учиться писать стихи. Так же долго и усердно, как играть на рояле. Ведь никому не придет в голову играть на рояле не учась. Когда вы усвоите все правила и проделаете бесчисленные поэтические упражнения, тогда вы сможете, отбросив их, писать по вдохновению, не считаясь ни с чем. Тогда, как говорил Кальдерон, вы сможете запереть правила в ящик на ключ и бросить ключ в море. Теперь же то, что вы принимаете за вдохновение, просто невежество и безграмотность.

Я ежилась от таких речей. Надо действительно быть всецело преданным поэзии, чтобы выдержать эту «учебу».

Я не пропускала ни одной его лекции и дома исписывала целые тетради всевозможными стихотворными упражнениями.

Сколько рондо, октав, газелл, сонетов я сочинила в те дни!

Был уже май месяц, когда Гумилев, войдя в класс, заявил:

— Сообщаю вам сенсационную новость: на днях открывается Литературная студия, где главным образом будут изучать поэзию.

И он стал подробно рассказывать о Студии и называть имена писателей и поэтов, которые будут в ней преподавать.

— Вам представляется редчайший случай. Неужели вы не сумеете им воспользоваться? — Он оглядел равнодушные лица слушателей. — Боюсь, что никто, — и вдруг протянул руку, длинным пальцем указывая на меня, — кроме вас. Ваше место там. Я уже записал вас. Не протестуете?

Нет, я не протестовала. Мне казалось, что звезды падают с потолка.

Гумилев был прав — из «Живого слова» никто, кроме меня, не перешел в Литературную студию.

Литературная студия открылась летом 1919 года.

Помещалась она на Литейном в доме Мурузи, в бывшей квартире банкира Гандельблата.

Подъезд дома Мурузи был отделан в мавританском стиле «под роскошную турецкую баню», по определению студистов.

Когда-то, как мне сейчас же сообщили, в этом доме жили Мережковский и Зинаида Гиппиус, но с другого подъезда, без восточной роскоши.

В квартире банкира Гандельблата было много пышно и дорого обставленных комнат. Был в ней и концертный зал с эстрадой и металлической мебелью, крытой желтым штофом.

В первый же день Гумилев на восхищенное восклицание одной студистки, ощупавшей стул: «Да весь он из серебра. Из чистого серебра!» — ответил тоном знатока:

— Ошибаетесь. Не из серебра, а из золота. Из посеребренного золота. Для скромности. Под стать нам. Ведь мы тоже из золота. Только для скромности снаружи высеребрены.

«Мы», конечно, относилось к поэтам, а не к студистам.

Впрочем, из студистов, не в пример живословцам, многие вышли в люди, и даже в большие люди.

Одновременно со мной в Студию поступили Раиса Блох, талантливейший рано умерший Лева Лунц, Нельдихен, еще не успевший кончить школы Коля Чуковский и Вова Познер, Шкапская и Ада Оношкович-Яцына.

Ко времени открытия Студии Гумилев уже успел многому научиться и стать более мягким. Разбор стихов уже не представлял собой сплошного «избиения младенцев». Ни Коле Чуковскому, ни Вове Познеру, ни Лунцу не пришлось пережить того, что пережила я.

Напротив, все для них сошло гладко и легко — как, впрочем, на этот раз и для меня.

На первой лекции Гумилева мы сами читали свои стихи, и Гумилев высказывал снисходительные суждения.

Помню стихи, которые читал Коля Чуковский, его милое мальчишеское большеносое лицо, его удивительно чистую белую рубашку с разорванным от плеча рукавом.

Гумилев очень похвалил его стихи:

Я плохо жил,
Я время лил, как воду —

и второе, начинавшееся:

То не ангелы, то утки
Над рекой летят.

— Вполне хорошо и, главное, не банально! — одобрил он важно.

Очень похвалил он и Вову Познера, хорошенького черноглазого, черноволосого мальчика, даже еще более картавого, чем я.

Особенно ему понравились стихи Лунца. Впрочем, Лева Лунц не только нравился, но и поражал своей даровитостью — в Студии и в университете. Он уже был студентом.

В тот день читала и я свой, уже заранее, в «Живом слове», одобренный Гумилевым сонет:

Всегда всему я здесь была чужою,
Уж вечность без меня жила земля,
Народы гибли и цвели поля,
Построили и разорили Трою...

и так далее.

Вот это «построили и разорили Трою» и заслужило одобрение Гумилева.

— Сколько раз говорили о разорении Трои, и никто, кроме вас, не вспомнил, что ее и «построили».

В тот день читались, конечно, и очень слабые стихи, но Гумилев воздерживался от насмешек и убийственных приговоров, ограничиваясь только кратким: «Спасибо. Следующий», — и отметкой на лежавшем перед ним листке.

Когда мы все — нас было не больше двадцати — прочли свои стихи, Гумилев объявил, что поделил нас на две группы — для успешности занятий. Я вместе с Чуковским, Познером и Лунцем попала в первую группу.

Но, забегая вперед, должна сказать, что и в Студии, вначале, как и в «Живом слове», из лекций и практических занятий Гумилева получалось немного.

Хотя Гумилев победил уже свою застенчивость и сумел отделаться от «бесчеловечной жестокости выносимых им приговоров», но он еще не понимал своей аудитории, недооценивал ее критического отношения и ее умственного развития. Он старался во что бы то ни стало поразить ее воображение и открыть перед ней еще неведомые горизонты. Он не умел найти нужного тона и держался необычайно важно и торжественно.

И в Студии многие не выдерживали его «учебы». С каждой лекцией у Гумилева становилось все меньше слушателей.

Но Гумилев, сохраняя олимпийское величие, оглядывал редеющие ряды своих слушателей:

— Я очень рад, что никчемный элемент отпадает сам собой. Много званых, мало избранных, — и он поднимал, как бы призывая небо в свидетели, свою узкую руку.

В Студии занятия происходили ежедневно, и я, при всем желании, не могла совмещать их с «Живым словом». Надо было сделать выбор. И я, конечно, выбрала Студию.

Все же я не порывала с «Живым словом» совсем, по-прежнему занимаясь ритмической гимнастикой, постановкой голоса... Гумилев продолжал свои лекции и практические занятия, в «Живом слове» до конца 1920 года у него оставалось всего три-четыре слушателя — включая меня, бессменно присутствовавшую на его лекциях и занятиях.

К концу своей жизни он стал одним из самых популярных лекторов и всецело овладел искусством подчинять себе аудиторию.

Но это было зимой 1920 — 1921 года. Теперь же шло лето 19-го. Очень жаркое лето. Дни казались бесконечно длинными.

Летнее время было декретом отодвинуто на целых три часа назад, и утро нормально начиналось с восходом солнца, а день кончался в 9 часов вечера Это было удобно, мы все лето обходились без освещения, что придавало жизни какой-то фантастический оттенок, какой-то налет нереальности. Дни были удивительно голубые, поместительные, длинные, глубокие и высокие. В них как будто незримо присутствовало и четвертое измерение.

Казалось, что трех измерений для них, как и для всего тогда происходившего, мало.

На Невском между торцами зеленела трава. В сквере напротив нашего блока домов Бассейной, как и в Таврическом саду, щелкали соловьи. Соловьи залетали даже в деревья под наши окна.

Однажды я проснулась от соловьиного пения под моим окном. От луны было совсем светло. Я села на низкий подоконник. Мне казалось, что захлестывающее чувство счастья сейчас унесет меня в открытое окно и я разорвусь на куски — распадусь звездной пылью и лунным сиянием. От счастья.

Мне вдруг стало страшно, я спрыгнула с подоконника, добежала до кровати, забралась в нее и натянула одеяло на голову, спасаясь от непомерного чувства счастья. И сейчас же заснула.

Но и во сне чувство счастья не покидало меня.

Все, что я с детства желала, все, о чем мечтала, вот-вот исполнится. Я стояла на пороге. Скоро, скоро и я смогу сказать:

— Сезам, откройся!

Скоро и я буду поэтом. Теперь я в этом уже не сомневалась. Надо только немножко подождать. Но и ожиданье уже счастье, такое счастье, или, точнее, такое предчувствие счастья, что я иногда боюсь не выдержать, не дождаться, умереть — от радости.

Так жила я в то лето, первое «настоящее лето» в моей жизни. До него все было только подготовкой.

А жить в Петербурге в те дни было нелегко. В кооперативных лавках выдавали мокрый, тяжелый хлеб, нюхательный табак и каменное мыло — даром.

На Бассейной мешочники и красноармейцы предлагали куски грязного сахара, держа его для приманки на грязной ладони, и покупатели, осведомляясь о цене, ощупывали кусок сахара и, не сойдясь в цене, клали его обратно.

Правила гигиены, всякие микробы и миазмы, которых так опасались прежде: «Не трогай деньги! Пойди вымой руки!» — были теперь забыты.

Как и чем я питалась, я плохо помню. Конечно, и я бывала голодна. Но я научилась не обращать внимания на голод.

В те дни я, как и многие, научилась «попирать скудные законы бытия». В те дни я, как и многие, стала более духовным, чем физическим существом. «Дух торжествует над плотью» — дух действительно торжествовал над моей плотью. Мне было так интересно жить, что я просто не обращала внимания на голод и прочие неудобства.

Ведь все это было ничтожно, не существовало по сравнению с великим предчувствием счастья, которым я дышала. Ахматова писала:

> И так близко подходит чудесное
> К покосившимся грязным домам,
> Никому, никому неизвестное,
> Но от века желанное нам.

Значит, и она тоже, пусть и не так, как я, испытывала таинственное очарование этих дней. И для нее тоже это было «от века желанное». Для нее и для многих других. Для каждого по-своему.

Литстудия открылась летом. В июле месяце. Июль обыкновенно до революции предоставлялся отдыху от занятий и развлечениям.

Но теперь все изменилось, все перепуталось. Каникулы вообще не существовали больше или, вернее, каникулы продолжались круглый год. Ведь в принципе во время каникул занимаешься именно тем, делаешь именно то, что хочешь. А теперь мне впервые предоставлено право делать то, заниматься тем, чем я хочу.

В это лето я сделала еще одно удивительное открытие. Я вдруг почувствовала, что Петербург мой город и действительно принадлежит мне. Исчезло все столичное, чопорное, чужое. Петербург стал чем-то вроде своего имения, по лесам и полям которого бродишь целыми днями.

— Что ж? В деревнях мужикам часто приходилось голодать, а теперь и мы, баре, поголадываем, зато как интересно стало жить, — говорил Михаил Леонидович Лозинский.

Михаил Леонидович Лозинский, последний поэт-символист и переводчик, только входивший тогда в славу. Очаровательный, изумительный, единственный Лозинский.

Когда Лозинский впервые появился в Студии за лекторским столом, он тоже разочаровал меня. Большой, широкоплечий, дородный. Не толстый, нет, а доброкачественно дородный. Большелицый, большелобый, с очень ясными большими глазами и светлой кожей. Какой-то весь насквозь добротный, на иностранный лад, вроде василеостровского немца. Фабрикант, делец, банкир. Очень порядочный и буржуазный. И безусловно, богатый. Это о таких, как он, писал Маяковский:

Ешь ананасы,
рябчиков жуй,
день твой последний
приходит, буржуй.

С буржуазно-барственным видом Лозинского мне было труднее примириться, чем даже с нелепой фигурой Гумилева в короткой широкой дохе и ушастой шапке.

Лозинский заговорил — спокойно, плавно и опять както барственно, приятным полнозвучным баритоном. О переводе стихов. И привел несколько примеров переводов. Сначала оригинал по-французски и английски — с прекрасным выговором, — потом по-русски.

Помню, как он произнес, великолепно скандируя, каждое слово падало звонко:

Valmiki le poète immortel est très vieux...[1]

[1] Вальмики, бессмертный поэт, очень стар *(фр.)*.

Я не любила Лекона де Лиля, но тут вдруг почувствовала всю красоту и силу этих слишком парнасских стихов. Лозинский читал стихи лучше всех тогдашних поэтов, но сам он был, хотя и прекрасный переводчик, слабый поэт. И это тем более непонятно, что он владел стихом, как редко кто во всей русской поэзии, и обладал, по выражению Гумилева, «абсолютным слухом и вкусом».

Лозинский считал себя последним символистом. Но и среди символистов он вряд ли мог рассчитывать на одно из первых мест.

Помню его отдельные строки:

> Рука, что гладит ласково
> И режет, как быка... —

или:

> Печаль и радость прежних лет
> Я разливаю в два стакана... —

или еще:

> И с цепью маленькие руки,
> Похожие на крик разлуки.

Эти руки, «похожие на крик», да еще не просто на крик, а на «крик разлуки», — как будто при разлуке кричат как-то особенно, — не свидетельствуют о совершенном вкусе, как и рука, что «режет, как быка».

Абсолютный вкус и слух Лозинский проявлял лишь в отношении чужих стихов и, главное, в переводах.

Была у него, впрочем, одна вполне «абсолютная» строфа и совсем не символистская:

> Проснулся от шороха мыши,
> И видел большое окно,
> От снега белые крыши, —
> ...А мог умереть давно...

За ней шла вторая строфа «с расширением темы», ненужная и потому не удержавшаяся у меня в памяти. Гумилев советовал отбросить ее, но Лозинский не послушался его.

Гумилев вспоминал всегда это: «А мог умереть давно», когда хотел доказать, что Лозинский не только переводчик, но и поэт.

Но спорящие приводили в доказательство своей правоты слова Брюсова:

— Нет ни одного поэта, как бы плох он ни был, хоть раз в жизни не написавшего хорошей строфы. Даже Ратгауз — образец бездарности — автор простых и удачно найденных строк:

> День проходит,
> Меркнет свет.
> Мне минуло
> Сорок лет...

Роль Лозинского в кругах аполлонцев и акмеистов была первостепенной. С его мнением считались действительно все. Был он также библиофил и знаток изданий. Это ему сборники стихов акмеистов обязаны своей эстетической внешностью — ему и типографии Голике.

Гумилев говорил о Лозинском, внимательно рассматривающем принесенный на его суд проект обложки:

> Лозинский глаз повсюду нужен,
> Он вмиг заметит что-нибудь.

И действительно, «лозинский глаз» всегда замечал «что-нибудь».

— Вот эту букву надо поднять чуть-чуть и все слово отнести налево на одну десятую миллиметра, а эта запятая закудрявилась, хвостик слишком отчетлив.

Лозинский, прославленный редактор журнала «Гиперборей».

Гумилев скоро прочтет мне шуточные стихи, посвященные пятницам в «Гиперборее»:

> Выходит Михаил Лозинский,
> Покуривая и шутя,

Рукой лаская исполинской
Свое журнальное дитя.

У Николая Гумилева высоко задрана нога,
Для романтического лова нанизывая жемчуга.
Пусть в Царском громко плачет Лева,
У Николая Гумилева
Высоко задрана нога.

Печальным взором и молящим
Глядит Ахматова на всех.
Был выхухолем настоящим
У ней на муфте драный мех...

Прочтет с комментариями. Я в этот день узнаю, что Ахматова была очень самолюбива и совсем не понимала шуток, когда они касались ее, и что строки «Был выхухолем настоящим // У ней на муфте драный мех» привели ее в негодование и она страстно протестовала против них.

— Женщина, к сожалению, всегда женщина, как бы талантлива она ни была! — прибавит он, а мне будет трудно ему поверить, так это не вяжется с образом Ахматовой, созданным моим воображением.

Но всего этого, как и того, какой Лозинский исключительный собеседник и до чего он остроумен, я тогда, конечно, не знала.

Переводами мне не очень хотелось заниматься. Никакого влечения к ним я не испытывала и удивлялась энтузиазму, с которым за них бралось большинство студистов.

Переводчицы стихов из меня так и не вышло. Я скорее присутствовала на занятиях Лозинского, чем принимала в них деятельное участие.

Среди особенно преданных «переводчиков» была Раиса Блох, в 1943 году замученная гитлеровцами. Была она тогда очень молодая, полная — редкость в те голодные годы, когда большинство из нас, и особенно я, были так тонки, так «умилительно тонки», что, по выражению Гумилева: «Ветер подует, сломает или унесет. Взмахнете бантом, как крылом, — и только вас и видели».

Раиса Блох производила скорее впечатление тяжести, что не мешало ее девически невинному и нежному виду.

Когда приехавший с юга Осип Мандельштам впервые прочел свои стихи:

> Сестры тяжесть и нежность,
> Одинаковы ваши приметы...

Лозинский кивнул, сохраняя присущую ему серьезность:

— Понимаю. Это вы про Раису Блох. Тяжесть и нежность — очень характерно для нее.

Раиса Блох, кроме Студии, училась еще и в университете. В Литстудии она больше всего занималась переводами. К Гумилеву на занятия ходила редко, хотя и писала уже тогда стихи. Вот одно из них:

> А я маленький воробей,
> На заборе нас не мало есть,
> Из пращи меня не убей,
> Дай допеть мою дикую весть.

Этот «маленький воробей» с его «дикой вестью» веселил студистов, и Раису Блох прозвали «маленьким воробьем» и «диковестницей». Впрочем, смеялись очень добродушно, безобидно и весело, Раиса Блох была на редкость мила и симпатична — ее все любили.

В те дни мы вообще смеялись очень много. Смеялись так же легко, как и плакали. Плакать приходилось часто — ведь аресты и расстрелы знакомых и близких стали обыкновенным, почти будничным явлением, а мы еще не успели, по молодости лет, очерстветь душой.

Но возвращаюсь к Лозинскому — Ада Оношкович-Яцына была его любимейшей ученицей. Такой же «лучшей ученицей» Лозинского, как я — Гумилева.

Ада Оношкович не была красивой, ни даже хорошенькой. Но этого ни она, ни другие не замечали. В ней кипела такая бурная молодость, она была полна такой веселой силой и энергией, что никому и в голову не приходило заметить, красива она или нет.

Однажды она явилась в Студию с торчащими во все стороны короткими волосами и объяснила весело:

— Надоело причесываться каждое утро. Вот я сама и остриглась. Я теперь похожа на Египетский мост. Разве не хорошо?

И действительно вышло очень хорошо — став еще немного некрасивей, она стала еще очаровательней. Кстати, она показала очень передовой вкус, предвосхитив моду на сорок лет, — ведь теперь многие кинематографические звезды причесываются такими Степками-растрепками, уродуя себя.

Но тогда понятия о женской красоте еще не эволюционировали. И все же «египетский мост», хотя и не нашел подражательниц, был нами одобрен.

Ада Оношкович, несмотря на дарование, не стала настоящим поэтом, не выступала на поэтических вечерах и нигде не печаталась.

Но, как это ни удивительно, стихи ее были известны и нравились Маяковскому, хотя мы, петербуржцы, почти не имели с ним сношений. Не только мы, молодые, но и наши мэтры.

Осенью 1920 года Маяковский приехал «удивить Петербург» и выступил в только недавно открывшемся Доме искусств. Огромный, с круглой, коротко остриженной головой, он скорее походил на силача-крючника, чем на поэта. Читал он стихи совсем иначе, чем было принято у нас. Скорее поактерски, хотя — чего актеры никогда не делали — не только соблюдая, но и подчеркивая ритм. Голос его — голос митингового трибуна — то гремел так, что стекла звенели, то ворковал по-голубиному и журчал, как лесной ручеек.

Протянув в театральном жесте громадные руки к оглушенным слушателям, он страстно предлагал им:

Хотите, буду от мяса бешеным
И, как небо, меняясь в тонах,
Хотите, стану невыразимо нежным, —
Не мужчина, а облако в штанах?..

В ответ на эти необычайные предложения зал восторженно загрохотал. Казалось, все грохотало, грохотали стулья, грохотали люстры, грохотали потолок и пол под звонкими ударами женских ног.

— Бис, бис, бис!.. — неслось отовсюду.

Гумилев, церемонно и прямо восседавший в первом ряду, поднялся и, даже не взглянув на Маяковского, стал медленно продвигаться к выходу сквозь кольцо обступивших эстраду буйствовавших слушательниц.

Когда по окончании чтения я пришла в отведенную для поэтов артистическую, прилегающую к зрительному залу, Гумилев все еще находился в ней. Прислушиваясь к крикам и аплодисментам, он, морщась брезгливо, проговорил:

— Как видите, не ушел, вас ждал. Неужели и вас... и вас разобрало? — И, не дожидаясь моего ответа, добавил, продолжая прислушиваться к неистовым крикам и аплодисментам: — Коллективная истерика какая-то. Позор!.. Безобразие!

Вид обезумевших, раскрасневшихся, потных слушательниц, выкрикивающих, разинув рты: «Ма-я-ковский, Ма-я-ковский!» — казался и мне отвратительным и оскорбительным.

Да, я испытывала чувство оскорбления и обиды. Ведь ничего подобного не происходило на «наших» выступлениях. Ни Блоку, ни Гумилеву, ни Кузмину не устраивали таких неистовых, сумасшедших оваций.

И когда Гумилев, не дожидаясь появления в гостиной триумфатора — его все еще не отпускала буйствующая аудитория, — предложил мне:

— Идем домой. Вам совсем незачем знакомиться с ним, — я согласилась.

Уже пересекая Невский, Гумилев, всю дорогу говоривший о «Кристабель» Кольриджа, недавно переведенной Георгием Ивановым для «Всемирной литературы», вдруг сказал:

— А ведь Маяковский очень талантлив. Тем хуже для поэзии. То, что он делает, — антипоэзия. Жаль, очень жаль...

Маяковский уехал на следующий день из Петербурга. Между ним и нами снова встала глухая стена равнодушия и, пожалуй, даже враждебности. Мы не интересовались его новыми стихами, он же открыто презирал петербургских поэтов: «Мертвецы какие-то. Хлам! Все до одного, без исключения...»

Поздней осенью 1922 года, уже в Берлине, на вечеринке у художника Пуни, я в первый и в последний раз встретилась с Маяковским.

Шкловский уверял, что когда-нибудь наше время будут называть Пуническим, по «знаменитому Пуни». Но в 1922 году слава Пуни еще не гремела.

Жена Пуни, растрепанная и милая, старается объединить гостей если и не беседой, то напитками. Сколько бутылок, и как быстро пустые бутылки заменяются новыми.

В маленьких мансардных комнатах много гостей — Белый, Оцуп, художник Альтман, только что приехавший из России Шкловский, Бахрах и еще много других, незнакомых мне. Лиля Брик, красивая, немного скуластая, внимательноглазая, в фантастической кружевной шляпе, похожей на крылья коричневой бабочки, сидит рядом с Маяковским на диване. Они вдвоем образуют не то центр, не то какой-то остров в этом волнующемся людском море.

Маяковский вдруг громко спрашивает, указывая на меня пальцем:

— Кто эта девушка, которая ничего не пьет и ни с кем не целуется?

Я действительно ничего не пью. Не научилась еще.

— Ирина Одоевцева, — отвечает Оцуп.

Маяковский кивает:

— Ах, знаю, знаю.

Я иду с своей судьбой не в ногу
На французских тонких каблучках.

Недурно. Очень недурно.

Но Шкловский машет на него рукой. Шкловский — наш петербуржец, мы с ним в приятельских отношениях.

— Нет, совсем нет! Это Ада Оношкович написала. А Ирина Одоевцева — это «Лошадь поднимет ногу одну»... «Баллада об извозчике». Слыхали, конечно?

Но Маяковский, «конечно», не слыхал. Он пожимает плечами.

— Лошадь? Лошадь следовало бы мне оставить. Все равно лучше не скажешь: «Лошадь, вам больно?» А про французские каблучки ей бы подошло. Мило про каблучки. Девически мило. Мне нравится. Даже очень.

Но, к сожалению, Аде Оношкович вряд ли стало известно, что ее стихи нравились Маяковскому, самому Маяковскому. Умерла она в 30-х годах, о чем я узнала уже в Париже.

Как началась моя дружба с Гумилевым? Но можно ли наши отношения назвать дружбой?

Ведь дружба предполагает равенство. А равенства между нами не было и быть не могло. Я никогда не забывала, что он мой учитель, и он сам никогда не забывал об этом.

Говоря обо мне, он всегда называл меня «Одоевцева — моя ученица».

Однажды Чуковский — к тому времени я уже стала самостоятельным поэтом, автором баллад и членом Второго цеха — насмешливо предложил ему:

— Вместо того чтобы всегда говорить «Одоевцева — моя ученица», привесьте-ка ей просто на спину плакат «Ученица Гумилева». Тогда всем без исключения будет ясно.

Да, дружбы между нами не было, хотя Гумилев в редкие лирические минуты и уверял меня, что я его единственный, самый близкий, незаменимый друг.

Его другом я, конечно, не была. Но у Гумилева вообще не было ни одного друга.

Ни в мое время, ни, судя по его рассказам, в молодости.

Были приятели, всевозможные приятели, начиная с гимназической скамьи, были однополчане, были поклонники и ученики, были женщины и девушки, влюбленные в него, и те, в которых он — бурно, но кратковременно — влюблялся.

Был синдик Сергей Городецкий, деливший с Гумилевым власть в Первом цехе поэтов, члены Цеха и аполлонцы — Осип Мандельштам, Мишенька Кузмин, Георгий Иванов и остальные. Ближе всех других ему был, пожалуй, Лозинский.

С ними всеми, как и многими другими, Гумилев был на «ты». Он вообще, несмотря на свою «чопорность» и церемонность, удивительно легко переходил на «ты».

С поэтами-москвичами отношения оставались более далекими — даже с теми, которых он, как Ходасевича и Белого, очень высоко ставил.

Тогда, в начале лета девятнадцатого года, я и мечтать не смела, что скоро, очень скоро я не только буду здороваться «за руку» с Гумилевым, но что Гумилев будет провожать меня домой.

В Студии занятия в отличие от «Живого слова» происходили не вечером, а днем, и кончались не позже шести часов.

Только что кончилась лекция Гумилева, и я в вестибюле надевала свою широкополую соломенную шляпу, — несмотря на революцию, мы не выходили из дома без шляпы. И даже без перчаток. Перчаток у меня было множество — целые коробки и мешки почти новых, длинных бальных перчаток моей матери, сохранявшихся годами аккуратно, «на всякий случай». И вот действительно дождавшихся «случая».

Я перед зеркалом заправляла бант под шляпу и вдруг увидела в рамке зеркала рядом со своим лицом улыбающееся лицо Гумилева.

От удивления я, не оборачиваясь, продолжала смотреть в зеркало на него и на себя, как будто это не наши отражения, а наш общий портрет.

Это, должно быть, длилось только мгновение, но мне показалось, что очень долго.

Лицо Гумилева исчезло из зеркала, и я обернулась.

— Вы, кажется, — спросил он, — живете в конце Бассейной? А я на Преображенской. Нам с вами по дороге, не правда ли?

И не дожидаясь моего ответа, он отворил входную дверь, пропустив меня вперед.

Я иду рядом с Гумилевым. Я думаю только о том, чтобы не споткнуться, не упасть. Мне кажется, что ноги мои невероятно удлинились, будто я, как в детстве, иду на ходулях.

Крылья за плечами? Нет, я в тот первый день не чувствовала ни крыльев, ни возможности лететь. Все это было, но потом, не сегодня, не сейчас.

Сейчас — я совершенно потрясена. Это слишком неожиданно. И скорее мучительно.

Гумилев идет со мной рядом, смотрит на меня, говорит со мной, слушает меня.

Впрочем, слушать ему не приходится. Я молчу или односложно отвечаю: «да» и «нет».

Кровь громко стучит в моих ушах, сквозь ее шум доносится глухой голос Гумилева:

— Я несколько раз шел за вами и смотрел вам в затылок. Но вы ни разу не обернулись. Вы, должно быть, не очень нервны и не очень чувствительны. Я — на вашем месте — не мог бы не обернуться.

Я еще более смущаюсь от упрека — поэты нервны и чувствительны, и он бы на моем месте...

— Нет, — говорю я. — Я нервна. Я очень нервна.

И будто в доказательство того, что я действительно очень нервна, руки мои начинают дрожать и я роняю свои тетрадки на тротуар. Тетрадки и листы разлетаются веером у моих ног. Я быстро нагибаюсь за ними и стукаюсь лбом о лоб тоже нагнувшегося Гумилева. Шляпа слетает с моей головы и ложится рядом с тетрадками.

Я стою красная, не в силах пошевельнуться от ужаса и стыда.

Все погибло. И навсегда...

Убежать, не попрощавшись? Но я застыла на месте и бессмысленно слежу за тем, как Гумилев собирает мои записки и аккуратно складывает их. Он счищает пыль с моей шляпы и протягивает ее мне.

— Я ошибся. Вы нервны. И даже слишком. Но это пройдет.

Бывают головокруженья
У девушек и стариков —

цитирует он самого себя. — Наденьте шляпу. Ну, идемте!

И я снова шагаю рядом с ним. Он как ни в чем не бывало говорит о движении на парижских улицах и как трудно их пересекать.

— А у нас теперь благодать, иди себе по середине Невского, никто не наедет. Я стал великим пешеходом. В день верст двадцать делаю. Но и вы ходите совсем недурно. И в ногу, что очень важно.

Я не заметила, что иду с ним в ногу. Мне казалось, напротив, что я все время сбиваюсь с шага.

Возле пустыря, где прежде был наш Бассейный рынок, я останавливаюсь. Раз Гумилев живет на Преображенской, ему надо здесь сворачивать направо.

Но Гумилев продолжает шагать.

— Я провожу вас и донесу ваши тетрадки. А то, того и гляди, вы растеряете их по дороге.

И вдруг совершенно неожиданно добавляет:

— Из вас выйдет толк. Вы очень серьезно занимаетесь, и у вас большие способности.

Неужели я не ослышалась? Неужели он действительно сказал: «У вас большие способности. Из вас выйдет толк»?

— До завтра, — говорит Гумилев.

Завтра? Но ведь завтра у него в Студии лекции нет. Только через три дня, в пятницу. Не до завтра, а до после-послезавтра, но я говорю только:

— До свиданья, Николай Степанович. Спасибо!

Спасибо за проводы и, главное, за «из вас выйдет толк». Неужели он действительно думает, что из меня может выйти толк?

Я вхожу в подъезд нашего дома, стараясь держаться спокойно и благовоспитанно. Я не позволяю себе оглянуться. А вдруг он смотрит мне вслед?

Но на лестнице сразу исчезают моя сдержанность и благовоспитанность. Я перескакиваю через три ступеньки. Я нетерпеливо стучу в дверь — звонки давно не действуют.

Дверь открывается.

— Что ты так колотишь? Подождать не можешь? Пожар? Потоп? Что случилось?

— Случилось! — кричу я. — Случилось! Гумилев! Гумилев...

— Что случилось с Гумилевым?

— Гумилев меня проводил! — кричу я в упоенье. Но дома меня не понимают.

— Ну и?..

Как «ну и...»? Разве это не чудо? Не торжество?

Я бегу в залу, кружусь волчком по паркету, ношусь взад и вперед большими парадными, «далькрозированными» прыжками, чтобы как-нибудь выразить свой восторг. И вдруг на бегу поджимаю ногу и падаю навзничь. Этому меня тоже научила ритмическая гимнастика. Это совсем не опасно. Но мой отец в отчаянии:

— Сумасшедшая! Спину сломаешь. Довольно, довольно!.. Успокойся!..

Но я ничего не слышу. Я в экстазе, в пароксизме радости.

Такой экстаз, такой пароксизм радости я видела только раз в моей жизни, много лет спустя, в фильме «La ruée vers l'or»[1] — Чаплин от восторга выпускает пух из подушек и, совсем как я когда-то, неистовствует.

Успокойся!.. Но разве можно успокоиться? И разве можно будет сегодня ночью уснуть? И как далеко до завтра, до после-послезавтра!..

Но уснуть все же удается. И завтра очень скоро наступает. И в Студии все идет совсем обыкновенно — лекция Чуковского. Лекция Лозинского. И вот уже конец. И надо идти по той самой дороге, где вчера...

Я нарочно задерживаюсь, чтобы одной возвратиться домой, чтобы все снова пережить. Вот тут, в вестибюле, он сказал: «Нам по дороге», — и распахнул дверь и снял шляпу, пропуская меня, будто я важная дама. До чего он вежлив и церемонен...

Я иду по тому же тротуару, по которому я вчера шла вместе с Гумилевым, и повторяю: «Из вас выйдет толк...»

Мне кажется, что Гумилев все еще идет рядом со мной. Как глупо я вела себя вчера. Вряд ли он еще раз захочет прово-

---

[1] «Золотая лихорадка» *(фр.)*.

дить меня домой. Но и этого единственного раза и воспоминаний о нем мне хватит надолго. На очень долго.

— О чем вы так задумались?

Я подымаю глаза и вижу Гумилева. Он стоит в своем коричневом поношенном пиджаке, в фетровой шляпе, с портфелем под мышкой, прислонившись к стене, так спокойно, будто он у себя дома, а не на улице.

— Как вы долго не шли. Я жду вас тут уже кусочек вечности.

— Отчего?.. — спрашиваю я только.

Но это значит: отчего вы меня ждете? И он понимает.

— Я возвращался после лекции у красноармейцев. Очень славные красноармейцы. Ведь я вчера сказал вам — до завтра, помните? А я всегда держу слово. Вы в этом убедитесь, когда вы меня лучше узнаете... Вы ведь меня еще совсем не знаете.

Да, я тогда действительно еще совсем не знала его.

С этого дня я стала его узнавать — все лучше и лучше. Я все же ни тогда, ни теперь не могу сказать, что знала его совсем, до конца.

Кто был Гумилев?

Поэт, путешественник, воин, герой — это его официальная биография, и с этим спорить нельзя.

Но... но из четырех определений мне хочется сохранить только «поэт». Он был прежде всего и больше всего поэтом. Ни путешественника, ни воина, ни даже героя могло не выйти из него — если бы судьба его сложилась иначе. Но поэтом он не мог не быть.

Он сам говорил:

— Я родился поэтом, а не стал им, как другие. Мои самые далекие детские воспоминания уже свидетельствуют об этом. Мое мироощущение всегда было поэтическим. Я был действительно

Колдовской ребенок,
Словом останавливавший дождь...

Гумилев утверждал, что стихотворение тем богаче и совершеннее, чем больше разнообразных и даже противоречивых элементов входят в него.

Если это определение отнести не к стихотворению, а к поэту — Гумилев был совершенным поэтом. Сколько в нем совмещалось разнообразных элементов и противоречивых черт.

Знал ли кто-нибудь Гумилева по-настоящему, до конца? Мне кажется — нет. Никто.

Гумилеву очень нравилось, что я старалась никому не подражать. Никому. Даже Ахматовой. Особенно Ахматовой.

И в «Живом слове» и в Студии слушательницы в своих стихотворных упражнениях все поголовно подражали Ахматовой, властительнице их дум и душ.

Но как часто бывает, слишком страстное увлечение принесло поклонницам Ахматовой не только добро, но и зло.

Они вдруг поняли, что они тоже могут говорить «о своем, о женском». И они заговорили.

На лекциях Гумилева мне пришлось быть свидетельницей безудержного потока подражаний Ахматовой.

Чаще всего эти подражания принимали даже несколько комический оттенок и являлись попросту перепевами и переложениями стихов «Четок». В них непременно встречалась несчастная любовь, муж, сын или дочка. Ведь в «Умер вчера сероглазый король» говорилось о дочке.

Так, семнадцатилетняя Лидочка Р., краснея и сбиваясь, читала высоким, срывающимся голосом перед Гумилевым, царственно восседавшим на кафедре:

Сердце бьется медленно, устало,
На порог я села на крыльцо.
Я ему сегодня отослала
Обручальное кольцо.

Лицо Гумилева выражает удивление. Он пристально вглядывается в нее.

— Никак не предполагал, что вы уже замужем. Позвольте узнать — давно?

Лидочка Р. еще сильнее краснеет.

— Нет. Я не замужем, нет!

Гумилев недоумевающе разводит руками:

— Как же так? Помилуйте. Кому же вы отослали кольцо? Жениху? Любовнику?..

Лидочка закусывает нижнюю губу в явном, но напрасном усилии не расплакаться и молчит.

— А, понимаю! — продолжает Гумилев. — Вы просто взяли мужа, как и крыльцо, из ахматовского реквизита. Ах вы бедная подахматовка!

«Подахматовками» Гумилев называл всех неудачных подражательниц Ахматовой.

— Это особый сорт грибов-поганок, растущих под «Четками», — объяснял он, — подахматовки. Вроде мухоморов.

Но, несмотря на издевательства Гумилева, «подахматовки» не переводились.

Уже не Лидочка Р., а другая слушательница самоуверенно продекламировала однажды:

> Я туфлю с левой ноги
> На правую ногу надела.

— Ну и как? — прервал ее Гумилев. — Так и доковыляли домой? Или переобулись в ближайшей подворотне?

Но, конечно, многие подражания были лишены комизма и не служили причиной веселья Гумилева и его учеников. Так строки:

> Одною болью стало больше в мире,
> И в небе новая зажглась звезда... —

даже удостоились снисходительной похвалы мэтра.

— Если бы не было: «Одной улыбкой меньше стало. Одною песней больше будет», — прибавил он.

Мы с Гумилевым часто ходили гулять не только летом, но и осенью, и даже зимой.

В Летнем саду мы бывали редко. Летний сад был гораздо дальше, хотя в то время мы «расстоянием не стеснялись». Сейчас кажется совершенно невероятным, что мы, преодолевавшие не меньше пятнадцати верст в день, еще находили силы для прогулок — силы и охоту.

Таврический сад. Снег скрипит под ногами. Как тихо, как безлюдно. Мы одни. Кроме нас, нет никого. Ни у кого нет ни времени, ни желания гулять. Только мы и вороны на снежных деревьях.

Гумилев читает свои стихи:

> Все чисто для чистого взора.
> И царский венец и суму,
> Суму нищеты и позора
> Я все беспечально возьму...

И тем же тоном:

— Воронам не нравится. Вот они и каркают.

— Вороны глупы и ничего не понимают в стихах, — говорю я. — На свою голову каркают! На свою!..

Мы подходим к пруду и, держась друг за друга, спускаемся на лед.

— Здесь я когда-то каталась на коньках.

— Совсем не нужно коньков, чтобы кататься, — заявляет Гумилев и начинает выделывать ногами замысловатые фигуры, подражая конькобежцам, но, поскользнувшись, падает в сугроб. Я стою над ним и смеюсь, он тоже смеется и не спешит встать.

— Удивительно приятно лежать в снегу. Тепло и уютно. Чувствую себя настоящим самоедом в юрте. Вы идите себе домой, а я здесь останусь до утра.

— Конечно, — соглашаюсь я. — Только на прощание спрошу вас:

> В самом белом, в самом чистом саване
> Сладко спать тебе, матрос?

И уйду. А завтра

> Над вашим смертным ложем
> Взовьется тучей воронье...

Но он уже встает, забыв о своем желании остаться лежать в сугробе до утра, отряхает от снега доху и спрашивает недовольным тоном:

— Почему вы цитируете Блока, а не меня?

Мы выбираемся на берег. Еще день и совсем светло. Но на бледно-сером зимнем небе из-за снежных деревьев медленно встает большая круглая луна. И от нее в саду еще тише, еще пустыннее. Я смотрю не отрываясь на луну. Мне совсем не хочется больше смеяться. Мне грустно, и сердце мое сжимается, как от предчувствия горя. Нет, у меня никогда не будет горя! Это от луны, — уговариваю я себя. И будто бессознательно желая задобрить луну, протягивая к ней руки, говорю:

— Какая прелестная луна!

— Очень она вам нравится? Правда? Тогда мне придется... Вы ведь знаете, — важно заявляет он, — мне здесь все принадлежит. Весь Таврический сад, и деревья, и вороны, и луна. Раз вам так нравится луна, извольте...

Он останавливается, снимает оленью ушастую шапку и отвешивает мне церемонный поклон:

— Я вам луну подарю. Подарок такой не снился египетскому царю.

Много лет спустя, уже после войны, в Париже, я вставила его тогдашние слова в свои стихи.

А третий мне поклонился,
Я вам луну подарю.
Подарок такой не снился
Египетскому царю.

Сделав мне такой царский подарок, Гумилев не забыл о нем, а часто вспоминал о своей щедрости.

— Подумайте только, кем вы были и кем вы стали. Ведь вам теперь принадлежит луна. Благодарны ли вы мне?

Да, я была ему благодарна. Я и сейчас еще благодарна ему.

Гумилев был моим настоящим учителем и наставником. Он занимался со мной каждый день, давал книги поэтов, до тех пор знакомых мне только по имени, и требовал критики прочитанного. Он был очень строг и часто отдавал обратно книгу.

— Вы ничего не поняли. Прочтите-ка еще и еще раз. Стихи не читают как роман. — И, пожимая плечами, добавлял: — Неужели я ошибся в вас?

Чтобы доказать ему, что он не ошибся, я просиживала часами над стихами, не нравившимися и непонятными мне, стараясь вникнуть в них.

Так я благодаря Гумилеву узнала и изучила всевозможных поэтов — не только русских, но и английских, французских и даже немецких, хотя сам Гумилев немецкого языка не знал. И помнил по-немецки только одну строку, которую приписывал Гейне:

Их бин дер гот дер му́зика.

Этот «гот дер музика», как единственный пример немецкого стихосложения, часто вспоминался им.

Книг у Гумилева было множество. Ему удалось с помощью своих слушателей-красноармейцев привезти из Царского Села свою библиотеку.

Но мне доказать, что Гумилев «не ошибся» во мне, было иногда не по силам. Так, однажды он достал с полки том Блейка и протянул его мне. С Блейком я была знакома с детства и собиралась уже удивить Гумилева своими познаниями:

— Tiger, tiger in the wood...[1] — начала я.

Но Гумилев, не обратив внимания на «тайгера», открыл книгу.

— Вот тут я не совсем понимаю. Вы лучше знаете английский, чем я. Читайте вслух и переводите.

И я послушно стала читать. Я читала и ничего не понимала. Какие-то философские термины, какие-то математические исчисления, извлечение корней — тут же нарисованных. Отдельные понятные слова в непонятном сочетании. Я с трудом прочла полстраницы и остановилась.

— Ну переводите же!

— Не могу, Николай Степанович. Я ничего не понимаю.

— Почему же вы не понимаете?

---

[1] Тигр, тигр в лесу *(англ.)*.

— Оттого, что слишком сложно. Я даже не поняла, о чем это.

Гумилев разочарованно развел руками и свистнул.

— Вот так-так! Значит, вы невежественны, как карп?

Я киваю.

— Даже невежественнее карпа, по-видимому, — ничего не понимаю.

— А я всегда был уверен, что поэты самые умные из людей и что философию они постигают, не учась ей. Что ж, я, по-видимому, ошибся. Я очень ошибся в вас.

Я мигаю обиженно и морщу нос.

— Ах, пожалуйста, — неожиданно раздражается Гумилев, — не вздумайте плакать. Если посмеете заплакать, я с вами перестану заниматься. Кисейные недотроги, обижающиеся на каждое слово, не могут быть поэтами. Поняли? Запомнили?

Я поняла и даже кивнула в знак того, что запомнила.

— Ну вот и отлично, — одобрил меня Гумилев. — Но неужели вы совсем не знаете философии? Ведь философия необходима поэту. Неужели вы не читали «Критики чистого разума» Канта?

— Не читала, — сознаюсь я. — Пробовала, но не поняла.

— И Шопенгауэра не читали? И Ницше?

— Не читала.

— Неужели? — Левый глаз Гумилева с недоверием уставляется на меня, правый с таким же недоверием и любопытством смотрит в огонь печки.

— Даже забавно. Но ничего. Мы это исправим. — Он встает, идет в спальню и возвращается, держа в руке книгу в синем сафьяновом переплете.

— Начнем с Ницше. К тому же он еще и поэт. Это совсем легко, увидите. Легко и понятно. Вот вам — «Так говорил Заратустра». Если и это не поймете, ну тогда я действительно ошибся.

Но я поняла. И Гумилев в награду подарил мне своего «Так говорил Заратустра» в сафьяновом переплете, сделав на нем в шутку неприятную надпись из «Бориса Годунова».

Учись, мой сын: наука сокращает
Нам опыты быстротекущей жизни...

Этот Ницше прибыл со мной в эмиграцию и погиб только во время бомбардировки нашего дома в Биаррице в 1944 году.

Ницше я прочла без особого труда. Прочла я и «По ту сторону добра и зла», и все книги Ницше, бывшие у Гумилева.

Ницше — знакомство с ним помогло мне многое понять в самом Гумилеве. Я поняла, что Ницше имел на него огромное влияние, что его напускная жестокость, его презрение к слабым и героический трагизм его мироощущения были им усвоены от Ницше.

И часто потом я подмечала, что он сам, не отдавая себе в этом отчета, повторял мысли Ницше.

Он говорил:

— Герои и великие поэты появляются во времена страшных событий, катастроф и революций. Я это чувствую.

Или:

— В каком-то смысле мне иногда хочется, чтобы люди стали еще злее и мир еще более ужасным и страшным. Люди, не умеющие переносить несчастие, возбуждают во мне презрение, а не сочувствие.

Но я знала, что это только поза, только игра в бессердечие и жестокость, что на самом деле он жалостлив и отзывчив. И даже сентиментален.

Как он любил вспоминать свое детство! У него теплел голос и менялось выражение лица, когда он произносил:

— Я был болезненный, но до чего счастливый ребенок...

— Мое детство было до странности волшебным, — рассказывал он мне. — Я был действительно колдовским ребенком. Я жил в каком-то мною самим созданном мире, еще не понимая, что это мир поэзии. Я старался проникнуть в тайную суть вещей воображением. Не только вещей, но и животных. Так, у нашей кошки Мурки были крылья, и она ночами улетала в окно, а собака моей сводной сестры, старая и жирная, только притворялась собакой, а была — это я один знал — жабой. Но и люди вокруг меня были не тем, чем казались, что не мешало мне их всех — зверей и людей — любить всем сердцем. Мое детское сердце. Для поэта важнее всего сохранить детское сердце и способность видеть мир преображенным.

О своем детстве он мог говорить без конца.

— Детство самая главная, самая важная часть жизни. У поэта непременно должно быть очень счастливое детство. — И, подумав, добавлял: — Или очень несчастное. Но никак не скучное, среднее, серое. Я родился поэтом, а не стал им, как другие. Да, я действительно был колдовской ребенок, маленький маг и волшебник. Таким я сам себя считал. Тогда уже во мне возникло желание воплотить

мечту мою,
Будить повсюду обожанье.

В сущности, это ключ к пониманию меня. Меня считают очень сложным, но это неправильно — я прост. Вот когда вы меня хорошо узнаете, вы поймете, до чего я прост.

Когда вы меня хорошо до конца узнаете...

Но мне, повторяю, несмотря на наши почти ежедневные встречи, так и не удалось его узнать — до конца. Мы возвращаемся из Таврического сада.

— Я в молодости был ужасным эстетом и снобом, — рассказывает Гумилев, — я не только носил цилиндр, но завивал волосы и надевал на них сетку. И даже подкрашивал губы и глаза.

— Как? Не может быть. «Конквистадор в панцире железном», африканский охотник подкрашивался, мазался?

Должно быть, в моем голосе звучит негодование.

Гумилев отвечает не без обиды:

— Да, представьте себе, мазался. Тогда это, с легкой руки Кузмина, вошло в моду, хотя это вас и возмущает. Почему одним женщинам позволено исправлять природу, а нам запрещено? При дворе Генриха Третьего мужчины красились, душились и наряжались больше женщин, что не мешало им быть бесстрашными и храбрыми, как львы.

— Нет, все-таки противно, — говорю я. — И у вас, наверно, был презабавный вид.

Гумилев недовольно пожимает плечами.

— Другая эпоха, другие вкусы. Мы все были эстетами. Ведь не я один. Много поэтов тогда подкрашивалось. Теперь мне это и самому смешно. Но тогда очень нравилось — казалось необычайно смело и остро. Впрочем, я все это бросил давно, еще до женитьбы на Ахматовой.

Мы продолжаем идти, и он снова «погружается в воспоминания»:

— Я ведь всегда был снобом и эстетом. В четырнадцать лет я прочел «Портрет Дориана Грея» и вообразил себя лордом Генри. Я стал придавать огромное значение внешности и считал себя очень некрасивым. И мучился этим. Я действительно, должно быть, был тогда некрасив — слишком худ и неуклюж. Черты моего лица еще не одухотворились — ведь они с годами приобретают выразительность и гармонию. К тому же, как часто у мальчишек, ужасный цвет кожи и прыщи. И губы очень бледные. Я по вечерам запирал дверь и, стоя перед зеркалом, гипнотизировал себя, чтобы стать красавцем. Я твердо верил, что могу силой воли переделать свою внешность. Мне казалось, что я с каждым днем становлюсь немного красивее. Я удивлялся, что другие не замечают, не видят, как я хорошею. А они действительно не замечали.

Я в те дни был влюблен в хорошенькую гимназистку Таню. У нее, как у многих девочек тогда, был «заветный альбом с опросными листами». В нем подруги и поклонники отвечали на вопросы: «Какой ваш любимый цветок и дерево? Какое ваше любимое блюдо? Какой ваш любимый писатель?»

Гимназистки писали — роза или фиалка. Дерево — береза или липа. Блюдо — мороженое или рябчик. Писатель — Чарская.

Гимназисты предпочитали из деревьев дуб или ель, из блюд — индюшку, гуся и борщ, из писателей — Майн Рида, Вальтер Скотта и Жюль Верна.

Когда очередь дошла до меня, я написал не задумываясь: «Цветок — орхидея. Дерево — баобаб. Писатель — Оскар Уайльд. Блюдо — канандер».

Эффект получился полный. Даже больший, чем я ждал. Все стушевались передо мною. Я почувствовал, что у меня больше нет соперников, что Таня отдала мне свое сердце.

И я, чтобы подчеркнуть свое торжество, не стал засиживаться, а отправился домой, сопровождаемый нежным, многообещающим взглядом Тани.

Дома я не мог сдержаться и поделился с матерью впечатлением, произведенным моими ответами. Она выслушала меня внимательно, как всегда.

— Повтори, Коленька, какое твое любимое блюдо. Я не расслышала.

— Канандер, — важно ответил я.

— Канандер? — недоумевая, переспросила она.

Я самодовольно улыбнулся:

— Это, мама, — разве ты не знаешь? — французский очень дорогой и очень вкусный сыр.

Она всплеснула руками и рассмеялась:

— Камамбер, Коленька, камамбер, а не канандер!

Я был потрясен. Из героя вечера я сразу превратился в посмешище. Ведь Таня и все ее приятели могут спросить, узнать о канандере. И как она и они станут надо мной издеваться. Канандер!..

Я всю ночь думал, как овладеть проклятым альбомом и уничтожить его. Таня, я знал, держала его в своем комоде под ключом.

Проникнуть в ее комнату, взломать комод и выкрасть его невозможно — у Тани три брата, родители, гувернантка, прислуга — к ней в комнату не проскользнешь незамеченным.

Поджечь ее дом, чтобы проклятый альбом сгорел? Но квартира Тани в третьем этаже, и пожарные потушат пожар прежде, чем огонь доберется до нее.

Убежать из дому, поступить юнгой на пароход и отправиться в Америку или Австралию, чтобы избежать позора? Нет, и это не годилось. Выхода не было.

К утру я решил просто отказаться от разделенной любви, вычеркнуть ее из своей жизни и больше не встречаться ни с Таней, ни с ее приятелями. Они, к счастью, все были не в одном со мною классе, и мне не стоило большого труда избегать их.

Но все это оказалось тщетной предосторожностью. Никто из них, по-видимому, не открыл, что такое «канандер». Нелюбопытные были дети. Неинтеллигентные.

Таня напрасно присылала мне розовые записки с приглашением то на именины, то на пикник, то на елку. Я не удостаивал их ответом. А на гимназическом балу она прошла мимо меня, не ответив на мой поклон.

— А вы все продолжали ее любить? — спрашиваю я.

Он машет рукой.

— Какое там. Сразу как ножом отрезало. От страха позора прошло бесследно. У меня в молодости удивительно быстро проходила влюбленность.

— Не только в молодости, но и сейчас, кажется, Николай Степанович, — замечаю я насмешливо.

Он весело кивает.

— Да, что греха таить. На бессмертную любовь я вряд ли способен. Хотя кто его знает? Голову на отсечение не дам. Ведь я сам Дон Жуан до встречи...

Но о Дон Жуане он в тот день не успевает мне ничего рассказать.

Прямо перед нами толпа прохожих. На что они смотрят? Мы подходим ближе и видим яростно грызущихся собак, грызущихся не на жизнь, а на смерть. Они сцепились так, что кажутся большим, оглушительно рычащим, катающимся по мостовой клубком черно-рыжей взъерошенной шерсти. Прохожие кричат и суетятся вокруг них.

— Воды! Притащите воды. Надо их разлить. А то загрызут друг друга.

— Откуда достать воды?

— А жаль, красивые, здоровые псы! Ничего с ними не поделаешь.

Кто-то боязливо протягивает руку, стараясь схватить одну из собак за ошейник.

— Осторожно! Разъярились псы, осатанели, отхватят руку! Их бы из рогатки, тогда пожалуй!.. Или оглоблей.

— Если бы мы были в Англии, — говорит Гумилев, — тут уже начали бы пари держать. Кто за черного, кто за рыжего. Азартный народ англичане.

Гумилев выпрямляется и тем же шагом идет прямо на грызущихся собак.

— А я готов пари держать, что псиный бой кончится вничью.

— Николай Степанович! — Я не успеваю удержать его за полу дохи. — Ради Бога, не трогайте их!

Он властным жестом раздвигает прохожих, и они расступаются перед ним, — и вдруг он, не останавливаясь, а продолжая спокойно идти, со всех сил бьет ногой в кружащихся на снегу, сцепившихся мертвой хваткой собак.

Мгновенье — и собаки, расцепившись, отскакивают друг от друга и с воем стремглав, поджав хвосты, бросаются в разные стороны.

И вот их уже не видно.

А Гумилев так же спокойно, не удостаивая вниманием всеобщее одобрение прохожих, возвращается ко мне.

— Этому приему я научился еще у себя в имении. У нас там злющие псы овчарки. Надо только правильно удар рассчитать, — говорит он с напускным равнодушием, но я вижу, что он очень горд одержанной победой. Будто он разнял дерущихся львов, рискуя жизнью.

— Я так испугалась. Ведь они могли вас разорвать на куски, вы просто герой, Николай Степанович!

Он снисходительно улыбается мне.

— Ну, уж и герой!.. Скажете тоже...

В тот вечер Гумилев позвонил мне по телефону, предупреждая меня, что, если я ничем не занята, он зайдет ко мне через час.

Я ничем не была занята, но если бы у меня не было ни минуты свободной, я все равно ответила бы:

— Конечно, приходите! Я страшно рада.

Гумилев очень редко пользовался телефоном, и то, что он позвонил мне, меня действительно страшно обрадовало. Я не видела его несколько дней. Он уезжал в Бежецк к матери и жене и только сегодня вернулся.

Я ради такого исключительного случая решила затопить камин в кабинете. Обыкновенно у нас топилась только «буржуйка» в столовой. У Гумилева камина не было, а ему очень нравилось сидеть на медвежьей шкуре, глядя в огонь камина.

— До чего приятно, — говорил он, жмурясь от удовольствия, — будто меня шоколадным тортом угощают.

Я заняла у наших соседей четыре полена, с обещанием отдать шесть поленьев на будущей неделе. Ростовщические условия, но я согласилась на них.

Гумилев пришел вовремя. Он всегда был очень точен и ненавидел опаздывать.

— Пунктуальность — вежливость королей и, значит, поэтов, ведь поэты короли жизни, — объяснял он, снимая свою оленью доху и ушастую шапку, известную всему Петербургу.

В те дни одевались самым невероятным образом. Поэт Пяст, например, всю зиму носил канотье и светлые клетчатые брюки, но все же гумилевский зимний наряд бил все рекорды оригинальности.

Мы уселись в кабинете перед камином. Он очень доволен своей поездкой и рассказывает мне о ней.

— Как быстро растут дети. Леночка уже большая девочка, бегает, шумит и капризничает. Она и Левушка как две капли воды похожи на меня. Они оба разноглазые.

«Разноглазые», то есть косые. Меня это скорее огорчало. Особенно Леночка. Бедная Леночка! А ее мать такая хорошенькая.

— Левушка очень милый и умный мальчик, а Леночка капризна. Знаете, мне иногда трудно поверить, что это мои дети, что я их отец. Отец — как-то совсем неприложимо ко мне: Совсем не подходит. Я хотел бы вернуться в детство.

Peut-on jamais guerir de mon enfance?[1]

---

[1] Можно ли когда-нибудь вылечиться от детства? *(фр.)*

Как это правильно. Мне, слава Богу, не удалось «guerir de mon enfance».

Он поправляет дрова в камине, хотя они сухие и хорошо горят. Но ему всегда хочется, чтобы пламя было еще ярче и дрова еще скорее сгорали. Он говорит, задумчиво глядя в огонь:

— Ничего так не помогает писать стихи, как воспоминания детства. Когда я нахожусь в особенно творческом состоянии, как теперь, я живу будто двойной жизнью: наполовину здесь, в сегодняшнем дне, наполовину там, в прошлом, в детстве. В особенности ночью.

Во сне — не странно ли — я постоянно вижу себя ребенком. И утром, в те короткие таинственные минуты между сном и пробуждением, когда сознание плавает в каком-то сиянии, я чувствую, что сейчас, сейчас в моих ушах зазвучат строчки новых стихов. Но, конечно, иногда это предчувствие обманывает. И сколько ни бьешься, ничего не выходит.

И все же это ощущение, если его только уметь сохранить, помогает потом весь день. Легче работать и веселее дышать.

Хорошо тоже вспоминать вслух свое детство. Тогда переживаешь его острее от желания заставить другого почувствовать то же, что чувствую я. Но это редко удается. Трудно найти настоящего слушателя, способного действительно заинтересоваться чужим детством. Сейчас же начнутся бесконечные банальные рассказы. — Он поворачивается ко мне. — А вот мне Бог послал ваши уши, — добавляет он полунасмешливо. — Всегда готовые меня слушать уши. Это очень приятно. Ведь все хотят говорить не «обо мне и о тебе», как полагается в идеальной беседе, а «обо мне и о себе». Слушать никто никого не желает. За уши я вас больше всего и ценю. За хорошие уши, умеющие слушать.

Да, я умела слушать. Не только слушать, но и переживать вместе с ним его воспоминания. И запоминать их навсегда.

Он подбрасывает новое полено в камин, последнее полено. Но в моем «дровяном запасе» еще сломанный стул и два ящика. Следовательно, можно не жалеть о полене.

— Меня очень баловали в детстве, — продолжает Гумилев. — Больше, чем моего старшего брата.

Он был здоровый, красивый, обыкновенный мальчик, а я — слабый и хворый. Ну конечно, моя мать жила в вечном страхе за меня и любила меня фантастически, так,

> Как любит только мать
> И лишь больных детей.

И я любил ее больше всего на свете. Я всячески старался ей угодить. Я хотел, чтобы она гордилась мной.

Он мечтательно улыбается, снова глядя в огонь, и продолжает:

— Это было летом в деревне. Мне было шесть лет. Моя мать часто рассказывала мне о своих поездках за границу, об Италии. Особенно о музеях, о картинах и статуях. Мне казалось, что она скучает по музеям.

И вот в одно июльское утро я вбежал к ней в спальню очень рано. Она сидела перед туалетом и расчесывала свои длинные волосы. Я очень любил присутствовать при том, как она причесывается и одевается с помощью горничной Вари. Тогда ведь это было длительное и сложное дело — корсет, накрахмаленные нижние юбки, платье, застегивающееся на спине бесконечными маленькими пуговками. Но в то утро я нетерпеливо стал дергать ее за руку: «Идем, идем, мама, в сад. Я приготовил себе сюрприз».

Я был так взволнован, что она уступила и как была, в пеньюаре, в ночных туфельках, с распущенными волосами, согласилась идти со мной.

В саду я взял ее за руку:

— Закрой глаза, мама, и не открывай, пока я не скажу. Я поведу тебя.

И она, смеясь, дала мне вести себя по дорожке. Я был так горд. Я задыхался от радости.

— Вот, мама, смотри. Это я для тебя! Это музей! Твой музей!

Она открыла глаза и увидела: на клумбе между цветов понатыканы шесты, на них извивались лягушки и ящерицы.

Четыре лягушки, две жабы и две ящерицы. Поймать их мне стоило большого труда.

— Это для тебя, мама. Я сам все сделал! Для тебя!

Она с минуту молча смотрела, будто не понимая, потом вырвала свою руку из моей.

— Как ты мог! Какой ужас! — И, не оглядываясь, побежала в дом. Я бежал за ней, совершенно сбитый с толку. Я ждал восторженных похвал и благодарности, а она кричала:

— Скверный, злой, жестокий мальчишка! Не хочу тебя видеть!

Добежав до крыльца, я остановился и заплакал. Она не поняла. Она не сумела оценить моего первого творчества. Я чувствовал себя оскорбленным. Раз она не любит меня, не хочет меня больше видеть, я уйду от нее. Навсегда. И я повернул обратно, прошел весь сад, вышел на дорогу и пошел по ней в лес. Я знал, что в лесу живут разбойники, и тут же решил стать и сам разбойником, а может быть даже — у меня всегда были гордые мечты — стать атаманом разбойников.

Но до леса мне дойти не удалось — он был в пяти верстах. Меня очень скоро хватились, и за мной уже неслась погоня. Брат и двое дворовых верхом, мама в коляске.

Пришлось вернуться.

Нет, меня не бранили и не наказали за попытку бегства из дома. Напротив даже. Возвращение блудного сына было, как и полагается, пышно отпраздновано — мать подарила мне книжку с картинками и игрушечный лук со стрелами, а к обеду подали мои любимые вареники с вишнями. Но моей разбойничьей карьере был положен конец. А жаль! Из меня мог бы выйти лихой атаман разбойников.

Он смеется, и я тоже смеюсь. Я никак не могу представить себе Гумилева разбойничьим атаманом. Впрочем, как и гусаром Смерти или африканским охотником на львов. Не могу. У него для этого на редкость неподходящая наружность. Он весь насквозь штатский, кабинетный, книжный. Я не понимаю, как он умудрился наперекор своей природе стать охотником и воином.

А он, внимательно глядя мне в лицо, уже отвечает мне, будто читает мои мысли:

— Я с детских лет был болезненно самолюбив. Я мучился и злился, когда брат перегонял меня в беге или лучше меня лазил по деревьям. Я хотел все делать лучше других, всегда быть первым. Во всем. Мне это, при моей слабости, было нелегко. И все-таки я ухитрялся забираться на самую верхушку ели, на что ни брат, ни дворовые мальчишки не решались. Я был очень смелый. Смелость заменяла мне силу и ловкость.

Но учился я скверно. Я почему-то «не помещал своего самолюбия в ученье». Я даже удивляюсь, как мне удалось окончить гимназию. Я ничего не смыслю в математике, да и писать грамотно не мог научиться. И горжусь этим. Своими недостатками следует гордиться. Это их превращает в достоинства.

Я недоумеваю. Я спрашиваю:

— Но какое же достоинство безграмотность?

Он нетерпеливо дергает плечом.

— Ах, всегда вы со своей плоской, трехмерной логикой. Моя безграмотность совсем особая. Ведь я прочел тысячи и тысячи книг, тут и попугай стал бы грамотным. Моя безграмотность свидетельствует о моем кретинизме. А мой кретинизм свидетельствует о моей гениальности. Поняли? Усвоили? Ну, ну, не хохлитесь! Не морщите нос! Я шучу.

Он, конечно, шутил. Впрочем, только наполовину. В свою гениальность он верил. И нисколько не стеснялся своей безграмотности. Писал он действительно непостижимо неправильно. Когда ему указывали на его ошибки, он только удивленно качал головой:

— Кто его знает! Вы, пожалуй, правы. Пусть будет по-вашему.

Мне давно хотелось узнать, когда он начал сочинять стихи. Мне казалось, что непременно совсем маленьким, еще до времен музея.

— Нет, — говорит он, — гораздо позже музея. Как ни странно, я, несмотря на то что создал себе свой особый мир, в котором

...Каждый куст придорожный
Мне шептал: поиграй со мной,
Обойди меня осторожно
И узнаешь, кто я такой —

несмотря на мое поэтическое восприятие жизни и мира, о стихах не помышлял.

Зато с какой невероятной силой обрушились они на меня и завладели мною в четырнадцать лет. Мы переселились в Тифлис. И там, когда я проезжал впервые по Военно-Грузинской дороге, это и началось. Кавказ просто ошеломил меня. На меня вдруг нахлынули стихи Пушкина и Лермонтова о Кавказе. Я их знал и любил уже прежде. Но только здесь я почувствовал их магию. Я стал бредить ими и с утра до вечера, и с вечера до утра твердил их. Там же, в Тифлисе, я впервые напечатал в «Тифлисском листке» свои стихи. Такой уж я был решительный и напористый. Читать их вам не хочу. Верьте на слово, что дрянь. Да еще и демоническая. Не хочу. И не буду. Не приставайте.

Он отмахивается от меня рукой.

— Но запомните: с опубликованием своих шедевров спешить не надо. Как я жалел, что выпустил «Путь конквистадоров». Не сразу, конечно. Жалел потом. Скупал его и жег в печке. А все-таки, к моему стыду, этот «Путь конквистадоров» еще и сейчас где-то сохранился. Ничего не поделаешь. Не надо торопиться. И все же много стихов «Романтических цветов», уже настоящей книги, было написано еще в гимназии. Как, например:

Мой старый друг, мой верный Дьявол,
Пропел мне песенку одну...

Этот «старый друг» явился результатом двойки, полученной мною на уроке алгебры. И утешил меня.

Но это было уже в Царском, в последних классах.

В Тифлисе мы провели два года. Там-то я впервые и почувствовал себя тем самым поэтом, который

верил ветрам юга,
В каждом шуме слышал вздохи лир,
Говорил, что жизнь его подруга,
Коврик под его ногами — мир.

Гумилев любил играть во всевозможные, часто им самим тут же выдуманные игры. Особенно в «театр для себя».

Осенью 1919 года, накануне второй годовщины Октябрьской революции — ее готовились пышно отпраздновать, — он с таинственным видом сказал мне:

— Завтра и мы с вами попразднуем и повеселимся. Не спрашивайте как. Увидите. Наденьте только ваше рыжее, клетчатое пальто и рыжую замшевую шапочку.

Мое рыжее, клетчатое пальто — я им впоследствии поменяюсь в стихах со статуей в Летнем саду:

А она уходит, напевая,
В рыжем, клетчатом пальто моем —

мое клетчатое пальто, привезенное мне во время войны из Лондона. Оно не очень теплое, а в Петербурге в конце октября холодно, и я уже ходила в шубке.

Но Гумилев настаивал:

— Наденьте непременно клетчатое пальто. Я зайду за вами в три часа, завтра.

Он пришел ровно в три. Хотя часов у него не было. Не только на руке или в кармане, но даже дома.

Его часы остановились еще летом. Часовщик за починку запросил несуразно дорого. Купить новые оказалось невозможным. С тех пор Гумилев научился определять время без часов, «шестым чувством-бис» — чувством времени.

— У гениев и кретинов чувство времени безошибочно. А я, как известно, помесь гения с кретином. Нет ничего удивительного, что за три месяца я ни разу никуда не опоздал. Все же, — рассказывал он мне как-то, — я сегодня утром так увлекся, переводя старинные французские песенки, что забыл обо всем, даже и о том, что должен быть на заседании «Всемирной литературы» на Моховой. Выхожу на улицу, спрашиваю первого встретившегося прохожего: «Простите, который час?» Тот в ответ развел недоумевающе руками: «А кто его знает?» — и побрел дальше.

Вот если бы у меня была кошка, я бы, как китайцы, по ее зрачкам определял время, до полминуты. Но заведешь кошку — она всех мышей переловит. А я их берегу на случай настоящего голода, про черный день. Михаил Леонидович Лозинский даже пустил слух, что я не только прикармливаю их, но и предательски здороваюсь со старшей мышью за лапку. Вздор. Не верьте. Даже по отношению к мыши я предателем быть не могу...

Я открыла Гумилеву сама — и ахнула. Он стоял в дверях в длинном, почти до пят, макферлане-крылатке, с зонтиком под мышкой. На шее — шотландский шарф. На голове большая кепка, похожая на блин с козырьком. Полевой бинокль через плечо на ремне.

— Hallo! — приветствовал он меня, — Let's go![1] — И он со смехом объяснил мне, что мы с ним англичане. Он — приехавший на Октябрьские торжества делегат Labor Party[2], а я его секретарша.

Критически оглядев меня, он кивнул:

— Отлично. Настоящая english girl in her teens[3], и даже волосы у вас английские — «оберн». Ведь и я настоящий англичанин, а?

Не знаю, как я, но он на англичанина совсем не был похож. Разве что на опереточного, прошлого века. И где только он откопал свой допотопный макферлан и эту нелепую кепку? Но он сам был так доволен своим видом, что я согласилась, сдерживая смех:

— Стопроцентный английский делегат.

— Помните, мы не говорим по-русски. Не понимаем ни слова. И в Петербурге впервые.

Мы вышли на Невский и там ходили в толпе, обмениваясь впечатлениями, и громко спрашивали, указывая пальцем то на Гостиный двор, то на Аничков дворец, то на Казанский собор:

---

[1] Хэлло! Пошли! *(англ.)*

[2] Лейбористской партии *(англ.)*.

[3] Английская молоденькая девушка *(англ.)*.

— What is that?[1] — После многократно повторенного ответа Гумилев снимал с головы свой блин и невозмутимо флегматически заявлял:

— I see. Thank you ever so much[2]: Кози́-Сабо́ (Казанский собор).

И хотя мы и видом и поведением напоминали скорее ряженых, чем англичан, до нас все время доносилось:

— Англичане! Смотри, английские делегаты!

Я, не в силах сдержаться, громко смеялась. Гумилев же сохранял англосаксонскую выдержку.

Мы проделали все, что полагалось: смотрели на процессии, аплодировали и даже подпевали. Оба мы были абсолютно безголосы и лишены слуха. Но нам, как гостям-англичанам, все было позволено. Стоявший рядом с нами красноармеец с явным удовольствием и даже умилением слушал, как Гумилев выводил глухим, уходящим в небо голосом тут же сымпровизированный им перевод «Интернационала». Я же, между двумя приступами смеха, душившего меня, только выкрикивала какое-то вау-лау, лау-вау-ююю!

Окончив к общему удовольствию пение, мы вместе с толпой двинулись дальше. Гумилев стал спрашивать «The way to Wassilo Ostow»[3], повторяя настойчиво «уосило осто». Но никто, несмотря на явное желание помочь иностранцу, не мог понять, чего он добивается. Гумилев благодарил, улыбался, азартно повторяя:

— Wonderfull! O, yes! Your great Lenine! Karl Marx! O, yes![4] — и пожимал тянувшиеся к нему со всех сторон руки.

Какой-то особенно любезный товарищ вдруг громко заявил:

— Должно, от своих отбились. Заплутались. Надо их на трибуны доставить. Где милиционер?

Гумилев горячо — Thank you. Thank you![5] — поблагодарил его и, подхватив меня под руку, бросился со мной назад, в обратную сторону, будто увидел в толпе англичанина.

---

[1] Что это? *(англ.)*

[2] Понятно. Премного благодарен *(англ.)*.

[3] Дорогу на Васильевский остров *(англ.)*.

[4] Чудесно! О да! Ваш великий Ленин! Карл Маркс! О да! *(англ.)*

[5] Спасибо. Спасибо! *(англ.)*

Забежав за угол, мы остановились перевести дух. Тут было тихо и пусто.

— Ох, даже жарко стало. — Гумилев весь трясся от смеха. — Хороши бы мы были на трибуне! Представляете себе? Еще сняли бы нас! И завтра наши портреты появились бы в «Красной газете»! И никто, решительно никто нас бы не узнал. Ну, нечего время терять, идем!

И мы снова вышли на Невский и смешались с толпой. Так мы проходили до самого вечера, в полном восторге.

Когда в толпе начались пляски, мы, хотя и с большим трудом, в особенности я, удержались и не пустились в пляс. Гумилев, для большей убедительности подняв зонтик к звездному небу, заявил:

— An Englishman does not dance in the street. It is shocking![1] — А я, ослабев от смеха, в изнеможении прислонилась к стене:

— Довольно. Больше не могу. Ведите меня домой!..

На следующий день в Студии Гумилев рассказал Лозинскому об «английских делегатах». Но Лозинский отнесся к нашему развлечению очень неодобрительно:

— С огнем играешь, Николай Степанович. А что было бы, если бы вас забрали в милицию?

— Ничего не было бы, — перебил его Гумилев. — Никто тронуть меня не посмеет. Я слишком известен.

Лозинский покачал головой:

— Я совсем не уверен, что не посмеют, если захотят. Не надо «им» подавать повода. Ты слишком легкомыслен.

— А ты, Михаил Леонидович, слишком серьезен и благоразумен. Мне скучно без развлечений.

Лозинский не сдавался:

— Никто не мешает тебе развлекаться, чем и как хочешь. Только не задевай «их». Оставь «их» в покое!

Гумилев достал свой большой черепаховый портсигар и постучал папиросой по крышке. Как всегда, когда был раздражен.

---

[1] Англичанин не танцует на улице. Это шокирует! *(англ.)*

— Ты недорезанный буржуй, вот ты кто, Михаил Леонидович. Нам друг друга не понять. Тебе бы только покой и возможность работать у себя в кабинете. А мне необходимо vivre dangereusement[1]. Оттого мне вчера и весело было, что все-таки чуточку опасно — в этом ты прав. Без опасности и риска для меня ни веселья, ни даже жизни нет. Но тебе этого не понять...

Дома, когда я проболталась о том, как мы веселились на Октябрьских торжествах, мне сильно попало. Отец хотел даже «объясниться по этому поводу» с Гумилевым.

— Ты отдаешь себе отчет, что могла очутиться на Шпалерной с обвинением в шпионаже? — горячился отец. — Никто не поверил бы, что нашлись идиоты, для забавы разыгрывающие англичан-делегатов!

Нет, я не «отдавала себе отчета». Мне казалось, что перепуганные, затравленные «буржуи» боятся даже собственной тени и делают из мухи слона. И я, защищаясь, повторяла:

— Если бы ты знал, как весело было. И как мы смеялись.

— А если бы тебя и твоего Гумилева поволокли расстреливать, вы бы тоже смеялись и веселились?

На это отвечать было нечего.

Но в те дни я не верила не только в возможность быть расстрелянной, но и просто в опасность. «Кай смертен», и с ним, конечно, случаются всякие неприятности. Но меня это не касается. У меня было особое чувство полной сохранности, убеждение, что со мной ничего дурного не случится.

Зима 1919 — 1920 годов. Очень холодная, очень голодная, очень черная зима.

Я каждый день возвращаюсь поздно вечером из Института живого слова одна. По совершенно безлюдным, темным — «хоть глаз выколи» — страшным улицам. Грабежи стали бытовым явлением. С наступлением сумерек грабили всюду. В полной тишине, в полной темноте иногда доносились шаги шедшего впереди. Я старалась приблизиться к ним. Мне и в голову не приходило, что сейчас может вспыхнуть свет элект-

---

[1] Жить рискованно *(фр.)*.

рического фонарика и раздастся грозное: «Скидывай шубу!», мою котиковую шубку с горностаевым воротничком. Я ее очень любила. Не как вещь, а как живое существо, и называла ее Мурзик.

Мурзик нравился и Гумилеву. Иногда утром, зайдя неожиданно ко мне, Гумилев предлагал:

— А не прогулять ли нам Мурзика по снегу? Ему ведь скучно на вешалке висеть.

Я всегда с радостью соглашалась.

Проходя мимо церкви, Гумилев всегда останавливался, снимал свою оленью ушастую шапку и истово осенял себя широким крестным знамением, «на страх врагам». Именно «осенял себя крестным знамением», а не просто крестился.

Прохожие смотрели на него с удивлением. Кое-кто шарахался в сторону. Кое-кто смеялся. Зрелище действительно было удивительное. Гумилев, длинный, узкоплечий, в широкой дохе с белым рисунком по подолу, развевающемуся как юбка вокруг его тонких ног, без шапки на морозе, перед церковью, мог казаться не только странным, но и смешным.

Но чтобы в те дни решиться так резко подчеркивать свою приверженность к гонимому «культу», надо было обладать гражданским мужеством.

Гражданского мужества у Гумилева было больше, чем требуется. Не меньше, чем легкомыслия.

Однажды на вечере поэзии у балтфлотцев, читая свои африканские стихи, он особенно громко и отчетливо проскандировал:

> Я бельгийский ему подарил пистолет
> И портрет моего государя.

По залу прокатился протестующий ропот. Несколько матросов вскочило. Гумилев продолжал читать спокойно и громко, будто не замечая, не удостаивая вниманием возмущенных слушателей.

Кончив стихотворение, он скрестил руки на груди и спокойно обвел зал своими косыми глазами, ожидая аплодисментов.

Гумилев ждал и смотрел на матросов, матросы смотрели на него.

И аплодисменты вдруг прорвались, загремели, загрохотали.

Всем стало ясно: Гумилев победил. Так ему здесь еще никогда не аплодировали.

— А была минута, мне даже страшно стало, — рассказывал он, возвращаясь со мной с вечера. — Ведь мог же какой-нибудь товарищ-матрос, «краса и гордость красного флота», вынуть свой небельгийский пистолет и пальнуть в меня, как палил в «портрет моего государя». И заметьте, без всяких для себя неприятных последствий. В революционном порыве, так сказать.

Я сидела в первом ряду между двумя балтфлотцами. И так испугалась, что у меня, несмотря на жару в зале, похолодели ноги и руки. Но я не думала, что и Гумилеву было страшно.

— И даже очень страшно, — подтвердил Гумилев. — А как же иначе? Только болван не видит опасности и не боится ее. Храбрость и бесстрашие не синонимы. Нельзя не бояться того, что страшно. Но необходимо уметь преодолеть страх, а главное, не показывать вида, что боишься. Этим я сегодня и подчинил их себе. И до чего приятно. Будто я в Африке на львов поохотился. Давно я так легко и приятно не чувствовал себя.

Да, Гумилев был доволен. Но по городу пополз, как дым, прибитый ветром, «слух» о «контрреволюционном выступлении Гумилева». Встречаясь на улице, два гражданина из «недорезанных» шептали друг другу, пугливо оглядываясь:

— Слыхали? Гумилев-то! Так и заявил матросне с эстрады: «Я монархист, верен своему государю и ношу на сердце его портрет». Какой молодец, хоть и поэт!

Слух этот, возможно, дошел и до ушей, совсем не предназначавшихся для них. Вывод: Гумилев монархист и активный контрреволюционер — был, возможно, сделан задолго до ареста Гумилева.

...Шесть часов вечера. Падает снег. Я иду домой с родственных именин. По Бассейной.

Я сегодня ни в Студии, ни в «Живом слове» не была. И не видела Гумилева.

Меня ждут дома. Но я сворачиваю на Преображенскую. Ничего, опоздаю к обеду — к этому у меня уже привыкли.

Я поднимаюсь с черного хода. Парадный недавно заколотили — для тепла и за ненадобностью. «Нет теперь господ, чтобы по парадным шляться!»

Дверь кухни открывает Паша, старая, мрачная домработница, неизвестно как и почему служащая у Гумилева. То ли Аня — вторая жена Гумилева, дочь профессора Энгельгардта — оставила ее мужу в наследство, уезжая с новорожденной дочкой в Бежецк, то ли сам Гумилев, угнетенный холостым хозяйством, предложил мешочнице, продававшей на углу яблоки из-под полы:

— Хотите у меня работать? Сыты будете.

Как бы там ни было, но Паша верой и правдой служила Гумилеву, к их обоюдному удовольствию. Исчезла она — и опять по неизвестной мне причине, не то умерла, не то ей снова захотелось мешочничать — весной 1921 года.

Сейчас она еще здесь и встречает меня мрачно-фамильярным:

— Входите. Дома!

Эта Паша, несмотря на свою мрачность, была не лишена стремления к прекрасному. Иногда, когда Гумилев читал мне стихи, дверь комнаты, где мы сидели, вдруг открывалась толчком ноги и на пороге появлялась Паша.

Гумилев недовольно прерывал чтение.

— Что вам, Паша?

— А ничего, Николай Степанович, — мрачно отвечала Паша, уютно прислонившись к стенке, спрятав руки под передник. — Послушать пришла стишки. Только и всего.

И Гумилев, благосклонно кивнув ей, продолжал чтение, будто ее и не было в комнате. Как-то он все же спросил ее:

— Нравится вам, Паша?

Она застыдилась, опустила голову и прикрыла рот рукой:

— До чего уж нравится! Непонятно и чувствительно. Совсем как раньше в церкви бывало.

Ответ этот поразил Гумилева:

— Удивительно, как простой народ чувствует связь поэзии с религией! А я и не догадывался.

Впустив меня, Паша возвращается к примусу, а я, стряхнув снег с шубки и с ног, иду через холодную столовую.

Никогда я не входила к Гумилеву без волнения и робости. Я стучу в дверь.

— Войдите!

И я вхожу.

Низкая комната, мягкая мебель,
Книги повсюду и теплая тишь...

Впрочем, я лучше приведу полностью все это стихотворение, написанное мною под Рождество 1920 года:

Белым полем шла я ночью,
И странник шел со мной.
Он тихо сказал, качая
Белоснежной головой:
— На земле и на небе радость —
Сегодня Рождество!
Ты грустна оттого, что не знаешь, —
Сейчас ты увидишь его.
И поэт прошел предо мною,
Сердцу стало вдруг горячо.

И тогда сказал мне странник:
— Через правое взгляни плечо.

Я взглянула — он был печальный,
Добрый был он, как в стихах своих,
И в небе запели звезды,
И снежный ветер затих.

И опять сказал мне странник:
— Через левое плечо взгляни.
Я взглянула.
Поднялся ветер,
И в небе погасли огни.
А он стал злой и веселый,
К нему подползла змея,

Под тонкой рукой блеснула
Пятнистая чешуя.

Год прошел и принес с собою
Много добра и много зла,
И в дом пять, по Преображенской,
Я походкой робкой вошла:

Низкая комната. Мягкая мебель,
Книги повсюду и теплая тишь.
Вот сейчас выползет черепаха,
Пролетит летучая мышь...
Но все спокойно и просто,
Только совсем особенный свет:

У окна папиросу курит
Не злой и не добрый поэт.

Да, все совсем так, как в моем стихотворении. Все правильно — и разбросанные повсюду книги, и теплая тишь, и сказочное ощущение, что «вот сейчас выползет черепаха, пролетит летучая мышь», и «особенный свет», таинственно освещающий курящего Гумилева. Свет горящей печки. Ведь Гумилев курит не у окна, а у печки.

Гумилев встает и церемонно здоровается со мной, прежде чем помочь мне снять шубку. Он совсем не удивлен моим неожиданным приходом, хотя вчера было условлено, что мы сегодня не увидимся.

— Я вас ждал. Я знал, что вы сейчас придете.

— Ждали? Но ведь я совсем не собиралась идти к вам. Я шла домой.

Гумилев пожимает плечами.

— Шли домой, а пришли ко мне. Оттого, что мне очень хотелось вас сейчас увидеть. Я сидел здесь у печки и заклинал огонь и звал вас. И вот — вы пришли. Против своей воли пришли.

Я не знаю, шутит он или говорит серьезно. Но я стараюсь попасть ему в тон:

— Должно быть, я действительно почувствовала. И потому пришла к вам.

Он пододвигает зеленое креслице к печке.

— Мне сегодня ужасно тяжело с утра. Беспричинно тяжело, — искренно и просто признается он. Даже голос его звучит иначе, чем всегда, тише и мягче. — Как я одинок, Господи! Даже поверить трудно.

— Одиноки? — недоверчиво переспрашиваю я. — Но ведь у вас столько друзей и поклонников. И жена, дочь и сын, и брат. И мать.

Он нетерпеливо машет рукой.

— Ах, все это не то! Это все декорация. Неужели вы не понимаете? У меня нет никого на свете. Ни одного друга. Друзей вообще не существует. До чего я одинок! Даже поверить нельзя. Я всегда сам по себе. Всегда «я», никогда ни с кем не «мы». И до чего это тяжело.

Он вздыхает, глядя в огонь.

Я понимаю, что ему очень тяжело, очень грустно. Я молчу, не зная, чем ему помочь. И можно ли вообще ему помочь? Что ему сказать? Что?

Он поворачивает ко мне лицо, освещенное снизу пламенем печки. Один из его косящих глаз продолжает смотреть в огонь, другой выжидательно останавливается на мне.

Я, как всегда, чувствую себя неловко под его раздвоенным взглядом. Я растерянно моргаю и молчу. Все утешения кажутся мне такими ничтожными и глупыми.

Он продолжает молчать, и мне становится невыносимо его молчание. И этот взгляд. Мне хочется вскочить, схватить его за руку и вместе с ним побежать по снежным улицам в Дом литераторов.

Там светло, шумно и многолюдно. Там всегда можно встретить Кузмина с Юрочкой Юркуном. И мало ли еще кого?

Но я молчу. И Гумилев, глядя на меня, вдруг неожиданно улыбается. Конечно, он смеется надо мной. У меня, должно быть, от смущения и незнания, что сказать, очень комичный вид. Но я отвечаю улыбкой на его улыбку.

— Вот мне и легче стало, — говорит он повеселевшим голосом. — Просто от вашего присутствия. Посмотрел на ваш бант. Такая вы забавная, в особенности когда молчите. Как хорошо, что вы пришли.

Да, очень хорошо. В этот снежный зимний вечер он не говорил, как обычно, о поэзии, поэтах и стихах, а только о себе, о своем одиночестве, о смерти.

— Все мы страшно, абсолютно одиноки. Каждый замурован в себе. Стучи не стучи, кричи не кричи, никто не услышит. Но ничто не спасает от одиночества, ни влюбленность, ни даже стихи. А я к тому же живу совсем один. И как это тягостно! Знаете, я недавно смотрел на кирпичную стену и завидовал кирпичикам. Лежат так тесно прижавшись друг к другу, все вместе, все одинаковые. Им хорошо. А я всюду один, сам по себе. Даже в Бежецке. В первый же день мне становится скучно. Я чувствую себя не на своем месте даже в своей семье. Мне хочется скорее уехать, хотя я к ним всем очень привязан и очень люблю свою мать. — Он разводит руками. — А вот поймите, я там чувствую себя еще более одиноким, чем здесь.

Он поправляет игрушечной саблей горящие в печке поленья и продолжает:

— Я в последнее время постоянно думаю о смерти. Нет, не постоянно, но часто. Особенно по ночам. Всякая человеческая жизнь, даже самая удачная, самая счастливая, — трагична. Ведь она неизбежно кончается смертью. Ведь как ни ловчись, как ни хитри, а умереть придется. Все мы приговорены от рождения к смертной казни. Смертники. Ждем — вот постучат на заре в дверь и поведут вешать. Вешать, гильотинировать или сажать на электрический стул. Как кого. Я, конечно, самонадеянно мечтаю, что

Умру я не на постели
При нотариусе и враче...

Или что меня убьют на войне. Но ведь это, в сущности, все та же смертная казнь. Ее не избежать. Единственное равенство людей — равенство перед смертью. Очень банальная мысль, а меня все-таки беспокоит. И не только то, что я когда-нибудь, через много-много лет, умру, а и то, что будет потом, после смерти. И будет ли вообще что-нибудь? Или все кончается здесь на земле: «Верю, Господи, верю, помоги моему неверию...»

Он на минуту замолкает, глядя на пляшущее в печке пламя. И вдруг, повернувшись ко мне, неожиданно предлагает:

— Давайте пообещаем друг другу, поклянемся, что тот, кто первый умрет, явится другому и все, все расскажет, что там.

Он протягивает мне руку, и я, не колеблясь, кладу в нее свою.

— Повторяйте за мной, — говорит он медленно и торжественно. — Клянусь явиться вам после смерти и все рассказать, где бы и когда бы я ни умерла. Клянусь.

Я послушно повторяю за ним:

— Клянусь!

Он, не выпуская моей руки, продолжает еще торжественнее:

— И я клянусь, где бы и когда бы я ни умер, явиться вам после смерти и все рассказать. Я никогда не забуду этой клятвы, и вы никогда не забывайте ее. Даже через пятьдесят лет. Даже если мы давно перестали бы встречаться. Помните, мы связаны клятвой.

Он выпускает мою руку, и я прячу ее в карман юбки. Мне становится очень неуютно. Что я наделала? Зачем я поклялась? Ведь я с детства до ужаса, до дрожи боюсь привидений и всяких сношений с загробным миром.

— Естественно и логично, что я умру первый. Но знать ничего нельзя. Молодость, к сожалению, не защищает от смерти, — серьезно продолжает он и вдруг перебивает себя: — Что это вы как воробей нахохлились? И отчего вы такая бледная? Неужели испугались?

Я энергично трясу головой, стараясь улыбнуться:

— Нет. Совсем нет.

— Ну и слава Богу! Пугаться нечего. Ведь и я, и вы доживем до самой глубокой старости. Я меньше чем на девяносто лет не согласен. А вы, насколько мне известно, хотите дожить до ста. Так ведь?

— До ста с хвостиком, — поправляю я. — К тому времени, наверно, изобретут эликсир долголетия.

— Непременно изобретут, — соглашается он. — Как мне нравится в вас это желание жить как можно дольше! Ведь обыкновенно молодые девушки заявляют: «Я хочу умереть в двадцать пять лет. Дальше жить неинтересно». А вы — сто с хвостиком! — Он смеется. — Молодец! Ведь чем дольше живешь, тем интереснее. И, я уверен, самое лучшее время — старость. Только в старости и в детстве можно быть совсем, абсолютно счастливым. А теперь хорошо бы чаю попить. — Он встает. — Пойдем скажем об этом Паше.

Мы идем на кухню. Но кухня пуста. Паши нет.

— Должно быть, пошла хвоститься за хлебом в кооператив, — говорит Гумилев. — Ничего, я хитрый, как муха, и сам могу приготовить чай.

Он наливает воду в большой алюминиевый чайник, снимает кастрюльку с примуса и ставит на него чайник. Все это он проделывает с видом фокусника, вынимающего живого кролика из своего уха.

Мы садимся за кухонный стол и ждем, пока вскипит вода. Ждем долго.

— Удивительно некипкая, глупая вода, — замечает Гумилев. — Я бы на ее месте давно вскипел.

И как бы в ответ крышка чайника начинает громко хлопать.

— Вот видите, — торжествует Гумилев, — обиделась и сразу закипела. Я умею с ней обращаться. Вода, как женщина, — надо ее обидеть, чтобы она вскипела. А то бы еще час ждали.

Мы возвращаемся к печке пить чай.

Гумилев достает из шкафа кулек с «академическим изюмом».

— Я сегодня получил академический паек. И сам привез его на саночках, — рассказывает он. — Запрягся в саночки и в своей оленьей дохе чувствовал себя оленем, везущим драгоценный груз по тайге. Вы бы посмотрели, с какой гордостью я выступал по снегу. — И вдруг перебивает себя: — А обещание свое вы никогда не забывайте. Никогда. И я не забуду...

Но Гумилев так и не сдержал своего обещания и не являлся мне.

Только раз, через несколько дней после его расстрела, я видела сон, который хотя и отдаленно, но мог быть принят за исполнение обещания. За ответ.

Тогда же я написала стихотворение об этом сне:

Мы прочли о смерти его.
Плакали горько другие.
Не сказала я ничего,
И глаза мои были сухие.

А ночью пришел он во сне
Из гроба и мира иного ко мне,
В черном старом своем пиджаке,
С белой книгой в тонкой руке.

И сказал мне: плакать не надо,
Хорошо, что не плакали вы.
В синем раю такая прохлада,
И воздух легкий такой,
И деревья шумят надо мной,
Как деревья Летнего сада...

С. К. Маковский в своих воспоминаниях «На Парнасе “Серебряного века”» совершенно честно описал того Гумилева, которого видел и знал. Но до чего этот Гумилев не похож на моего!

Не только внутренне, но даже внешне. Маковский пишет, что Гумилев был блондин среднего роста, тонкий и стройный, с «неблагообразным лицом, слегка косящий, с большим мясистым носом и толстыми бледными губами».

Портрет этот относится к 1909 году.

Я же увидела Гумилева только в конце 1918-го. Но все же вряд ли он мог так измениться.

Гумилев сознавал, что сильно косит, но, как ни странно, гордился этим как особой «божьей отметиной».

— Я разноглазый. И дети мои все разноглазые. Никакого сомнения, что я их отец, — с удовлетворением повторял он.

Гумилев находил свои руки поразительно красивыми. Как и свои уши. Его уши, маленькие, плоские и хорошо поставленные, были действительно красивы. Кроме них, решительно ничего красивого в нем не было.

Он не сознавал своей «неблагообразности» и совсем не тяготился ею. Напротив, он часто говорил, что у него очень подходящая для поэта внешность.

Николай Оцуп в своей монографии о Гумилеве, прочитанной им в Сорбонне и потом напечатанной в «Опытах», вывел из некрасивости Гумилева целую теорию, объясняющую его поэтический и жизненный путь. Там же Оцуп доказывает, что «Гондла» — автобиографическое произведение и что Гумилев чувствует себя горбуном.

Все это, конечно, чистая фантазия, и я удивляюсь, как Оцуп, хорошо знавший Гумилева, мог создать такую неправдоподобную теорию.

С духовным обликом, по Маковскому, дело обстоит еще хуже. Гумилев, в его описании, какой-то простачок-недоучка, более чем недалекий, одержимый поэзией и ничем, кроме поэзии, не интересующийся.

Гумилев действительно был «одержим поэзией», но ни простачком-недоучкой, ни недалеким он не был.

Мне не раз приходилось слышать фразу: «Гумилев был самым умным человеком, которого мне довелось в жизни встретить».

К определениям «самый умный» или «самый талантливый» я всегда отношусь с недоверием.

«Самым умным» назвать Гумилева я не могу. Но был он, безусловно, очень умен, с какими-то иногда даже гениальными проблесками и, этого тоже нельзя скрыть, с провалами и непониманиями самых обыкновенных вещей и понятий.

Помню, как меня поразила его реплика, когда Мандельштам назвал одного из сотрудников «Всемирной литературы» вульгарным.

— Ты ошибаешься, Осип. Он не может быть вульгарным — он столбовой дворянин.

Я думала, что Гумилев шутит, но он убежденно добавил:

— Вульгарным может быть разночинец, а не дворянин, запомни.

Мандельштам обиженно фыркнул и покраснел. Сам он, понятно, дворянином не был.

Конечно, это могло быть только позой со стороны Гумилева, но Мандельштам насмешливо подмигнул мне и сказал, когда мы остались одни:

— Не без кретинизма ваш мэтр.

Необразованным Гумилева назвать никак нельзя было. Напротив. Он прочел огромное количество книг, и память у него была отличная.

Он знал поэзию не только европейскую, но и китайскую, японскую, индусскую и персидскую.

Неправильно также, что он ограничивался изучением одной поэзии. Он считал, что поэту необходим огромный запас знаний во всех областях — истории, философии, богословии, географии, математике, архитектуре и так далее.

Считал он также, что поэт должен тщательно и упорно развивать зрение, слух, обоняние, осязание, вкус. Что надо учиться видеть звуки и слышать цвета, обладать слышащими глазами и зрячими ушами, чтобы воспринимать жизнь во всей ее полноте и богатстве.

— Большинство людей, — говорил он, — полуслепые и, как лошади, носят наглазники. Видят и различают только знакомое, привычное, что бросается в глаза, и говорят об этом привычными штампованными готовыми фразами. Три четверти красоты и богатства мира для них пропадает даром.

В своих воспоминаниях Маковский уверяет, что Гумилев не знал ни одного иностранного языка. Это не так. Французский язык он знал довольно хорошо. Правда, известный факт перевода «chat Minet»[1] не свидетельствует об этом. Непонятно, как он мог спутать chat Minet с православными Четьи-Минеями, которые француженка-католичка никак, конечно, читать не могла.

И все же, несмотря на злосчастного chat Minet, Гумилев свободно, хотя и с ошибками — в них он не отдавал себе отчета — говорил и писал по-французски. И читал даже стихи

[1] «Кот Минэ» *(фр.)*.

à livre ouvert[1] — трудных и сложных поэтов, как Heredia, Mallarmé, Rimbaud[2] — и переводил их, не задумываясь, очень точно.

С английским дело обстояло хуже, хотя Гумилев провел несколько месяцев в Англии и рассказывал мне, что на большом обеде у какого-то лорда он рассказывал о своих путешествиях по Африке.

Я сомневаюсь, чтобы гости лорда что-нибудь поняли. Выговор у него был отчаянный, но читал он довольно бегло. Немецкого языка он не знал и жалел, что не знает. Он считал его лучшим, после русского, для стихов. Он иногда заставлял меня читать ему немецкие стихи — балладу Шиллера «Der Handschuh»[3] он особенно любил. Слушал он, непременно прислонясь к стене, сложив руки на животе — изображая прислугу Пашу, и, подражая ей, говорил, вздыхая: «Красиво! Непонятно и чувствительно! Если бы не лень, обучился бы».

Но думаю, что обучиться ему мешала не только лень, но и отсутствие способностей к языкам, как и ко многому другому.

Гумилев очень любил сладкое. Он мог «ликвидировать» полфунта изюма или банку меда за один вечер, весь месячный академический паек.

— Я не только лакомка. Я едок-объедало, — с гордостью говорил он. — Я могу один съесть целого гуся.

Но это явное хвастовство. Гуся он в те дни никак съесть не мог — по простой причине, что гусей тогда и в помине не было.

Аппетит у него действительно был большой. Когда через год открылись «нелегальные» столовые, мне часто приходилось присутствовать при его «пантагрюэлевских трапезах».

— Приглашаю вас, — говорил мне Гумилев, выходя из Студии, — на пантагрюэлевскую трапезу, — и мы шли в маленькую темную квартиру на Фурштадтской, ничем не напоминавшую ресторан.

В двух комнатах, спальне и столовой, стояли столы, покрытые пестрой клеенкой. Вид широкой кровати со взбиты-

---

[1] С листа *(фр.)*.

[2] Эредиа, Малларме, Рембо *(фр.)*.

[3] «Перчатка» *(нем.)*.

ми подушками, по-видимому, не портил аппетита посетителей — в спальне обедающих бывало больше, чем в соседней столовой.

Гумилев обыкновенно усаживался в столовой, в конце стола.

Усевшись, он долго и основательно изучал меню, написанное на клочке оберточной бумаги, потом, подозвав хозяйку, заказывал ей:

— Борщ. Пирог с капустой. Свиную отбивную в сухарях и блинчики с вареньем. С клубничным вареньем.

И только заказав все, оборачивался ко мне:

— А вы? Берите что хотите.

Я неизменно благовоспитанно отвечала:

— Спасибо. Я сыта.

И Гумилев, не удивляясь тому, что я «сыта», не споря, соглашался:

— Барышне подадите стакан чаю, раз ее ничто не соблазняет.

Я наблюдала за своим стаканом чая, с каким наслаждением он «ликвидировал» одно блюдо за другим, не переставая говорить о стихах.

Сейчас меня удивляет, что я, голодная — я тогда всегда была голодна, — могла спокойно слушать его, глядя на «свиную отбивную в сухарях», чувствуя ее запах. Ведь я столько месяцев не ела ни кусочка мяса. А это так вкусно! И как мне хочется обгрызть хоть оставшуюся у него на тарелке косточку.

— Вы напрасно отказались. Превкусная котлета! — говорит Гумилев и, обращаясь к хозяйке: — Дайте еще порцию!

У меня замирало сердце. Неужели он заказал эту «порцию» для меня! Но нет! Надежда напрасна. Он аккуратно съедает «еще порцию», не прерывая начатого разговора.

Конечно, если бы я сказала: «Пожалуйста, дайте мне борщ, котлету и пирожное», он бы не выказал неудовольствия. Но раз я благовоспитанно отказалась, он не считает нужным настаивать, — по-плюшкински: «хороший гость всегда пообедавши».

Мне и сейчас непонятно, как можно есть в присутствии голодного человека.

Но раз я не заявляла о своем голоде, Гумилев попросту игнорировал его. Не замечал. В голову не приходило.

Его жена, Аня Энгельгардт, как все продолжали ее звать, однажды пожаловалась мне:

— Коля такой странный. Вчера на вечере в Доме поэтов мы подходили к буфету. Он ест одно пирожное за другим: «Бери, Аня, если хочешь». Вот если бы он положил мне на тарелку пирожное. А то он ест, а я только смотрю. Он даже не заметил.

Возможно, что он действительно не замечал. Он был очень эгоистичен и эгоцентричен. И к тому же мы с Аней сами были виноваты — не брали «что хотите» — от скромности и чрезмерной благовоспитанности. Такие глупые!

Аня Энгельгардт приезжала раз в год на несколько дней к мужу — рассеяться и подышать петербургским воздухом.

«Рассеяться» ей, бедной, действительно было необходимо. Она жила в Бежецке у матери и тетки Гумилева, вместе с дочкой Леночкой и Левой, сыном Гумилева и Ахматовой.

Гумилев не раз вспоминал при мне, как она в ответ на его вопрос — хочет ли она стать его женой? — упала на колени и всхлипнула: «Я не достойна такого счастья!»

Жизнь в Бежецке назвать «счастьем» никак нельзя было. Скорее уж там: «Было горе. Будет горе. Горю нет конца».

Аня Энгельгардт казалась четырнадцатилетней девочкой не только по внешности, но и по развитию.

Очень хорошенькой девочкой, с большими темными глазами и тонкими, прелестными веками. Я никогда ни у кого больше не видела таких век.

В то июльское воскресенье 1920 года, когда она открыла мне кухонную дверь, я, хотя и знала, что к Гумилеву на три дня приехала его жена, все же решила, что эта стриженая девочка-ломака в белой матроске, в сандалиях и коротких чулках никак не может быть женой и матерью.

Она же сразу признала меня и, как-то особенно извернувшись, звонко крикнула через плечо:

— Коля! Коля! Коля! К тебе твоя ученица пришла!

То, что я ученица ее мужа, она никогда не забывала. И это иногда выражалось очень забавно.

Так, уже после расстрела Гумилева она во время одного из моих особенно удачных выступлений сказала:

— И все-таки я отношусь к Одоевцевой как королева. Ведь я вдова Гумилева, а она только его ученица.

Но была она премилая девочка, и жилось ей не только в Бежецке, но и в Петербурге нелегко. Гумилев не был создан для семейной жизни. Он и сам сознавал это и часто повторял:

— Проводить время с женой так же скучно, как есть отварную картошку без масла.

Еще об эгоизме Гумилева.

Весной 1921 года обнаружилось, что Анна Николаевна, как он подчеркнуто официально звал свою жену, почему-то не может продолжать жить в Бежецке и должна приехать в Петербург.

К тому времени Паши уже не было. Вместе с Аней приехала и Леночка.

— Можно с ума сойти, хотя я очень люблю свою дочку, — жаловался Гумилев. — Мне для работы необходим покой. Да и Анна Николаевна устает от хозяйства и возни с Леночкой.

И вот Гумилев разрубил гордиев узел, приняв соломоново решение, как он, смеясь, говорил.

В Доме искусств тогда жило много писателей.

Гумилев решил перебраться в Дом искусств. В бывшую баню Елисеевых, роскошно отделанную мрамором. С потолком, расписанным амурами и богинями. Состояла она из двух комнат. У Гумилева был свой собственный «банный» кабинет.

— Я здесь чувствую себя древним римлянином. Утром, завернувшись в простыню, хожу босиком по мраморному полу и философствую, — шутил он.

Жить в Доме искусств было удобно. Здесь Гумилев читал лекции, здесь же вместе с Аней и питался в столовой Дома искусств.

Но возник вопрос: как быть с Леночкой? Детям в Доме искусств места не было. И тут Гумилев принял свое «соломоново решение». Он отдал Леночку в один из детдомов.

Этим детдомом, или, по-старому, приютом, заведовала жена Лозинского, его хорошая знакомая. Гумилев отправился к ней и стал ее расспрашивать, как живется детям в детдоме.

— Прекрасно. Уход, и пища, и помещение — все выше похвал, — ответила она. Она была одной из тех возвышенно настроенных интеллигенток-энтузиасток, всей душой преданных своему делу, — их было немало в начале революции. Гумилев улыбался.

— Я очень рад, что детям у вас хорошо. Я собираюсь привести вам мою дочку — Леночку.

— Леночку? Вы шутите, Николай Степанович? Вы хотите отдать Леночку в детдом? Я правильно поняла?

— Совершенно правильно. Я хочу отдать Леночку вам.

Она всплеснула руками:

— Но это невозможно. Господи!..

— Почему? Вы ведь сами сейчас говорили, что детям у вас прекрасно.

— Да, но каким детям? Найденным на улице, детям пьяниц, воров, проституток. Мы стараемся для них все сделать. Но Леночка ведь ваша дочь.

— Ну и что из этого? Она такая же, как и остальные. Я уверен, что ей будет очень хорошо у вас.

— Николай Степанович, не делайте этого! Я сама мать, — взмолилась она. — Заклинаю вас!

Но Гумилев только упрямо покачал головой:

— Я уже принял решение. Завтра же я привезу вам Леночку.

И на следующий день дочь Гумилева оказалась в детдоме.

Передавая мне этот разговор, Гумилев недоумевал:

— Как глубоки буржуазные предрассудки. Раз детям хорошо в детдоме, то и Леночке там будет хорошо. Смешно не пользоваться немногими удобствами, предоставленными нам. Тогда и хлеб и сахар по карточке брать нельзя — от большевиков.

Был ли Гумилев таким эгоистом? Таким бессердечным, жестоким, каким казался?

Нет, конечно, нет!

Он был добр, великодушен, даже чувствителен. И свою дочку Леночку очень любил. Он уже мечтал, как он будет с ней гулять и читать ей стихи, когда она подрастет.

— Она будет — я уверен — умненькая, хорошенькая и милая. А когда она влюбится и захочет выходить замуж, — говорил он со смехом, — я непременно буду ее ревновать и мучиться, как будто она мне изменила. Да, отцы ведь всегда ревнуют своих дочерей — так уж мир устроен.

Он никогда не проходил мимо нищего, не подав ему. Его холод, жестокость и бессердечие были напускными. Он ими защищался как щитом.

— Позволь себе только быть добрым и слабым, сразу все бросятся тебе на горло и загрызут. Как раненого волка грызут и сжирают братья-волки, так и братья-писатели. Нравы у волков и писателей одинаковые.

— Но вы ведь — я знаю — очень добры, Николай Степанович, — говорила я.

— Добр? — Гумилев пожимал плечами. — Возможно, если бы я распустил себя, то был бы добр. Но я себе этого не позволяю. Будешь добрым — растаешь, как масло на солнце, и поминай как звали поэта, воина и путешественника. Доброта не мужское качество. Ее надо стыдиться, как слабости. И предоставить ее женщинам.

Гумилев действительно стыдился не только своей доброты, но и своей слабости. От природы у него было слабое здоровье и довольно слабая воля. Но он в этом не сознавался никому, даже себе.

— Я никогда не устаю, — уверял он. — Никогда.

Но стоило ему вернуться домой, как он надевал войлочные туфли и садился в кресло, бледный, в полном изнеможении.

Этого не полагалось замечать, нельзя было задавать ему вопроса:

— Что с вами? Вам нехорошо?

Надо было просто «не замечать», взять книгу с полки или перед зеркалом «заняться бантом», как он говорил.

Длились такие припадки слабости всего несколько минут. Он вставал, отряхивался, как пудель, вылезший из воды, и как ни в чем не бывало продолжал разговор, оборвавшийся его полуобморочным молчанием.

— Сократ говорил: «Познай самого себя». А я говорю: «Победи самого себя». Это главное и самое трудное, — часто повторял он. — Я, как Уайльд, — побеждаю все, кроме соблазна.

Он вечно боролся с собой, но не мог побороть в себе «paresse-délice de l'âme»[1] — по Ларошфуко, желания валяться на кровати, читая не Ронсара или Клеменса Брентано, а «Мир приключений», — и жаловался мне на себя, комически вздыхая.

«Мира приключений» он стыдился как чего-то неприличного и прятал его под подушку от посторонних глаз. Зато клал на подушку «напоказ» для посетителей том «Критики чистого разума» или «Одиссею», хотя он их больше «ни при какой погоде не читал».

Он был вспыльчив, но отходчив. Рассердившись из-за какого-нибудь пустяка, он принимал скоропалительное решение:

— Никогда не прощу. Никогда не помирюсь. Кончено!

Но на следующий же день встречался и разговаривал с тем, с кем навсегда все было «кончено», как ни в чем не бывало.

— Главное не объясняться. Никаких «я тебя», «ты меня», которые так любят женщины. Запомните это правило. Оно вам пригодится в жизни — никаких «выяснений отношений», в особенности любовных. Ах, если бы Ахматова не говорила с первого же года: «Николай, нам надо объясниться...» На это я неизменно отвечал: «Оставь меня в покое, мать моя!..»

Был он и довольно упрям, что тоже скорее свидетельствует о слабой воле. Сколько я ни встречала упрямых людей, все они были слабовольны.

Гумилев признавался:

— Я знаю, что не прав, но сознаться в этом другому мне трудно. Не могу. Как и просить прощения. Зато терпеть не могу, когда у меня просят прощения. Надо забывать. Раз забыто, так и прощено.

---

[1] Блаженная леность души *(фр.)*.

— А как же, Николай Степанович, афоризм: «Мужчина прощает, но не забывает. Женщина не прощает, но забывает», — значит, вы поступаете по-женски? Вы женственны?

Но упрек в женственности возмущает Гумилева:

— Вздор. Чепуха. Женщины памятливы на обиды, памятливы до ужаса. Вы, например, не забываете ни одной обиды, никакого зла.

— И никакого добра, — добавляю я, — у меня хорошая память. Но, может быть, это во мне мужская черта?

Гумилев смеется:

— Ну знаете, мужских черт в вас днем с огнем не сыщешь. Вас бы в Средние века сожгли на костре как ведьму. И не только оттого, что вы рыжая.

Я говорю:

— Вот и опять обида. Я ее прощу, но не забуду.

Гумилев продолжает смеяться:

— Быть названной ведьмой — комплимент, а не обида, в особенности для пишущей стихи. Зинаида Гиппиус очень гордилась тем, что ее считают и даже в печати называют ведьмой. Ведьмовское начало схоже с вдохновением. Ведьмы сами были похожи на стихотворения. Вам скорее лестно, что вас сожгли бы на костре. Непременно сожгли бы. И правильно бы поступили.

На следующий день я принесла Гумилеву стихи:

> Вьется вихрем вдохновенье
> По груди моей и по рукам,
> По лицу, по волосам,
> По цветущим рифмами словам.
> Я исчезла. Я — стихотворенье,
> Посвященное вам.

Гумилев, что с ним не часто случалось, одобрил их и меня:

— У поэта должно быть плюшкинское хозяйство. И веревочка пригодится. Все, что вы слышали или читали, тащите к себе, в стихи. Ничего не должно пропадать даром. Все для стихов.

Стихи я тогда писала каждый день. По совету, вернее, даже по требованию Гумилева. Он говорил: «День без новых стихов пропащий день».

Я ежедневно давала Гумилеву свои стихи на суд — «скорый и немилостивый», как он сам его определил.

Как-то я пришла к нему с букетом первой сирени. Я весной и летом постоянно ходила с цветами. Выходя из дома, я покупала у уличных мальчишек, будущих беспризорных, цветы и так и носила их с собой целый день, воображая, что я гуляю по саду, где цветет сирень, жасмин и черемуха.

Гумилеву очень нравилось мое «хождение с цветами», как он его называл. Он сам с удовольствием принимал участие в прогулках с черемухой или сиренью, в игре в цветущий сад и даже сочинил о наших прогулках с цветами строфу:

Снова идем мы садами
В сумерках летнего дня,
Снова твоими глазами
Смотрит весна на меня.

Но сегодня, хотя день солнечный и голубой — настоящий «прогульный день», по его выражению, он не желает выходить из дома.

— Нет, лучше позанимаемся, садитесь, слушайте и отвечайте.

Он берет из моих рук сирень и кладет ее передо мной на стол.

— Представьте себе, что вы еще никогда не видели сирени, не знаете ее запаха, даже не трогали ее, — что вы скажете о ней неизбитыми, нешаблонными словами?

И я как могу стараюсь описать сирень, ее влажную хрупкость и благоухание и двенадцатилепестковую звездочку, приносящую счастье.

Он внимательно выслушивает меня.

— Совсем неплохо. А теперь стихами то же самое или что хотите о сирени, без лишних слов, ямбом. Не более трех строф. Не задумываясь. Даю вам пять минут.

Я зажмуриваюсь от напряжения и почти сразу говорю:

Прозрачный, светлый день,
Каких весной немало,
И на столе сирень
И от сирени тень.
Но хочет Гумилев,

Чтобы без лишних слов
Я б ямбом написала
Об этой вот сирени
Не более трех строф
Стихотворенье.

Брови Гумилева удивленно поднимаются. В его раскосом взгляде — один глаз на меня, другой в сторону на сирень — вспыхивают искры.

— Хорошо. Даже очень. Вы действительно делаете мне честь как ученица. Вы моя ученица номер первый. Гордость моей Студии. Предсказываю вам — вы скоро станете знаменитой. Очень скоро.

Сердце мое, вылетев из груди, бьется в моем горле, в моих ушах.

Не может быть! Неужели? Наконец! Наконец-то. Гумилев хвалит меня, и еще как!

Я вскакиваю и начинаю кружиться по кабинету. Гумилев недовольно смотрит на меня.

— Не кружитесь волчком, вы собьете меня с ног. Да перестаньте же!

Но я не перестаю. Я кружусь от восторга, захлестывающего меня.

— Вы скоро будете знаменитой, — повторяю я нараспев.

— Господи! — вздыхает Гумилев. — Как вас унять?

И вдруг он, подойдя ко мне, двумя руками берет меня за талию. Мне кажется, что он хочет кружиться и танцевать со мной. Но ноги мои уже не касаются пола. Я в воздухе. Он поднимает меня. И вот я уже сижу на шкафу, и он притворно строго говорит, грозя мне пальцем:

— Сидите тут тихо. Совсем тихо. Мне надо докончить перевод. Не мешайте мне.

Я сижу в полном недоумении на шкафу, свесив ноги. Что же это такое?

Гумилев, посадив меня на шкаф, поворачивается ко мне спиной и возвращается к столу. Он сбрасывает мою сирень на пол — и раскладывает перед собой толстую рукопись. Что же это такое в самом деле?

Сидеть на шкафу неудобно. Паша, по-видимому, никогда не вытирает пыль на шкафу, и он оброс ею, как мохом. От пыли и от обиды щекочет в носу. Но я молчу. Я выдерживаю характер.

Страницы рукописи шуршат. Красный карандаш в руке Гумилева делает пометки на полях. Гумилев молча перелистывает рукопись. Он ни разу даже не повернул головы, не взглянул на меня.

Я не выдерживаю:

— Николай Степанович. Меня ждут дома!

Гумилев вздрагивает, как от неожиданности, и вот уже он стоит передо мною.

— Ради Бога, простите! Я совсем забыл. Мне казалось, что вы давно ушли.

Притворяется он или действительно забыл обо мне? В обоих случаях обидно, во втором даже еще обиднее.

Он осторожно снимает меня со шкафа.

Мое платье и руки перепачканы пылью. Он достает щетку:

— Почиститесь. Или давайте лучше я.

Но я отстраняю щетку. Я слишком оскорблена.

— Не надо. Я спешу. И так пойду. — Я натягиваю перчатки на запыленные руки. Молча. С видом оскорбленного достоинства.

— Неужели вы сердитесь?

Я поднимаю с пола сирень. Иду на кухню.

— Нисколько не сержусь. Мне надо домой, — говорю я сдержанно и холодно.

Глупо показывать обиду, да он все равно не поймет.

Но он, кажется, понимает.

Он достает с полки большой мешок.

— Вот возьмите. Я приготовил для вас. Тут двадцать селедок из академического пайка. На хлеб выменяете.

От селедок я не отказываюсь. Селедки действительно можно выменять на хлеб. Или на сахар. Пригодятся. Еще как пригодятся.

— Спасибо, — говорю я так же холодно. И беру мешок с селедками и мой полузавядший букет сирени.

Гумилев открывает передо мной кухонную дверь.

— Не сердитесь. И помните, вы действительно скоро будете знамениты.

Я иду домой. Мешок с селедками очень тяжелый и оттягивает руки. Нести его и сирень неудобно. Бросить сирень? Но я прижимаю ее к груди, придерживая подбородком. И улыбаюсь мечте о будущей славе.

Нет, я не предчувствую, не догадываюсь, что предсказание Гумилева «вы скоро будете знаменитой» действительно исполнится не когда-нибудь там, а молниеносно скоро...

Как это ни странно, меня «открыл» не мой учитель Гумилев, а Георгий Иванов. Произошло это важное в моей жизни событие 30 апреля 1920 года.

Гумилев за несколько дней сообщил мне, что у него в будущую субботу в пять часов вечера прием в честь приехавшего из Москвы Андрея Белого. С «поэтическим смотром». Выступят Оцуп, Рождественский и я.

И Оцуп, и Рождественский хотя и молодые, но настоящие поэты. Я же только — студистка. Выступать с ними на равных началах мне чрезвычайно лестно.

В субботу 30 апреля я прихожу к Гумилеву за полчаса до назначенного срока. Оцуп и Рождественский уже здесь, и оба, как и я, взволнованны.

«Смотр» почему-то происходит не в кабинете, а в прихожей. Перед заколоченной входной дверью три стула — для нас. На пороге столовой — два зеленых кресла — для Гумилева и Белого.

Гумилев распоряжается как режиссер. Он усаживает меня на средний стул, справа Рождественский, слева Оцуп.

— Николай Авдеевич, ты будешь читать первым. Каждый по два стихотворения. Давайте прорепетируем!

И мы репетируем.

— Громче. Отчетливее, — командует Гумилев, — держитесь прямо. Голову выше.

Я чувствую себя на сцене. Мной овладевает актерский «трак».

Напряженное ожидание. Наконец — стук в кухонную дверь.

— Андрей Белый прибыл! — громко объявляет Гумилев.

«Прибыл». В дворцовой карете с ливрейными лакеями или по крайней мере в сверкающем, длинном «бенце» прибыл, а не пришел пешком.

Гумилев спешит на кухню с видом царедворца, встречающего коронованную особу.

Мы все трое, как по команде, встаем.

Об Андрее Белом ходит столько легенд, что для меня он сам превратился в легенду. Мне не совсем верится, что он сейчас появится здесь.

В Студии рассказывают, что он похож на ангела. Волосы как золотое сиянье. Ресницы — опахала. Глаза — в мире нет подобных глаз. В него все влюблены. Нельзя не влюбиться в него. Вот увидите сами. Он — гений. Это чувствуют даже прохожие на улице и уступают ему дорогу. В Москве, задолго до войны, все были без ума от него. Но он, устав от славы, уехал, скрылся за границей. Во время войны он в Швейцарии, в Дорнахе, строил Гетеанум. С доктором Штейнером.

Потом он вернулся в Россию. Он здесь. И я сейчас увижу его.

Из кухни доносятся голоса. Слов не разобрать. Шаги...

Гумилев, особенно чопорный и будто весь накрахмаленный, с церемонным поклоном пропускает перед собой... Но разве это Андрей Белый? Не может быть!

Маленький. Худой. Седые, легкие, как пух, волосы до плеч. Черная атласная шапочка не вполне закрывает лысину. Морщинистое, бледное лицо. И большие, светло-голубые, сияющие, безумные глаза.

— Борис Николаевич, — голос Гумилева звучит особенно торжественно, — позвольте вам представить двух молодых поэтов: Николая Оцупа и Всеволода Рождественского.

Оцуп и Рождественский, не сходя с мест, молча кланяются. Но Андрей Белый уже перелетел прихожую и трясет руку Оцупа, восторженно заглядывая ему в глаза.

— Так это вы Оцуп? Я слыхал. Я читал. Оцуп! Как же! Как же... — И, не докончив фразы, бросается к Рождественскому.

— Вы, как я и думал, совсем Рождественский. С головы до ног — Рождественский. Весь как на елке!

Рождественский что-то смущенно бормочет. Гумилев, хотя церемония представления явно разворачивается не по заранее им установленному плану, указывает на меня широким жестом:

— А это — моя ученица.

Без фамилии. Без имени.

Сияющие, безумные глаза останавливаются на мне.

— Вы — ученица? Как это прекрасно! Всегда, всю жизнь оставайтесь ученицей! Учитесь! Мы все должны учиться. Мы все ученики.

Он хватает мою руку, высоко поднимает ее и, встряхнув, сразу выпускает из своей. Потом быстро отступает на шаг и оглядывается. Будто сомневается, нет ли здесь еще кого-то, кого он не заметил, не одарил сиянием своих глаз и своего восхищения.

И вот он уже снова рядом с Гумилевым. Движения его легки, отрывчаты и неожиданны. Их много, их слишком много.

Он весь движение — руки простерты для полета, острые колени согнуты, готовы пуститься вприсядку. И вдруг он неожиданно весь застывает в какой-то напряженной, исступленной неподвижности.

Гумилев пододвигает ему кресло.

— А теперь, с вашего позволения, Борис Николаевич, начнется чтение стихов.

Белый кивает несколько раз.

— Стихи? Да, да. Непременно стихи. Стихи это хорошо!

Он садится, вытягивает шею, поворачивает голову в нашу сторону. Вся его поза подчеркивает, что он весь слух и внимание.

Первым, как было условлено, читает Оцуп. Спокойно. Внятно. Уверенно:

> О, жизнь моя. Под говорливым кленом
> И солнцем проливным и легким небосклоном,
> Быть может, ты сейчас последний раз вздыхаешь...
> Быть может, ты сейчас, как облако, растаешь...

Белый, встрепенувшись, начинает многословно и истово хвалить:

— Я был уверен... Я ждал... И все же я удивлен — лучше, еще лучше, чем я думал...

Но я не слушаю. Я, зажмурившись, повторяю про себя свои стихи. Только бы не забыть, не сбиться, не оскандалиться.

Дирижерский жест Гумилева в мою сторону.

— Теперь вы!

Я встаю — мы все всегда читали стихи стоя — и сейчас же начинаю:

> Всегда, всему я здесь была чужая.
> Уж вечность без меня жила земля...

Прочитав первое стихотворение, я делаю паузу и перевожу дух.

Но эта полминутная тишина выводит Белого из молчания и оцепенения.

Он весь приходит в движение. Его глаза сверкают. Голос звенит:

— Инструментовка... Аллитерация... Вслушайтесь, вслушайтесь! «Всегда всему я». Ведь это а-у-я. А-у-я! — И вдруг, подняв к потолку руку, уже поет: — А-у-я! Аллилуйя! — Он поворачивает к Гумилеву бледное восторженно-вдохновенное лицо, скосив на меня глаза. — Как она могла? Сразу же без подготовки. В первой же строчке — Аллилуйя! Осанна Вышнему! Осанна Учителю!

Я слушаю. Казалось бы, я должна испытывать радость от этих похвал. Но нет. Мне по-прежнему неловко. Мне от этих «аллилуй» и «осанн» стыдно — за себя, за него, за Гумилева, Не надо. Не надо...

Ведь я чувствую, я знаю, он говорит это так, нарочно, зря. Ему совсем не понравились мои стихи. Он вряд ли их даже слышал. Только первую строчку и слышал.

Он заливает меня сиянием своих глаз, но вряд ли видит меня. Я для него просто не существую. Как, впрочем, и остальные. Я для него только предлог, чтобы воскликнуть: Аллилуйя! Осанна Андрею Белому!

Торжественно-официальный голос Гумилева: «Еще!»

И я читаю «Птицу». И, дочитав, покорно жду.

Но, видно, Белый истратил на меня слишком много красноречия. Он молчит. И Гумилев, убедившись, что Белый о «Птице» ничего не желает сказать, делает знак Рождественскому.

Рождественский закидывает голову и сладостно и мелодично начинает выводить нараспев свое прелестное — всех, даже Луначарского, восхищавшее стихотворение:

Что о-ни с то-бою сде-ла-ли,
Бедная мо-я Мос-ква!

Окончив, Рождественский от волнения вытирает лоб платком.

Новый взрыв восторга Белого. И я опять понимаю, что он не слушал, что он хвалит не стихи Рождественского, а жонглирует словами.

— Замечательно находчиво! Это они — они. О-ни! О — эллипсис. О — дыра. Дыра — отсутствие содержания. Дыра, через которую ветер вечности уносит духовные ценности. О — ноль! Ноль — моль. Моль съедает драгоценные меха — царственный горностай, соболь, бобер. — И вдруг, понизив голос до шепота: — У меня у самого котиковая молью траченная шапка там на кухне осталась. И сердце тоже, тоже траченное молью.

Рождественский выжидательно смотрит на Гумилева. Ему по программе полагается прочесть еще свое, тоже всех очаровывающее:

Это Лондон, леди. Узнаете?

Но можно ли прервать словесные каскады Белого? Гумилев незаметно качает головой, и Рождественский, вздохнув, снова занимает свое место.

А Белый, разбрасывая фонтаном брызги и блестки вдохновения, поднимается в доступные ему одному, заоблачные выси.

— Мое бедное сердце, траченное молью! А ведь сердце — лев. И значит — травленный молью котик на голове и травленный молью лев в груди. — Всплеск рук, — un lion mité![1] И я сам — un lion mité! Ужас! Ужас! Но ведь у меня, как у каждого человека, не только сердце, но и печень, желудок, легкие. Печень — волк, желудок — пантера, легкие — лебедь, широко раскинувший крылья, легкий двукрылый лебедь. Мое тело — лес, где все они живут. Я чувствую их в себе. Они все еще здоровые, только вот сердце — лев, бедный лев, бедный lion mité. Они загрызут его. Я боюсь за него. Очень боюсь! — и неожиданно перебивает он себя: — А вы, Николай Степанович, тоже чувствуете их в себе?

Гумилев совершенно серьезно соглашается:

— Конечно. Часто чувствую. Особенно в полнолунные ночи.

И Гумилев начинает выкладывать какие-то обрывки схоластических познаний о соотношении органов человеческого тела с зверьми и птицами, согласно утверждениям оккультистов.

— Гусь, например...

Белый болезненно морщится и вежливо поправляет:

— Не совсем так. Нет, совсем не так! Гусь тут ни при чем. Гусь, тот сыграл свою роль при сотворении мира в древнеегипетском мифе. Помните? В начале был только остров в

[1] Лев, травленный молью *(фр.)*.

океане. На острове четыре лягушки. И четыре змеи. И яйцо. — Белый привстает, простирает руки вперед, на мгновение он застывает, кажется, что он висит в воздухе. Лицо его вдруг перекашивается. Он почти кричит: — Яйцо лопнуло! Лопнуло! Из яйца вылупился большой гусь. Гусь полетел прямо в небо и... — Он весь съеживается, прижимает руки к груди. — Гусь стал солнцем! Солнцем! — Он с минуту молчит, закрыв глаза, будто ослепленный гусем-солнцем. Потом поворачивается к Гумилеву и внимательно, пристально смотрит на него, как бы изучая его лицо.

— Если человек похож на гуся, вот, скажем, как вы, Николай Степанович, это значит, что он отмечен солнцем. Символом солнца!

Гумилев улыбается смущенно и в то же время гордо. Лестно быть отмеченным солнцем. Хотя сходство с гусем скорее обидно. Но он не спорит.

Я смотрю на Белого. Кого он мне напоминает? И вдруг вспоминаю — профессора Тинтэ из сказки Гофмана «Золотой горшок».

Как я сразу не догадалась? Ведь Белый вылитый профессор Тинтэ, превращавшийся в большую черную жужжащую муху. Меня бы не очень удивило, если бы Белый вдруг зажужжал черной мухой под потолком.

Гумилев встает.

— А теперь, Борис Николаевич, пожалуйте чай пить. — Полукивок в сторону наших стульев. — И вы, господа.

Как будто без этого пригласительного полукивка нас троих могли оставить в прихожей, как зонтик или калоши.

В столовой на столе, покрытом белой скатертью, чашки, вазочки с вареньем, с изюмом, медом, сухариками и ярко начищенный, клокочущий самовар. Полный парад.

Обычно Гумилев пьет чай прямо на пестрой изрезанной клеенке, из помятого алюминиевого чайника. Самовар я у него вижу в первый раз. Я впервые присутствую на приеме у Гумилева.

Мы рассаживаемся в том же порядке — с одной стороны стола Оцуп, я и Рождественский, с другой Белый и Гумилев у самовара.

Я очень боялась, что Гумилев заставит меня разливать чай. Но нет. Он сам занялся этим.

Белый вскакивает, подбегает к самовару, смотрится в него, как в зеркало, строя гримасы.

— Самовар! — блаженно вздыхает он. — Настоящий томпаковый, пузатый! С детства люблю глядеться в него — так чудовищно и волшебно. Не узнаешь себя. А вдруг я действительно такой урод и все другие видят меня таким и только я не знаю? — И оторвавшись от самовара, вернувшись на свое место: — С детства страстно люблю чай. Горячий. Сладкий-пресладкий. И еще с вареньем.

Он накладывает себе в чашку варенья, сухарики хрустят на его зубах. Он жмурится от удовольствия. От удовольствия? Или от желания показать, какое невероятное удовольствие он сейчас испытывает?

— Ведь я в Москве, — глаза его ширятся, становятся пустыми, — почти голодаю. Нет, не почти, я просто голодаю. Хвосты! Всюду хвосты! Но я не умею стоять в хвостах. Я не могу хвоститься. Я — писатель. Я должен писать. Мне некогда писать. И негде, — с ужасом: — Негде! У меня ведь нет комнаты. Только темная, тесная, грязная каморка. И за стеной слева пронзительное з-з-з-з! — пила, а справа трах, трах, трах! — топор. Дуэт, перекличка через мою голову, через мой мозг — пилы и топора. Мозг мой пилят и рубят. А я должен писать!

Гумилев пододвигает Белому изюм.

— Да, Борис Николаевич, трудные, очень трудные времена!..

— Трудные? Нет, нет. Совсем не трудные! Трудные времена благословенны. Времена, полные труда. Я хочу трудиться, а мне не дают, — как самовар, шумит и клокочет Белый. — Поймите, не дают! Скажите, что мне делать?.. Что? Что мне делать, Николай Степанович?

Гумилев недоумевающе и скорбно разводит руками.

— Право, Борис Николаевич...

И вдруг как бы в ответ раздается дробный стук в кухонную дверь. Лицо Гумилева сразу светлеет.

— Это Георгий Иванов, — говорит он с облегчением.

Гумилев встает. Без официальной церемонности. С гостеприимной улыбкой. Два шага навстречу уже входящему Георгию Иванову.

— Как хорошо, что ты пришел, Жоржик! Я уже боялся, что ты за обедом у Башкирова забудешь о нас.

Да, хорошо, очень хорошо, что Георгий Иванов в тот вечер не остался у Башкирова. Не столько для Гумилева, как для меня. Если бы в тот вечер... Но не стоит гадать о том, что было бы, если бы не было...

Георгий Иванов здоровается с Белым, и Белый, уже сияющий восторгом встречи, рассыпается радостными восклицаниями:

— Как я рад! Так страшно давно... Наконец-то!

Отулыбавшись и сказав несколько приветственных слов Белому, Георгий Иванов кивает Оцупу:

— Здравствуй, Авдей!

Авдей — это удивляет меня. Ведь Оцупа зовут Николай. Николай Авдеевич.

Я молча подаю руку Георгию Иванову. В первый раз в жизни. Нет. Без всякого предчувствия.

Георгия Иванова я уже видела на улице, возвращаясь с Гумилевым из Студии, и в самой Студии, где он изредка, мимолетно появлялся.

Он высокий и тонкий, матово-бледный, с удивительно красным большим ртом и очень белыми зубами. Под черными, резко очерченными бровями живые, насмешливые глаза. И... черная челка до самых бровей. Эту челку, как мне рассказал Гумилев, придумал для Георгия Иванова мэтр Судейкин. По-моему — хотя Гумилев и не согласился со мной — очень неудачно придумал.

Георгий Иванов чрезвычайно элегантен. Даже слишком элегантен по «трудным временам». Темно-синий, прекрасно сшитый костюм. Белая рубашка. Белая дореволюционной белизной. Недавно маленькая девочка из нашего дома сказала про свое плохо выстиранное платьице: «Оно темно-белое, а мне хочется светло-белое!»

У Георгия Иванова и рубашка, и манжеты, и выглядывающий из кармана носовой платок как раз светло-белые. У Гумилева все это темно-белое.

На Оцупе ловко сидящий френч без признаков какой бы то ни было белизны и ловкие ярко-желтые высокие сапоги, вызывающие зависть не только поэтов.

Белый же весь, начиная со своих волос и своего псевдонима — Белый, — сияюще-белый, а не только светло-белый. Впрочем, рубашка на нем защитного цвета. Но она не защищает его от природной белизны.

Георгий Иванов садится напротив меня, но я отвожу глаза, не решаясь смотреть на него. Я знаю от Гумилева, что он самый насмешливый человек литературного Петербурга. И вместе с Лозинским самый остроумный. Его прозвали «общественное мнение».

— Вам непременно надо будет постараться понравиться ему. Для вас это, помните, очень важно, — настаивал Гумилев.

Георгий Иванов весело рассказывает, что он только что обедал у Башкирова, у поэта Башкирова-Верина. И тот прочел ему свои стихи:

...И я воскликнул, как в бреду:
Моя любовь к тебе возмездие,
Бежим скорее на звезду!..

— Я посвятил эти стихи одной восхитительной баронессе, — объяснил Башкиров-Верин. — С ней действительно хочется подняться к звездам.

А подававшая пирог курносая девчонка-горничная громко фыркнула:

— Полно врать, Борис Николаевич. Какая там еще баронесса? Ведь вы это мне написали!

Все смеются, Белый особенно заливчато и звонко.

— Полно врать, Борис Николаевич! — повторяет он. — Это и мне часто следует говорить. Как правильно! Как мудро! Ах, если бы у меня была такая курносая девчонка-горничная! — И уже совсем другим тоном, грустно и серьезно: —

Ведь я вру. Я постоянно вру. Не только другим. Но и себе. И это страшно. Очень страшно.

Снова тягостное молчание. Всем неловко. Гумилев старается спасти положение.

— Ты опоздал, Жоржик. Мы здесь с Борисом Николаевичем слушали без тебя стихи, — и как утопающий хватается за соломинку, — может быть, послушаем еще?

Георгию Иванову, по-видимому, не очень хочется слушать стихи. Но он соглашается.

— Отлично. С удовольствием. Стихи Николая Авдеевича и Всеволода Александровича я, впрочем, и сам могу наизусть прочитать. А вот твою ученицу, — он кивает мне, улыбаясь, — еще ни разу слышать не пришлось.

Я холодею от страха. Неужели же мне еще придется читать?

— Прочтите что-нибудь, — говорит Гумилев.

Но я решительно не знаю что. Я растерянно моргаю. И ничего не могу вспомнить.

Гумилев недоволен. Он стучит папиросой по крышке своего черепахового портсигара. Он терпеть не может, когда поэты ломаются.

— У вас же так много стихов. Какое-нибудь. Все равно какое.

Но я продолжаю молчать.

— Ну хотя бы, — уже раздраженно говорит он, — хотя бы эту вашу «Балладу о толченом стекле».

Балладу? Неужели он хочет, чтобы я прочла ее? Ведь я написала ее еще в октябре. Я была уверена, что мне наконец удалось сочинить что-то стоящее, что-то свое. Я принесла ее Гумилеву чисто переписанной. Но он, прочитав ее, нахмурился:

— Что ж? Очень хорошо. Только сейчас никому не нужно. Никому не понравится. Большие, эпические вещи сейчас ни к чему. Больше семи строф современный читатель не воспринимает. Сейчас нужна лирика, и только лирика. А жаль — ваша баллада совсем недурна. И оригинальна. Давайте ее сюда. Уложим ее в братскую могилу неудачников. — И он спрятал мою балладу в толстую папку своих забракованных им самим стихов. Это было в октябре. И с тех пор он ни разу не вспоминал о ней.

— Если не помните наизусть, я принесу вам рукопись, — предлагает он.

— Нет, я помню.

И я не задумываясь начинаю решительно:

БАЛЛАДА О ТОЛЧЕНОМ СТЕКЛЕ

Солдат пришел к себе домой,
Считает барыши...

Я произношу громко и отчетливо каждое слово. Я так переволновалась, не зная, какие стихи прочесть, что сейчас чувствую себя почти спокойно.

Гумилев слушает с благодушно-снисходительной улыбкой. И значит, все в порядке.

...Настала ночь.
Взошла луна.
Солдат ложится спать.
Как гроб, тверда и холодна
Двуспальная кровать...

Гумилев продолжает все так же благодушно, снисходительно улыбаться, и я решаюсь взглянуть на Георгия Иванова.

Он тоже слушает. Но совсем иначе. Без снисходительной улыбки. Он смотрит на меня во все глаза, с острым, колючим любопытством. Наверно, хочет разглядеть и запомнить «ученицу Гумилева» во всех подробностях. И завтра же начнет высмеивать мой бант, мои веснушки, мою картавость и, главное, мою злосчастную балладу. Зачем только Гумилев заставил меня читать ее? Ведь он сам предупреждал меня:

— Бойтесь попасть на зубок Георгию Иванову — съест!

И вот сам отдал меня на съедение ему.

Мне становится страшно. Я произношу с трудом, дрожащим голосом:

И семь ворон подняли труп
И положили в гроб...

Георгий Иванов порывисто наклоняется ко мне через стол.

— Это вы написали? Действительно вы? Вы сами?

Что за нелепый, что за издевательский вопрос?

— Конечно, я. И конечно, сама.

— Правда, вы? — не унимается он. — Мне, простите, не верится, глядя на вас.

Теперь не только он, но и Оцуп, и Рождественский с любопытством уставляются на меня. У Гумилева недоумевающий, даже слегка растерянный вид. Наверно, ему стыдно за меня.

Я чувствую, что краснею. От смущения, от обиды. Мне хочется встать, убежать, провалиться сквозь пол, выброситься в окно. Но я продолжаю сидеть. И слушать.

— Это замечательно, — неожиданно заявляет Георгий Иванов. — Вы даже не понимаете, до чего замечательно. Когда вы это написали?

Отвечать мне не приходится. За меня отвечает Гумилев.

— Еще в начале октября. Когда я — помнишь — в Бежецк ездил. Только чего ты, Жоржик, так горячишься?

Георгий Иванов накидывается на него.

— Как чего? Почему ты так долго молчал, так долго скрывал? Это то, что сейчас нужно, — современная баллада! Какое широкое эпическое дыхание, как все просто и точно...

Георгий Иванов — о чем я узнала много позже — был великим открывателем молодых талантов. Делал он это с совершенно несвойственной ему страстностью и увлечением. И даже с пристрастностью и преувеличением. Но сейчас его странное поведение окончательно сбивает меня с толку. Он продолжает расхваливать мою «современную балладу».

— Современной балладе принадлежит огромная будущность. Вот увидите, — предсказывает он. — Вся эта смесь будничной повседневности с фантастикой, с мистикой...

Но тут Белый — ему, по-видимому, давно надоело молчать, и ему, конечно, нет никакого дела до моей баллады — не выдерживает.

— Мистика, — подхватывает он. — Символика ворон. Так и слышишь в каждой строфе зловещее карканье. Кра-кра-кра! Но египетский бог... Ра...

— В особенности в таком картавом исполнении, — насмешливо бросает Георгий Иванов.

— Но бог Солнца Ра... — не слушая, продолжает Белый с увлечением.

От смущения я плохо понимаю. Но слава Богу! Слава солнечному богу Ра, я уже не в центре общего любопытства и внимания.

Разговор, вернее, монолог Белого, прерываемый остротами Георгия Иванова, течет пенящимся горным ручьем.

Чаепитие окончено. Все встают и переходят в кабинет.

Я незаметно выскальзываю на кухню. Гумилев нагоняет меня.

— Неужели вы уже уходите? Можете уйти?

— Меня ждут дома. Я обещала.

Он помогает мне надеть пальто.

— Вы, кажется, не отдаете себе отчета в том, что произошло. Признаюсь, я не думал, что это случится так скоро. Запомните дату сегодняшнего дня — тридцатое апреля тысяча девятьсот двадцатого года. Я ошибся. Но я от души поздравляю вас!..

Поздравляет? С чем? Я не спрашиваю. Я подаю ему руку.

— Спасибо, Николай Степанович! Спокойной ночи.

— Счастливой ночи, — говорит он.

И я выхожу на улицу.

Это было в субботу 30 апреля. Сегодня вторник 3 мая. Я на публичной лекции Чуковского «Вторая жена». О Панаевой.

Зал набит. Чуковский, как всегда на публичных своих выступлениях, гораздо менее блестящ, чем в Студии. Он читает по тетрадке, не глядя на слушателей. И от этого многое теряется. И все-таки очень интересно. Ему много хлопают. Он кончил. Он встает. К нему, как всегда, подбегает толпа студистов и молодых поклонников. Он идет по коридору. Они бегут за ним. Он выше всех, его видно в толпе. Он что-то говорит, жестикулируя и спрутообразно извиваясь. И вдруг останавливается и, повернув, идет решительно прямо на меня. Публика расступается. Вокруг него и меня образуется пустое место.

Чуковский кланяется, как всегда «сгибаясь пополам». Этот поклон предназначается мне. И все видят.

— Одоевцева, я в восторге от вашей баллады! — говорит он очень громко. И все слышат. Нет, может быть, он произносит другие слова — от волнения я плохо слышу. Но смысл их — восхищение моей балладой.

— Я очень прошу вас записать «Толченое стекло» в «Чукоккалу». Обещаете?

Я ничего не обещаю. У меня для обещания нет голоса. Я даже кивнуть головой не могу.

Но ведь его «обещаете» — только цветок риторического красноречия, поднесенный им мне.

«Чукоккала» — святая святых, тетрадь в черном кожаном переплете. Только знаменитости удостаиваются чести писать в ней.

Чуковский снова отвешивает мне нижайший театральный поклон. Он идет к выходу. Я стою на том же месте. Гумилев трогает меня за плечо:

— Идемте!

Слушатели все еще толпятся вокруг меня. Теперь они идут за нами с Гумилевым. До меня доносится: «Как ее зовут? Как? Одоевцева? Какое такое «Стекло»? Кто она такая?»

Мы на Невском. Гумилев говорит взволнованно:

— Вот видите. И случилось. Поздравляю вас!

Но я не понимаю. Откуда Чуковский знает? Почему? И Гумилев рассказывает, что он вчера, в понедельник, брился в парикмахерской Дома искусств рядом с Чуковским и прочел ему «Толченое стекло» наизусть. И Чуковский, как Георгий Иванов, пришел в восторг.

— И вот результат. Поздравляю. Я думал, что вы будете знаменитой. Но не думал, что так скоро. Теперь вас всякая собака знать будет.

«Всякая собака» — вряд ли. Петербургские собаки были по-прежнему заняты своими собачьими делами. Но, действительно, с вечера 3 мая я стала известна в литературных — и не только литературных — кругах Петербурга.

Так. Сразу. По щучьему велению. Не успев даже понять, как это случилось.

С этой весны для меня началась уже настоящая литературная жизнь и понеслась ускоренным, утроенным, удесятеренным темпом. Не хватало времени, чтобы перевести дух. Столько событий кружилось и кружило нас снежным вихрем. Лекции сменялись литературными вечерами и концертами, концерты танцевальными вечерами. Все это происходило в Доме литераторов и в Доме искусств. Были и настоящие балы.

Столько событий! И мое первое публичное выступление.

3 августа 1920 года я читала впервые «Балладу о толченом стекле» на литературном утреннике Дома литераторов. Уже как настоящий, полноценный поэт. Ведь никаких ученических и дилетантских выступлений здесь не полагалось.

Волновалась ли я? Не особенно. Я в мечтах давно пережила все свои выступления и успехи. И когда они наконец стали реальностью, отнеслась к ним довольно сдержанно.

В день моего первого выступления Гумилев зашел за мной. Я вышла к нему уже готовая, в туфлях на высоких каблуках и чулках. В обыкновенное время я, следуя тогдашней моде, ходила в носочках. Но для торжественного выступления они — я понимала — не годятся. На мне синее платье. Не белое кисейное с десятью воланами, не розовое, а синее шелковое. Для солидности. И в волосах, как птица, бант. Синяя птица — в цвет платья и как у Метерлинка.

Гумилев осматривает меня внимательно.

— Бант снимите. Бант тут не к месту.

Я не сразу уступаю. Ведь бант часть меня. Без него я не совсем существую.

Но Гумилев настаивает:

— Верьте мне, с бантом слишком эффектно.

Выступать с бантом он разрешил мне только через два месяца.

— Теперь вам не только можно, но и следует выступать с бантом. Он еще поднимет вашу популярность...

Мое первое выступление прошло вполне благополучно, хотя и не сопровождалось овацией.

Мне, как и профессору Карсавину, выступавшему передо мной, в меру поаплодировали.

Большего в Доме литераторов ждать не приходилось. Аудитория здесь была тонно-сдержанная, не то что в Доме искусств.

Объяснялось это ее составом — большинство здешних слушателей достигло почтенного и даже сверхпочтенного возраста и давно научилось «властвовать собой» и не проявлять бурно своих чувств и симпатий, тогда как в Доме искусств преобладал «несовершеннолетний, несдержанный элемент».

Все же и Гумилев, и я остались вполне довольны моим первым выступлением.

Но этим дело не ограничилось. Через три дня Гумилев с таинственным видом подвел меня к стене, на которой, как тогда полагалось, была наклеена «Красная газета», и ткнул пальцем в нижний фельетон.

— Читайте! Только дайте я вас под руку возьму, чтобы вы в обморок не упали. Обо мне в «Красной газете» фельетонов никогда не появлялось! Куда там! Лариса Рейснер вас прославила, и как еще! С первого же вашего появления. Поздравляю и завидую!

Ни ему, ни мне, ни, конечно, и самой Ларисе Рейснер, — писавшей стихи и вполне дружески относившейся к поэтам, — не пришло в голову, что такое «прославление» могло кончиться для меня трагично. Она в своем фельетоне сообщала, что «изящнейшая поэтесса» в талантливой балладе возвела клевету на красноармейца, обвиняя его в подмешивании стекла к продаваемой им соли, то есть в двойном преступлении — не только в мешочничестве, но и в посягательстве на жизнь своих сограждан.

«На верхах», узнав о существовании явно контрреволюционной «изящнейшей поэтессы», клевещущей на представителей Красной Армии, могли, конечно, заинтересоваться ею и пожелать прекратить раз и навсегда ее зловредную деятельность — даже вместе с ее жизнью.

Но мы, повторяю, по своему невероятному, необъяснимому легкомыслию об этом вовсе и не подумали.

А фельетон Ларисы Рейснер, несмотря на его намек на мою контрреволюционность или благодаря ему — как впоследствии и хвалебный отзыв Троцкого, — принес мне известность не только в буржуазных, но и в большевистских кругах.

Начало осени 1920 года. Второй вечер, устраиваемый Союзом поэтов. Совсем недавно — только этим летом основанным Союзом поэтов и уже успевшим переорганизоваться, переменить председателя. И изменить направление. История эта наделала много шума в тогдашнем литературном мире.

Из Москвы в Петербург прибыла молодая поэтесса Надежда Павлович с заданием организовать петербургский Союз поэтов, по образцу московского. Задание свое она выполнила с полным успехом — на все 120 процентов. Председателем был избран Блок. Сама Павлович занимала видное место в правлении, чуть ли не секретарское. Имена остальных членов правления, кроме Оцупа и Рождественского, я забыла.

Союз поэтов, как и предполагалось по заданию, был «левым». И это, конечно, не могло нравиться большинству петербургских поэтов. К тому же стало ясно, что Блок хотя и согласился «возглавить» Союз поэтов, всю свою власть передаст «Надежде Павлович с присными».

Выгод от такого правления петербургским поэтам ждать не приходилось. Гумилев же был полон энергии, рвался в бой, желая развить ураганную деятельность Союза на пользу поэтам. Лагерь Павлович «с присными» был силен и самоуверен. Ведь его поддерживала Москва, и все же ему пришлось потерпеть поражение. Гумилев проявил в этой борьбе за власть чисто макиавеллистические способности. Придравшись к тому, что правление Союза было выбрано без необходимого кворума, некоторые поэты потребовали перевыборов. На что правление легко согласилось, предполагая, что это простая формальность и оно, конечно, останется в своем полном и неизменном составе. Но в гумилевском лагере все было рассчитано и разыграно виртуозно; на перевыборах совершенно неожиданно была выставлена кандидатура Гумилева, который и прошел большинством... в один голос. Результат перевыборов ошеломил и возмутил прежнее правление.

— Это пиррова победа, — горячилась Павлович, — мы этого так не оставим. Мы вас в порошок сотрем!

В Москву полетели жалобы. Но вскоре выяснилось — ничего противозаконного в действиях Гумилева не усматривалось. Все, по заключению экспертов, было проведено так, что и «комар носа не подточит». Хотя Блок нисколько не держался за свое председательство, все же провал не мог не оскорбить его. Но он и вида не показал, что оскорблен. Когда новое правление во главе с председателем Гумилевым и секретарем Георгием Ивановым отправилось к нему с визитом, Блок не только любезно принял его, но нашел нужным «отдать визит», посетив одну из пятниц, устраиваемых Союзом на Литейном.

И на сегодняшнем вечере Блок также не отказался выступить вместе со всеми поэтами, находящимися сейчас в Петербурге.

Я, хотя и считаюсь уже поэтом и даже уже выступала один раз в Доме литераторов, этой чести сегодня не удостоилась. Я сознаю, что это справедливо — выступают только поэты с поэтическим стажем и твердо установившимся именем. Мне все же дано разрешение находиться в «артистической» — в гостиной, рядом с эстрадной залой. И это наполняет меня гордостью. И смущением.

— Я опоздаю, — предупредил меня вчера Гумилев. — А вы приходите пораньше и ждите меня там. Кузмин обещал непременно быть. Вот наконец и увидите его. И познакомитесь с ним.

Да, я еще ни разу не видела Кузмина. Но я слышала о нем много самых противоречивых рассказов. По ним мне никак не удается составить себе ни образа, ни биографии Кузмина: Кузмин — король эстетов, законодатель мод и тона. Он — русский Брюммель. У него триста шестьдесят пять жилетов.

По утрам к нему собираются лицеисты, правоведы и молодые гвардейцы присутствовать при его «petit lever»[1]. Он — старообрядец. Его бабушка — еврейка. Он учился у иезуитов. Он служил малым в мучном лабазе. В Париже он танцевал канкан с моделями Тулуз-Лотрека. Он носил вериги и провел два года послушником в итальянском монастыре. У Кузмина — сверхъестественные «византийские глаза». Кузмин — урод.

Как сочетать все это?

Но вдобавок оказывается еще, что Вячеслав Иванов восхищался его эрудицией и в спорах прислушивался к его мнению. Он гордился тем, что Кузмин жил у него на «Башне». Но, оказывается, Кузмин жил еще и у Нагродской, прославленного автора «Гнева Диониса». И там устраивались маскарады, о которых и сейчас говорят шепотом. Оказывается также, что Кузмин готовился стать композитором и учился в консерватории у Римского-Корсакова и что стихи он стал писать только в тридцать три года, по совету Брюсова. Он все не мог найти подходящих «слов» для своей музыки.

— Если чужие стихи вам не подходят, пишите сами, — посоветовал ему Брюсов и «показал, как это делается».

Кузмин сразу обнаружил огромные способности и вскоре махнул рукой на музыку, заменив ее поэзией. Хотя музыку бросил не совсем.

Рассказывали, что он так объяснял этот переход к поэзии:

— И легче, и проще. Стихи так с неба готовыми и падают, как перепела в рот евреям в пустыне. Я никогда ни строчки не переделываю.

Этому, как и многому другому в его легендарной и противоречивой биографии, мне было трудно поверить. Неужели правда — никогда, ни строчки? Ведь Гумилев иногда неделями бьется над какой-нибудь строкой и меня по многу раз

[1] «Малый прием», утренний прием посетителей — из ритуала французских королей.

заставляет переделывать стихи, пока не получится «то, что не требует исправления».

Я очень люблю стихи Кузмина. В особенности «Александрийские песни» и это — я его всегда читаю вслух, проходя мимо Таврического сада:

> Я тихо от тебя иду,
> А ты остался на балконе.
> «Коль славен наш Господь в Сионе» —
> Трубят в Таврическом саду.
>
> Я вижу бледную звезду
> На тихом, теплом небосклоне,
> И лучших слов я не найду,
> Когда я от тебя иду:
> «Коль славен наш Господь в Сионе».

Неужели и оно «с неба, как перепелка в рот»? Неужели? Ведь это одно из восхитительнейших русских стихотворений. Нет, я не верила. Только потом, когда я стала женой Георгия Иванова, я узнала, что у него

> Вдруг появляются стихи.
> Вот так из ничего,

что совершенные стихи, не требующие исправлений, могут появляться «чудесно, на авось». Но тогда я об этом еще понятия не имела. И Кузмин казался мне чем-то вроде мага и волшебника. И фокусника.

Я всегда волнуюсь перед встречей с еще не виданным мною поэтом. Но сегодня я иду в Дом искусств «как идут на первое свиданье в розами расцветший сад». С сердцем, заранее переполненным восхищением и благодарностью судьбе за эту встречу. Я готова восхититься Кузминым. Не только его «византийскими глазами» — «глазами-безднами, глазами-провалами, глазами — окнами в рай», — но и его дендизмом, даже его жилетом, — всем, что составляет того легендарного Кузмина, чьи стихи

> Из долины мандолины...

повторяет сам Блок наизусть. А ведь Блок, по словам Гумилева, не признает почти никого из современных поэтов.

Я нарочно пришла рано, пока еще никого нет. Я усаживаюсь в большое шелковое кресло в темном углу гостиной. Отсюда мне будут видны все входящие, а я сама могу остаться не замеченной никем, как в шапке-невидимке.

Первым является Владимир Пяст. Самый богемный из богемных поэтов. Русская разновидность «poète maudit»[1]. Он летом и зимой носит соломенное канотье и светлые клетчатые брюки, прозванные «двустопные пясты». В руках у него незакрывающийся ковровый саквояж. Из него выглядывают, как змеи, закрученные трубками рукописи. На ногах похожие на лыжи длинноносые стоптанные башмаки, подвязанные веревками. Веревки явно не нужны — башмаки держатся и без них. Но веревки должны дорисовывать портрет «поэта моди» во всем его падении, нищете и величии. Так же как и ковровый саквояж с рукописями, — «все свое ношу с собой».

Пяст знает все свои стихи наизусть и может их читать часами, не заглядывая в рукописи. Я с ним давно знакома. Он «чтец-декламатор», то есть учит слушателей «Живого слова» декламации. Но самое удивительное в Пясте не его внешность и не его «чтец-декламаторство», а то, что он один из друзей Блока вместе с Евгением Ивановым — рыжим Женей — и Зоргенфреем. Этот Зоргенфрей неожиданно достиг широкой известности своим единственным, как нельзя более современным стихотворением. Мы все на разные лады повторяли при встречах строки из него:

— Что сегодня, гражданин,
На обед?
Прикреплялись, гражданин,
Или нет?
— Я сегодня, гражданин,
Плохо спал.
Душу я на керосин
Променял...

---

[1] «Про́клятый поэт» *(фр.)*.

Зоргенфрей, рыжий Женя и Пяст. Только их трех, неизвестно почему, «допускает до себя» Блок. С ними он совершает загородные прогулки, с ними в пивных на Васильевском острове проводил бессонные ночи — до революции. К Пясту, несмотря на его чудачества, относятся все не без некоторого уважения. Как к другу Блока. Как к бывшему другу Блока. Пяст не мог простить Блоку «Двенадцати». И они разошлись.

За Пястом входит прямая противоположность ему — Михаил Леонидович Лозинский. Холеный. Похожий на директора банка. За ним Дмитрий Цензор, признанный кумир швеек.

По словам все того же Гумилева — Цензор умеет вызывать у своих поклонниц слезы умиления строчками вроде:

> Какое счастье, какое счастье
> Дать кому-нибудь в мире счастье,

и даже заставить их «дать ему счастье».

Гостиная понемногу начинает наполняться. Я знаю — с виду — далеко не всех. Но вот входит Блок. И Андрей Белый. Андрей Белый останавливается на пороге, оглядывает комнату своими светлыми сияющими дальнозоркими глазами. Я стараюсь уйти поглубже в кресло. Но от таких глаз не уйдешь. Они видят все. На два аршина под землей — видят.

Белый, будто исполняя балетный танец, начинает подлетать к присутствующим в рассыпающемся сиянии седых кудрей, с распростертыми для полета и для объятия руками. Но нет, до объятий не доходит. Вместо объятий — рукопожатие и сияющая улыбка, обворожительная улыбка.

— Как я рад... — Легчайший прыжок в сторону, и конец фразы достается уже не Блоку, а разговаривающему с ним Лозинскому.

Я с тревогой слежу за сложным рисунком его танца-полета. Пронеси, Господи! А он уже летит по диагонали, сияя улыбкой узнаванья, в мой угол — прямо на меня. Радостное восклицание:

— Вы? Ведь мы с вами с самой Москвы... — и, не докончив, отлетает, оставляя меня в полном недоумении. Я сбита с толку. Надо ли объяснять ему, что он принял меня за кого-то другого, что я никогда в Москве не была? Но он уже в противоположном конце гостиной рассыпает, как цветы, улыбки и приветствия, обвораживая и очаровывая.

Я застываю в своем кресле на виду у всех. Я чувствую, что у меня не только смущенный, но глупый и смешной вид. Я закрываю глаза. Я тону, гибну. И некого позвать на помощь.

Но помощь неожиданно является, — в лице Лозинского. Он подходит ко мне своей неспешной, эластичной походкой, любезно и благосклонно улыбаясь.

— Здравствуйте. Вы тоже выступаете сегодня? Я с удовольствием прослушаю еще раз вашу «Балладу о толченом стекле». С большим удовольствием. Наши бабушки, наверно, слушали «Светлану» Жуковского, как я вашу балладу. С таким же восхищением.

У Лозинского ясный, полнозвучный голос. Он отчетливо произносит каждое слово. Мне кажется, что он умышленно говорит так громко, чтобы все слышали. Я понимаю: он хочет поддержать меня. Он добрый. И я, приободрившись, отвечаю:

— Нет, Михаил Леонидович, я сегодня не выступаю.

— Ну, это можно поправить. Мы вас во втором отделении выпустим. Сверх программы.

Но меня снова охватывает смущение. Я качаю головой:

— Нет, нет. Я не могу. Я не приготовилась.

И он не настаивает:

— Что ж? Торопиться вам, слава Богу, незачем. Еще успеете славы хлебнуть. Время терпит.

И он произносит на прощанье почтительно и веско:

— Чик!

«Чик» — придуманное им сокращение. Теперь мода на сокращения. Надо идти в ногу с веком, серьезно объясняет он недоумевающим. «Честь имею кланяться». Ч. И. К. — Чик! Я не могу без смеха слышать этот с важной серьезностью произносимый им «Чик»! Я и сейчас смеюсь. И уже по-новому сижу в своем кресле. Почти смело. Теперь гостиная полна и «шумит нарядным ульем».

Блок стоит у окна. Его темное усталое лицо повернуто в мою сторону. Он смотрит на меня своим тяжелым усталым взглядом и вдруг кланяется мне! Да, мне! Никакого сомнения. Блок узнал меня. Я сдержанно отвечаю на его поклон. Но мое сердце прыгает в груди от восторга. С Блоком я познакомилась месяц тому назад во «Всемирной литературе».

Но с кем это разговаривает Блок? Я не заметила, как пришел этот странный маленький человечек. Кто он такой? Неужели он тоже поэт? Он стоит ко мне спиной. Я вижу его лысину и по бокам ее, над левым и правым виском, две густо нафабренные пряди темных волос, закрученные наподобие рожек. Рожки как у фавна или черта. Может быть, у него не только рожки, но и копытца? Но нет, под полосатыми брюками ярко-зеленые носки и стоптанные лакированные туфли. Никаких копытец. Обыкновенные ножки.

До меня доносится низкий, глуховатый голос Блока:

— Я боюсь за вас. Мне хочется оградить, защитить вас от этого страшного мира, Михаил Алексеевич...

Я чувствую толчок в лоб. Михаил Алексеевич... Ведь Кузмин — Михаил Алексеевич. И кому, кроме Кузмина, Блок, нелюдимый Блок, мог бы сказать с такой нежной заботливостью: «Я боюсь за вас. Мне хочется защитить вас от этого страшного мира»?

Это он — Кузмин. Принц эстетов, законодатель мод. Русский Брюммель. В помятой, закапанной визитке, в каком-то бархатном гоголевском жилете «в глазки и лапки». Должно быть, и все остальные триста шестьдесят четыре вроде него. Я всматриваюсь в его лицо. Да, глаза действительно сверхъестественно велики. Как два провала, две бездны, но никак не два окна, распахнутые в рай. Как осенние озера. Пожалуй, не как озера, а как пруды, в которых водятся лягушки, тритоны и змеи. Таких глаз я действительно никогда не видела. И веки совсем особенные. Похожие на шторы, спускающиеся над окнами. На шторы, почему-то называющиеся маркизами. В памяти моей вдруг начинают звучать отрывки стихов Кузмина про маркиз и маркизов:

> Клянусь семейною древностью,
> Что вы обмануты ревностью...
> . . . .
> Кто там выходит из-за боскета?
> Муж Юлии то обманутый,
> В жилет атласный затянутый,
> Стекла блеснули его лорнета...

Нет, не лорнета, а пенсне. Стекла пенсне Кузмина, нетвердо сидящие на его носике и поблескивающие при каждом движении головы. Может быть, беспрерывное поблескивание стекол и придает такую странность его глазам?

И вдруг я замечаю, что его глаза обведены широкими черными, как тушь, кругами и губы густо кроваво-красно накрашены. Мне становится не по себе. Нет, не фавн, а вурдалак: «На могиле кости гложет красногубый вурдалак...» Я отворачиваюсь, чтобы не видеть его.

Дверь снова открывается. Входит Гумилев, и за ним Георгий Иванов, подчеркнуто элегантный, в синем костюме. С челкой. Мне очень не нравится эта челка. Гумилев церемонно обходит всех и со всеми здоровается за руку. Церемонно и почтительно. Осведомляется о здоровье, уславливается о порядке выступления и кто какие стихи будет читать, И только условившись обо всем, направляется к моему креслу.

— Ну как вы тут? Не умерли от страха?

Я оглядываю его не без самоуверенности.

— Ничего страшного. Даже наоборот...

Мне очень хочется рассказать ему об «омаже»[1], как это у нас называется, сделанном мне Лозинским. Но здесь не место и не время хвастаться.

— Пойдемте, я вас познакомлю с Кузминым, — предлагает Гумилев.

Вся моя самоуверенность сразу пропадает. Я не хочу. Ни за что не хочу, сама не понимаю отчего. Гумилев насмешливо улыбается:

— Трусите? Стесняетесь? Ведь не съест же он вас?

Нет, я не трушу и не стесняюсь. Но мне почему-то кажется невозможным заглянуть в его густо подведенные глаза, уви-

---

[1] Почтение *(фр. —* hommage).

деть близко его кроваво-красные губы, пожать его маленькую, смуглую руку, похожую на корни дерева. Ведь у него руки как в стихотворении Гумилева «Лес»: «...Из земли за корнем корень выходил — // Словно руки обитателей могил...»

— Пожалуйста, не сегодня. В другой раз, пожалуйста! — защищаюсь я.

Гумилев пожимает плечами.

— Не хотите — не надо. Тогда бегите в зал. Сейчас начнут.

Я встаю и стараюсь шагать широко и плавно, как меня учили на уроках ритмической гимнастики, иду к выходу. По дороге мне кланяется Георгий Иванов. Но его поклон после поклона Блока я принимаю без удивления, как должное. Еще бы он не узнал меня! Я наклоняю голову, проходя мимо него, и чувствую, что он смотрит мне вслед.

Зал переполнен. Не только нет свободных мест, но во всех проходах стоят запоздавшие слушатели. Здесь, в эмиграции, просто невозможно себе представить, как слушали, как любили поэтов в те баснословные года в Петербурге, да и во всей России. Марина Цветаева была права, когда писала: «Из страны, где мои стихи были нужны, как хлеб, я в 22-м году попала в страну, где ни мои стихи, ни вообще стихи никому не нужны».

Да, стихи тогда были нужны не меньше хлеба. Иначе как могли бы все эти усталые, голодные люди после изнурительного трудового дня найти в себе силу пройти пешком, иногда через весь Петербург, лишь для того, чтобы услышать и увидеть поэтов?

Только тогда и там, в Петербурге, чувствовалась эта горячая, живая связь слушателей с поэтами, эта любовь. Овации, бесконечные вызовы. Поэтов охватывало ощущение счастья от благодарного восхищения слушателей. Казалось, что все друзья поэтов. Готовые для поэтов на любые жертвы. Если надо — отдать последнее. Отдать даже тот хлеб, о котором Марина Цветаева говорила, что он так же нужен, как стихи.

Нет, пожалуй, на этот раз Цветаева не преувеличила, а скорее преуменьшила — стихи тогда многим были даже нужнее хлеба.

Скоро, очень скоро и я испытаю это опьяняющее ощущение счастья, с которым не сравнится ничто на свете. Но сейчас я еще только составляю часть восторженной аудитории. Я с замиранием сердца слушаю глухой, однотонный голос Блока, скандирующий:

Под насыпью, во рву некошенном,
Лежит и смотрит, как живая,
В цветном платке, на косы брошенном,
Красивая и молодая...

Блок читает совершенно спокойно и даже как-то равнодушно и безучастно. Но я знаю, что он волнуется. Он никогда, несмотря на все бесчисленные выступления, не мог отделаться от «трака». Последние минуты перед выходом на сцену он, как лев в клетке, ходит взад и вперед и повторяет свои стихи. Почти всегда те, что сегодня: «На железной дороге». Другие он почему-то редко читает.

Блок стоит неподвижно. В «ярком беспощадном свете» электрических ламп, направленных на него, еще резче выступает контраст между темным усталым лицом и окружающими его, как нимб, светлыми локонами. Он продолжает все так же отчетливо, медленно и равнодушно:

Вагоны шли привычной линией,
Подрагивали и скрипели,
Молчали желтые и синие,
В зеленых плакали и пели...

Я знаю эти стихи наизусть, но мне кажется, что я слышу их в первый раз. Я сжимаю руки, я боюсь пропустить хоть одно слово. Я как будто в первый раз слышу эту трагедию «станционной барышни», не только слышу, но и переживаю ее. От монотонного, равнодушного голоса Блока, от его безучастной манеры читать она еще сильнее «доходит», еще сильнее ранит сердце. И вот уже конец. Блок слегка наклоняет голову и уходит. Уходит, чтобы больше не возвращаться. Ни на какие вызовы и аплодисменты. А вызовы и аплодисменты грохочут грозой, настоящей грозой, как будто

...ветреная Геба,
Кормя Зевесова орла,
Громокипящий кубок с неба
Смеясь на землю пролила, —

уже звучит тютчевская строфа в моей начиненной стихами голове. Да, совсем так.

Я вместе с другими студистами яростно отбиваю себе ладони, до хрипоты выкрикивая короткое, звонкое имя: «Блок! Блок! Блок!» Я знаю, что Блок больше не вернется. Я и не вызываю его. Это только бескорыстный восторг, дань преклонения перед ним.

Зал продолжает греметь, пока на эстраде не появляется Кузмин. Овация Блоку постепенно переходит в аплодисменты, встречающие Кузмина. Правда, значительно более сдержанные. Кузмин на эстраде кажется еще меньше. Он держится удивительно просто, как-то добродушно-любезно. Он всем своим видом выражает радость встречи со слушателями: «Наконец-то я добрался до вас, душки вы, голубчики мои. И как это хорошо! Как приятно! И вам, и мне». Он слегка вытягивает шею, закидывает голову, надувает щеки и, повернувшись в профиль, начинает:

За-за-залетной голубкой
Ты мне в сердце влетел...

Господи, да он еще и заикается! А я и не знала. Гумилев мне об этом не говорил. Но Кузмин, справившись с первым приступом заиканья, уже плавно катится со стихотворения на стихотворение, лишь изредка налетая на риф какой-нибудь трудности, рассыпаясь звуковыми брызгами:

На-на-навек сказали вы грациозно
И показали на з-з-звезду...

Я вслушиваюсь. И вот мне уже кажется, что именно так, с придыханиями, захлебываниями и заиканиями, и надо читать его стихи. Так просто. Так ласково и уютно. Не заставляя себя просить. Еще и еще. И лицо его становится совсем другое, чем только что там, в гостиной, — маленькое, милое, загримированное старостью, с полузакрытыми глазами. Глазами — окнами в рай? Не знаю. Сейчас я ни за что не поручусь.

Домой я, как всегда, возвращаюсь с Гумилевым.

— Как вам понравился Кузмин? — спрашивает он.

— Не знаю, — совершенно искренно отвечаю я.

Гумилев недовольно морщится:

— Вы просто не умеете его оценить.

Да. Не умею и никогда не сумею. Мое первое впечатление о нем оказалось решающим. И я так до сих пор еще не знаю, нравился ли он мне или нет. Вернее, нравился и не нравился в одно и то же время.

Сырой, холодный октябрьский день 1920 года. Я сижу в столовой Дома литераторов за длинным столом над своей порцией пшенной каши.

Я стараюсь есть как можно медленнее, чтобы продлить удовольствие. Каша удивительно вкусна. Впрочем, все съедобное кажется мне удивительно вкусным. Жаль только, что его так мало. Конечно, я могу попросить еще порцию каши — мне в ней не откажут.

Но для этого пришлось бы сознаться, что я голодна. Нет, ни за что.

Во мне, как в очень многих теперь, неожиданно проснулась «гордость бедности» — правда, «позолоченной бедности». Ведь мы все еще прекрасно одеты и живем в больших барских квартирах. Но, Боже, как мы голодаем и мерзнем в них.

Гумилев, против своего обыкновения, не здоровается со мной церемонно, а заявляет:

— Вас-то я и ищу, вас-то мне и надо. Кончайте скорее вашу кашу и идемте!

От радости — я всегда испытываю радость при встрече с ним, в особенности если это, как сейчас, неожиданная встреча, — каша сразу перестает казаться вкусной. Я стараюсь как можно скорее покончить с ней. Оставить ее недоеденной я все-таки не решаюсь. Я так тороплюсь, что боюсь поперхнуться.

— Идемте! — нетерпеливо повторяет он, уже направляясь к выходу.

И я иду за ним.

В прихожей я надеваю свою котиковую шубку с горностаевым воротничком, нахлобучиваю прямо на бант круглую котиковую шапку. Очень быстро, не тратя времени на ненужное предзеркальное кокетничанье.

Но Гумилев, хотя он и спешит, все же останавливается перед зеркалом и обеими руками, как архимандрит митру, возлагает на себя свою ушастую оленью шапку.

Сколько раз мне приходилось видеть, как он самодовольно любуется своим отражением в зеркале, и я все же всегда изумляюсь этому.

Должно быть, его глаза видят не совсем то, что мои. Как бы мне хотелось хоть на мгновение увидеть мир его глазами.

Мы выходим на темную Бассейную. Идет мокрый снег. Как холодно и бесприютно. А в Домлите было так тепло, светло и уютно. Зачем мы ушли?

— Куда мы идем, Николай Степанович?

Он плотнее запахивает полы своей короткой дохи.

— Любопытство вместе с леностью — мать всех пороков, — произносит он менторским тоном. — Вспомните хотя бы Пандору. И не задавайте праздных вопросов. В свое время узнаете. И прибавьте шагу.

Я знаю по опыту, что настаивать напрасно, и молча шагаю рядом с ним. Мы идем вверх по Бассейной, а не вниз. Значит, не ко мне и не к нему. Но куда? Мы сворачиваем на Знаменскую. Тут, в бывшем Павловском институте, когда-то помещалось «Живое слово», с которого началась моя настоящая жизнь.

Теперь «Живое слово» переехало в новое помещение возле Александрийского театра. Я в нем больше не бываю. Оно — обманувшая мечта. Из него за все время его существования ничего не вышло. «Гора родила мышь». А сколько оно обещало и как прелестно было его начало! Я не могу не вспоминать о нем с благодарностью.

— Какое сегодня число? — неожиданно прерывает молчание Гумилев.

— Пятнадцатое октября, — с недоумением отвечаю я.

Гумилев, не в пример очень многим — ведь календарей больше нет, — всегда точно знает, какое сегодня число, какой день недели.

— А что случилось в ночь с четырнадцатого на пятнадцатое октября тысяча восемьсот четырнадцатого года? — спрашивает он.

Я растерянно мигаю. Это мне неизвестно. Наверно, что-нибудь касающееся Наполеона. Ватерлоо? Отречение? Или вступление русских войск в Париж? Но почему в ночь на 15-е? Нет, русские войска вступили в Париж днем, и, кажется, весной...

— Не знаете? Событие, касающееся непосредственно нас с вами.

— Ватерлоо? Вступление русских войск в Париж? — предлагаю я неуверенно.

Гумилев смеется.

— С каких это пор армия вас непосредственно касается? Нет, нет, совсем нет. Бросьте проявлять ваши исторические познания, которые у вас, кстати, слабы. Слушайте — и запомните. — Он вынимает правую руку, засунутую в левый рукав дохи, как в муфту, и, подняв длинный указательный палец, произносит: — Слушайте и запомните! В ночь на пятнадцатое октября тысяча восемьсот четырнадцатого года родился Михаил Юрьевич Лермонтов. И вам стыдно не знать этого.

— Я знаю, — оправдываюсь я, — что Лермонтов родился в тысяча восемьсот четырнадцатом году, только забыла месяц и число.

— Этого нельзя забывать, — отрезает Гумилев. — Но и я тоже чуть было не прозевал. Только полчаса тому назад вспомнил вдруг, что сегодня день его рождения. Бросил перевод и побежал в Дом литераторов за вами. И вот, — он останавливается и торжествующе смотрит на меня, — и вот мы идем служить по нем панихиду!

— Мы идем служить панихиду по Лермонтову? — переспрашиваю я.

— Ну да, да. Я беру вас с собой оттого, что это ваш любимый поэт. Помните, Петрарка говорил: «Мне не важно, будут ли меня читать через триста лет, мне важно, чтобы меня любили».

Да, Гумилев прав. Я с самого детства и сейчас еще больше всех поэтов люблю Лермонтова. Больше Пушкина. Больше Блока.

— Подумайте, — продолжает Гумилев, — мы с вами, наверно, единственные, которые сегодня, в день его рождения, помолимся за него. Единственные в Петербурге, единственные в России, единственные во всем мире... Никто, кроме нас с вами, не помянет его... Когда-то в Одессе Пушкин служил панихиду по Байрону, узнав о его смерти, а мы по Лермонтову теперь.

Мы входим в Знаменскую церковь. Возле клироса жмутся какие-то тени. Мы подходим ближе, шаги наши гулко отдаются в промерзлой тишине. Я вижу: это старухи — нищие, закутанные в рваные платки и шали. Наверно, они спрятались тут в надежде согреться, но тут еще холоднее, чем на улице.

— Подождите меня, — шепчет Гумилев, — я пойду поищу священника.

И он уходит. Я прислоняюсь к стене и закрываю глаза, чтобы не видеть старух-нищенок. Они чем-то напоминают мне ведьм. Им совсем не место в церкви. Мне становится страшно.

Слишком тихо, слишком темно здесь, в этой церкви. От одиноко мерцающих маленьких огоньков перед иконами все кажется таинственным и враждебным.

Я почему-то вспоминаю Хому Брута из «Вия». Я боюсь обернуться. Мне кажется, если я обернусь, я увижу гроб, черный гроб.

Мне хочется убежать отсюда. Я стараюсь думать о Лермонтове, но не могу сосредоточиться.

Скорей бы вернулся Гумилев!

И он наконец возвращается. За ним, мелко семеня, спешит маленький худенький священник, на ходу оправляя должно быть наспех надетую на штатский костюм рясу. «Служителям культа» рекомендуется теперь, во избежание неприятностей и насмешек, не носить «спецодежду» за стенами церкви.

— По ком панихида? По Михаиле? По новопреставленном Михаиле? — спрашивает он.

— Нет, батюшка. Не по новопреставленном. Просто по болярине Михаиле.

Священник кивает. Ведь в церкви, кроме нас с Гумилевым и нищенок-старух, никого нет и, значит, можно покойника величать «болярином».

Гумилев идет к свечному ящику, достает из него охапку свечек, сам ставит их на поминальный столик перед иконами, сам зажигает их. Оставшиеся раздает старухам.

— Держите, — и Гумилев подает мне зажженную свечку. Священник уже возглашает:

— Благословен Бог наш во веки веков. Аминь...

Гумилев, стоя рядом со мной, крестится широким крестом и истово молится, повторяя за священником слова молитвы. Старухи поют стройно, высокими, надтреснутыми, слезливыми голосами:

— Святый Боже...

Это не нищенки, а хор. Я ошиблась, приняв их за нищенок.

— Со святыми упокой...

Гумилев опускается на колени и так и продолжает стоять на коленях до самого конца панихиды.

Но я не выдерживаю. Каменные плиты так холодны.

Я встаю, чувствуя, как холод проникает сквозь тонкие подошвы в ноги, поднимается до самого сердца. Я напрасно запрещаю себе чувствовать холод.

Я тоже усердно молюсь и крещусь. Конечно, не так истово, как Гумилев, но все же «от всей души».

— Вечная память... — поют старухи, и Гумилев неожиданно присоединяет свой глухой деревянный, детонирующий голос к их спевшемуся, стройному хору.

Гумилев подходит ко кресту, целует его и руку священника подчеркнуто благоговейно.

— Благодарю вас, батюшка!

Должно быть, судя по радостному и почтительному «Спасибо!» священника, он очень хорошо заплатил за панихиду.

Он «одаривает» и хор — каждую старуху отдельно — «если разрешите». И они «разрешают» и кланяются ему в пояс.

Делает он все это с видом помещика, посещающего церковь, выстроенную на его средства и на его земле.

— Ну как, вы замерзли совсем? — осведомляется он у меня уже на улице.

Я киваю:

— Замерзла, совсем.

— Но все-таки не жалеете, рады, что присутствовали на панихиде по Лермонтову? — спрашивает он.

И я отвечаю совершенно искренно:

— Страшно рада!

— Ну тогда все отлично. Сейчас пойдем ко мне. Я вас чаем перед печкой отогрею.

Он берет меня под руку, и мы быстро шагаем в ногу.

— Ведь еще не кончено празднование дня рождения Лермонтова, — говорит он. — Главное еще впереди.

Мы сидим в прихожей Гумилева перед топящейся печкой. Я протягиваю озябшие руки к огню и говорю:

После ветра и мороза было
Любо мне погреться у огня...

— Ну нет, — строго прерывает меня Гумилев. — Без Ахматовой, пожалуйста. Как, впрочем, и без других поэтов. На повестке дня — Лермонтов. Им мы и займемся. Но сначала все же пообедаем.

Прихожая маленькая, тесная, теплая. В нее из холодного, необитаемого кабинета перенесены зеленый диван и два зеленых низких кресла. Электрический матовый шар под потолком редко зажигается. Прихожая освещается пламенем не перестающей топиться печки. От этого теплого красноватого света она кажется слегка нереальной, будто на наполняющую ее

Предметов жалких дребедень
Ложится сказочная тень...

будто

...Вот сейчас выползет черепаха,
Пролетит летучая мышь...

Но раз запрещено цитировать стихи, кроме лермонтовских, я произношу эти строчки мысленно, про себя. Тем более что они принадлежат мне.

«Пообедаем», сказал Гумилев, и он приступает к приготовлению «обеда». Закатав рукава пиджака, он с видом заправского повара нанизывает, как на вертел, нарезанные кусочки хлеба на игрушечную саблю своего сына Левушки и держит ее над огнем.

Обыкновенно эта сабля служит ему для подталкивания горящих поленьев, но сейчас она «орудие кухонного производства».

— Готово! — Он ловко сбрасывает кусочки запекшегося дымящегося хлеба на тарелку, поливает их подсолнечным маслом и объявляет: — Шашлык по-карски! Такого нежного карачаевского барашка вы еще не ели. — Он протягивает мне тарелку. — Ведь правда шашлык на редкость хорош? А бузу вы когда-нибудь пили? Нет? Ну тогда сейчас попробуете. Только пейте осторожно. Она очень пьяная. Голова закружиться может. И как я вас тогда домой доставлю?

Он сыплет пригоршнями полученный по академическому пайку изюм в котелок с морковным чаем, взбалтывает его и разливает эту мутную сладкую жидкость в два стакана.

Я, обжигая пальцы, беру стакан. Мы чокаемся.

— За Лермонтова! — провозглашает он, залпом проглатывая свой стакан, и морщится. — Чертовски крепкая! Всю глотку обожгло. Добрая буза!

Я прихлебываю «бузу» мелкими глотками и заедаю ее «шашлыком».

— Вкусно? — допытывается он. — Самый что ни на есть кавказский пир! Только зурны не хватает. Мы бы с вами под зурну сплясали лезгинку. Не умеете? Ничего, я бы вас научил. Я бы в черкеске кружился вокруг вас на носках, с кинжалом в зубах, а вы бы только поводили плечами, извивались и змеились.

И вдруг, бросив шутовской тон, говорит серьезно:

— Лермонтов ведь с детства любил Кавказ. Всю жизнь. И на Кавказе погиб. Ему было всего десять лет, когда он впервые увидел Кавказ. Там же он пережил свою первую влюбленность.

Он задумывается.

— Не странно ли? И я тоже мальчиком попал на Кавказ. И тоже на Кавказе впервые влюбился. И тоже не во взрослую барышню, а в девочку. Я даже не помню, как ее звали, но у нее тоже были голубые глаза и светлые волосы. Когда я наконец осмелился сказать ей: «Я вас люблю», она ответила: «Дурак!» — и показала мне язык. Эту обиду я и сейчас помню.

Он взмахивает рукой, будто отгоняя муху.

— Вот я опять о себе. Кажется, я действительно выпил слишком много бузы и хмель ударил мне в голову. А вы как? Ничего? Не опьянели? Отогрелись? Сыты? Сыты совсем?

— Совсем.

— Тогда, — говорит он, ставя пустые стаканы и тарелки на столик перед раз навсегда запертой входной дверью: ведь теперь ходят с черного хода, через кухню, — тогда, — повторяет он, — можно начинать.

— Что начинать? — спрашиваю я.

— А вы уже забыли? Начинать то, для чего я вас привел сюда, — вторую часть празднования дня рождения Лермонтова. Панихида была необходима не только чтобы помолиться за упокой его души, но и как вступление, как прелюд. И как хорошо, что нам удалось отслужить панихиду! Как ясно, как светло чувствуешь себя после панихиды. Будто вдруг приподнялся край завесы, отделяющий наш мир от потустороннего, и оттуда на короткое мгновение блеснул нетленный свет. Без нее я вряд ли сумел и смог бы сказать вам все то, что скажу сейчас. Оттого, — продолжает он, — что у нас, у вас и у меня, открылось сердце. Не только ум, но и сердце, навстречу Лермонтову.

Он встает, выходит в спальню и возвращается, неся несколько книг. Он сбрасывает их прямо на пол возле своего кресла.

— О Лермонтове. Они мне сегодня понадобятся. Ведь вы, хотя он и ваш любимый поэт, ровно ничего не знаете о нем, как, впрочем, почти все его поклонники. Сколько трудов о Пушкине и как их мало о Лермонтове. Даже не существует термина для изучающих Лермонтова. Пушкинисты — да, но лермонтовисты — звучит странно. Лермонтовистов нет, и науки о Лермонтове еще нет, хотя давно пора понять, что Лермонтов в русской поэзии явление не меньшее, чем Пушкин, а в прозе несравненно большее. Вы удивлены? Я этого еще никогда не говорил вам? Да. Не говорил. И вряд ли когда-нибудь скажу или напишу в статье. И все же это мое глубокое, искреннее убеждение.

Он усаживается снова в кресло.

— Мы привыкли повторять фразы вроде «Пушкин наше все!», «Русская проза пошла от "Пиковой дамы"». Но это, как большинство прописных истин, неверно.

Русская проза пошла не с «Пиковой дамы», а с «Героя нашего времени». Проза Пушкина — настоящая проза поэта, сухая, точная, сжатая. Прозу Пушкина можно сравнить с Мериме, а Мериме ведь отнюдь не гений. Проза Лермонтова чудо. Еще большее чудо, чем его стихи. Прав был Гоголь, говоря, что так по-русски еще никто не писал...

Перечтите «Княжну Мери». Она совсем не устарела. Она могла быть написана в этом году и через пятьдесят лет. Пока существует русский язык, она никогда не устареет.

Если бы Лермонтов не погиб, если б ему позволили выйти в отставку!..

Ведь он собирался создать журнал и каждый месяц — понимаете ли вы, что это значит? — каждый месяц печатать в нем большую вещь!

Гумилев достает портсигар и закуривает.

— Да, действительно, — говорит он, пуская кольца дыма, — как трагична судьба русских поэтов, почти всех: Рылеева, Кюхельбекера, Козлова, Полежаева, Пушкина...

Неужели же права графиня Ростопчина? Кстати, она — вы вряд ли это знаете — урожденная Сушкова. Нет, не печальной памяти Катрин Сушкова, написавшая о Лермонтове апокрифические воспоминания, а ее родная старшая сестра Додо Сушкова. Она была другом Лермонтова, поверенной его чувств и надежд, его наперсницей, как это тогда называлось. Неужели же она права, советуя поэтам:

Не трогайте ее, зловещей сей цевницы,
Поэты русские, она вам смерть дает!
Как семимужняя библейская вдовица,
На избранных своих она грозу зовет!

Я не выдерживаю:

— Но ведь вы запретили читать сегодня какие бы то ни было стихи, кроме лермонтовских?

Он пожимает плечами:

— Значит, и я не умею говорить, не цитируя стихов. Но смягчающее вину обстоятельство: эти стихи написаны на смерть Лермонтова.

Гумилев смотрит в огонь. Что он там видит такого интересного? Пламя освещает его косоглазое лицо.

— Иногда мне кажется, — говорит он медленно, — что и я не избегну общей участи, что и мой конец будет страшным. Совсем недавно, неделю тому назад, я видел сон. Нет, я его не помню. Но когда я проснулся, я почувствовал ясно, что мне жить осталось совсем недолго, несколько месяцев, не больше. И что я очень страшно умру. Я снова заснул. Но с тех пор — нет-нет да и вспомню это странное ощущение. Конечно, это не предчувствие. Я вообще не верю в предчувствия, хотя Наполеон и называл предчувствия «глазами души». Я увсрен, что проживу до ста лет. А вот сегодня в церкви... Но ведь мы не обо мне, а о Лермонтове должны говорить сейчас.

И вдруг перебивает себя:

— Скажите, вы не заметили, что священник ошибся один раз и вместо «Михаил» сказал «Николай»?

Я качаю головой:

— Нет, не заметила. Нет, я ведь очень внимательна. Я бы услышала.

Он недоверчиво улыбается и закуривает новую папиросу.

— Ну значит, я ослышался, мне почудилось. Но мне с той минуты, как мне послышалось «Николай» вместо «Михаил», все не по себе. Вот я дурачился и шашлык готовил, а под ложечкой сосет и сосет, и не могу успокоиться. Но раз вы уверены... Просто у меня нервы не в порядке. Надо будет съездить в Бежецк отдохнуть и подкормиться. Кстати, буза совсем уж не такой пьяный напиток. Я пошутил. А теперь забудьте, где вы, забудьте, кто я. Сидите молча, закройте глаза. И слушайте.

Я послушно закрываю глаза и вся превращаюсь в слух. Но он молчит.

Как тихо тут. Слышно только, как дрова потрескивают в печке. Будто мы не в Петербурге, а где-то за тысячу верст от него. Я уже хочу открыть глаза и заговорить, но в это мгновение раздается глухой голос Гумилева:

— Сейчас тысяча восемьсот четырнадцатый год. Мы в богатой усадьбе Елизаветы Алексеевны Арсеньевой в Тарханах Пензенской губернии, на новогоднем балу.

В двусветном зале собран весь цвет окружных соседей-помещиков.

На сцене разыгрывается драма господина Вильяма Шекспира — «Гамлет — принц Датский». Несколько странный выбор для новогоднего спектакля. Впрочем, Елизавета Алексеевна большая оригиналка.

Играют крепостные актеры и сам хозяин Михаил Васильевич. Правда, он исполняет очень скромную роль — роль могильщика.

Этот бал должен решить его судьбу. Он страстно влюблен в недавно поселившуюся в своем имении молодую вдову-княгиню. И сегодня он наконец надеется сломить ее сопротивление.

Но время идет, а прелестная княгиня все не едет. Он напрасно прислушивается к звону бубенцов подъезжающих саней, напрасно выбегает на широкое крыльцо с колоннами встречать ее — ее все нет.

И вот в полном отчаянии, держа гипсовый череп в руке, он со сцены повторяет заученные слова.

В первом ряду величаво восседает его жена Елизавета Алексеевна, улыбаясь хитро и торжествующе.

После спектакля ужин под гром крепостного оркестра. Уже взвиваются в воздух пробки шампанского и часы приближаются к двенадцати, а место хозяина дома все еще пусто. Елизавета Алексеевна хмурит брови и посылает свою дочь Мари поторопить отца. Наверно, он замешкался, переодеваясь, забыл, что его ждут.

Мари бежит, быстро перебирая ножками в розовых атласных туфельках, через пустые ярко освещенные залы. Ей шестнадцать лет. Сегодня ее первый бал. Ей очень хотелось сыграть Офелию, но Елизавета Алексеевна нашла такое желание неприличным. Все же Мари счастлива, как никогда еще, — на ней впервые декольтированное длинное воздушное платье, и как ей к лицу высокая прическа с цветами и спускающимся на плечо локоном. Она останавливается перед стенным зеркалом и делает своему отражению низкий реверанс.

«Вы очаровательны. Вы чудо как хороши, Мария Михайловна!» — говорит она себе и весело бежит дальше. Она стучит в дверь кабинета: «Папенька! Маман гневается. Папенька, гости ждут!»

Она входит в кабинет и видит: отец лежит скрючившись на ковре, широко открыв рот и уставившись остекленевшими, мертвыми глазами в потолок.

Она вскрикивает на весь дом и падает без чувств рядом с ним.

Оказалось — этого не удалось скрыть, — Елизавета Алексеевна приказала слугам не пускать красавицу княгиню в Тарханы. Слуги, встретив ее сани на дороге, преградили ей путь, передав приказ барыни. В страшном гневе красавица княгиня вырвала страничку из своего carnet de bal[1], написала на ней: «После такого оскорбления между нами все навсегда кончено!», велела: «Вашему барину в собственные руки!» — и повернула обратно домой.

Слуги доставили записку «в собственные руки барина». Он в это время переодевался у себя в кабинете с помощью камердинера.

Прочитав записку, он надел фрак, завязал белый галстук, отослал камердинера и отравился.

Так рок, еще до рождения Лермонтова, занялся его будущей матерью, навсегда наложив на нее свою печать...

Через два часа Гумилев провожает меня домой, держа меня под руку.

Уже поздно, и мы спешим.

— Да перестаньте же плакать! — недовольно говорит Гумилев. — Перестаньте! У вас дома вообразят, что я вас обидел. Кто вам поверит, что вы разливаетесь по Лермонтову. Вытрите глаза. Можно подумать, что он только сегодня умер и вы только сейчас узнали об этом.

Он протягивает мне свой платок, и я послушно вытираю слезы. Но они продолжают течь и течь.

— Я не знала, я действительно не знала, как это все ужасно было и как он умирал, — всхлипываю я. — Я не могу, не могу. Мне так больно, так жаль его!..

Он останавливается и, нагнувшись близко, заглядывает в мои плачущие глаза.

— А знаете, если загробный мир на самом деле существует и Лермонтов сейчас видит, как вы о нем плачете, ему, наверно, очень приятно, — и, помолчав, прибавляет потеплевшим, изменившимся голосом: — Вот я бранил вас, а мне вдруг захотелось, чтобы через много лет после моей смерти какое-нибудь молодое существо плакало обо мне так, как вы сейчас плачете. Как по убитом женихе... Очень захотелось...

---

[1] Бальная записная книжка *(фр.),* где за кавалером записывали танец на балах.

* * *

Гумилеву было только тридцать пять лет, когда он умер, но он по-стариковски любил «погружаться в свое прошлое», как он сам насмешливо называл это.

— Когда-нибудь, лет через сорок, я напишу все это, — повторял он часто. — Ведь жизнь поэта не менее важна, чем его творчество. Поэту необходима напряженная, разнообразная жизнь, полная борьбы, радостей и огорчений, взлетов и падений. Ну и, конечно, любви. Ведь любовь — главный источник стихов. Без любви и стихов не было бы.

Он поднимает тонкую руку торжественно, будто читает лекцию с кафедры, а не сидит на ковре перед камином у меня на Бассейной.

— По Платону, любовь одна из трех главных напастей, посылаемых богами смертным, — продолжает он, — и хотя я и не согласен с Платоном, но и я сам чуть не умер от любви, и для меня самого любовь была напастью, едва не приведшей меня к смерти.

О своей безумной и мучительной любви к Анне Ахматовой и о том, с каким трудом он добился ее согласия на брак, он вспоминал с явным удовольствием, как и о своей попытке самоубийства.

— В предпоследний раз я сделал ей предложение, заехав к ней по дороге в Париж. Это был для меня вопрос жизни и смерти. Она отказала мне. Решительно и бесповоротно. Мне оставалось только умереть.

И вот, приехав в Париж, я в парке Бютт Шомон поздно вечером вскрыл себе вену на руке. На самом краю пропасти. В расчете, что ночью, при малейшем движении, я не смогу не свалиться в пропасть. А там и костей не сосчитать...

Но, видно, мой ангел-хранитель спас меня, не дал мне упасть. Я проснулся утром, обессиленный потерей крови, но невредимый, на краю пропасти. И я понял, что Бог не желает моей смерти. И никогда больше не покушался на самоубийство.

Рассказ этот, слышанный мной неоднократно, всегда волновал меня. Гумилев так подробно описывал парк и страшную скалу над еще более страшной пропастью и свои мучительные предсмертные переживания, что мне и в голову не приходило не верить ему.

Только попав в Париж и отправившись, в память Гумилева, в парк Бютт Шомон на место его «чудесного спасения», я увидела, что попытка самоубийства — если действительно она существовала — не могла произойти так, как он ее мне описывал: до скал невозможно добраться, что ясно каждому, побывавшему в Бютт Шомон.

Гумилев, вспоминая свое прошлое, очень увлекался и каждый раз украшал его все новыми и новыми подробностями. Чем, кстати, его рассказы сильно отличались от рассказов Андрея Белого, тоже большого любителя «погружаться в свое прошлое».

Андрей Белый не менял в своих рассказах ни слова и даже делал паузы и повышал или понижал голос на тех же фразах, будто не рассказывал, а читал страницу за страницей, отпечатанные в его памяти. Гумилев же импровизировал, красноречиво и вдохновенно, передавая свои воспоминания в различных версиях. Если я робко решалась указать ему на несовпадение некоторых фактов, он удивленно спрашивал:

— А разве я прошлый раз вам иначе рассказывал? Значит, забыл. Спутал. И к тому же, как правильно сказал Толстой, я не попугай, чтобы всегда повторять одно и то же. А вам, если вы не умеете слушать и наводите критику, я больше ничего рассказывать не буду, — притворно сердито заканчивал он.

Но видя, что, поверив его угрозе, я начинаю моргать от огорчения, уже со смехом:

— Что вы, право! Шуток не понимаете? Не понимаете, что мне рассказывать хочется не меньше, чем вам меня слушать? Вот подождите, пройдет несколько лет, и вы сможете написать ваши собственные «Разговоры Гете с Эккерманом».

Да, действительно, я могла бы, как Эккерман, написать мои «Разговоры с Гете», то есть с Гумилевым, «толщиною в настоящий том».

Их было множество, этих разговоров, и я их все бережно сохранила в памяти.

Ни одна моя встреча с Гумилевым не обходилась без того, чтобы он не высказал своего мнения о самых разнообразных предметах, своих взглядов на политику, религию, историю — на прошлое и будущее Вселенной, на жизнь и смерть и, конечно, на «самое важное дело жизни» — поэзию.

Мнения его иногда шли вразрез с общепринятыми и казались мне парадоксальными.

Так, он утверждал, что скоро удастся победить земное притяжение и станут возможными межпланетные полеты.

— А вокруг света можно будет облететь в восемьдесят часов, а то и того меньше. Я непременно слетаю на Венеру, — мечтал он вслух, — так лет через сорок. Я надеюсь, что я ее правильно описал. Помните:

> На далекой звезде Венере
> Солнце пламенней и золотистей,
> На Венере, ах, на Венере
> У деревьев синие листья.

Так, он предвидел новую войну с Германией и точно определял, что она произойдет через двадцать лет.

— Я, конечно, приму в ней участье, непременно пойду воевать. Сколько бы вы меня ни удерживали, пойду. Снова надену военную форму, крякну и сяду на коня, только меня и видели. И на этот раз мы побьем немцев! Побьем и раздавим!

Предсказывал он также возникновение тоталитарного строя в Европе.

— Вот, все теперь кричат: «Свобода! Свобода!» — а в тайне сердца, сами того не понимая, жаждут одного — подпасть под неограниченную, деспотическую власть. Под каблук. Их идеал — с победно развевающимися красными флагами, с лозунгом «Свобода» стройными рядами — в тюрьму. Ну и, конечно, достигнут своего идеала. И мы, и другие народы. Только у нас деспотизм левый, а у них будет правый. Но ведь хрен редьки не слаще. А они непременно — вот увидите — тоже получат то, чего добиваются.

Он, бесспорно, намного опередил свое время. У него бывали «просто гениальные прорывы в вечность», как он без ложной скромности сам их определял.

Конечно, иногда у него бывали и обратные «антигениальные прорывы» — нежелание и неумение понять самые обыкновенные вещи. Но и они интересны, характерны и помогают понять Гумилева — живого Гумилева.

Да, мне действительно следовало бы записать мои разговоры с ним.

Январский полдень, солнечный и морозный.

Мы, набегавшись в Таврическом саду, как мы часто делали, сели отдохнуть на «оснеженную» скамейку.

Гумилев смахнул снег с полы своей дохи, улыбнулся широко и вдруг совершенно неожиданно для меня «погрузился в прошлое».

— Я в мае тысяча девятьсот семнадцатого года был откомандирован в Салоники, — говорит он, будто отвечает на вопрос: «Что вы делали в мае 1917 года?»

Но, хотя я и не задавала ему этого вопроса, я всегда готова его слушать. А он продолжает:

— Я застрял в Париже надолго и так до Салоник и не добрался. В Париже я прекрасно жил, гораздо лучше, чем прежде, встречался с художниками. С Гончаровой и Ларионовым я даже подружился. И французских поэтов видел много, чаще других Морраса.

Ну и, конечно, влюбился. Без влюбленности у меня ведь никогда ничего не обходится. А тут я даже сильно влюбился. И писал ей стихи. Нет, я не могу, как Пушкин, сказать о себе: «Но я любя был глуп и нем». Впрочем, ведь и у него много любовных стихотворений. А я как влюблюсь, так сразу и запою. Правда, скорее петухом, чем соловьем. Но кое-что из этой продукции бывает и удачно.

Он подробно рассказывает о своем парижском увлечении, о всех перипетиях его и для иллюстрации читает стихи из «альбома в настоящий том», посвященные «любви несчастной Гумилева, в год четвертый мировой войны».

— Да, любовь была несчастной, — говорит он смеясь. — Об увенчавшейся победой счастливой любви много стихов не напишешь.

Он читает стихотворение за стихотворением. Он уже и раньше читал мне их. Мне особенно нравится:

Вот девушка с газельими глазами
Выходит замуж за американца
Зачем Колумб Америку открыл?

Голос его звучит торжественно и гулко в морозной, солнечной, хрупкой тишине:

Мой биограф будет очень счастлив,
Будет удивляться два часа,

Как осел, перед которым в ясли
Свежего насыпали овса.

Вот и монография готова,
Фолиант почтенной толщины...

и не дочитав до конца, смотрит на меня улыбаясь:

— Здесь я, признаться, как павлин, хвост распустил. Как вам кажется? Вряд ли у меня будут биографы-ищейки. Впрочем, кто его знает? А вдруг суд потомков окажется более справедливым, чем суд современников. Иногда я надеюсь, что обо мне будут писать монографии, а не только три строчки петитом. Ведь все мы мечтаем о посмертной славе. А я, пожалуй, даже больше всех.

Гумилев, морщась, долго разжигает папиросу, закрывая ее рукой от ветра, потом, помолчав и уже изменившимся голосом, продолжает, глядя перед собой на покрытую снегом дорожку и на двух черных ворон, похожих на два чернильных пятна на белой странице.

— Я действительно был страшно влюблен. Но конечно, когда я из Парижа перебрался в Лондон, я и там сумел наново влюбиться. Результатом чего явилось мое стихотворение «Приглашение в путешествие».

А из Англии я решил вернуться домой. Нет, я не хотел, не мог стать эмигрантом. Меня тянуло в Россию. Но вернуться было трудно. Всю дорогу я думал о встрече с Анной Андреевной, о том, как мы заживем с ней и Левушкой. Он уже был большой мальчик. Я мечтал стать его другом, товарищем его игр. Да, я так глупо и сентиментально мечтал. А вышло совсем не то...

Он развел руками, будто недоумевая.

— До сих пор не понимаю, почему Анна Андреевна заявила мне, что хочет развестись со мной, что она решила выйти замуж за Шилейко. Ведь я ничем не мешал ей, ни в чем ее не стеснял. Меня — я другого выражения не нахожу — как громом поразило. Но я овладел собой. Я даже мог заставить себя улыбнуться. Я сказал: «Я очень рад, Аня, что ты первая предлагаешь развестись. Я не решался сказать тебе. Я тоже хочу жениться». Я сделал паузу — на ком, о Господи?.. Чье имя назвать? Но я сейчас же нашелся: «На Анне Николаевне Энгельгардт, — уверенно произнес я. — Да, я очень рад». И я поцеловал ее руку: «Поздравляю, хотя твой выбор не кажется мне удачным. Я плохой муж, не спорю. Но Шилейко в мужья вообще не годится. Катастрофа, а не муж».

И гордый тем, что мне так ловко удалось отпарировать удар, я отправился на Эртелев переулок делать предложение Анне Энгельгардт — в ее согласии я был заранее уверен.

Было ли все именно так, как рассказывал Гумилев, или, «погружаясь в свое прошлое», он слегка разукрасил и исказил его — я не знаю.

В тот зимний полдень в Таврическом саду Гумилев подробно рассказал мне историю своего сватовства и женитьбы. И так же подробно историю своего развода.

Вторая жена Гумилева, Аня Энгельгардт, была прелестна.

Злые языки пустили слух, что она дочь не профессора Энгельгардта, а Бальмонта. Ее мать была разведенная жена Бальмонта.

Гумилев верил этому слуху и не без гордости заявлял:

— Моя Леночка не только дочь, но и внучка поэта. Поэзия у нее в крови. Она с первого дня рождения кричала ритмически. Конечно, она будет поэтом.

Не знаю, стала ли Леночка поэтом. Ни о ней, ни о ее матери, Ане Энгельгардт (ее, несмотря на то что она вышла замуж за Гумилева, в литературных кругах продолжали называть Аня Энгельгардт), я за все годы эмиграции ничего не слыхала.

Леночка была некрасивым ребенком, вылитым портретом своего отца — косоглазая, с большим, плоским лбом и длинным носом. Казалось невероятным, что у такой прелестной матери такая дочь.

Впрочем, некрасивые девочки часто, вырастая, становятся красивыми. И наоборот. Надеюсь, что и Леночка стала красивой.

— Когда я без предупреждения, — рассказывал Гумилев, — явился на квартиру профессора Энгельгардта, Аня была дома. Она, как всегда, очень мне обрадовалась. Я тут же, не тратя лишних слов, объявил ей о своем намерении жениться на ней. И как можно скорее!

Она упала на колени и заплакала: «Нет. Я не достойна такого счастья!»

— А счастье оказалось липовое. — Гумилев скорчил презрительную гримасу. — Хорошо, нечего сказать, счастье! Аня сидит в Бежецке с Леночкой и Левушкой, свекровью и старой теткой. Скука невообразимая, непролазная. Днем еще ничего. Аня возится с Леночкой, играет с Левушкой — он умный, славный мальчик. Но вечером тоска — хоть на луну вой от тоски. Втроем перед печкой — две старухи и Аня. Они обе шьют себе саваны — на всякий случай все подготовляют к собственным похоронам. Очень нарядные саваны с мережкой и мелкими складочками. Примеряют их — удобно ли в них лежать? Не жмет ли где? И разговоры, конечно, соответствующие. А Аня вежливо слушает или читает сказки Андерсена. Всегда одни и те же. И плачет по ночам. Единственное развлечение — мой приезд. Но ведь я езжу в Бежецк раз в два месяца, а то и того реже. И не дольше, чем на три дня. Больше не выдерживаю. Аня в каждом письме умоляет взять ее к себе в Петербург. Но и здесь ей будет несладко. Я привык к холостой жизни... — Он вздыхает. — Конечно, нехорошо обижать Аню. Она такая беззащитная, совсем ребенок. Когда-то я мечтал о жене — веселой птице-певунье. А на деле и с птицами-певуньями ничего не выходит. — И вдруг, переменив тон: — Никогда не выходите замуж за поэта, помните — никогда!

Поздняя осень 1920 года. На улице холодно и темно. А здесь, в Доме литераторов, тепло и светло. Совсем особенно, по-дореволюционному тепло и светло. Электричество ярко сияет круглые сутки напролет, а не гаснет в восемь часов вечера на всю ночь. И тепло здесь ровное, мягкое, ласковое — тепло центрального отопления, не то что палящий жар «буржуек», дышащих льдом, как только их перестают топить.

Случайные посетители Дома литераторов чувствуют себя здесь как в каком-то сказочном царстве-государстве. Ведь здесь не только светло и тепло, но и сытно. Каждому посетителю выдается порция похлебки и кусок хлеба.

Уже с осени я — к великой зависти всех студистов и студисток — стала членом Дома литераторов и бываю здесь ежедневно.

В большой прихожей бородатый профессор-египтолог старательно и неумело пристраивает поверх своего котелка голубой детский башлык на розовой подкладке с кисточкой.

— Слыхали, — обращается он ко мне, — говорят, Мандельштам приехал. Будто даже видели его на улице. Но я не верю. Ведь не сумасшедший же он, чтобы с сытого юга, из Крыма, от белых приехать сюда голодать и мерзнуть.

Одна из кавалерственных дам — их немало среди членов Дома литераторов — оправляет перед зеркалом седые букли.

— Мандельштам? Что такое Мандельштам? — спрашивает она, продолжая глядеться в зеркало, будто ждет ответа от него, а не от профессора или меня. Лорнетка изящным жестом поднимается к ее чуть презрительно прищуренным глазам. И снова падает, повисая на черном шнурке для ботинок, заменяющем золотую цепочку. В лорнетке нет стекол. Стекла теперь найти невозможно. Но лорнетка необходима. Ведь лорнетка вместе с буклями — почти единственное, оставшееся от прежней жизни.

— Не верю, — раздраженно повторяет профессор, туго стягивая узел башлыка. — Не сумасшедший же он.

Я тоже не верю. Боюсь поверить, чтобы потом не разочароваться.

«Что такое Мандельштам», я узнала совсем недавно, в одну ночь прочитав «Камень». Я сразу и навсегда запомнила наизусть большинство его стихов и часто повторяю про себя:

За радость легкую дышать и жить
Кого, скажите мне, благодарить?

Ах, если бы Мандельштам приехал... Нет, лучше пока не верить.

Дверь прихожей отворяется, и в струе холодного воздуха, серебрясь морозной пылью, появляется в своей неизменной дохе и оленьей шапке обмерзший Гумилев. Должно быть, он пришел издалека, а не из своей квартиры. Ведь она здесь, за углом, в трех шагах. Он с несвойственной ему поспешностью сбрасывает с себя доху, отряхивает снег с ног и громко объявляет во всеуслышанье, как глашатай на городской площади:

— Мандельштам приехал!

Но эта сенсационная новость не производит ожидаемого эффекта. Профессор, наконец справившийся со своим башлыком, недовольно бурчит:

— Приехал? Значит, действительно спятил!

Кавалерственная дама, так и не получив ответа на свое «что такое Мандельштам?», относится к известию о его приезде с абсолютным безразличием и не удостаивает Гумилева даже взглядом через свою бесстекольную лорнетку. А я от волнения и радости не в состоянии говорить.

Гумилев идет в столовую, становится в длинную очередь за пшенной кашей. Я иду за ним. Я уже овладела собой и задаю ему множество вопросов, взволнованно и радостно. И Гумилев, не менее меня взволнованный и радостный, рассказывает:

— Свалился как снег на голову! Но разве он может иначе? Прямо с вокзала в семь часов утра явился к Георгию Иванову на Каменноостровский. Стук в кухонную дверь. Георгий Иванов в ужасе вскакивает с кровати — обыск! Мечется по комнатам, рвет письма из Парижа. А стук в дверь все громче, все нетерпеливей. Вот сейчас начнут ломать. «Кто там?» — спрашивает Георгий Иванов, стараясь, чтобы голос не дрожал от страха. В ответ хриплый крик: «Я! я! я! Открывай!»

«Я» — значит, не обыск. Слава Богу! Но кто этот «я»?

— Я, я, Осип! Осип Мандельштам. Впусти! Не могу больше! Не могу!

Дверь, как полагается, заперта на ключ, на крюк, на засов. А из-за двери несется какой-то нечленораздельный вой. Наконец Георгию Иванову удалось справиться с ключом, крюком и засовом, грянула цепь, и Мандельштам, весь синий и обледеневший, бросился ему на шею, крича:

— Я уже думал, крышка, конец. Замерзну у тебя здесь на лестнице. Больше сил нет, — и уже смеясь, — умереть на черной лестнице перед запертой дверью. Очень подошло бы для моей биографии? А? Достойный конец для поэта.

Мы уже успели получить нашу пшенную кашу и съесть ее. К нашему столу подсаживается Кузмин с Юрием Юркуном послушать рассказ о «чудесном прибытии Мандельштама».

Оказывается, Мандельштам — так уж ему всегда везет — явился к Георгию Иванову в день, когда тот собирался перебраться на квартиру своей матери. До вчерашнего утра Георгий Иванов жил у себя, отапливаясь самоваром, который беспрерывно ставила его прислуга Аннушка. Но вчера утром у самовара отпаялся кран, ошпарив ногу Аннушки, и та, рассердившись, ушла со двора, захватив с собой злополучный самовар, а заодно и всю кухонную утварь. И Георгию Иванову стало невозможно оставаться у себя. О том, чтобы вселить Мандельштама к матери Георгия Иванова, тонной и чопорной даме, не могло быть и речи. И Георгий Иванов, кое-как отогрев Мандельштама и накормив его вяленой воблой и изюмом по академическому пайку и напоив его чаем, на что потребовалось спалить два тома какого-то классика, повел его в Дом искусств искать пристанища. Там их и застал Гумилев.

С пристанищем все быстро устроилось. Мандельштаму тут же отвели «кособокую комнату о семи углах» в писательском коридоре Дома искусств, где прежде были какие-то «меблированные комнаты». Почти все они необычайны по форме — ромбообразные, полукруглые, треугольные, но комната Мандельштама все же оказалась самой фантастической среди них. Мандельштам сейчас же и обосновался в ней — вынул из своего клеенчатого сака рукопись «Тристии», тщательно обтер ее и положил в ящик комода. После чего запихал клеенчатый сак под кровать, вымыл руки и вытер их клетчатым шарфом вместо полотенца. Мандельштам был очень чистоплотен, и мытье рук переходило у него в манию.

— А бумаги у тебя в порядке? — осведомился Гумилев.

— Документы? Ну конечно, в порядке. — И Мандельштам не без гордости достал из кармана пиджака свой «документ» — удостоверение личности, выданное Феодосийским полицейским управлением при Врангеле на имя сына петроградского фабриканта Осипа Мандельштама, освобожденного по состоянию здоровья от призыва в белую армию. Георгий Иванов, ознакомившись с «документом», только свистнул от удивления.

Мандельштам самодовольно кивнул:

— Сам видишь. Надеюсь, довольно...

— Вполне довольно, — перебил Георгий Иванов, — чтобы сегодня же ночевать на Гороховой, два. Разорви скорей, пока никто не видел.

Мандельштам растерялся.

— Как же разорвать? Ведь без документов арестуют. Другого у меня нет.

— Иди к Луначарскому, — посоветовал Гумилев. — Луначарский тебе, Осип, мигом нужные бумаги выдаст. А этот документ, хоть и жаль, он курьезный, уничтожь, пока он тебя не подвел.

И Мандельштам, уже не споря, поверив, что «документ» действительно опасный, порвал его, поджег куски спичкой и развеял пепел по воздуху — чтобы и следов не осталось.

— Сейчас они у Луначарского. И конечно, беспокоиться нечего. Все, как всегда, устроится к лучшему. Ведь о поэтах, как о пьяницах, Бог всегда особенно заботится и устраивает их дела.

Суеверный Кузмин трижды испуганно сплевывает, глядя сквозь вздрагивающее на его носике пенсне на Гумилева своими «верблюжьими» глазами. У Кузмина глаза как у верблюда или прекрасной одалиски: темные, томные, огромные. «Бездонные» глаза, полные женской и животной прелести.

— Тьфу, тьфу, тьфу, Коленька. Не сглазь меня. Сплюнь.

«Меня» — Кузмин всегда думает только о себе. Он большой охотник до всяких сплетен, слухов и сенсаций и готов говорить о них часами. Приезд Мандельштама приятен ему именно с этой анекдотической стороны.

— Завтра в пять Осип приедет ко мне чай пить. Приходи и ты, Мишенька. Он написал массу чудных стихов и будет их читать. И вы, Юрочка, — это уже к Юркуну, — тоже приходите послушать новые стихи Мандельштама.

Но перспектива послушать новые стихи Мандельштама вообще — или чьи бы то ни было стихи — не кажется Кузмину соблазнительной.

— Завтра? Завтра мы заняты. Нет, завтра совсем нельзя. Ты уж извини, Коленька. Без меня послушаете.

Конечно, он ничем не занят завтра. Но одно упоминание о стихах заставляет его вдруг заторопиться.

— Уже поздно. Пора идти. Идем, Юрочка. Кланяйся Осипу Эмильевичу, Коленька. До свидания, — это уже мне.

Он суетливо снимается с места и мелкими быстрыми шагами идет к выходу рядом с высоким, молчаливым, красивым Юркуном.

Гумилев улыбается:

— И всегда он так. Бежит от стихов, как черт от ладана. А сам такой замечательный поэт. Вот и пойми его.

Но мне хочется говорить о Мандельштаме, а не о Кузмине.

— Правда, что он будет завтра читать у вас новые стихи?

— Сущая правда. Приходите послушать. Вы-то, уж конечно, даже если и очень заняты, придете. Вас, наверно, поразит внешность Мандельштама. И я готов держать пари, он вам не понравится. Боюсь, что вы не сумеете ни понять, ни оценить его. Он совсем особенный. Конечно, смешной, но и очаровательный. Знаете, мне всегда кажется, что свои стихи о Божьем Имени он написал о себе. Помните:

Божье Имя, как большая птица,
Вылетело из моей груди.
Впереди густой туман клубится,
И пустая клетка позади.

Мне всегда кажется, что он сам эта «птица — Божье Имя», вылетевшая из клетки в густой туман. Очаровательная, бедная, бездомная птица, заблудившаяся в тумане.

На следующий день я, конечно, пришла к Гумилеву. Вернее, прибежала. Я была на лекции Чуковского о Достоевском. Пропустить ее казалось невозможным. Но и опоздать к Гумилеву было тоже невозможно. И я, напрасно прождав трамвай целых десять минут, в отчаянии пустилась бегом по Невскому, по мягкой, усыпанной снегом мостовой.

Если начнут с чая, не беда, что опоздаю. Но если со стихов — катастрофа. Ведь не станет же он повторять свои стихи для меня. Нет, никогда не прощу себе, если...

Меня впускает прислуга Паша. От долгого бега мне трудно отдышаться. Я перевожу дух, чтобы спросить:

— Мандельштам уже тут?

Паша пожимает плечами:

— Должно, тут. Народу много. Кто его знает, который из них Мамштам.

Я еще раз перевожу дыхание, перед тем как войти в столовую.

«Народу много», — сказала Паша. Но за чайным столом сидят только Михаил Леонидович Лозинский, Георгий Иванов, сам Гумилев и — да, это, должно быть, Мандельштам. Кто же другой, как не он?

Нет, меня не поразила внешность Мандельштама. И он мне сразу очень понравился.

Сколько раз мне впоследствии приходилось читать и слышать описание его карикатурной внешности — маленький, «щуплый, с тощей шеей, с непомерно большой головой», «обремененный чичиковскими баками», «хохол над лбом и лысина», «тощий до неправдоподобности», «горбоносый и лопоухий». И совсем недавно — о встречах с Мандельштамом в Крыму: «Его брата называли «красавчик», а его — «лошадь»... за торчащие вперед зубы».

Бедный Мандельштам! С лошадью у него не было абсолютно никакого, даже отдаленнейшего сходства. А торчавшие вперед зубы — зубов у него вообще не было. Зубы заменяли золотые лопаточки, отнюдь «не торчавшие вперед», а скромно притаившиеся за довольно длинной верхней губой. За эти золотые лопаточки он и носил прозвание Златозуб.

Меня всегда удивляло, что он многим казался комичным, «карикатурой на поэта и на самого себя». Но вот я впервые смотрю на него и вижу его таким, каким он был на самом деле.

Он не маленький, а среднего роста. Голова его не производит впечатления «непомерно большой». Правда, он преувеличенно закидывает ее назад, отчего на его шее еще резче обозначается адамово яблоко. У него пышные, слегка вьющиеся волосы, поднимающиеся над высоким лбом. Плешь, прячущуюся среди них, никак нельзя назвать лысиной. Конечно, он худой. Но кто же из нас в те дни не был худ? Адамович, как-то встретив меня на Морской, сказал:

— Издали на вас смотреть страшно. Кажется, ветер подует и вы сломаетесь пополам.

Упитанными и гладкими среди поэтов были только Лозинский и Оцуп, сохранившие свой «буржуйский» вид.

Нет, внешность Мандельштама тогда меня не поразила. Я как-то даже не обратила на нее внимания. Будто она не играла решающей роли во впечатлении, производимом им. Возможно, что она теряла свое значение благодаря явному несоответствию между его внешностью и тем, что скрывалось под ней.

Здороваясь со мной, он протянул мне руку и, подняв полуопущенные веки, взглянул на меня сияющими «ангельскими» глазами. И мне вдруг показалось, что сквозь них, как сквозь чистую воду, я вижу дно его сознания. И дно поэзии.

Я скромно сажусь на свободный стул между Оцупом и Лозинским.

С осени 1920 года я уже настоящий поэт, член Дома литераторов. И что много почетнее и важнее — равноправный член недавно восстановленного Цеха поэтов. Но меня все еще продолжают называть «Одоевцева — ученица Гумилева», и я продолжаю чувствовать и вести себя по-ученически. Вот и сейчас я сознаю свою неуместность в этом «высоком обществе» за одним столом с Мандельштамом. С «самим Мандельштамом».

Гумилев особенно старательно разыгрывает роль гостеприимного хозяина. Он радушно угощает нас настоящим, а не морковным чаем с сахарным песком внакладку и ломтиками черного хлеба, посыпанного солью и политого подсолнечным маслом.

Виновник торжества, Мандельштам, с нескрываемым наслаждением пьет горячий сладкий чай, закусывая его этими ломтиками хлеба, предварительно насыпав на них целую горку сахарного песку.

Оцуп опасливо следит за тем, с какой быстротой набухшие от масла солено-сладкие ломтики исчезают в золотозубом рту Мандельштама. И, не выдержав, спрашивает:

— Как вы можете, Осип Эмильевич? Разве вкусно?

Мандельштам кивает, не переставая жевать:

— Очень вкусно. Очень.

— Еще бы не вкусно, — любезно подтверждает Лозинский, — знаменитое самоедское лакомство. Самоеды шибко хвалят.

— Только, — с компетентным видом прибавляет Георгий Иванов, — вместо подсолнечного масла лучше рыбий жир, для пикантности и аромата.

Взрыв смеха. Громче всех смеется Мандельштам, чуть не подавившийся от смеха «самоедским лакомством».

Теперь мы сидим в прихожей перед топящейся печкой в обтянутых зеленой клеенкой креслицах — все ближайшие «соратники» Гумилева — Лозинский, Оцуп, Георгий Иванов (Адамовича в то время не было в Петербурге).

Гумилев, сознавая всю важность этого исторического вечера — первое чтение «Тристии» в Петербурге, как-то особенно торжественно подкидывает мокрые поленья в огонь и мешает угли игрушечной саблей своего маленького сына Левы.

— Начинай, Осип!

И Мандельштам начинает:

> На каменных отрогах Пиерии
> Водили музы первый хоровод...
>
> Нерасторопна черепаха-лира,
> Едва-едва беспалая ползет,
> Лежит себе на солнышке Эпира,
> Тихонько грея золотой живот.
> Ну кто ее такую приласкает,
> Кто спящую ее перевернет? —
> Она во сне Терпандра ожидает,
> Сухих перстов предчувствуя налет...

Слушая его, глядя на его закинутое, мучительно-вдохновенное лицо с закрытыми глазами, я испытываю что-то похожее на священный страх.

Мандельштам, кончив, широко открывает глаза, отряхивается, как только что выкупавшийся в пыли воробей, и спрашивает взволнованной скороговоркой:

— Ну как? Скверно? Как, Николай Степанович? Как, Михаил Леонидович? Это я в Киеве написал.

Пауза. Затем Гумилев веско заявляет — не говорит, а именно заявляет:

— Прекрасные стихи. Поздравляю с ними тебя и русскую поэзию. — И тут же исчерпывающе и последовательно объясняет, почему эти стихи прекрасны и чем обогащают русскую поэзию.

За Гумилевым — такова уж сила цеховой дисциплины — все по очереди выражают свое восхищение «с придаточными предложениями», объясняющими восхищение.

Но я просто восхищена, я просто в восторге, я не нахожу никаких «придаточных предложений». И чтобы только не молчать, я задаю очень, как мне кажется, «акмеистический» вопрос:

— Отчего черепаха-лира ожидает Терпандра, а не Меркурия? И разве Терпандр тоже сделал свою кифару из черепахи?

Мандельштам, только что превознесенный самим синдиком Цеха Гумилевым, окрыленный всеобщими похвалами, отвечает мне несколько надменно:

— Оттого, что Терпандр действительно родился, жил на Лесбосе и действительно сделал лиру. Это придает стихотворению реальность и вещественную тяжесть. С Меркурием оно было бы слишком легкомысленно легкокрылым. А из чего была сделана первая лира — не знаю. И не интересуюсь этим вовсе.

Но мой вопрос, по-видимому, все-таки возбудил сомнение в его вечно колеблющемся, неуверенном в себе сознании, и он быстро поворачивается к Лозинскому:

— Михаил Леонидович, а может быть, правда, лучше вместо Терпандра Меркурий? А?

Но Гумилев сразу кладет конец его сомнениям.

— Вздор! Это стихотворение — редкий пример правильности формулы Банвиля: «то, что совершенно, и не требует изменений». Ничего не меняй. И читай еще! Еще!

Я не смею ни на кого взглянуть. Мне хочется влезть в печку и сгореть в ней вместе с поленьями. С каким презрением все они, должно быть, смотрят на меня. В особенности мой учитель, Гумилев. Я чувствую себя навсегда опозоренной. И все же до меня доносится сквозь шум крови в ушах:

> Золотистого меда струя из бутылки текла
> Так тягуче и долго, что молвить хозяйка успела...

Голос Мандельштама течет, как эта «золотистого меда струя», и вот уже я, забыв, что я «навсегда опозорена», вся превращаюсь в слух, и мое сердце вслед за орфической мелодией его стихов то взлетает ласточкой, то кубарем катится вниз.

Да, я забыла. А другие? И я осторожно оглядываюсь.

Но оказывается, что и другие забыли. Не только о моем неуместном выступлении, но и о моем существовании. Забыли обо всем, кроме стихов Мандельштама.

Гумилев каменно застыл, держа своими длинными пальцами детскую саблю. Он забыл, что ею надо поправлять мокрые поленья и ворошить угли, чтобы поддерживать огонь. И огонь в печке почти погас. Но этого ни он и никто другой не замечает.

> Ну а в комнате белой как прялка стоит тишина.
> Пахнет уксусом, краской и свежим вином из подвала.
>
> Помнишь, в греческом доме любимая всеми жена,
> Не Елена, другая, как долго она вышивала...

Мандельштам резко и широко взмахивает руками, будто дирижирует невидимым оркестром. Голос его крепнет и ширится. Он уже не говорит, а поет в сомнамбулическом самоупоении:

> Золотое руно, где же ты, золотое руно?
> Всю дорогу шумели морские тяжелые волны,
> И, покинув корабль, натрудивший в морях полотно,
> Одиссей возвратился, пространством и временем полный.

Последняя строфа падает камнем. Все молча смотрят на Мандельштама, и я уверена, совершенно уверена, что в этой потрясенной тишине они, как и я, видят не Мандельштама, а светлую «талассу», адриатические волны и корабль с красным парусом, «пространством и временем полный», на котором возвратился Одиссей.

Мандельштам нервно шарит в кармане пиджака в поисках папиросы, как всегда напрасно. Я вскоре узнала, что папирос у него никогда нет. Он умудрялся забывать их, добытые с таким трудом папиросы, где попало, отдавал их первому встречному или просто терял, сунув мимо кармана.

Гумилев засовывает ему папиросу в рот и зажигает ее.

— Кури, Осип, кури! Ты заслужил, и еще как заслужил!

И тут во все еще потрясенной тишине раздается спокойный, слегка насмешливый голос Георгия Иванова:

— Да. И это стихотворение тоже пример того, что прекрасное не требует изменений. Все же я на твоем месте изменил бы одну строчку. У тебя:

Ну а в комнате белой как прялка стоит тишина.

По-моему, будет лучше:

Ну а в комнате белой как палка стоит тишина.

Мандельштам, жадно затянувшийся папиросой и не успевший выпустить изо рта дым, разражается неистовым приступом кашля-хохота:

— Как палка! Нет, не могу! Как палка!

Все смеются. Все, кроме Георгия Иванова, с притворным недоумением убеждающего Мандельштама:

— Я ведь совершенно серьезно советую, Осип. Чего же ты опять хохочешь?

Смешливость Мандельштама. Никто не умел так совсем по-невзрослому заливаться смехом по всякому поводу — и даже без всякого повода.

— От иррационального комизма, переполняющего мир, — объяснял он приступы своего непонятного смеха. — А вам разве не смешно? — с удивлением спрашивал он собеседника. — Ведь можно лопнуть со смеху от всего, что происходит в мире.

Как-то, уже в весенний ветреный день, когда от оттепели на Бассейной голубели и потягивались рябью огромные лужи-озера, я увидела шедшего по противоположному тротуару Мандельштама. Он смотрел прямо на меня, трясясь от смеха. Помахав мне шляпой, стал торопливо перебираться ко мне, разбрасывая брызги и зачерпывая калошами воду.

Смеясь все сильнее, он подошел ко мне, и я не могла не присоединиться к его смеху. Так мы и простояли несколько минут, не переставая смеяться, пока Мандельштам не объяснил мне между двумя взрывами смеха:

— Нет, представьте себе. Я иду в Дом литераторов. Думаю, встречу там и вас. И вспомнил вашу «Балладу о котах». А тут вдруг кошка бежит, а за ней, за ней другая. А за кошками, — тут смех перешел в хохот и клекот, — за кошками — вы! Вы идете! За кошками! Автор котов!

Он вытер слезы, катившиеся из его цвета весеннего неба глаз, и, взглянув поверх меня, поверх крыш домов, в голубое небо, заговорил другим голосом, грустно и чуть удивленно:

— Знаете, мой брат, мой младший брат выбросился из окна. Он был совсем не похож на меня. Очень дельный и красивый. Недавно только женился на сестре Анны Радловой, счастливый, влюбленный. Они накануне переехали на новую квартиру. А он выбросился из окна. И разбился насмерть. Как вы думаете почему? Почему?

Мне показалось, что он шутит, что он это выдумал. Только впоследствии я узнала, что это была правда. Его брат, муж сестры Анны Радловой, действительно неизвестно почему выбросился из окна. И разбился насмерть.

Но от ответа на вопрос, почему выбросился из окна брат Мандельштама, меня избавило появление Гумилева, шествующего в Дом литераторов, как и мы.

Мандельштам ринулся ему навстречу и, снова захлебываясь и клокоча, стал объяснять:

— Я иду... а тут коты... бегут, а тут Одоевцева. Нет, ты только подумай! Не могу! Не могу! Коты... и Одоевцева!

Встречи с Мандельштамом были всегда не похожи на встречи с другими поэтами. И сам он ни на кого не походил. Он был не лучше и не хуже, а совсем другой. Это чувствовали многие, даже, пожалуй, все.

Человек из другого мира, из мира поэзии.

На его стихи из «Камня» —

Я блуждал в игрушечной чаще
И открыл лазоревый грот...

Неужели я настоящий
И действительно смерть придет? —

мы, студисты, сочинили ответ:

Вы, конечно, ненастоящий —
Никогда к вам смерть не придет —
Вас уложат в стеклянный ящик,
Папиросу засунут в рот
И поставят в лазоревый грот —
Чтобы вам поклонялся народ!

Стихи, хотя они и привели Мандельштама в восхищение и восторг, были, как мы сами понимали, далеко не блестящи. Но, должно быть, действительно —

Бывают странными пророками
Поэты иногда —

ведь о стеклянных ящиках, мавзолеях для поклонения народа, никто тогда и понятия не имел. Впрочем, в стеклянный ящик, «чтобы ему поклонялся народ», уложили не Мандельштама, а погубившего его Сталина. Но это случилось позже, много позже. А сейчас все еще зима 1920 — 1921 года. И моя первая встреча с Мандельштамом у Гумилева.

Это было во вторник. А на следующий вечер я встретила Мандельштама на одной из очередных «сред» Дома искусств. Он подошел и заговорил со мной, будто мы давно и хорошо знакомы.

— А я здесь превосходно устроился. Комната у меня маленькая и безобразная. Но главное — крыша и печка. И ведь теперь весь Дом искусств принадлежит и мне. Я здесь один из его хозяев, и вы у меня в гостях. Вы это сознаете, надеюсь? Вы — мой гость.

Он не дает мне ответить.

— Я, конечно, шучу. Я никогда и нигде не чувствовал себя дома, а тем более хозяином. Хорошо, если меня, как здесь, приютят. А то чаще гонят в три шеи. Я привык.

И опять, не дав мне сказать ни слова, прибавляет:

— А про Меркурия вы правильно заметили. Он в детстве изобрел лиру. Хотя это изобретение приписывают еще — а ну-ка, скажите, кому? Ведь не знаете?

— Музе Эрато, — говорю я не задумываясь. Он разводит руками.

— Правильно. Но откуда вы такая образованная? Такая всезнайка?

Мне очень лестно, хотя это совсем незаслуженно. Образованной меня еще никто не считал. Скорей наоборот.

Мои познания в мифологии я почерпнула из детской книжки, которую в семь лет читала вперемежку со сказками Гримм и Андерсена. Но этого я Мандельштаму не открываю. А он, может быть, именно из-за моей мнимой образованности говорит со мной как с равной, просто и дружески. Без преувеличенной снисходительности и оскорбительной любезности. Мандельштам первый поэт, с которым я сразу легко себя почувствовала. Будто между нами нет пропасти — он прославленный автор «Камня», всероссийски знаменитый, а я еще продолжаю сидеть на школьной скамье и слушать лекции.

Он рассказывает мне о своих южных злоключениях и радостях. Как же без радостей? Их тоже было много, но злоключений, конечно, неизмеримо больше.

— Вот, в Коктебеле, у Волошина... Вы, конечно, бывали в Коктебеле?

Я качаю головой.

— Нет. И даже Волошина не знаю. Никогда его не видела.

— Ах, сколько вы потеряли. Не знать Волошина! — Мандельштам искренно огорчен за меня. — Волошин — представьте себе — бородатый шар в венке и в хитоне. Едет на велосипеде по горной, залитой солнцем каменистой тропинке. Кажется, что не едет, а летит по воздуху, что он — воздушный шар. А за ним стая пестрых собак с лаем несется по земле.

Мандельштам с увлечением рассказывает, как он за стакан молока и сладкую булочку стерег на берегу моря каких-то заговорщиков, левых эсеров, для конспирации совещавшихся, ныряя в волнах.

— А в Киеве. В Киеве мне жилось привольно. Как, впрочем, и потом в Тифлисе. В Киеве профессор Довнар-Запольский подарил мне свою шубу, длинную, коричневую, с воротником из обезьянки. Чудесную профессорскую шубу. И такую же шапку. Только шапка мне оказалась мала — голова у меня не по-профессорски большая и умная. Но одна премилая дама пожертвовала мне свою скунсовую горжетку и сама обшила ею шапку. Получилось довольно дико — будто у меня вместо волос скунсовый мех. Раз иду ночью по Крещатику и слышу: «Смотри, смотри, поп-расстрига! Патлы обстричь не умеет. Патлатый. Идиот!»

Мандельштам не обращает внимания на происходящее на эстраде и мешает лектору Замятину и слушателям своим звонким шепотом. Но ни я, ни кто другой не смеет «призвать его к порядку». Так он и продолжает говорить до той минуты, когда Замятин встает и под аплодисменты — Мандельштам аплодирует особенно громко — почти так же, как я, считающаяся «мэтром клаки» за особое уменье хлопать и заставлять хлопать слушателей, — уходит, послав отдельную улыбку и поклон Мандельштаму.

«Среда» кончена. Надо и мне уходить. А Мандельштам еще многого не успел рассказать. Раз начав, ему трудно остановиться, не доведя воспоминаний до конца. И он неожиданно принимает героическое решение.

— Я пойду вас проводить до угла.

— До какого угла? Ведь Дом искусств — на углу.

— На углу Мойки и Невского, — резонно замечает Гумилев.

— Ну все равно. До первого незажженного фонаря, до второго угла — несколько шагов.

Мы выходим гурьбой из подъезда — Гумилев, Мандельштам и несколько студисток. Мы идем по Невскому.

— Подумай только, Николай Степанович, — беря Гумилева под руку, говорит Мандельштам, — меня объявили двойным агентом и чуть было не расстреляли. Я в тюрьме сидел. Да! Да! Поверить трудно. Не раз сидел!

И вдруг он неожиданно заливается своим увлекательным, звенящим смехом.

— Меня обвинили и в спекуляции! Арестовали как злостного спекулянта — за яйцо! — кончает он, весь исходя от смеха. — За одно яйцо! Было это в Киеве.

И он рассказывает, как ему в одно весеннее утро до смерти захотелось гоголь-моголя. «От сытости, конечно, когда голоден — мечтаешь о корке хлеба». Он пошел на рынок и купил у торговки яйцо. Сахар у него был, и, значит, все в порядке и можно вернуться домой.

Но по дороге, тут же рядом, на рынке бородатый мужик продавал шоколад Эйнем «Золотой ярлык», любимый шоколад Мандельштама. Увидев шоколад, Мандельштам забыл про гоголь-моголь. Ему «до зареза» захотелось шоколаду.

— Сколько стоит?

— Сорок карбованцев.

Мандельштам пересчитал свои гроши. У него только тридцать два карбованца. И тогда ему пришла в голову гениальная мысль — отдать за нехватающие карбованцы только что купленное яйцо.

— Вот, — предложил он мужику-торговцу, — вам это очень выгодно. Я отдаю вам прекрасное сырое яйцо и тридцать два карбованца за шоколад, себе в убыток.

Но тут, не дожидаясь ответа торговца, со своего места с криком сорвалась торговка.

— Держите его, спекулянта проклятого! Он у меня за семь карбованцев купил яйцо, а сам за восемь перепродает. Держите его! Милиционер! Где милиционер?

Со всех сторон сбежались люди. Прибежал на крики и милиционер.

Баба надрывалась:

— За семь купил, за восемь перепродает. Спекулянт проклятый!

Мандельштама арестовали, и он до вечера просидел в участке.

Во время ареста раздавили яйцо и кто-то украл у «спекулянта проклятого» его тридцать два карбованца.

Смеется Гумилев, смеюсь я, смеются студисты.

Мы прошли уже почти весь Невский, и слушатели по одному начинают прощаться и отпадать. До угла Литейного доходим только мы трое — Гумилев, Мандельштам и я.

Мандельштам продолжает нестись по волнам воспоминаний.

— А были и сказочные удачи. Раз, вы не поверите, мне один молодой поэт подарил десятифунтовую банку варенья. Я зашел к нему, он меня чаем угостил. А потом я ему прочел «На каменных отрогах» — я только что тогда написал. Он поохал, повосторгался и вдруг встал и вышел из кабинета, где мы сидели. Возвращается с огромной банкой варенья, протягивает ее мне — это вам! Я прямо глазам и ушам своим не поверил. Даже не поблагодарил его. Надел свою шубу, схватил банку и наутек. Чтобы он не опомнился, не передумал, не отнял бы! Шел, прижимая драгоценный груз к груди, дрожа как в лихорадке. Ведь гололедица. Того и гляди поскользнешься — и прощай священный дар! Ничего. Донес. Только весь до нитки вспотел, несмотря на холод, — от волнения. Зато какое наслаждение! Какое высокое художественное наслаждение! Я двое суток не выходил из дому — все наслаждался.

Как замечательно, то повышая, то понижая голос, изображая и торговку, и милиционера, и одарившего его поэта, рассказывает Мандельштам! Конечно, он преувеличивает, разукрашивает, но от этого все становится по-мандельштамовски очаровательно. Ну конечно, банка варенья была не десятифунтовой, а фунтовой. Если она существовала не только в фантазии Мандельштама. Да и арест из-за яйца вряд ли не выдумка.

И только много лет спустя, уже потом, в Париже, я убедилась, что в рассказе Мандельштама не было никакой фантазии. Все было именно так. И банка варенья оказалась действительно десятифунтовой, подаренной Мандельштаму в минуту восторга, «когда душа жаждет жертв», проживавшим в Киеве поэтом, переселившимся потом в Париж, Юрием Терапиано. Подарена после настолько потрясшего молодого поэта чтения «На каменных отрогах», что он безрассудно поделился с Мандельштамом своим запасом варенья. И никогда об этом не жалел. От него же я узнала, что история «спекуляции с яйцом», несмотря на всю свою неправдоподобность, чистейшая правда.

Мы уже давно идем по бесконечно длинной Бассейной. Темно. Снег кружится и скрипит под ногами.

— А в Тифлисе...

Но Гумилев перебивает его:

— Это все очень забавно и поучительно. Но ты, Осип, собственно говоря, куда направляешься? Тебе давно пора повернуть лыжи. Ведь тебе до Мойки...

— Как до Мойки? — Мандельштам растерянно останавливается. — Чтобы я один прошел все это расстояние? Это совсем невозможно. Я думал... — Он оборачивает ко мне испуганное лицо. — Я был уверен, что вы пустите к себе ночевать. Ведь у вас, я слышал, очень большая квартира. И значит, место найдется и для меня, хоть на кухне.

— Нет, не найдется, — отрезает Гумилев. — Ты напрасно думал. Там революционные богемные нравы не в чести. И ночевать поэтов там не пускают. Ни под каким видом. Даже на площадку перед дверью.

Я растеряна не меньше самого Мандельштама. Но Гумилев прав — пустить Мандельштама к себе домой я действительно никак не могу. А он стоит передо мной такой несчастный, потерянный. Как бездомная собака.

— Я замерзну. Я не дойду один.

— Идите ночевать к Николаю Степановичу. На клеенчатом диване в прихожей, — с решимостью отчаяния говорю я, будто я вправе распоряжаться чужой квартирой. Пусть Гумилев сердится. Мне все равно. Нельзя бросить Мандельштама ночью на улице.

Но Гумилев не сердится, а смеется.

— Наконец догадались. Колумбово, а не киевское яйцо. Я уже на Невском решил, что пущу тебя ночевать к себе. И чаем с патокой угощу. Не замерзать же тебе здесь, как рождественскому мальчику у Христа на елке! Я только попугать тебя хотел. Но какой же ты, Осип, легкомысленный! Я перед тобой — образец осторожности и благоразумия.

Мандельштам, успевший оправиться от страха, неожиданно переходит в наступление:

— Это я-то легкомысленный? Поищи другого такого благоразумного, предусмотрительного, осторожного человека.

Он подскакивает, по-петушиному задирая голову.

— Знаю, знаю, — успокаивает его Гумилев, — не кипятись. Ты отчаянный трус. Из породы легкомысленнейших трусов. Действительно очень редкая порода.

«Трус» — оскорбительное слово. Конечно, Мандельштам обидится.

Но Мандельштам повторяет:

— Из породы легкомысленнейших трусов! Надо запомнить. До чего правильно!

Мы прощаемся у ворот моего дома. Мандельштам снова весел и доволен. На сегодняшнюю ночь у него не только крыша, диван, сладкий чай с патокой, но и собеседник. Они будут читать друг другу стихи и вести бесконечные вдохновенно-задушевные ночные разговоры — до утра. «А завтра новый день. Безумный и веселый». Веселый, очень веселый. Все дни тогда были веселые. Это были дни зимы 1920—1921 года, и веселье их действительно было не лишено безумья. Холод, голод, аресты, расстрелы. А поэты веселились и смеялись в умирающем Петрополе, где

> ...Прозрачная весна над черною Невой
> Сломилась. Как бессмертье тает.
> О, если ты звезда — Петрополь, город твой,
> Твой брат, Петрополь, умирает...

Как-то уже в декабре, когда Мандельштам успел «прижиться» в Петербурге и снова «обрасти привычками», как будто он никогда из него и не уезжал, мы с ним зашли за Гумилевым во «Всемирную литературу» на Моховой, чтобы вместе идти на какую-то публичную лекцию. Но у подъезда Мандельштам вдруг стал топтаться на снегу, не решаясь войти во «Всемирную литературу».

— Я лучше вас здесь, на улице подожду. Только вы скорей, пожалуйста.

Был мороз, и я удивилась.

— Отчего вы не хотите войти отогреться? Разве вам не холодно?

Он подул на свои посиневшие руки без перчаток.

— Еще бы не холодно! Но там наверху сейчас, наверно, Роза. Увидит меня — поднимет крик. А это хуже холода. Этого я совсем перенести не могу.

Я все же уговорила его войти и спрятаться у стены за шубами и пальто. А сама пошла на разведку. Розы, слава Богу, не оказалось, и Мандельштам благополучно поднялся наверх — пронесло на сегодня!

Роза была одной из привлекательных достопримечательностей «Всемирной литературы». Она, с разрешения Горького и Тихонова, устроила в зале около лестницы, направо от входа, «насупротив кассы» подобие продовольственной лавочки и отпускала писателям за наличные, а чаще в кредит, сахар, масло, патоку, сало и прочие лакомства. Толстая, старая, похожая на усатую жабу, она безбожно обвешивала и обсчитывала, но зато никого не торопила с уплатой долга. Никого, кроме Мандельштама. При виде его она начинала гудеть густым, грохочущим басом:

— Господин Мандельштам, отдайте мне мои деньги! Не то пожалеете! Я приму меры...

Но Мандельштам уже несся по лестнице, спасаясь от ее угроз. А она, оборвав их на полуслове, как ни в чем не бывало сладко улыбалась Кузмину:

— Какую я вам коврижку достала, Михаил Алексеевич! Медовую. Пальчики оближете. Никому другому не уступлю. Вам одному. Себе в убыток. Верьте.

Эта Роза была одарена не только коммерческими способностями, но и умна, и дальновидна. Она умела извлекать из своего привилегированного положения «всемирной маркитантки» всяческие выгоды. Так, она завела альбом в черном кожаном переплете, куда заставляла всех своих клиентовписателей написать ей «какой-нибудь хорошенький стишок на память». И все со смехом соглашались и превозносили Розу в стихах и в прозе. Роза благодарила и любезно объясняла:

— Ох, даже и подумать страшно, сколько мой альбом будет стоить, когда вы все, с позволения сказать, перемрете. Я его завещаю своему внуку.

Альбом этот, если он сохранился, действительно представляет собой большую ценность. Кого в нем только нет. И Сологуб, и Блок, и Гумилев, и Кузмин, и Ремизов, и Замятин. Возможно, что благодаря ему создастся целая легенда о прекрасной Розе. И будущие литературоведы будут гадать, кто же была эта восхитительная красавица, воспетая столькими поэтами и прозаиками.

> ...На что нам былая свобода?
> На что нам Берлин и Париж,
> Когда ты направо от входа
> Насупротив кассы сидишь?.. —

патетически спрашивал ее поэт Зоргенфрей.

Роза принимала восторги и мадригалы как должное. Все же «стишок» Георгия Иванова тронул ее до слез:

> Печален мир. Все суета и проза,
> Лишь женщины нас тешат да цветы,
> Но двух чудес соединенье ты.
> Ты — женщина. Ты — Роза.

Узнав, что Мандельштам, ее новый клиент, уже успевший набрать у нее в кредит и сахар, и варенье, — «поэт стоящий», она протянула и ему свой альбом. И, должно быть, чтобы возбудить в нем благодарность и вдохновение, напоминала ему кокетливо:

— Вы мне, господин Мандельштам, одиннадцать тысяч уже должны. Мне грустно, а я вас не тороплю. Напишите хорошенький стишок, пожалуйста.

Мандельштам, решительно обмакнув перо в чернильницу, не задумываясь, написал:

Если грустишь, что тебе задолжал я одиннадцать тысяч,
Помни, что двадцать одну мог тебе задолжать я.

И подписался с несвойственным ему дерзко-улетающим росчерком.

Роза, надев очки, с улыбкой нагнулась над альбомом, разбирая «хорошенький стишок», но вдруг побагровела, и грудь ее стала биться, как волны о берег, о прилавок, заставляя звенеть банки и подпрыгивать свертки. Она дрожащей рукой вырвала «гнусную страницу» и, скомкав, бросила ее в лицо Мандельштама с криком:

— Отдайте мне мои деньги! Сейчас же, слышите, отдайте!

С того дня она и начала преследовать его.

Одиннадцать тысяч в те времена была довольно ничтожная сумма. Ее легко можно было выплатить хотя бы по частям. Тогда Роза не только оставила бы Мандельштама в покое, но и — по всей вероятности — возобновила ему кредит. Я сказала ему об этом. Он посмотрел на меня с таким видом, будто я предлагаю ему что-то чудовищное.

— Чтобы я отдавал долги? Нет, вы это серьезно? Вы, значит, ничего, ровно ничего не понимаете, — с возмущением и обидой повторил он. — Чтобы я платил долги?

Да, я действительно «ничего не понимала» или, точнее, многого не понимала в нем. Не понимала я, например, его страха перед милиционерами и матросами — особенно перед матросами в кожаных куртках, — какого-то мистического, исступленного страха. Он, заявивший в стихах:

Мне не надо пропуска ночного,
Я милиционеров не боюсь —

смертельно боялся милиционеров. Впрочем, в печати для цензурности «милиционеры» были переделаны в «часовых» — часовых я не боюсь — и не вполне удачно переделаны. Ведь часовые обыкновенно охраняют какой-нибудь дворец или учреждение и ровно никому не внушают страха. Не то что милиционеры. Но у Мандельштама не было никаких оснований бояться и милиционеров. Бумаги у него были в порядке, ни в каких «заговорах» он никогда участия не принимал и даже в разговорах избегал осуждать «правительство». И все же, увидев шагавших куда-то матросов или стоящего на углу милиционера, Мандельштам весь съеживался, стараясь спрятаться за меня или даже юркнуть в подворотню, пока не скроется проходящий отряд матросов.

— Ух, на этот раз пронесло! — неизменно говорил он и, вздохнув облегченно, плотно запахивал полы своего легкого пальто, заменявшего ему киевскую профессорскую шубу.

— Что пронесло? — подпытывалась я.

— Мало ли что. Если надо объяснять, то не надо объяснять. Все равно не поймете.

Да, понять было трудно. Как могла в нем, наряду с такой невероятной трусостью, уживаться такая же невероятная смелость? Ведь нам всем было известно, что он не побоялся выхватить из рук чекиста Блюмкина пачку «ордеров на расстрел» и разорвать их. Кто бы, кроме Мандельштама, мог решиться на такое геройство или безумие? Как же так? Труслив, как кролик, и в то же время смел, как барс.

— А очень просто, — любезно разрешил мое недоумение Лозинский. — Осип Эмильевич помесь кролика с барсом. Кролико-барс или барсо-кролик. Удивляться тут вовсе нечему.

Но я все же удивлялась многому в Мандельштаме, например, его нежеланию хоть на какой-нибудь час остаться одному. Одиночества он не переносил.

— Мне необходимо жить подальше от самого себя, как говорит Андре Жид, — повторял он часто. — Мне необходимо находиться среди людей, чтобы их эманации давили на меня и не давали мне разорваться от тоски. Я, как муха под колпаком, из которого выкачали воздух, могу лопнуть, разлететься на тысячу кусков. Не верите? Смеетесь? А ведь это не смешно, а страшно. — И он продолжал: — Это действительно страшно. Я сижу один в комнате, и мне кажется, что кто-то входит. Кто-то стоит за спиной. И я боюсь обернуться. Я всегда сажусь так, чтобы видеть дверь. Но и это плохо помогает.

Я уже не смеюсь. Я понимаю, что он не шутит.

— Чего же вы боитесь?

Он разводит руками:

— Если бы я знал, чего боюсь. Боюсь — и все тут. Боюсь всего и ничего. Это совсем особый, беспричинный страх. То, что французы называют angoisse[1]. На людях он исчезает. И когда пишу стихи — тоже.

Не знаю, из-за этого ли страха или по какой другой причине, но Мандельштам с утра до вечера носился по Петербургу. Гумилев шутя говорил, что Мандельштаму вместе с «чудесным песенным даром» дан и чудесный дар раздробляться, что его в одну и ту же минуту можно встретить на Невском, на Васильевском острове и в Доме литераторов. И даже уверял, что напишет стихи — о вездесущем Златозубе.

Мандельштама действительно можно было видеть всюду в любое время дня. Встретив знакомого, он сейчас же присоединялся к нему и шел с ним по всем его делам или в гости. Он понимал, что его посещение не может не быть приятным, что ему всегда и везде будут рады. А там, наверно, угостят чем-нибудь вкусным. Иногда он все же бросал своего попутчика, хотя он уже и сговорился следовать за ним повсюду до самого вечера, и перебегал от него к какому-нибудь более близкому приятелю, наскоро объяснив:

— Вот идет Георгий Иванов, а он мне как раз нужен. До зарезу. Ну прощайте...

Но случалось, что Мандельштам исчезал на несколько дней. И тогда все знали, что он пишет стихи. То, что он мог заболеть, никому и в голову не приходило. Впрочем, как это ни странно, в те голодные и холодные годы никто из нас не болел. Я даже не помню, чтобы у кого-нибудь был грипп.

Обыкновенно Мандельштам вставал довольно поздно, щелкая зубами, основательно умывался и тщательно повязывал галстук в крапинку — спешил до ночи покинуть свою семиугольную комнату.

В писательском коридоре отапливались печками-«буржуйками». Дрова, правда, выдавались в изобилии. Они за-

---

[1] Беспричинный страх *(фр.)*.

нимали один из углов комнаты Мандельштама, громоздясь чуть ли не до потолка.

Мандельштам, никогда не сидевший у себя, кроме дней писания стихов, все же не отказывался от дровяного пайка, и разбросанные всюду поленья придавали его и без того странному обиталищу еще более фантастический вид. Обыкновенно Мандельштам и не пытался топить свою «буржуйку».

— Это не моего ума дело, — говорил он. «Дело» это действительно требовало особых знаний и навыка. Дрова были сырые и отказывались гореть. Их надо было поливать драгоценным керосином и раздувать. Они шипели, тухли и поднимали чад. На «борьбу с огнем» Мандельштам решался только в дни, когда к нему «слетало вдохновение». Сочинять стихи в ледяной комнате было немыслимо. Ноги коченели, и руки отказывались писать. Мандельштам с решимостью отчаяния набивал «буржуйку» поленьями, скомканными страницами «Правды» и, плеснув в «буржуйку» стакан — всегда последний стакан керосина, став на колени, начинал дуть в нее изо всех сил. Но результата не получалось. Газеты, ярко вспыхнув и едва не спалив волосы и баки Мандельштама, тут же превращались в пепел. Обуглившиеся мокрые поленья так чадили, что из его глаз текли слезы. Провозившись до изнеможения с «буржуйкой», Мандельштам выскакивал в коридор и начинал стучать во все двери.

— Помогите, помогите! Я не умею затопить печку. Я не кочегар, не истопник. Помогите!

Но помощь почти никогда не приходила. У обитателей писательского коридора не было охоты возиться еще и с чужой печкой. Все они тоже не были «кочегарами и истопниками» и с большим трудом справлялись с «самоотоплением».

Михаил Леонидович Лозинский на минуту отрывался от своих переводов и приотворял дверь.

— Ну зачем вы опять шумите, Осип Эмильевич? К чему это петушье восклицанье, пока огонь в Акрополе горит — или, вернее, не хочет гореть? Ведь вы мешаете другим работать, — мягко урезонивал он Мандельштама, но тот не унимался.

— У меня дым валит из печки! Чад — ад! Я могу угореть. Я могу умереть!

Лозинский благосклонно кивал:

— Не смею спорить. Конечно:

> Мы все сойдем под вечны своды,
> И чей-нибудь уж близок час.

Надеюсь все же, что не наш с вами. А потому позвольте мне вернуться к Еврипиду, — и он, улыбнувшись на прощание, бесшумно закрывал свою дверь. А Мандельштам бежал в ту часть Дома искусств, где царило тепло центрального отопления, — в бывшие хоромы Елисеевых.

Но здесь было нелегко найти уединенный и тихий уголок. В Доме искусств, или, как его называли сокращенно, в Диске, всегда было шумно и многолюдно. Сюда заходили все жившие поблизости, здесь назначались встречи и любовные свидания, здесь студисты устраивали после лекций игры, в приступе молодого буйного веселья носясь с визгом и хохотом по залам.

Но я в этот день пришла в Диск не для встреч или игр. Лозинский накануне сообщил мне, что в Диск привезли из какого-то особняка много французских и английских книг и их пока что свалили в предбаннике.

— Пойдите поищите, — посоветовал он мне. — Может быть, найдется что-нибудь интересное для вас.

В предбаннике, разрисованном в помпейском стиле, стояла статуя Родена «Поцелуй», в свое время сосланная сюда тогдашней целомудренной владелицей елисеевских хором за «непристойность» и так и забытая здесь новыми хозяевами.

В этом предбаннике Гумилев провел свои последние дни. Он переселился сюда в начале лета 1921 года с приехавшей к нему женой.

Но теперь еще зима, и Гумилев по-прежнему живет один на Преображенской, 5, а жена его, Аня, скучает и томится в Бежецке и напрасно умоляет мужа взять ее к себе.

— И чего ей недостает? — недоумевает Гумилев. — Живет у моей матери вместе с нашей дочкой Леночкой, как у Христа за пазухой. Мой Левушка такой умный, забавный мальчик. И я каждый месяц езжу их навещать. Другая бы на ее месте... А она все жалуется.

Мне кажется, хотя я и не говорю этого ему, что и другая на ее месте жаловалась бы — слишком уж девическая мечта о небесном счастье брака с поэтом не соответствует действительности.

Я прохожу через ярко освещенную столовую Диска. Здесь не те правила, что в Доме литераторов, и никого, даже обитателей Диска, не кормят даром. За длиннейшим столом Добужинский и молодой художник Милашевский, приобретший громкую известность своими гусарскими чикчирами-рейтузами, лакомятся коронным блюдом дисковой кухни — заячьими котлетами. Так для меня и осталось тайной, почему эти котлеты назывались «заячьими». Ни вкусом, ни видом они зайца не напоминали.

Милашевский оживленно рассказывает:

— Чудесно вчера вечер провел. Надрался до чертиков. Ух, как надрались! Божественно!

Добужинский, стараясь казаться заинтересованным, улыбается:

— У вас, наверно, vin gai, а не vin triste[1], — говорит он.

Милашевский багровеет от смущения:

— Помилуйте! Мы без этого...

Я останавливаюсь на пороге предбанника. Тихо. Пусто. Никого нет. Уже сумерки. У окна матово белеют книги, сваленные на полу. Их еще не успели разобрать. Я пришла посмотреть, не найдется ли среди них «Une saison en enfer»[2] Рембо.

И вдруг я слышу легкое жужжание. Что это? Неужели книги жужжат? Разговаривают между собой. Я оглядываюсь. Нет, я ошиблась. Я тут не одна. В темном углу, у самой статуи Родена перед ночным столиком, неизвестно зачем сюда поставленным, сидит Мандельштам. Я вглядываюсь в него. Как он бледен. Или это кажется от сумерек? Голова его запрокинута

[1] Веселое опьянение... грустное опьянение *(фр.)*.

[2] «Одно лето в аду» *(фр.)*.

назад, лицо неподвижно. Я никогда не видела лунатиков, но, должно быть, у лунатика, когда он скользит по карнизам крыши, такое лицо и такой напряженный взгляд.

Он держит карандаш в вытянутой руке, широко взмахивая им, будто дирижирует невидимым оркестром — вверх, вниз, направо, налево. Еще и еще. Внезапно его поднятая рука повисает в воздухе. Он наклоняет голову и застывает. И я снова слышу тихое ритмичное жужжание. Я не шевелюсь. Я сознаю, что здесь сейчас происходит чудо, что я не имею права присутствовать при нем.

Так вот как это происходит. А я и не знала. Не догадывалась. Я не раз видела, как Гумилев, наморщив лоб и скосив глаза, то писал, то зачеркивал какое-нибудь слово и, вслух подбирая рифмы, сочинял стихи. Будто решал арифметическую задачу. Ничего таинственного, похожего на чудо, в этом не было. И я не испытывала волнения, охватившего меня сейчас. Волнения и смутного страха, как перед чем-то сверхъестественным.

Сумерки все более сгущаются. Теперь бледное лицо Мандельштама превратилось в белое пятно и стало похожим на луну. Он уже не лунатик, а луна. И теперь уже я, как лунатик, не могу оторвать глаз от его лица. Мне начинает казаться, что от его лица исходит свет, что оно окружено сияющим ореолом.

Тихо. Даже жужжание прекратилось. Так тихо, что я слышу взволнованный стук своего сердца.

Я не знаю, как мне уйти отсюда. Только бы он никогда не узнал, что я была тут, что я видела, что я подглядела, хотя и невольно. Я стою в нерешительности. Надо открыть дверь. Но если она скрипнет, я пропала.

И вдруг в этой напряженной магической тишине раздается окрик:

— Что же вы? Зажгите же электричество! Ведь совсем темно.

Это так неожиданно, что я, как разбуженный лунатик, испуганно прислоняюсь к стене, чтобы не упасть.

— Что вы там делаете? Да зажгите же наконец!

Я щелкаю выключателем и растерянно мигаю. Значит, он видел меня, знал, что я тут. Что же теперь будет? А он собирает со стола скомканные листки и сует их в карман пиджака. Совсем спокойно.

— У меня в комнате опять чад. Пришлось сюда спасаться. С самого утра. — Он встает, отодвигает стул и потягивается. — Который теперь час? Неужели уже четыре? — Голос будничный, глухой, усталый. И весь он совсем не похож на того, от лица которого шло сияние. — Хотите послушать новые стихи?

Конечно! И как еще хочу. Но он не дает мне времени ответить и уже запевает:

Я слово позабыл, что я хотел сказать,
Слепая ласточка в чертог теней вернется
На крыльях срезанных — с прозрачностью играть.
В беспамятстве ночная песнь поется...

Я слушаю затаив дыхание. Да, такая «песнь» не только поется, но и слушается в беспамятстве. А он продолжает в упоении, все громче, все вдохновеннее:

О, если бы вернуть и зрячих пальцев стыд,
И выпуклую радость узнаванья
Я так боюсь рыданья аонид...

И вдруг, не закончив строфы, резко обрывает:

— А кто такие аониды?

Я еще во власти музыки его стихов и не сразу соображаю, что это он спрашивает меня. Уже настойчиво и нетерпеливо:

— Кто такие аониды? Знаете?

Я качаю головой:

— Не знаю. Никогда не слыхала. Вот данаиды...

Но он прерывает меня.

— К черту данаид! Помните у Пушкина: «Рыдание безумных аонид»? Мне аониды нужны. Но кто они? Как с ними быть? Выбросить их, что ли?

Я уже пришла в себя. Я даже решаюсь предложить:

— А нельзя ли заменить аонид данаидами? Ведь ритмически подходит, и данаиды, вероятно, тоже рыдали, обезумев от усталости, наполняя бездонные бочки.

Но Мандельштам возмущенно машет на меня рукой:

— Нет. Невозможно. Данаиды звучит плоско... нищий, низкий звук! Мне нужно это торжественное, это трагическое, рыдающее «ао». Разве вы не слышите — аониды? Но кто они, эти проклятые аониды?

Он задумывается на минуту.

— А может быть, они вообще не существовали? Их просто-напросто гениально выдумал Пушкин? И почему я обязан верить вашей мифологии, а не Пушкину?

С этим я вполне согласна. Лучше верить Пушкину. И он, успокоившись, снова начинает, закинув голову:

Я слово позабыл, что я хотел сказать...

И я снова стою перед ним, очарованная, заколдованная. Я снова чувствую смутный страх, как перед чем-то сверхъестественным.

Только он один умеет так читать свои стихи. Только в его чтении они становятся высшим воплощением поэзии — «Богом в святых мечтах земли».

И теперь, через столько лет, когда вспоминаю его чтение, мне всегда приходят на память его же строки о бедуине, поющем ночью в пустыне...

...И если подлинно поется
И полной грудью, наконец,
Все исчезает, остается
Пространство, звезды и певец.

Да, когда Мандельштам пел свои стихи, все действительно исчезало. Ничего не оставалось, кроме звезд и певца. Кроме Мандельштама и его стихов.

Теперь, оглядываясь назад, мне трудно поверить, что мои встречи с Мандельштамом продолжались только несколько месяцев. Мне кажется, что они длились годы и годы — столько у меня (и самых разнообразных) воспоминаний о нем.

Конечно, я знаю, что время в ранней молодости длится гораздо дольше. Или, вернее, летит с головокружительной быстротой и вместе с тем почти как бы не двигается. Дни тогда были огромные, глубокие, поместительные. Ежедневно происходило невероятное количество внешних и внутренних событий. И ощущение времени было совсем особенное. Как в романах Достоевского — у него тоже события одного дня вряд ли уместились бы в месяц реальной жизни.

Но этим все же трудно объяснить не только количество моих воспоминаний о Мандельштаме, но и их живость и яркость. Они как будто и сейчас еще не хотят укладываться на дно памяти и становиться далеким прошлым. Будто я вчера рассталась с ним. Дело тут, я думаю, не во мне, а в нем, в Мандельштаме. В его необычайности, в его неповторимости. Каждая встреча с ним — а встречались мы почти ежедневно — чем-нибудь поражала и навсегда запоминалась.

Входя в Дом литераторов или в Диск, я всегда чувствовала, что он здесь, прежде чем видела его. И на публичной лекции среди множества слушателей безошибочно находила его, как будто над ним реял

> Какой-то особенный свет,
> Какое-то легкое пламя,
> Которому имени нет.

Но у этого пламени было имя — благодать поэзии. Никогда, ни тогда, ни потом, я не встречала поэта, которого пламя благодати и поэзии так пронизывало бы, который сам как на костре горел, не сгорая в этом пламени. Мне кажется, что это пламя и сейчас освещает воспоминания о нем. И я, снова переживая их, не знаю, которое из них выбрать, все, что касается Мандельштама, мне одинаково дорого.

Вот, взятое почти наугад, наудачу, одно из воспоминаний.

Зимний вечер. Мы, то есть Мандельштам, Георгий Иванов и я, пьем чай у Гумилева. Без всякой торжественности, из помятого жестяного чайника — чай с изюмом из бумажного свертка. Это не прием. Я, возвращаясь с Гумилевым после лекций в Диске, зашла на минутку отогреться у печки. Георгий Иванов и Мандельштам столкнулись с нами на углу Преображенской и присоединились. И вот мы сидим вчетвером перед топящейся печкой.

— Ничего нет приятнее «нежданной радости» случайной встречи, — говорит Гумилев.

Я с ним согласна. Впрочем, для меня все встречи, случайные и неслучайные, «нежданная радость». Я как-то всегда получаю от них больше, чем жду.

— Есть у кого-нибудь папироса? — задает привычный вопрос Мандельштам. И папироса, конечно, находится. Гумилев подносит спичку Мандельштаму.

— Скорей, скорей закуривай. А то вся сера выйдет.

Мандельштам быстро закуривает, затягивается и заливается отчаянным задыхающимся клекотом. Он машет рукой, смеясь и кашляя. Слезы текут из его глаз.

— Удалось! Опять удалось, — торжествует Гумилев. — В который раз. Без промаха.

Спички серные. Продавая их, мальчишки кричат звонко на всю улицу:

Спички шведские,
Головки советские,
Пять минут вонь,
Потом огонь!

Закуривать от них надо не спеша, крайне осторожно, дав сгореть сере. Все это знают. И Мандельштам, конечно, тоже. Но по рассеянности и «природной жадности», по выражению Георгия Иванова, всегда сразу торопливо закуривает. К общему веселью.

— А я вам сейчас прочту свои новые стихи, — говорит Георгий Иванов.

Это меня удивляет. Я уже успела заметить, что он не любит читать свои стихи. И, написав их, не носится с ними, не в пример Гумилеву и Мандельштаму, готовым читать свои новые стихи хоть десять раз подряд.

— Баллада о дуэли, — громко, важным, несвойственным ему тоном начинает Георгий Иванов.

И сразу становится ясно, что стихи шуточные. На них Георгий Иванов «великий маг и волшебник», по определению Лозинского.

Все события нашей жизни сейчас же воспеваются в стихах, как воспевались и события прежних лет. Существовала и особая разновидность их — «античная глупость». Никогда, впрочем, к недоумению Гумилева, восхищавшегося ею, не смешившая меня. Приведу три примера из нее:

Сын Леонида был скуп. Говорил он, гостей принимая:
— Скифам любезно вино, мне же любезны друзья.

Соль этого двустишья заключалась в том, что Лозинский, к которому оно относилось, славился гостеприимством. Или:

— Ливия, где ты была? — Я лежала в объятьях Морфея. — Женщина, ты солгала. В них я покоился сам.

И:

Пепли плечо и молчи,
Вот твой удел, Златозуб! —

отмечающее привычку Мандельштама засыпать пеплом папиросы свое левое плечо, когда он сбрасывает пепел за спину. Предложение молчать подчеркивало его несмолкаемую разговорчивость.

— Баллада о дуэли, — повторяет Георгий Иванов и кидает насмешливый взгляд в мою сторону. Я краснею от смущения и удовольствия. «Баллада» значит подражание мне, — и это мне очень лестно.

Георгий Иванов с напыщенной серьезностью читает о том, как в дуэли сошлись Гумилев и юный грузин Мандельштам.

...Зачем Гумилев головою поник,
Что мог Мандельштам совершить?
Он в спальню красавицы тайно проник
И вымолвил слово «любить».

Взрыв смеха прерывает Иванова. Это Мандельштам, напрасно старавшийся сдержаться, не выдерживает:

— Ох, Жорж, Жорж, не могу! Ох, умру! «Вымолвил слово “любить”!»

Только на прошлой неделе Мандельштам написал свои прославившиеся стихи: «Сестры тяжесть и нежность». В первом варианте вместо «Легче камень поднять, чем имя твое повторить» было: «Чем вымолвить слово "любить"».

И Мандельштам уверял, что это очень хорошо как пример «русской латыни», и долго не соглашался переделать эту строчку, заменить ее другой: «Чем имя твое повторить», придуманной Гумилевым.

Мы выходим на тихую, пустую улицу. Ветер улегся. Все небо в звездах, и большие снежные сугробы сияют в полутьме. Мандельштам молча идет рядом со мной и, закинув голову, глядит на звезды не отрываясь. Я начинаю скандировать:

Я ненавижу бред
Однообразных звезд.

И, оборвав, перескакиваю на другое стихотворение, меняя ритм шагов:

Что, если над модной лавкой,
Сияющая всегда,
Мне в сердце длинной булавкой
Опустится вдруг звезда?

Мандельштам всегда с нескрываемым удовольствием слушает цитаты из своих стихов. Но сейчас он не обращает внимания и продолжает молчать. О чем он думает? И вдруг он говорит приглушенным грустным голосом, как будто обращаясь не ко мне, а к звездам:

— А ведь они не любят меня. Не любят.

От неожиданности я останавливаюсь.

— Да что вы, Осип Эмильевич? Никого другого так не любят, как вас!

Он тоже останавливается. Теперь он смотрит прямо мне в лицо широко открытыми глазами, и мне кажется, что в них отражаются звезды.

— Нет. Не спорьте. Не любят. Вечно издеваются. Вот и сегодня эта баллада!

— Но ведь это лестно, — убеждаю я.

— Про Гумилева никто не посмеет.

— Как не посмеет? Разве не про него «откушенный нос»? Это же нос Гумилева. Ваш зуб, а его нос.

Мандельштам качает головой.

— И все-таки больше всего смеются надо мной. Я и Златозуб и «юный грузин». Неужели я уж такой шут гороховый, что надо мной нельзя не издеваться? Скажите, только правду, я вам тоже кажусь очень смешным?

— Нет, совсем нет. Напротив, — с полной искренностью почти кричу я: — Я восхищаюсь вами, Осип Эмильевич!

Он недоумевающе разводит руками.

— Неужели? Ну спасибо вам, если это правда. Спасибо. Не ожидал от вас. — Он берет меня под руку. — Но знаете, — продолжает он доверчиво, — они действительно не любят меня. Прежде любили, а теперь нет. В особенности Гумилев. И Жорж тоже разлюбил меня. А как мы с ним прежде дружили. Просто не разлучались. Я приходил с утра. Он всегда вставал поздно. Вместе у него пили чай и отправлялись вместе на целый день. Всюду — в «Аполлон», и в гости, и на вернисажи, и в «Бродячую собаку». Если поздно возвращались, я у него ночевал на диване. Ни с кем в Петербурге мне так хорошо не было, как с ним. Он замечательный. Я его совсем не за его стихи ценил, нет. За него самого. А теперь внешне все как будто почти по-прежнему, но настоящей дружбы уже и в помине нет. Они все очень изменились. Я пытаюсь найти объяснение.

— Может быть, не только они, но и вы изменились за это время? Я сама совсем другая, чем два года тому назад.

Но он не слушает меня. Какое ему дело до того, какая я была прежде?

Он вдруг неожиданно начинает смеяться.

— У Жоржа была прислуга. Она меня терпеть не могла. Меня почему-то все прислуги не выносят, как собаки почтальонов. Жорж как-то повесил у себя над диваном портрет Пушкина. А прислуга возмутилась: «Эх, мало вам, что ваш Осип тут с утра торчит. Еще, чтобы любоваться, его богомерзкую морду на стенку повесили». И так и не поверила, что это не моя богомерзкая морда. Все же хоть и дурой-бабой, а лестно быть принятым за Пушкина.

— Конечно, лестно.

— А вот в Киеве, — продолжает он, оживляясь, — там меня действительно любили. И еще как! Нигде мне так приятно не жилось, как в Киеве. Сначала приняли сдержанно и даже холодно. Киевляне народ гордый. Перед петербуржцами не низкопоклонничают. Пригласили меня в какой-то поэтический кружок. Я пошел. Квартира барственная. Даже чересчур. И ужин соответствующий. Все чинно и чопорно. И я стараюсь держаться важно и надменно. Смотрю поверх их голов и делаю вид, что не замечаю соседей за столом. Будто здесь пустые стулья. И отвечаю нарочно невпопад. Перешли в гостиную пить кофе. Хозяин просит меня почитать стихи. А у меня от смущения и застенчивости — я ведь очень застенчив — все из головы вылетело. Дыра в мозгу. И, чтобы не потерять лицо, я заявляю: «Я сегодня не расположен читать».

И вдруг один молодой человек робко спрашивает меня: «Тогда, может быть, позволите нам за вас?» И начал читать наизусть «Дано мне тело» и потом «Есть целомудренные чары». А за ним другой уже запевает без передышки «Сегодня дурной день». И так по очереди они весь «Камень» наизусть отхватили, ничего не пропустив, ни разу не споткнувшись. Я просто своим ушам не верил. Сижу обалдев, красный, еле сдерживаю слезы. Когда кончили, стали меня обнимать и признаваться в любви. С этого вечера и началась у нас теснейшая дружба. Как они обо мне все заботились! Мы ежедневно встречались в кафе на Николаевской улице, и каждый приносил мне подарок. Про банку варенья вы уже знаете. Да, там мне жилось отлично. Там я в первый раз почувствовал себя знаменитым. Со мной все носились, как здесь с Гумилевым. И никто не смел со мной спорить. Тамошний мэтр Бенедикт Лившиц совсем завял при мне. Должно быть, люто мне завидовал, но вида не подавал.

И Мандельштам неожиданно заканчивает:

— А может быть, вы и правы. Я там изменился. Хлебнул славы и поклонения. Отвык от насмешек. Я в Киеве княжил, а тут Гумилев верховодит. И не совсем, сознайтесь, по праву. Вот мне иногда и обидно.

Мы дошли до моего дома.

— Спокойной ночи, Осип Эмильевич.

Мандельштам торопливо прощается:

— Спокойной ночи. Побегу, а то они без меня все морковные лепешки съедят.

И он действительно пускается почти бегом не по тротуару, а по середине улицы, увязая в рыхлом снегу.

Я вхожу в подъезд, ощупью добираюсь до лестницы и в темноте, держась за перила, медленно поднимаюсь. Как я устала. Как мне грустно. Мне жаль Мандельштама. До боли. До слез. «Бедный, бедный! Я не сумела утешить его. Вздор! — уговариваю я себя. — Он не нуждается в моем утешении. И что я могла ему сказать?» Но сердце продолжает ныть. Нет, никакого предчувствия его страшного конца у меня, конечно, не было ни тогда, ни потом.

Не только у меня, но и у него самого не было. Скорее напротив. Ему казалось, что он всех должен пережить, что другие умрут раньше его. Так, он писал о Георгии Иванове:

...Но я боюсь, что раньше всех умрет
Тот, у кого тревожно красный рот
И на глаза спадающая челка.

А о себе:

Неужели же я настоящий,
И действительно смерть придет?

Я как-то, еще в самом начале знакомства, спросила его:

— Осип Эмильевич, неужели вы правда не верите, что умрете?

И он совершенно серьезно ответил:

— Не то что не верю. Просто я не уверен в том, что умру. Я сомневаюсь в своей смерти. Не могу себе представить. Фантазии не хватает.

Нет, это не было предчувствие. Но жалость к Мандельштаму осталась навсегда.

Через несколько дней я решилась сказать Гумилеву:

— Николай Степанович, знаете, мне кажется, Мандельштаму обидно, что его называют Златозуб и постоянно высмеивают.

Но Гумилев сразу осадил меня:

— Экая правозаступница нашлась! С каких это пор цыплята петухов защищают? И ничего вы не понимаете. Мандельштаму, по-вашему, обидно, что над ним смеются? Но если бы о нем не писали шуточных стихов, не давали бы ему смешных прозвищ, ему было бы, поверьте, еще обиднее. Ему ведь необходимо, чтобы им все всегда занимались.

Я не стала спорить, и Гумилев добавил примирительно:

— Его не только любят и ценят, но даже часто переоценивают. И как не смеяться над тем, что смешно? Ведь Мандельштам — ходячий анекдот. И сам старается подчеркнуть свою анекдотичность. При этом он по-женски чувствителен и чуток. Он прекрасно раскусил вас. И разыгрывает перед вашей жалостливой душой униженного и оскорбленного. Что же, жалейте его, жалейте! Зла от этого не будет ни ему, ни вам...

И вот еще одно воспоминание. Трагикомическое воспоминание. Мандельштам был чрезвычайно добр. Он был готов не только поделиться последним, но и отдать последнее, если его об этом попросят. Но он был по-детски эгоистичен и по-детски же не делал разницы между моим и твоим.

Это была очень голодная зима. Хотя я и научилась голодать за революционные годы, все же так я еще не голодала. Но делала я это весело, легко и для окружающих малозаметно. Я жила в большой, прекрасно обставленной квартире — в Петербурге квартирного кризиса тогда не было и никого не «уплотняли» еще. Я была всегда очень хорошо одета. О том, как я голодаю, знал один только Гумилев. Но он, по моей просьбе, никому не открывал моей тайны. А голодала я до головокружения, «вдохновенно». Мне действительно часто казалось, что голод вызывает вдохновение и помогает писать стихи, что это от голода

...Так близко подходит чудесное
К покосившимся грязным домам.

Когда я выходила на улицу, мне иногда казалось, что и небо, и стены домов, и снег под ногами — все дышит вдохновением и что я сама растворяюсь в этом общем вдохновении и превращаюсь в стихотворение, уже начинающее звучать в моей голове.

В один из таких моих особенно «вдохновенных» дней, когда вечером предстояло собрание Цеха, я по пути в Диск, где заседал Цех, зашла в Дом литераторов за своей кашей, составлявшей для меня сразу и завтрак, и обед, и ужин. Я решила, что перед Цехом необходимо поесть попозже. В вестибюле Дома литераторов меня встретил Ирецкий.

— Вас-то мне и надо! — приветствовал он меня. — Пойдемте ко мне в кабинет, решим, когда вы будете выступать на следующем вечере. В первом или втором отделении?

Мне так хотелось есть, что я стала отказываться, ссылаясь на необходимость идти скорее в Цех.

— Завтра решим. А сейчас мне надо стать в хвост за кашей. Я ужасно тороплюсь.

Но Ирецкий настаивал:

— Успеете. Вот и Осип Эмильевич еще здесь. Он, пока мы будем с вами разговаривать, похвостится за вашей кашей. Ведь свою он уже съел. Вы не потеряете ни минуты. Идемте!

Мандельштам с полной готовностью согласился «похвоститься» за меня. А я пошла с Ирецким.

Он действительно не задержал меня. Я торопливо вошла в полукруглую комнату с окнами в сад, где перед столом с огромным котлом выстроилась длинная очередь. Мандель-

7-1150и

штама в ней не было. Я облегченно вздохнула: «Значит, уже получил и ждет меня в столовой».

Мандельштам действительно уже сидел в столовой. Но перед ним вместо моей каши стояла пустая тарелка.

— Отчего же вы не взяли каши, ведь вы обещали? — начала я еще издали с упреком.

— Обещал и взял, — ответил он.

— Так где же она? — недоумевала я.

Он сладко, по-кошачьи зажмурился и погладил себя по животу.

— Тут. И превкусная кашка была. С моржевятиной.

Но я не верила. Мне казалось, что он шутит. Не может быть!

— Где моя каша? Где?

— Я же вам объясняю, что съел ее. Понимаете, съел. Умял. Слопал.

— Как? Съели мою кашу?!

Должно быть, в моем голосе прозвучало отчаяние. Он покраснел, вскочил со стула и растерянно уставился на меня.

— Вы? Вы, правда, хотели ее съесть? Вы, правда, голодны? Вы не так, только для порядка, чтобы не пропадало, хотели ее взять? — сбивчиво забормотал он, дергая меня за рукав. — Вы голодны? Голодны? Да?..

Я чувствую, что у меня начинает щекотать в носу. О Господи, какой скандал: я — Одоевцева, я — член Цеха и плачу оттого, что съели мою кашу!

— Скажите, вы, правда, голодны? — не унимался Мандельштам. — Но ведь это тогда было бы преступлением! Хуже преступления — предательством. Я оказался бы последним мерзавцем, — все больше волнуясь кричал он, возмущенно теребя меня за рукав.

Я уже кое-как успела справиться с собой. Нет, я не заплакала.

— Успокойтесь. Я шучу. Я хотела вас попугать. Я только что дома ела щи с мясом и жаренную на сале картошку.

И — что бы еще придумать особенно вкусного?

— И селедку! И варенье!

— Правда? Не сочиняете? Я ведь знаю, вы буржуазно живете и не можете быть голодны. А все-таки я готов пойти и сознаться, что я утянул вашу кашу. Пусть меня хоть из членов Дома литераторов исключат. Пусть!

Но я уже смеюсь.

— За это вас вряд ли исключили бы. Но говорить ничего не надо. Пойдемте, а то мы опоздаем в Цех. И это уже будет настоящим преступлением. Не то что кашу съесть.

Всю дорогу в Цех Мандельштам продолжал переживать эпизод с кашей, обвиняя не только себя, но и меня.

— Как вы меня испугали. Разве можно так шутить? Я бы никогда не простил себе, если бы вы правда были голодны. Я страшно боюсь голода, страшно.

В эту ночь, засыпая, я подумала, что я сегодня совершила хороший поступок и за него мне, наверное, отпустится какой-нибудь грех, очень тяжелый грех.

Правда, ни одного хорошего поступка по отношению к Мандельштаму мне больше, к сожалению, совершить не удалось.

Костюмированный бал в Доме искусств в январе 1921 года — «гвоздь петербургского зимнего сезона», как его насмешливо называют.

Мандельштам почему-то решил, что появится на нем немецким романтиком, и это решение принесло ему немало хлопот. Костюм раздобыть нелегко. Но Мандельштам с несвойственной ему энергией победил все трудности и принес откуда-то большой пакет, завернутый в простыню.

— Не понимаю, — говорит Гумилев, пожимая плечами, — чего это Златозуб суетится. Я просто надену мой фрак.

«Просто». Но для того, чтобы надеть «мой фрак», ему требуется длительная и сложная подготовка в виде утюжки, стирки и наведения предельного блеска на башмаки — лакированных туфель у него нет. Все это совсем не просто. А в облаченном в «мой фрак» Гумилеве и подавно ничего простого нет. Напротив. Он еще важнее, чем обыкновенно.

— Всегда вспоминаю пословицу «L'habit fait le moine»[1], как погляжу на себя офраченного, Николай Степанович, — говорит Лозинский. — Только тебя habit не монахом делает,

[1] Одежда делает монаха *(фр.)*.

а монархом. Ты во фраке ни дать ни взять — коронованная особа, да и только.

Гумилев притворно сердито отмахивается от него:

— Без острословия ты уж не можешь, Михаил Леонидович!..

Но я по глазам его вижу, что сходство с коронованной особой ему очень приятно.

Я надела одно из бальных платьев моей матери: золотисто-парчовое, длинное-предлинное, с глубоким вырезом, сама как умела ушив его. На голове вместо банта райская птица широко раскинула крылья. На руках лайковые перчатки до плеча, в руках веер из слоновой кости и бело-розовых страусовых перьев, с незапамятных лет спавший в шкатулке.

Я постоянно закрываю, открываю его и обмахиваюсь им. Я в восторге от него и еще дома, одеваясь, сочинила о нем строфу:

Мой белый веер
Так нежно веет,
Нежней жасминовых ветвей,
Мой белый веер, волшебный веер,
Который стал душой моей.

Нет, я не прочту ее Гумилеву. Мне, эпическому поэту, автору баллад, она совсем не идет. Она из цикла жеманно-женственных стихов, тех, что Гумилев называет: «Я не такая, я иная» — и «до кровоотомщения» ненавидит.

В этом необычайном наряде я очень нравлюсь себе — что со мной бывает крайне редко — и уверена, что должна всем нравиться. Я останавливаюсь перед каждым зеркалом, любуясь собой, и не могу на себя наглядеться.

Костюмированных на балу — кроме пасторальной пары Олечки Арбениной и Юрочки Юркуна, пастушки и пастушка, Ларисы Рейснер, Нины из «Маскарада» Лермонтова, и романтика Мандельштама — почти нет.

Поздоровавшись с Мандельштамом, я, даже не осведомившись у него, кого именно из немецких романтиков он собой представляет, спрашиваю:

— А где ваша жаба?

О жабе я узнала от Гумилева, когда мы с ним шли на бал. Не ехали на бал в карете или в автомобиле, а шли пешком по темным, снежным улицам.

— У Мандельштама завелась жаба!

И Гумилев рассказывает, что они с Георгием Ивановым встретились сегодня перед обедом в Доме искусств. Ефим, всеми уважаемый местный «товарищ услужающий», отлично осведомленный о взаимоотношениях посетителей и обитателей Дома, доложил им, что «Михаил Леонидович вышли, господин Ходасевич в парикмахерской бреются, Осип Эмильевич на кухне жабу гладят».

— Жабу? — переспрашивает Жоржик.

— Так точно. Жабу. К балу готовятся.

— Я-то сразу смекнул, в чем дело. Жабу гладит — магнетические пассы ей делает.

Гумилев многозначительно смотрит на меня из-под оленьей шапки и продолжает, еле сдерживая смех:

— Чернокнижием, чертовщиной занимается. Жабу гладит — хочет Олечку приворожить. Только где ему жабу раздобыть удалось? Мы с Жоржиком решили молчать до бала о жабе.

Так жаба, по воле Гумилева и Георгия Иванова, материализировалась и стала реальной. А став реальной и зажив своей жабьей жизнью, не могла остаться невоспетой.

И вот мы с Гумилевым, хохоча и проваливаясь в снежные сугробы, уже сочинили начало «Песни о жабе и колдуне».

Слух о том, что у Мандельштама завелась жаба и он ее гладит, молниеносно разнесся по залам и гостиным. Жабой все заинтересовались.

Мандельштам в коротком коричневом сюртуке, оранжевом атласном жилете, густо напудренный, с подведенными глазами, давясь от смеха, объясняет, тыкая пальцем в свою батисто-кружевную грудь:

— Жабо, вот это самое жабо на кухне гладил. Жабо, а не жабу.

Ему никто не хочет верить.

— С сегодняшнего дня, — торжественно объявляет ему Гумилев, — тебе присваивается чин Гладящий жабу. И уже разрабатывается проект Ордена жабы. Шейного, на коричневой ленте. Поздравляю тебя! Жаба тебя прославит. О ней уже складывают песню. Слушай!

И Гумилев с пафосом читает сочиненное нами по дороге сюда начало «Песни о жабе и колдуне»:

Маг и колдун Мандельштам
Жабу гладит на кухне.
Блох, тараканов и мух не
Мало водится там. —
Слопай их, жаба, распухни
И разорвись пополам!..

Все смеются, не исключая и самого «мага и колдуна». Но смех его не так безудержен и заразителен, как всегда. Неужели он обиделся?

А приставанья и расспросы о жабе продолжаются беспрерывно и назойливо.

— Брось, Осип! Не лукавь, признавайся, — убеждает его Георгий Иванов. — Я ведь давным-давно догадался, что ты занимаешься магией, чернокнижием и всякой чертовщиной — по твоим стихам догадался.

Я очень люблю танцевать, но ни Гумилев, ни Мандельштам, ни Георгий Иванов не танцуют — из поэтов танцует один Оцуп. Но танцоров на балу все-таки сколько угодно.

Между двумя тустепами я слышу все те же разговоры о жабе. Мандельштам продолжает отшучиваться, но уже начинает нервничать и раздражаться.

— Я на твоем месте отдавал бы жабу напрокат, внаем, — говорит Гумилев. — Я сам с удовольствием возьму ее на недельку-другую для вдохновения — никак не могу своего «Дракона» кончить. Я хорошо заплачу. Не торгуясь заплачу и в придачу привезу тебе из Бежецка банку варенья. Идет? По рукам? Даешь жабу?..

Мандельштам морщится:

— Брось. Довольно. Надоело, Николай Степанович!

Но когда сам Лозинский — образец такта и корректности — осведомляется у него о драгоценном здоровье Жабы Осиповны и просит передать ей почтительный привет, Мандельштам не выдерживает:

— Сдохла жаба! Сдохла! — кричит он, побагровев. — Лопнула! И терпение мое лопнуло. Отстаньте от меня. Оставьте меня в покое! — И он, расталкивая танцующих, бежит через зал и дальше, через столовую и коридор, к себе, в свою комнату.

Лозинский разводит недоумевающе руками и, глядя ему вслед:

— Гарун бежал быстрее лани. Что же это с юным грузином стало? Обиделся?

Но мы смущены. Мы понимаем, что перетянули нитку, не почувствовали границы «jusqu'où on peut aller trop loin»[1] и безнаказанно перемахнули через нее.

Спешно снаряжается делегация. Она должна принести Мандельштаму самые пламенные, самые униженные извинения и во что бы то ни стало, непременно привести его.

После долгих стуков в запертую дверь, после долгих бесплодных просьб и уговоров Мандельштам наконец сдается — с тем «чтобы о проклятой жабе ни полслова».

Его возвращение превращается в триумф. Его встречают овацией.

— Не вернись ты, Осип, — Гумилев обнимает его за плечи, — бал превратился бы в катастрофу.

— А теперь, — громко и радостно заявляю я, — так весело, так весело, как еще никогда в жизни не было!

— Неужели? — спрашивает меня Лозинский. — Сколько уж раз мне приходилось слышать от вас это самое: «Сегодня так весело, как еще никогда в жизни» — и всегда с полной убежденностью и искренностью. Объясните, пожалуйста, как это возможно?

За меня отвечает Гумилев:

— Потому что это всегда правда, сущая правда. Как и кузминское:

---

[1] Зайти слишком далеко *(фр.)*.

И снова я влюблен впервые,
Навеки снова я влюблен, —

сущая правда. Это каждый из нас сам, по своему личному опыту знает.

И все опять смеются.

Так веселились поэты. Так по-детски, бесхитростно, простодушно. Смеялись до слез над тем, что со стороны, пожалуй, даже и смешным не казалось.

А «Песня о колдуне и жабе» осталась незаконченной. Ведь мы обещали Мандельштаму — «о проклятой жабе ни полслова». А жаль!

Мандельштам относился к занятиям в литературной студии «без должного уважения», как он сам признавался.

— Научить писать стихи нельзя. Вся эта «поэтическая учеба» в общем ни к чему. Я уже печатался в «Аполлоне», и с успехом, — рассказывал он, — когда мне впервые пришлось побывать на Башне у Вячеслава Иванова по его личному приглашению. Он очень хвалил мои стихи: «Прекрасно, прекрасно. Изумительная у вас оркестровка ямбов, читайте еще. Мне хочется послушать ваши анапесты или амфибрахии». А я смотрю на него выпучив глаза и не знаю, что за звери такие анапесты и амфибрахии. Ведь я писал по слуху и не задумывался над тем, ямбы это или что другое. Когда я сказал об этом Вячеславу Иванову, он мне не поверил. И убедить его мне так и не удалось. Решил, что я «вундеркиндствую», и охладел ко мне. Впрочем, вскоре на меня насел Гумилев. Просветил меня, посвятил во все тайны. Я ведь даже удостоился чести быть объявленным акмеистом. Сами понимаете, какой я акмеист? Но по слабости характера я позволил наклеить себе на лоб ярлык и даже усердно старался писать по-акмеистически — хотя бы это, помните?

От вторника и до субботы
Одна пустыня пролегла.
О, длительные перелеты!
Семь тысяч верст — одна стрела.

И ласточки, когда летели
В Египет водяным путем,
Четыре дня они висели,
Не зачерпнув воды крылом.

Гумилев просто в восторге от него был. За акмеистическую точность — «от вторника и до субботы», «семь тысяч верст», «четыре дня» — устроил мне в Цехе всенародный триумф. Трудно, очень трудно мне было освободиться от его менторства, но все же удалось. Выкарабкался и теперь в «разноголосице девического хора пою на голос свой». Ведь Гумилев, сами знаете, такой убедительный, прирожденный Учитель с большой буквы. И до чего авторитетен. И до чего любит заводить литературные споры и всегда быть правым.

Мандельштам не любил литературных споров, не щеголял своими знаниями, не приводил ученых цитат, как это делал Гумилев. Мандельштам — в этом он был похож на Кузмина — как будто даже стеснялся своей «чрезмерной эрудиции» и без особой необходимости не обнаруживал ее, принимая кредо Кузмина:

Дважды два четыре,
Два и три — пять.
Это все, что знаем,
Что нам надо знать.

Но разница между Кузминым и Мандельштамом была в том, что Кузмин действительно был легкомыслен, тогда как Мандельштам только притворялся и под легкомыслием старался скрыть от всех — а главное, от себя — свое глубоко трагическое мироощущение, отгораживаясь от него смехом и веселостью. Чтобы не было слишком страшно жить.

Меньше всего Мандельштам хотел выступать в роли учителя. И все же, очень скоро поняв, что меня, как он выражался, «мучит неутолимая жажда знаний», без всякой просьбы с моей стороны взял на себя эту несвойственную ему роль. И стал меня — когда мы оставались с глазу на глаз — полегоньку подучивать. Делал он это как-то совсем ненарочито, будто случайно, заводя разговор то о Рильке, то о Леопарди, то о

Жераре де Нервале, то о Гриммельсхаузене, о котором я до него понятия не имела. От него я узнала очень многое, что запомнила на всю жизнь.

Так, это он открыл мне, что последние строки «Горе от ума» — перевод последних строк «Мизантропа». И что в «Мизантропе» были в первом издании еще две строки, свидетельствовавшие о том, что Алцест не так уж решительно и навсегда порывает со «светом». В правильности его слов мне удалось убедиться только в Париже. Как это ни странно, сам великий литспец (слова «литературовед» тогда еще не существовало) Лозинский спорил со мной, что или я не так поняла, или Мандельштам просто разыграл меня. Оказалось, что две последние строчки «Мизантропа» действительно были отброшены за «несценичностью» и в книгах, и в театре. От Мандельштама же я узнала, что лозунг «Мир хижинам, война дворцам» принадлежит Шамфору. И еще много других разнообразных сведений получила я от него во время бесконечных хождений по Петербургу.

— Только не рассказывайте Гумилеву о наших разговорах. А то он рассердится и на меня, и на вас. Ведь это его прерогатива — учить вас уму-разуму. Вообразит еще, что я на нее посягаю. А ведь я толком ничего не знаю. И никого ничему научить не могу. Я, слава Богу, аутодидакт и горжусь этим.

Была весна, и наступили белые ночи. Белые, сияющие, прозрачные. В одну из таких ночей мы возвращались по Дворцовой набережной после концерта. Мандельштам был бледен и взволнован.

— Знаете, я с детства полюбил Чайковского, на всю жизнь полюбил, до болезненного исступления. Мы летом жили на даче, и я ловил музыку из-за колючей изгороди. Я часто рвал свою матроску и расцарапывал руку, пробираясь зайцем к раковине оркестра. Это там, на Рижском взморье, в Дуббельне, для меня впервые оркестр захлебывался Патетической симфонией Чайковского, и я тонул в ней, как в Балтийском заливе. А потом уже появился для меня, как центр мира, Павловский вокзал. В него я стремился, как в некий Элизиум.

Помните у Тютчева: «Моя душа — Элизиум теней...»? Но это был Элизиум звуков и душ, в котором царили Чайковский и Рубинштейн. Я с тех пор почувствовал себя навсегда связанным с музыкой, без всякого права на эту связь. Незаконно. Когда, как сегодня, я слушаю и потрясаюсь до наслаждения, вернее, наслаждаюсь до потрясения, мне вдруг делается страшно: вот сейчас все кончится ужасным скандалом, меня позорно выведут. Возьмут под руки и — из концертной залы, из салона меценатки — в шею, кубарем по лестнице. Опозорят. Погубят. И так страшно, что я пьянею от страха. Скажите, разве это можно назвать любовью к музыке?

Я растерянно молчу, но ведь он и не ждет ответа.

Он продолжает:

— А для Гумилева, как, впрочем, и для обожаемого им Теофиля Готье, и Виктора Гюго, «музыка самый неприятный из всех видов шума». И поэтому ему, конечно, несравненно легче жить. Ведь музыка не окрыляет, а отравляет жизнь.

Он вдруг перескакивает на совсем другую тему:

— А ваш «Извозчик» мне симпатичен, хорошо, что вы о нем написали балладу.

Он продолжает:

— Петербургский извозчик всегда был мифом. А советский уж и подавно. Его нужно пускать по меридиану. А вы его — и отлично сделали — в рай впустили. И ведь сознайтесь, вы об осле Жамма ничего не слыхали? А?

Я качаю головой:

— Не слыхала. Что это за осел такой?

— Двоюродный брат вашей лошади. Тоже райский. В рай попал. Но и мы с вами сейчас в гранитном раю.

Он замолкает и наклоняет голову набок, будто прислушивается к чему-то.

Дворцы, мосты и небо — все сияет и все бело и призрачно. Кажется, еще минута, и этот «гранитный рай» растает и растворится в белом сиянии. Останется только белое небо и белые воды Невы.

— Слышите, как они поют? — Мандельштам указывает рукой на дворцы, тянущиеся длинным рядом по набережной. —

Неужели не слышите? Странно. Ведь у них у каждого свой собственный голос. И собственная мелодия. Да, лицо. Некоторые похожи на сборник стихов. Другие на женские портреты, на античные статуи. Ведь архитектура ближе всего поэзии. И дополняет, воплощает ее. Неужели вы и этого не видите? И ничего не слышите?

Я снова качаю головой:

— Нет, решительно ничего не слышу. И не вижу ни статуй, ни портретов, ни книг. Одни дворцы.

Он разводит руками:

— Жаль. А я иногда выхожу сюда ночью. Слушаю и смотрю. Нигде не чувствую столько поэзии, такого восхитительного, такого щемящего одиночества, как ночью здесь.

Я не выдерживаю:

— Но вы всегда говорите, что ненавидите, боитесь одиночества.

— Мало ли что я говорю, — прерывает он меня, — всему верить не стоит. Впрочем, я всегда искренен. Но я ношу в себе, как всякий поэт, спасительный яд противоречий. Это не я, а Блок сказал. И это очень умно, очень глубоко. И правильно. Конечно, я ненавижу одиночество. И люблю его. — И, помолчав, прибавляет: — Страстно люблю... Люблю и ненавижу, как женщину, изменяющую мне.

Мандельштам исчез из Петербурга так же неожиданно, как и появился в нем.

В один прекрасный день он просто исчез. Я даже не могу назвать дату его исчезновения. Знаю только, что это было в начале лета 1921 года.

Мне не пришлось с ним ни прощаться, ни провожать его. У меня с ним не было последней встречи. Той грустной встречи, к которой готовишься заранее тревожной мыслью: а вдруг мы больше никогда не увидимся?

Мы расстались весело, уверенные, что через неделю снова встретимся. Я уезжала на неделю в Москву. И это никак не могло считаться разлукой. «Разлукой — сестрой смерти», по его определению. Но неделя в Москве превратилась в месяцы, и когда я наконец вернулась в Петербург, Мандельштама в нем уже не было.

На расспросы, куда он уехал, я не получила ответа. Никто не знал куда. Уехал в неизвестном направлении. Исчез. Растворился, как дым. Впрочем, загадкой исчезновения Мандельштама занимались мало, ведь это была трагическая осень смерти Блока и расстрела Гумилева. Я и сейчас не знаю, куда из Петербурга уехал Мандельштам и почему он никого не предупредил о своем отъезде.

В Москве — в те два месяца, что я провела в ней, — его, во всяком случае, не было. Он бы, конечно, разыскал меня и, конечно, присутствовал бы на вечере Гумилева, остановившегося проездом на сутки в Москве после своего крымского плавания с Неймицем.

Да. Мандельштам исчез. Исчез. «И вести не шлет. И не пишет». Это, впрочем, никого не удивляло. Перепиской из нас никто не занимался. Почте перестали доверять. Письма, и то очень редко, пересылали, как в старину, с оказией. Эпистолярное искусство почти заглохло в те дни. И вдруг — уже весной 1922 года, до Петербурга долетел слух: Мандельштам в Москве. И он женат. Слуху этому плохо верили. Не может быть. Вздор. Женатого Мандельштама никто не мог себе представить.

— Это было бы просто чудовищно, — веско заявил Лозинский. — «Чудовищно», от слова «чудо», впрочем, не без некоторого участия и чудовища.

Но побывавший в Москве Корней Чуковский, вернувшись, подтвердил правильность этого «чудовищного» слуха. Он, как всегда, «почтительно ломаясь пополам» и улыбаясь, заявил:

— Сущая правда! Женат.

И на вопрос: на ком? — волнообразно разведя свои длинные, гибкие, похожие на щупальца спрута руки, с недоумением ответил:

— Представьте, на женщине.

Потом стало известно, что со своей женой Надеждой Хазиной Мандельштам познакомился еще в Киеве. Возможно, что у него уже тогда возникло желание жениться на ней.

Но как могло случиться, что он, такой безудержно болтливый, скрыл это от всех? Ведь, приехав в Петербург, он ни разу даже не упомянул имени своей будущей жены, зато не переставал говорить об Адалис, тогдашней полуофициальной подруге Брюсова. И всем казалось, что он увлечен ею не на шутку.

Георгий Иванов даже сочинил обращение Мандельштама к Адалис. Чтобы понять его, следует знать, что многие литовские фамилии кончаются на «ис».

Страстной влюбленности отданный
Вас я молю, как в огне:
Станьте литовскою подданной
По отношенью ко мне.

Но в Петербурге Мандельштам недолго помнил об Адалис и вскоре увлекся молодой актрисой, гимназической подругой жены Гумилева. Увлечение это, как и все его прежние увлечения, было «катастрофически гибельное», заранее обреченное на неудачу и доставило ему немало огорчений. Оно, впрочем, прошло быстро и сравнительно легко, успев все же обогатить русскую поэзию двумя стихотворениями: «Мне жалко, что теперь зима» и «Я наравне с другими».

Помню, как я спросила у Мандельштама, что значат и как понять строки, смешившие всех:

И сам себя несу я,
Как жертва палачу?

Я недоумевала. Чем эта добродушная, легкомысленная и нежная девушка походит на палача? Но он даже замахал на меня рукой.

— И ничуть не похожа. Ничем. Она тут вовсе ни при чем. Неужели вы не понимаете? Дело не в ней, а в любви. Любовь всегда требует жертв. Помните, у Платона: любовь одна из трех гибельных страстей, что боги посылают смертным в наказание. Любовь — это дыба, на которой хрустят кости; омут, в котором тонешь; костер, на котором горишь.

— Неужели, Осип Эмильевич, вы действительно так понимаете любовь?

Он решительно закинул голову и выпрямился.

— Конечно. Иначе это просто гадость. И даже свинство, — гордо прибавил он.

— Но вы ведь не в первый раз влюблены? Как же? — не сдавалась я. — Или вы по Кузмину каждый раз:

> И снова я влюблен впервые,
> Навеки снова я влюблен.

Он кивает, не замечая насмешки в моем голосе:

— Да, всегда в первый раз. И всегда надеюсь, что навсегда, что до самой смерти. А то, прежнее, — ошибка. — Он вздыхает. — Но сколько ошибок уже было. Неужели я так никогда и не буду счастлив в любви? Как вам кажется?

Я ничего не отвечаю. Тогда мне казалось, что никогда он не будет счастлив в любви.

Я помню еще случай, очень характерный для его романтически рыцарского отношения к женщине. О нем мне рассказал Гумилев.

Как-то после литературного вечера в Диске затеяли по инициативе одной очаровательной светской молодой дамы, дружившей с поэтами и, что еще увеличивало для поэтов ее очарование, не писавшей стихов, довольно странную и рискованную игру. Она уселась посреди комнаты и предложила всем присутствующим поэтам подходить к ней и на ухо сообщать ей о своем самом тайном, самом сокровенном желании. О том, что невозможно громко сказать. Поэты подходили по очереди, и каждый что-то шептал ей на ухо, а она то смеялась, то взвизгивала от притворного возмущения, то грозила пальчиком.

Вот подошел Николай Оцуп, и она, выслушав его, весело и поощрительно крикнула: «Нахал!» За ним, смущаясь, к ней приблизился Мандельштам. Наклонившись над ней, он помолчал с минуту, будто не решаясь, потом нежно коснулся завитка над ее ухом, прошептал: «Милая...» — и сразу отошел в сторону.

Соблюдая очередь, уже надвигался Нельдихен, но она вскочила вся красная, оттолкнув его.

— Не хочу! Довольно! Вы все мерзкие, грязные! — крикнула она. — Он один хороший, чистый! Вы все недостойны его! — Она схватила Мандельштама под руку. — Уйдем от них, Осип Эмильевич! Уйдем отсюда!

Но Мандельштам, покраснев еще сильнее, чем она, вырвал свою руку и опрометью бросился бежать от нее, по дороге чуть не сбив с ног Лозинского.

За ним образовалась погоня.

— Постой, постой, Осип! Куда же ты? Ведь ты выиграл! Ты всех победил! Постой! — кричал Гумилев.

Но Мандельштам уже летел по писательскому коридору. Дверь хлопнула. Щелкнул замок. Мандельштам заперся в своей комнате, не отвечая ни на стуки, ни на уговоры.

И так больше и не показался в тот вечер.

— Только вы и виду не подавайте, что я рассказал вам. Ведь он чувствует себя опозоренным, оттого что его назвали «чистый», и не знает, куда деваться от стыда, — заканчивает Гумилев и добавляет: — Какой смешной, какой трогательный. Такого и не выдумаешь нарочно.

И вот оказалось, что Мандельштам женился. Конечно, неудачно, катастрофически гибельно. Иначе и быть не может. Конечно, он предельно несчастен. Бедный, бедный!..

То, что его брак может оказаться счастливым, никому не приходило в голову. Наверно, скоро разведется, если еще не развелся. Нет в мире женщины, которая могла бы с ним ужиться. Нет такой женщины. И быть не может.

В начале августа 1922 года Георгию Иванову пришлось побывать в Москве по делу своего выезда за границу. Уезжал он вполне легально, «посланный в Берлин и в Париж для составления репертуара государственных театров». То, что командировка не оплачивалась, а шла за счет самого командируемого, слегка убавляло ее важность. Все же она звучала вполне убедительно и почтенно, хотя и была липовой.

Георгий Иванов провел в Москве всего день — от поезда до поезда. Но, конечно, разыскал Мандельштама. И часто мне потом рассказывал об этой их встрече.

Мандельштам жил тогда — если не ошибаюсь — в Доме писателей. На седьмом этаже. В огромной, низкой комнате, залитой солнцем. Солнце проникало в нее не только в окно, но и в большую квадратную дыру в потолке.

Мандельштам бурно обрадовался Георгию Иванову.

— А я уже думал, никогда не увидимся больше. Что тебя пришьют к делу Гумилева и — фьють, фьють — на Соловки или еще подальше. Ну, слава Богу, слава Богу. Я и за себя страшно боялся. Сколько ночей не спал. Все ждал: спохватятся, разыщут, арестуют. Только здесь, в Москве, успокоился. Неужели ты даже в тюрьме не сидел? И не допрашивали? Чудеса, право. Ну как я рад, как рад!

Но радость его быстро перешла в испуг, когда он узнал о командировке за границу.

— Откажись! Умоляю тебя, откажись. Ведь это ловушка. Тебя на границе арестуют. Сошлют. Расстреляют.

Но Георгий Иванов только отшучивался, не сдаваясь ни на какие убеждения и просьбы.

И Мандельштам махнул на него рукой.

— Что ж? Не ты первый, не ты последний... Но чтобы самому лезть в пасть льва? Вспомнишь мои слова, да поздно будет.

— А пока еще не поздно, расскажи лучше о себе, Осип. Как ты — счастлив?

Мандельштам не сразу ответил.

— Так счастлив, что и в раю лучше быть не может. Да и какое глупое сравнение — рай. Я счастлив, счастлив, счастлив, — трижды, как заклинанье, громко произнес он и вдруг испуганно оглянулся через плечо в угол комнаты: — Знаешь, Жорж, я так счастлив, что за это, боюсь, придется заплатить. И дорого.

— Вздор, Осип. Ты уже заплатил сполна, и даже с процентами вперед. Довольно помучился. Теперь можешь до самой смерти наслаждаться. Верь мне.

— Ах, если бы! А то я часто боюсь. Ну а ты как? Вы оба как?..

Оба — это значило Георгий Иванов и я. В сентябре 1921 года я вышла замуж за Георгия Иванова. Естественно, расспросам не было конца — расспросам о нас и рассказам о них с Надей... Надя... Надей... о Наде...

И вдруг, перебив себя, Мандельштам уставился на Георгия Иванова.

— Ну что ты можешь мне предложить в Петербурге? Здесь я прекрасно устроился. — Он с явным удовольствием огляделся кругом. — Отличная комната. Большая, удобная. Полный комфорт.

— Отличная, — кивает Георгий Иванов, — в особенности ночью, когда

Все исчезает, остается
Пространство, звезды и певец, —

полный комфорт — лежишь в кровати и смотришь на звезды над головой. А когда дождь идет, можно бесплатно душ принимать. Чего же удобнее?

— Вздор. — Мандельштам недовольно морщится. — К зиме потолок починят или переведут нас с Надей в другую комнату. Я серьезно спрашиваю тебя, что ты можешь лучшего предложить мне в Петербурге?

Георгий Иванов пожимает плечами.

— Да ничего не могу предоставить тебе. Тем более что через неделю сам уезжаю. И наверно — надолго.

— Не надолго, а навсегда, — снова начинает клокотать Мандельштам. — Если не одумаешься, не останешься — никогда не вернешься. Пропадешь.

Шаги на лестнице. Мандельштам вытягивает шею и прислушивается с блаженно недоумевающим видом.

— Это Надя. Она ходила за покупками, — говорит он изменившимся, потеплевшим голосом. — Ты ее сейчас увидишь. И поймешь меня.

Дверь открывается. Но в комнату входит не жена Мандельштама, а молодой человек. В коричневом костюме. Коротко остриженный. С папиросой в зубах. Он решительно и быстро подходит к Георгию Иванову и протягивает ему руку.

— Здравствуйте, Жорж! Я вас сразу узнала. Ося вас правильно описал — блестящий санктпетербуржец.

Георгий Иванов смотрит на нее растерянно, не зная, можно ли поцеловать протянутую руку.

Он еще никогда не видел женщин в мужском костюме. В те дни это было совершенно немыслимо.

Только через много лет Марлен Дитрих ввела моду на мужские костюмы. Но, оказывается, первой женщиной в штанах была не она, а жена Мандельштама. Не Марлен Дитрих, а Надежда Мандельштам произвела революцию в женском гардеробе. Но, не в пример Марлен Дитрих, славы это ей не принесло. Ее смелое новаторство не было оценено ни Москвой, ни даже собственным мужем.

— Опять ты, Надя, мой костюм надела. Ведь я не ряжусь в твои платья? На что ты похожа? Стыд, позор, — набрасывается он на нее. И поворачивается к Георгию Иванову, ища у него поддержки. — Хоть бы ты, Жорж, убедил ее, что неприлично. Меня она не слушает. И снашивает мои костюмы.

Она нетерпеливо дергает плечом:

— Перестань, Ося, не устраивай супружеских сцен. А то Жорж подумает, что мы с тобой живем, как кошка с собакой. А ведь мы воркуем, как голубки — как «глиняные голубки».

Она кладет на стол сетку со всевозможными свертками. Нэп. И купить можно все что угодно. Были бы деньги.

— Ну, вы тут наслаждайтесь дружеской встречей, а я пока обед приготовлю.

Жена Мандельштама, несмотря на обманчивую внешность, оказалась прекрасной и хлебосольной хозяйкой. За борщом и жарким последовал кофе со сладкими пирожками и домашним вареньем.

— Это Надя все сама. Кто бы мог думать? — Он умиленно смотрит на жену. — Она все умеет. И такая аккуратная. Экономная. Я бы без нее пропал. Ах, как я ее люблю.

Надя смущенно улыбается, накладывая ему варенья.

— Брось, Ося, семейные восторги не интереснее супружеских сцен. Если бы мы не любили друг друга — не поженились бы. Ясно.

Но Мандельштам и сам уже перескочил на другую тему:

— До чего мне не хватает Гумилева. Ведь он был замечательный человек, я только теперь понял. При его жизни он как-то мне мешал дышать, давил меня. Я был несправедлив к нему. Не к его стихам, а к нему самому. Он был гораздо больше и значительней своих стихов. Только после смерти узнаешь человека. Когда уже поздно.

Он задумывается и сыплет пепел прямо на скатерть мимо пепельницы. Жена смотрит на него, нежно улыбаясь, и не делает ему замечания. Потом так же молча сбрасывает пепел на пол.

— Но лучшей смерти для Гумилева и придумать нельзя было, — взволнованно продолжает Мандельштам. — Он хотел быть героем и стал им. Хотел славы и, конечно, получит ее. Даже больше, чем ему полагалось. А Блок, тот не выиграл от ранней смерти. И, говорят, был безобразным в гробу. А ведь он всегда был красив. Знаешь, мне его еще больше жаль, чем Николая Степановича. Я по нем, когда узнал, что он умер, плакал, как по родному. Никогда с ним близок не был. Но всегда надеялся, что когда-нибудь потом... А теперь поздно. И как это больно. И сейчас еще как больно. Блок, Гумилев...

Уже поздно. Георгию Иванову пора на вокзал. Мандельштам едет его провожать. На перроне он вдруг снова начинает уговаривать Георгия Иванова бросить безумную мысль, разорвать командировку и остаться в Петербурге.

— Если ты останешься, мы с Надей тоже переберемся в Петербург. Честное слово, переберемся.

И Георгию Иванову вдруг становится ясно, что Мандельштаму не так уже сладко в Москве, что он хотел бы вернуться в Петербург. Хотя, может быть, сам не сознает этого.

Поезд подошел, и Георгий Иванов отыскивает с помощью проводника свое место в спальном вагоне. Ведь теперь, при нэпе, снова появились спальные вагоны и услужливые проводники.

— Ты все-таки едешь? Тогда вряд ли увидимся. А может быть, одумаешься? А?

— До свидания, Осип! — Георгий Иванов обнимает его крепко. И целует.

— Не до свидания, а прощай, если уедешь. Прощай, Жорж.

У Мандельштама глаза полны слез.

— Полно, Осип. Скоро все кончится, все переменится. Я вернусь, и мы с тобой снова заживем в Петербурге.

Но Мандельштам грустно вздыхает:

— Ты никогда не вернешься.

Георгий Иванов во что бы то ни стало хочет отвлечь его от черных мыслей, рассмешить его.

— А почему ты так уверен, что никогда? Разве не ты сам писал, — и он напевает торжественно под мелодичную сурдинку, подражая Мандельштаму:

> Кто может знать при слове «расставанье»,
> Какая нам разлука предстоит,
> Что нам сулит петушье восклицанье,
> Когда в Москве локомотив свистит?

Конечно, он хотел рассмешить Мандельштама, но такого результата он не ожидал. Мандельштам хохочет звонко и громко на весь перрон. Уезжающие и провожающие испуганно шарахаются от него.

— Как? Как, повтори! «Пока в Москве локомотив свистит?» Ой, не могу! Лопну! — И снова заливается смехом.

А локомотив действительно свистит. И уже третий звонок. Георгий Иванов в последний раз обнимает хохочущего Мандельштама и вскакивает в поезд.

— До свидания, Осип. До свидания.

Поезд трогается. Георгий Иванов машет платком из окна.

Мандельштам все еще трясется от смеха, кричит что-то. Но колеса стучат, и слов уже не разобрать...

* * *

Хотя мне самой это теперь кажется невероятным, но в те годы настоящим властителем моих дум был не Гумилев, а Блок.

Конечно, я была беспредельно предана моему учителю Гумилеву и — по-цветаевски готова

...О, через все века
Брести за ним в суровом
Плаще ученика.

Не только была готова, но и «брела» всюду и всегда. Я следовала за ним, как его тень, ежедневно — зимой и летом, осенью и весной. Правда, не в «суровом плаще ученика», а смотря по погоде, то в котиковой шубке, то «в рыжем клетчатом пальто моем», то в легком кисейном платье.

Я заходила за ним во «Всемирную литературу» на Моховой, чтобы оттуда вместе возвращаться домой, я сопровождала его почти на все лекции.

Я так часто слышала его лекции, что знала их наизусть.

Гумилев в шутку уверял, что во время лекций я ему необходима, как суфлер актеру. Для уверенности и спокойствия. «Знаю, если споткнусь или что-нибудь забуду, вы мне сейчас же подскажете».

Он и сам постоянно навещал меня или звонил мне по телефону, назначая встречу.

Да, все это так. И все-таки не Гумилев, а Блок.

Гумилева я слишком хорошо знала, со всеми его человеческими слабостями. Он был слишком понятным и земным. Кое-что в нем мне не очень нравилось, и я даже позволяла себе критиковать его — конечно, не в его присутствии.

В Блоке же все — и внешне, и внутренне — было прекрасно. Он казался мне полубогом. Я при виде его испытывала что-то близкое к священному трепету. Мне казалось, что он окружен невидимым сиянием и что, если вдруг погаснет электричество, он будет светиться в темноте.

Он казался мне не только высшим проявлением поэзии, но и самой поэзией, принявшей человеческий образ и подобие.

Но я, часами задававшая Гумилеву самые разнообразные и нелепые вопросы о поэтах, желавшая узнать решительно все о них, никогда ничего не спрашивала о Блоке. Я не смела даже произнести его имя — от преклонения перед ним.

Я смутно догадывалась, что Гумилев завидует Блоку, хотя тщательно скрывает это. Но разве можно было не завидовать Блоку, его всероссийской славе, его обаянию, кружившим молодые головы и покорявшим молодые сердца? Это было понятно и простительно.

Я знала, что со своей стороны и Блок не очень жалует Гумилева, относится отрицательно — как и Осип Мандельштам — к его «учительству», считает его вредным и не признает акмеизма. Знала, что Блок и Гумилев идейные противники.

Но я знала также, что их отношения в житейском плане всегда оставались не только вежливо-корректными (Блок был вежлив и корректен решительно со всеми), но даже не были лишены взаимной симпатии.

Распространенное мнение, что они ненавидели друг друга и открыто враждовали, совершенно неправильно и лишено оснований.

Сверкающий, пьянящий, звенящий от оттепели и капели мартовский день 1920 года.

В синих лужах на Бассейной, как в зеркалах, отражается небо и чудная северная весна.

Мы с Гумилевым возвращаемся из «Всемирной литературы», где он только что заседал.

— Вы посмотрите, какой я сегодня подарок получил. Совершенно незаслуженно и неожиданно. — Он на ходу открывает свой пестрый африканский портфель, достает из него завернутую в голубую бумагу книгу и протягивает мне.

— Представьте себе, я на прошлой неделе сказал при Блоке, что у меня, к сожалению, пропал мой экземпляр «Ночных часов», и вдруг он сегодня приносит мне «Ночные часы» с той же надписью. И как аккуратно по-блоковски запаковал. Удивительный человек!

Я беру книгу и осторожно разворачиваю голубую бумагу. На заглавном листе крупным, четким, красивым почерком написано:

Николаю Гумилеву
Стихи которого я читаю не только днем, когда не понимаю, но и ночью, когда понимаю.

Ал. Блок

Господи, я отдала бы десять лет своей жизни, если бы Блок сделал мне такую надпись.

Гумилев хватает меня за локоть:

— Осторожно, лужа! Смотрите под ноги!

Но я уже ступила в лужу, зеркальные брызги высоко взлетают. Я смотрю на них и на мои серые бархатные сапожки, сразу намокшие и побуревшие.

— Промочили ноги? — недовольно осведомляется Гумилев.

Промочила? Да, наверно. Но я не чувствую этого.

— Николай Степанович, вы рады? Очень, страшно рады?

Гумилев не может сдержать самодовольной улыбки. Он разводит руками.

— Да. Безусловно рад. Не ожидал. А приходится верить. Ведь Блок невероятно правдив и честен. Если написал, значит — правда. — И, спохватившись, добавляет: — Но до чего туманно, глубокомысленно и велеречиво — совсем по-блоковски. Фиолетовые поля, музыка сфер, тоскующая в полях «мировая душа»!.. Осторожно! — вскрикивает он. — Опять в лужу попадете!

Он берет из моих рук «Ночные часы» и укладывает их обратно в свой африканский портфель. Лист голубой бумаги остается у меня. Я протягиваю его Гумилеву.

— Бросьте бумагу. На что она мне?

Но я не бросаю. Мне она очень «на что». Мне она — воспоминание о Блоке.

— Вы понимаете, что значит «ночью, когда я понимаю»? — спрашивает Гумилев. — Понимаете? А я в эти ночные прозрения и ясновидения вообще не верю. По-моему, все стихи, даже Пушкина, лучше всего читать в яркий солнечный полдень. А ночью надо спать. Спать, а не читать стихи, не шататься пьяным по кабакам. Впрочем, как кому. Ведь Блок сочинял свои самые божественные стихи именно пьяным в кабаке. Помните —

И каждый вечер в час назначенный —
Иль это только снится мне? —
Девичий стан, шелками схваченный,
В туманном движется окне..

Я слушаю затаив дыхание — продолжая идти, не останавливаясь.

Я даже смотрю себе под ноги, чтобы снова не ступить в лужу и этим не прервать чтения.

А Гумилев, должно быть, против воли поддавшись магии «Незнакомки», читает ее строфа за строфой, аккуратно обходя лужи. Читает явно для себя самого, а не для меня. Может быть — это ведь часто случается и со мной, — даже не сознает, что произносит вслух стихи.

...В моей груди лежит сокровище,
И ключ поручен только мне.
Ты право, пьяное чудовище...

Он вдруг обрывает и взмахивает рукой так широко, что его доха приходит в движение.

— В этом «пьяном чудовище» все дело. В нем, в «пьяном чудовище», а совсем не в том, что «больше не слышно музыки», как Блок уверяет, и не в том, что «наступила страшная тишина». То есть тишина действительно наступила, раз закрыли кабаки с оркестрами, визжащими скрипками и рыдающими цыганками, раз вина больше нет. А без вина он не может. Вино ему необходимо, чтобы слышать музыку сфер, чтобы

Свирель запела на мосту...

Ведь он сам признавался:

> Я пригвожден к трактирной стойке,
> Я пьян давно...

А теперь ведь уже не пьян. Трудно поверить, глядя на него, но он, только когда пьян, видит

> Берег очарованный
> И очарованную даль.

И вот никаких стихов, кроме юмористических. Ведь для них «музыка сфер» не требуется. Их можно строчить и в «страшной тишине». Отлично они у него получаются. Не хуже, чем у Теодора де Банвиля.

Да, я знаю, что Блок часто пишет юмористические стихи. Во время изводяще скучных, бесконечных заседаний «Всемирной литературы» кто-нибудь из заседающих — Лозинский, Гумилев, Замятин, тоже истомленные скукой, подсовывают ему тетрадь или Чуковский свою «Чукоккалу», и Блок сейчас же начинает усердно строчить.

Гумилев мне их постоянно читает и очень хвалит. Но мне они совсем не нравятся. Они даже кажутся мне слегка оскорбительными для Блока.

Я, несмотря на мою «фантастическую» память, никогда не запоминаю их, а стараюсь пропустить мимо ушей. Но несколько строк из них все-таки всегда застревают в моей голове.

Вот и сейчас Гумилев читает мне то, что Блок сочинил сегодня:

> Скользили мы путем трамвайным...

И дальше, «о встрече с девой с ногами, как поленья, и глазами, сияющими, как ацетилен», одетою в каракулевый сак, который

> ...В дни победы
> Матрос, краса и гордость флота,
> С буржуйки вместе с кожей снял.

— Как ловко! Как находчиво! — восхищается Гумилев. — С буржуйки вместе с кожей снял — а?

Он явно ждет, чтобы и я разделила его восторг. Но я не хочу, я не могу притворяться. В особенности когда это касается Блока.

Я молчу, и он продолжает:

— Блоку бы следовало написать теперь анти-«Двенадцать». Ведь он, слава Богу, созрел для этого. А так многие все еще не могут простить ему его «Двенадцать». И я их понимаю. Конечно — гениально. Спору нет. Но тем хуже, что гениально. Соблазн малым сим. Дьявольский соблазн. Пора бы ему реабилитироваться, смыть со своей совести это пусть гениальное, но кровавое пятно.

Я отворачиваюсь, чтобы он не видел, как я морщусь. Какой неудачный, совсем не акмеистический образ! Кровавое гениальное пятно! Да еще на совести. Нет, я решительно предпочитаю «музыку сфер».

Мы идем дальше. Разговор о Блоке больше не возобновляется.

Разговоров о Блоке вообще мало, хотя я об этом очень жалею. Но сама заводить их я не решаюсь. Жду счастливого случая. И он, этот счастливый случай, не заставил себя ждать долго.

В тот весенний вечер Гумилев позвонил мне из Дома литераторов: у него, на Преображенской, 5, телефона не было.

— Вы дома? А я вас тут жду. Напрасно жду.

Да, я была дома. И даже вроде как арестована: нам обещали привезти мешок картошки, и кто-нибудь должен был остаться дома, чтобы принять это богатство.

Я не принимала никакого участия в хозяйстве и житейских заботах, но на этот раз я поняла, что должна пожертвовать своей свободой.

— Если бы вы могли прийти ко мне, Николай Степанович...

Гумилев, поняв, что мое отсутствие вызвано уважительной причиной, сразу соглашается навестить меня в моем заточении.

И вот уже стучат в кухонную дверь. Я лечу открывать. Если это картошка, я побегу навстречу Гумилеву. Ведь от Дома литераторов до нас — разойтись нельзя. Мы пойдем в Таврический сад. Такой чудный вечер...

Я открываю дверь. Это Гумилев. В сером пальто с бархатным воротником и в серой фетровой шляпе. Нет, доха и оленья шапка ему гораздо больше к лицу.

Я веду его в кабинет.

— Как я рада. Мне было так скучно одной.

Он кивает:

— Ну конечно, понимаю: «Сижу за решеткой в темнице сырой...» Как уж тут не затосковать!.. А меня, — говорит он, усаживаясь в красное сафьяновое кресло, — сейчас атаковал Т.

Т. — молодой поэт, один из многих отпавших от Гумилева учеников, не пожелавших поддаться его «муштре и учебе».

Гумилев хмурится:

— Льстец. Хитрая Лиса Патрикеевна. Стал меня ни с того ни с сего уверять, что я лучше Блока. Я его осадил: «Бросьте! Я ведь знаю, что вы к Блоку на поклон ходили и клялись, что я ему в подметки не гожусь». Ничего такого я не знаю, а, должно быть, правда. Покраснел, смутился, стал что-то бормотать... До чего противно!..

Он достает свой черепаховый портсигар и, как всегда, когда он у меня в гостях, просит разрешения закурить.

Я наклоняю голову: «Пожалуйста!» — и ставлю перед ним пепельницу.

Ему нравится, что я не машу на него руками, не кричу, как богемные дамы: «Да что вы, Николай Степанович! Курите! Курите! Мне совсем не мешает. Я сама дымлю, как паровоз!»

Он зажигает спичку и бросает ее в открытое окно.

— Терпеть не могу, когда поэтов сравнивают и гадают — кто лучше, кто хуже. Конечно, Блок лучше меня. — И прибавляет, подумав: — Но не надо забывать, что он на целых пять лет старше меня. Через пять лет я, Бог даст, еще многое напишу. Я не скороспелка, я поздно развился. До «Чужого неба» все мое малоценно и неоригинально. Я по-настоящему только теперь начинаю развертываться — на половине жизненного пути. Я сам чувствую, что с каждым днем расту. А Блок измотался, исписался. И по всей вероятности, умолк раз и навсегда. Кончился. Да, — говорит Гумилев, задумчиво глядя в открытое окно, — хотя это и очень грустно, но Блок кончен. Безнадежно, безвозвратно кончен. Это факт!

Но с этим фактом я никак не могу согласиться. Я не могу не протестовать:

— Ведь вы, Николай Степанович, сами говорили, что он завален работой. Что у него нет минуты свободной. Где же ему тут писать стихи?

Гумилев кивает:

— Конечно, Блок, как мы все, и, пожалуй, даже больше нас всех, завален работой. Он чуть ли не директор Александринского театра и так честно относится к своим обязанностям, что вникает во все решительно, читает актерам лекции о Шекспире, разбирает с ними роли и так далее. Правда, актеры боготворят его. Монахов на днях говорил: «Мы играем только для Александра Александровича. Для нас его похвала — высшая награда». Он пишет никому не нужные «Исторические картинки» для Горького — вот недавно закончил «Рамзеса». Он переводит очень усердно и неудачно — очень неудачно — Гейне. Разве это похоже на Лорелей:

> Над страшной высотою
> Девушка дивной красы
> Одеждой горит золотою,
> Играет златом косы...

То «золотою», то «златом». Одно из двух — или злато, или золото. И в следующей строфе:

> Золотым убирает гребнем
> И песню поет она.

Спрашивается — что убирает? Сено на лугу или свою комнату цветами?

И дальше:

Пловец и лодочка, знаю,
Погибнут среди зыбей.
Так и всякий погибает
От песен Лорелей.

Ну, на что это похоже? Каких таких «зыбей», хотя бы «рейнских» или «речных», а то просто «зыбей». А две последние строки — явная отсебятина. Ведь можно так точно перевести:

И это своею песней
Сделала Лорелей.

Я не спорю. Лорелей очень плохо переведена. Но ведь и переводы Гумилева часто очень плохи. Хотя бы французские песенки XVII века. В них встречаются такие жемчужины:

...Они заехали в чащу.
— Рено, Рено, я пить хочу.
— Тогда свою сосите кровь,
Вина не пробовать вам вновь.

Переводы делаются наспех для «Всемирной литературы». У Георгия Иванова, большого мастера перевода, было такое смешившее всех нас описание тайных ночных кутежей монахов в монастыре, втиснутое в одну строчку:

Порою пьянствуя, монахи не шумели.

К переводам никто не относится серьезно — это халтура, легкий способ заработать деньги. Смешно упрекать Блока в неудачных переводах. Он, во всяком случае, относится к ним добросовестнее остальных.

Хороши только переводы Михаила Леонидовича Лозинского. Но ведь для него, как для Жуковского, переводы — главное дело жизни.

— Конечно, — продолжает Гумилев, — Блок завален работой. Он к тому же сам таскает дрова на третий этаж и сам колет их, он, такой белоручка, барин. И дома у него сплошной ад, не «тихий ад», а с хлопаньем дверей, с криком на весь дом и женскими истериками. Любовь Дмитриевна, жена Блока, и его мать не выносят друг друга и с утра до ночи ссорятся. Они теперь все вместе поселились. А Блок их обеих любит больше всего на свете.

Я не выдерживаю:

— Как же в такой обстановке писать стихи? Ведь вы живете один...

Но Гумилев перебивает меня:

— Как? А он все-таки пишет. И это-то и является главным доказательством, что он кончен как поэт. Он все продолжает десять лет подряд трудиться над своим «Возмездием». А оно из рук вон плохо — настоящее возмездие за прежние удачи. Он потерял всякое критическое чутье, даже чувство юмора. Вот как он говорит о демонизме своего отца:

... — Так
Вращает хищник темный зрак...

Или о возвращении его матери к родителям в Петербург после ужасной жизни в Варшаве:

Вдруг — возвращается она.
Что с ней? Как стан прозрачный тонок.
Худа, измучена, бледна...
И на руках лежит ребенок.

Чем не Козьма Прутков? И что значит «прозрачный стан»? Прозрачный, как эта тюлевая занавеска, это оконное стекло? А вернулась она не с тонким станом, а совсем даже напротив, с чрезвычайно округлым — и ребенок не мог лежать у нее на руках. Ребенок — то есть сам Блок — родился уже в ректорском доме, в доме своего деда Бекетова.

У Блока неудачи так же крылаты, как и удачи. Вот вам еще описание Александра Третьего:

И царь — огромный, водянистый,
С семейством едет со двора.

Краски бывают водянистыми, а к царю, даже если он болен водянкой, такой эпитет неприложим. Как же Блок не чувствует этого? Вы, надеюсь, не будете спорить?

Нет, я не спорю. Но у кого не бывает смешных строк? Сам Гумилев не далее как на прошлой неделе, самодовольно улыбаясь, прочел Георгию Иванову и мне, энергично отчеканивая каждое слово, начало своего нового стихотворения про архистратига, у которого:

Половина туловища — пламя,
Половина туловища — лед.

Георгий Иванов внимательно слушал и с невозмутимо серьезным видом сказал:

— Удивительно интересный архистратиг! Совсем особенный. Туловище из льда и пламени. А скажи, пожалуйста, голова, руки и ноги из чего? Из тумана или из варенья?

Меня подмывает напомнить Гумилеву о его архистратиге, но я удерживаюсь.

Но, должно быть, Гумилев сам заметил, что зашел слишком далеко.

— Только не подумайте, — говорит он, — что я хочу хоть как-нибудь умалить Блока. Я отлично понимаю, какой это огромный талант. Возможно, что это лучший поэт нашего века. Он, а не, как большинству кажется, Сологуб. Ни у кого со времени Лермонтова «звуки небес» не звучали так явственно. Его стихи иногда действительно становятся «музыкой сфер». Они так переполнены «звуками небес», будто не он владеет «музыкой сфер», а она им.

Гумилев задумывается на минуту и продолжает:

— Блок — загадка. Его никто не понимает. О нем судят превратно. Не только его враги и хулители — у него их немало, — но и самые пламенные его поклонники и почитатели. Мне кажется, что я разгадал его. Блок совсем не декадент, не «кошкодав-символист», каким его считают. Блок — романтик. Романтик чистейшей воды, и к тому же — немецкий романтик. Недаром он по отцу немец. Ведь его пращур Иоганн

Блок прибыл из Германии и стал лекарем императрицы Елисаветы. Немецкая кровь в нем сильно чувствуется и отражается на его внешности. Да, Блок романтик со всеми достоинствами и недостатками романтизма. Этого почему-то никто не понимает, а ведь в этом ключ, разгадка его творчества и его личности.

Гумилев поворачивается ко мне и поднимает длинный указательный палец, как всегда, когда говорит что-нибудь очень значительное:

— Слушайте внимательно и постарайтесь запомнить.

Этого он мог бы и не говорить. Конечно, я слушаю его, как всегда, внимательнее внимательного.

— Для Блока, как для Фридриха Шлегеля, Слово — магическая палочка, которой он хочет заколдовать или расколдовать мир. Он, как Новалис, ищет самого тайного пути, ведущего его в глубины его собственного сознания. Он тоже в двадцать лет был бунтарем, хотел в своей гордыне сравняться с Творцом. Он тоже хотел заколдовать не только мир, но и самого себя. И тоже — до чего это романтично — был всегда недоволен своим творчеством:

> Молчите, проклятые книги,
> Я вас не писал никогда.

Мучительно недоволен — и собой, всем, что делает, и своей любовью. Он не умеет любить любимую женщину. Ведь он сам сознает, что ему суждено

> Опять любить Ее на небе
> И изменять ей на земле.

Не умеет он и любить себя. И это еще более трагично, чем не уметь любить вообще. Ведь первым условием счастья на земле является самоуважение и разумная любовь к себе. Христос сказал: «Люби ближнего, как самого себя». Без любви к себе невозможна любовь к ближним. Романтики, как и Блок, ненавидят себя и презирают ближних, несмотря на то что вечно горят в огне страстей.

8-1150и

Им, как и Блоку, необходимо раздражение всех чувств и повышенная впечатлительность, возможность видеть невидимое, «незримое», слышать неслышимое, «несказанное», как выражается Блок.

Даже в своей жизни Блок — и это, кроме меня, никому не приходило в голову — повторил эпизод из жизни и Вильгельма[1] и Фридриха Шлегеля. Фридрих был влюблен в подругу Вильгельма Каролину, и они втроем создали союз дружбы и любви, тот самый союз, о котором мечтал Блок, когда Белый влюбился в Любовь Дмитриевну.

Но — не по вине Блока, а по вине Белого и Любови Дмитриевны — Блоку не удалось то, что удалось романтику Шлегелю.

И еще черта, роднящая его с романтиками, — для него, как и для них, молодостью исчерпывается жизнь и творчество. Только в молодости стоит жить и можно писать стихи. Блок в тридцать три года уже обращается к жене:

Милый друг, мы с тобой старики...

А потом и того хуже:

Пробудился — тридцать лет,
Хвать-похвать, а сердца нет.

А как жить прикажете без сердца? Как продолжать жить, когда

...Жизнь отшумела и прошла...

Даже необходимость кутежей и пьянства объясняется тем, что романтику надо постоянно находиться в повышенно раздраженном состоянии, в полубреду, с болезненно обостренными чувствами. Так, например, Новалис гордился отсутствием хладнокровия и неуменьем объективно и разумно судить о событиях и людях, не внося страстности в свои слова.

---

[1] Август Вильгельм Шлегель (1767—1845) — немецкий историк литературы, писатель. Брат Фридрих Шлегель (1772—1829) — немецкий критик, философ, писатель.

Он чувствовал себя счастливым только тогда, когда мысли, как падучие звезды, проносились в его сознании и наполняли его душу лазурным и золотым дождем.

Читая Тика, Шлегеля, Новалиса и немецких романтиков вообще, я всегда вспоминаю Блока. Все это мог сказать и он. У Блока даже внешность романтическая, в особенности в молодости, — его бархатные блузы с открытым белым воротником и его золотые буйные локоны. Он как будто сошел с портрета какого-нибудь друга Новалиса или Шлегеля.

— И все-таки, — продолжает Гумилев, — Блок глубоко русский и даже национальный поэт, как, впрочем, все мы. Все, все мы, несмотря на декадентство, символизм, акмеизм и прочее, прежде всего русские поэты.

Он широко улыбается и прищуривает левый глаз.

— Я, кажется, опять немного перехватил. А? Александр Александрович, может быть, и не такой уже романтический немец, как я его сейчас изобразил. Есть у него, слава Богу, и русские черты. Даже внешние. Что-то даже и от Бовы Королевича. И конечно, ни на одном языке он не мог бы передать своих «звуков небес», кроме русского. Ну разве мыслимо заставить их звучать так явственно, как в этих строчках:

Из страны блаженной, незнакомой, дальней
Слышно пенье петуха...

У меня всегда дрожь пробегает по спине, когда я читаю или слышу их, — тихо произносит он.

Дрожь по спине... Да, я тоже чувствую ее сейчас. Будто вдруг широко распахнулось окно и в него влетел холодный ночной ветер. Я глубоко вздыхаю, прижимая руки к груди, и слушаю.

Я слушаю эти так хорошо знакомые строки — ведь я давно знаю их наизусть, — слушаю как в первый раз. Я не узнаю голоса Гумилева. Он звучит совсем по-новому, гулко и торжественно, будто он доносится и мне «из страны блаженной, незнакомой, дальней». О, только бы он не замолкал. И он продолжает звучать.

> ...Донна Анна спит, скрестив на сердце руки,
> Донна Анна видит сны...
>
> Анна, Анна, сладко ль спать в могиле?
> Сладко ль видеть неземные сны?..

Я слушаю, я смотрю на Гумилева, и мне начинает казаться, что сквозь его некрасивые, топорные черты просвечивает другое, прекрасное, тонкое, строгое лицо. Я впервые вижу его таким.

Сейчас он похож на «рыцаря в панцире железном», на конквистадора. Его глаза смотрят прямо перед собой в окно, в закатное весеннее небо, и я знаю, что сейчас они не косят, что они синие, глубокие и сияют как звезды.

Да, конечно, я помню, что Гумилев завидует Блоку и часто несправедлив к нему, но сейчас Блок опять победил его магией своих стихов. Победил, преобразил силой поэзии, вызвал к жизни все высокое, все лучшее, что прячется глубоко в горделивом, самолюбивом и все же горестно неуверенном в своей правоте сознании Гумилева.

Сейчас Гумилев любит Блока не меньше меня. И я восхищаюсь не только Блоком, но и Гумилевым, на минуту соединяя их, таких разных, в одно.

> ... Дева света, где ты, донна Анна,
> Анна, Анна... Тишина...

И тишина действительно настает.

Гумилев не читает последней строфы. Да она и не нужна. Сейчас необходима тишина. Несколько тактов, несколько строф тишины, чтобы я могла справиться с волнением, прийти в себя.

Ведь сейчас неизвестно, каким образом я поднялась до высшей точки поэзии, на страшную высоту, с которой можно или, превозмогая земное тяготенье, улететь на небо, или рухнуть, упасть в пропасть, разбиться на куски. Разбиться, как эта хрустальная пепельница. Если заговорить...

Но я молчу, и Гумилев молчит. Может быть, он переживает то же, что и я? И вдруг я начинаю чувствовать какую-то особую легкость, какую-то еще никогда не испытанную мною свободу, будто во мне что-то развязалось, открылось, и я сейчас могу без робости, смело и просто спросить о всем том, что мне так давно, так мучительно хочется знать, — все о Блоке.

Я собираюсь с мыслями. С чего начать? Ведь у меня столько вопросов.

— Николай Степанович, скажите...

Но он, не слушая меня, встает с кресла и шумно закрывает окно.

— Как холодно стало. Вы не озябли? У вас совсем замерзший вид.

Он пересаживается на диван, вытягивает перед собой длинные ноги в стоптанных башмаках. Он смотрит на меня косящими тусклыми глазами. Лицо у него, как всегда, плоское и некрасивое. И голос его звучит совсем обыкновенно, когда он говорит:

— Зажгите свет и садитесь на пол, на подушку.

Я встаю. Я зажигаю свет и быстро, чтобы не спугнуть чувства легкости, свободы и возможности обо всем спросить, сажусь на подушку.

Я люблю сидеть на полу. В группе, которую снимал фотограф Наппельбаум, Гумилев потребовал, чтобы я для полноты сходства села на пол на подушку.

— Николай Степанович, а Блок действительно... — начинаю я. Я хочу узнать, действительно ли Блок был так влюблен в свою будущую жену, что хотел покончить с собой от любви.

Но Гумилев не дает мне спросить об этом. Он говорит:

— «Шаги командора», безусловно, одно из самых замечательных русских стихотворений. Правда, и тема Дон Жуана — одна из тем, приносящих удачу авторам. Скольким шедеврам она послужила. Это победоносная тема. Ее использовали и Пушкин, и Мольер, и Мериме, и Моцарт. Для великого произведения необходима уже много раз служившая, общеизвестная тема. Это понял Гете со своим «Фаустом», и Мильтон с «Потерянным раем», и Данте. Но нет правил без исключения — мой «Дон Жуан в Египте» далеко не лучшее, что я написал. Не лучшее, хотя мой Дон Жуан и спрашивает галантно:

Вы знаете ль, как пахнут розы,
Когда их нюхают вдвоем?

Гумилев смеется и неожиданно обращается ко мне:

— А вы, вы знаете ль, кто был Дон Жуан?

Кто был Дон Жуан? Не знаю и знать не хочу. Я хочу говорить о Блоке, и только о нем.

Я качаю головой.

Ах, довольно, довольно о Дон Жуане!

Но Гумилев начинает подробно и методично излагать историю обоих Дон Жуанов, и мне ничего не остается, как слушать.

— Первого Дон Жуана, по всей вероятности, вовсе не существовало. Это миф — легендарный образ злодея-обольстителя, гениально созданный Тирсо де Молина, а второй, Мигуэль де Маньяра, двенадцати лет поклялся в театре, на представлении Дон Жуана, что сам станет Дон Жуаном, и повторил свою клятву на следующее утро в соборе перед статуей Мадонны...

Гумилев говорит плавно, длинно и подробно, будто читает лекцию о Дон Жуане в Доме искусств, совершенно забыв о стихах Блока и о нем самом.

Но мне нет решительно никакого дела до Дон Жуана, ни до первого, ни до второго. Пусть он действительно воплотил Дон Жуана и прославился любовными победами и убийствами. Пусть он влюбился в невинную Терезу и стал ей верным и примерным мужем. Пусть! Пусть после ее преждевременной смерти он сделался монахом ордена Калатрава, вынимал трупы повешенных из петли и развозил их в тележке, чтобы собрать деньги на их погребение. Пусть! Пусть даже на его могиле цветут, не отцветая, пять кустов роз и происходят чудеса. Меня все это не касается.

Гумилев наконец кончает свою лекцию. Но время безвозвратно потеряно. Я ни о чем больше спросить не могу.

Гумилев встает:

— Пора и домой. Я у вас засиделся.

Я тоже встаю. Я не удерживаю его. Мне так грустно, что мне станет легче, когда он уйдет.

— Кланяйтесь от меня вашему батюшке, — церемонно говорит Гумилев. Кстати, о «моем батюшке» и о поклоне ему Гумилев вспоминает, только когда он у меня в гостях.

Я иду провожать его на кухню. Он надевает свое серое пальто в талию.

— Я его в Лондоне купил, — сообщает он.

А мне казалось, что в Лондоне все вещи, особенно мужские, — элегантны.

— Что с вами? — спрашивает Гумилев. — Отчего у вас такой кислый вид? Если бы вам сейчас смерить температуру, психологический градусник Гофмана, наверное, показал бы повышенный пессимизм и отвращение к собеседнику.

«Психологический градусник» — о нем у нас часто говорят. Его изобрел автор популярного у нас «Золотого горшка». Им будто бы измеряется настроение и чувство. Гумилев хвастается, что может с полной точностью определять их и без психологического градусника.

Он берет свою фетровую шляпу и отвешивает мне поклон до земли.

— Знаю, знаю, вы загрустили оттого, что не встретите Дон Жуана. Но погодите, даст Бог, поедете в Испанию и встретите там третьего Дон Жуана, который воплотится специально для вас.

Но мне совсем не хочется шутить.

Я запираю за ним дверь.

Я — о чем я и сейчас жалею — была очень мало знакома с Блоком. Я даже редко видела его. Он почти не появлялся ни в Доме литераторов, ни в Доме искусств.

Первая моя встреча с Блоком произошла в июне 1920 года. Произошла она, как мне тогда казалось, таинственным и чудесным образом.

Теперь, оглядываясь назад, на прошлое, я вижу, что в ней не было ничего ни чудесного, ни таинственного. Но в те дни все, что касалось Блока, принимало мистическую окраску, во всем чувствовалась «предназначенность» и «тяжелая поступь судьбы».

Было это так.

Знойный июньский день. До революции петербуржцы проводили лето кто в Царском, Павловске, Сестрорецке, Териоках или в своем имении, а кто поскромнее — в Парголове, в Озерках или просто на Охте или Лахте. На лето даже самые бедные чиновники выезжали со всем своим скарбом на дачу, и раскаленный, пыльный Петербург пустел.

Теперь же никто никуда не выезжает. Впрочем, «в те баснословные года» мы научились «попирать скудные законы естества» и легко переносить холод и голод, жару и усталость.

Жара и усталость... Сегодня особенно жарко, и я очень устала. Но я все же, возвращаясь из Студии, захожу, как обещала, за Гумилевым во «Всемирную литературу» на Моховой.

Швейцар меня хорошо знает и, поздоровавшись со мной, идет сообщить Гумилеву, что «вас барышня дожидаются».

Я остаюсь одна в большой прохладной прихожей. От нечего делать я перебираю охапку жасмина, купленную мною при выходе из Студии. Жасмин еще совсем свежий и упоительно пахнет. Я представляю себе, что стою в цветущем саду в Павловске, возле подстриженного круглого жасминного куста.

Швейцар возвращается и со старорежимной почтительностью сообщает:

— Николай Степанович идут-с!

И действительно, наверху на площадке дубовой лестницы появляется Гумилев, в коричневом костюме, темной фетровой шляпе, с портфелем под мышкой.

Свой узорчатый африканский портфель он недавно уложил в чемодан вместе с дохой и ушастой оленьей шапкой.

— Весь экзотический зимний ассортимент — «до первых морозцев», как поется в частушке, — объяснил он, густо посыпая нафталином не только доху и шапку, но и портфель.

Я напрасно уверяла его, что моль кожи не ест. Он только пожал плечами.

— Кто ее знает? Дореволюционная не ела. А теперь, при новом режиме, изголодавшись, напостившись, могла изменить вкусы. Разве мы прежде ели воблу и картофельную шелуху? Береженого Бог бережет. — И он особенно тщательно засыпал портфель нафталином и прибавил: — Ведь он мне еще лет двадцать служить будет, как же за ним не поухаживать?..

Увидев меня, Гумилев широко улыбается.

— Вовремя. Минута в минуту, к концу заседания, — говорит он. — А я только что читал вашу балладу профессору Брауде. Очень ему понравилась. Он хочет познакомиться с вами.

С лестницы перед Гумилевым спускается какой-то господин, тоже в фетровой шляпе и с портфелем. Это, конечно, профессор Брауде. Он смотрит на меня, и я смотрю на него.

Он уже успел спуститься с лестницы. Он делает ко мне шаг и снимает передо мной шляпу. Я протягиваю ему руку. И вдруг чувствую толчок в груди — это Блок.

Я вся холодею. Моя рука застывает в воздухе. Что с нею делать? Отдернуть? Спрятать за спину?

Но он берет ее в свою большую теплую руку и осторожно пожимает.

И в это мгновение громко, как удар колокола, раздается удивленный, гулкий голос Гумилева:

— Разве вы знакомы, господа?

— Нет, — отвечает Блок, продолжая смотреть на меня. Я чувствую, что гибну, тону, иду на дно океана. И все-таки, как эхо, испуганно повторяю за Блоком:

— Нет!

Гумилев тоже успел спуститься с лестницы.

— Александр Александрович, это моя ученица — Ирина Одоевцева, та, что написала «Балладу о толченом стекле».

И Блок отвечает, что слышал о балладе, но еще не читал. Он будет рад, если я приду к нему и прочту ее. По вечерам он почти всегда дома.

— Я буду рад, — повторяет он.

Мы выходим все вместе из подъезда. Я смотрю себе под ноги. Только бы не упасть, не споткнуться.

Блок прощается со мной и Гумилевым: «Всего хороше-го!» Он идет налево, мы направо.

— Странно, — говорит Гумилев, — что вы не узнали Блока. Ведь у вас в комнате висит его портрет.

— Он там совсем другой, — говорю я, овладев собой. — С локонами, в бархатной блузе. Молодой. — И прибавляю мысленно: «Теперь он еще лучше. Гораздо лучше».

Гумилев кивает:

— Да, он очень изменился. Он очень постарел. Все же не до неузнаваемости. С профессором Брауде его, во всяком случае, не спутаешь. Тот гладкий, круглый, как ласковый черный кот... Блок вас тоже принял за кого-то. Тоже обознался. Странно... Очень странно...

Я молчу, и он продолжает уже недовольным тоном:

— Вы, конечно, завтра же поскачете к нему со своей балладой. Но знайте, он вас только из вежливости приглашал. Ему до чертиков надоели молодые поклонницы и их стихи. Ведь они на него настоящую облаву ведут, ждут у его подъезда, под его окнами шатаются, стихи ему пишут. Как хотя бы Марина Цветаева. Без году неделю в Петербурге провела, а успела и влюбиться, и воспеть его, и в Божьи праведники произвести:

Мимо окон твоих бесстрастных
Я пройду в снеговой тиши,
Божий праведник мой прекрасный,
Свете тихий моей души... —

читает он певуче, подражая московскому выговору. — И вы, чего доброго, начнете писать ему стихи и гулять под его окнами, поджидая его. Но вы, как вас ни убеждай, все равно побежите к нему, — кончает он уже с явным раздражением.

— Нет, — говорю я, — нет. Я не побегу к Блоку.

И я тут же твердо решаю не ходить к Блоку.

Гумилев прав: Блоку совсем не до надоедливых поклонниц. И я так робею перед ним. Я умру от разрыва сердца, прежде чем постучу в его дверь. Нет, я не пойду к нему. И под его окнами гулять не буду. И стихов ему не напишу. Для меня в этом было бы что-то святотатственное. Разве можно писать Блоку стихи?

У Толстого есть где-то фраза: «Он ее так любил, что ему от нее ничего не надо было».

Мне ничего не надо от Блока. Даже видеть и слышать его. Мне достаточно знать, что он живет и дышит здесь, в одном городе со мной, под одним небом.

И все-таки то, как он сходил с лестницы, внимательно глядя на меня, как он подошел ко мне и снял шляпу передо мной, кружит мне голову. Я вновь и вновь переживаю всю эту встречу. Вот он спускается, не сводя с меня глаз, ступенька за ступенькой, и мое сердце бьется в такт его шагов, — вот он останавливается передо мной, и я снова, как там, в прихожей «Всемирной литературы», холодею и застываю от ужаса и блаженства, узнав его.

«Я буду очень рад, если вы придете». Это он сказал мне. Даже если из вежливости, даже если это неправда, он все же произнес эти слова, и что-то похожее на улыбку промелькнуло на его темном, усталом, прекрасном лице.

В эту ночь я плохо спала. Мне казалось, что моя комната полна шороха и шепота. Было жарко. Окно осталось открытым, в него сквозь вздрагивающую от ночного ветра тюлевую занавеску светила луна и отражалась, как в озере, в круглом зеркале туалета.

Я томилась от предчувствия чего-то чудесного и необычайного. Нет, я не мечтала о новой встрече. Я не строила планов. И все же — не сознаваясь в этом даже самой себе — ждала.

Но предчувствие обмануло меня. Дни проходили за днями. Дальше ничего, ровно ничего не было. Блок никакой роли в моей жизни не сыграл.

Все же через два месяца мне было дано убедиться, что Блок с той первой встречи запомнил меня и мое имя.

«Вечер поэтов» уже не в Студии, а в огромном зале на Невском, под каланчой, вмещающем две тысячи слушателей.

Меня усаживают за кассу продавать билеты со строгим наказом заставлять брать нумерованные билеты, стоящие в два раза дороже остальных.

— Клянитесь и божитесь, — убеждает меня Гумилев, — что зал переполнен и поскупившимся на нумерованный билет придется стоять. Это святая ложь на пользу Союза поэтов. Вам за нее три с половиной греха отпустится.

И не объяснив, почему три с половиной, а не три или четыре греха, — добавляет:

— Денег ни в коем случае не возвращайте. Даже если скандалить будут, не возвращайте. Я пришлю вам Оцупа на подмогу.

И он уходит, пожелав мне удачи.

Но какая уж удача тут?

Все мои доводы пропадают даром.

— Чтобы в таком громадном помещении места не нашлось? Бросьте заливать. Давайте дешевый.

Только одна пышно разодетая, красивая, рыжая дама, к моей великой радости, сразу поверила мне и не споря купила два билета в третьем ряду, одарив меня влажным блеском своей малиновой улыбки.

Но через минуту она, звеня браслетами и шурша шелковым платьем, снова стояла передо мной, темпераментно возмущаясь:

— Безобразие! Как вы смеете говорить, что нет мест, когда зал на три четверти пуст! Верните деньги немедленно, слышите!

На это я никак не могу согласиться:

— Раз билеты проданы... К сожалению...

Она приходит во все большее негодование и уже грозит мне, красная от гнева:

— Не хотите отдать? Ваше дело. Вот придет Сан Саныч, он вам покажет, как обманывать.

Какой еще Сан Саныч? Неужели и с ним придется воевать? Хоть бы кто-нибудь пришел мне на помощь. А то бросили меня на съедение диким зверям.

И вдруг в дверях появляется Блок. Рыжая дама в два прыжка оказывается рядом с ним. Она показывает ему меня, тыча в мою сторону пальцем. До меня доносятся звонкие обрывки ее возмущения:

— Эта девчонка... Пустой зал... Наврала!.. Содрала с меня...

Блок берет ее под руку. Я слышу его успокоительный шепот:

— Тише, тише. Это Ирина Одоевцева.

Он еще что-то говорит ей, и она, сразу успокоившись, — настоящее мгновенное «укрощение строптивой» — идет с ним в зал.

Проходя мимо меня, Блок кланяется, и она тоже грациозно и мило кивает мне, снова даря мне малиновую улыбку.

Ко мне большими шагами спешит Николай Оцуп, сверкая своими знаменитыми желтыми сапогами:

— Вы, надеюсь, сообразили, что с Блока денег брать не полагается?

— Нет, — кричу я, почти плача. — Нет! Я именно ему, то есть ей, этой рыжей, продала единственные дорогие билеты.

Оцуп накидывается на меня:

— Вы с ума сошли! Как вы могли? Неужели вы ее не узнали? Ведь это певица Андреева-Дельмас, подруга Блока!

— Андреева-Дельмас? Та самая, которой посвящен цикл «Кармен». Это о ней:

> Ты встанешь бурною волною
> В реке моих стихов,
> И я с руки моей не смою,
> Кармен, твоих духов?

Боже мой, что я наделала! Оцуп в ужасе и все продолжает упрекать меня.

Я не оправдываюсь. Я раздавлена тяжестью своей вины. Но мое сердце все-таки ликует.

Блок узнал меня. Блок запомнил мое имя.

Октябрь все того же 1920 года. Очень холодно, очень туманно.

Я спешу домой.

После обеда мне еще предстоит идти на собрание клуба поэтов. Оно происходит по пятницам в доме Мурузи на Литейном.

Я взбегаю по лестнице и громко стучу во входную дверь.

Обыкновенно стучать приходится долго — квартира большая. Но сегодня дверь сейчас же открывается.

— Наконец-то, — говорит мой двоюродный брат, впуская меня. — Тебя тут уже два часа какая-то с флюсом дожидается. Ни за что не желала уходить. Я ее посадил мерзнуть в кабинет. Спровадь ее поскорее. Сейчас за стол сядем.

Я иду в кабинет, соображая, кто бы это мог быть? Теперь редко кто является незваным, без уговора.

«Не такое нонче время, мой товарищ дорогой», чтобы на огонек заходить. Я вхожу в кабинет. Навстречу мне с дивана вскакивает недавно приехавшая организовать Союз поэтов молодая поэтесса по прозванию Москвичка — в пальто, с подвязанной щекой.

— Ну слава Богу! — приветствует она меня недовольным голосом. — Я тут просто в отчаяние впала, в ледяную сосульку превратилась, а у меня еще зубы болят! Как у вас все в Петербурге чопорно и негостеприимно! Вы, надеюсь, не в претензии, что я к вам явилась?

Мне ничего не остается, как уверить ее, что, напротив, я очень рада. Но раз у нее болят зубы, не лучше ли ей было остаться дома, в тепле?

Она раздраженно трясет ушами своего завязанного на макушке платка.

Она похожа на толстую, круглую зайчиху из некрасовского «Дедушка Мазай и зайцы».

— Вы ничего не понимаете! — заявляет она. — Я пришла к вам оттого, что была по делу на Суворовском. Не возвращаться же обратно на Офицерскую, чтобы снова нестись на Литейный. Вот я вас и разыскала.

Я продолжаю ничего не понимать.

— Но зачем вам, если у вас флюс и болят зубы, идти в Клуб Союза поэтов? Именно сегодня? Ведь каждую пятницу собрание...

Она всплескивает руками.

— Зачем? Какая вы бестолковая!.. Затем, что сегодня туда придет Александр Александрович, я только для него, несмотря на зубы.

Я отправляюсь в столовую сообщить, что ничего не поделаешь — придется Москвичку «накормить и обогреть».

И вот мы сидим с ней в столовой перед топящейся печкой-«буржуйкой», на ней готовится наш несложный обед.

Я почти незнакома с Москвичкой, но это не мешает ей, совершенно не стесняясь присутствием моего двоюродного брата, доверять мне свои сердечные тайны.

Впрочем, они известны всему литературному Петербургу. Приехав организовывать Союз поэтов, Москвичка сразу по уши влюбилась в Блока. Это было в порядке вещей и никого не удивляло. Но то, что она вообразила, что и Блок разделяет ее чувство, казалось не только удивительным, но и диким.

— Я прочла Александру Александровичу мои стихи, они ему очень понравились, — торопливо рассказывала она. — Он на них ответ написал. Хотите прочту? Раньше мое, потом его. Хотите?

Я киваю, и она, держась за щеку, с пафосом многозначительно произносит:

— Это мое:

У яблони есть цветы,
У женщины — дети,
А у меня только песни,
И мне больно.

А вот ответ Блока.

Голос ее звучит еще торжественнее, и уши ее платка ритмически вздрагивают.

Цветы яблони засохли.
Детей у женщины отняли.
Осталась только песня,
И сладостна боль ее.

Я не могу утверждать, что это четверостишие действительно принадлежит Блоку. Мне нигде не приходилось его читать. Я слышала его только раз в тот осенний вечер и цитирую его по памяти. В двух первых строчках я не уверена. Не то цветы засохли, не то замерзли. И детей тоже не то отняли, не то убили. Но я запомнила твердо:

> Осталась только песня,
> И сладостна боль ее.

— Александра Андреевна в восторге от нашей дружбы с Александром Александровичем. Как? Неужели вы ее не знаете? Не видели никогда? Ах, это такая чудесная, такая невероятно очаровательная женщина! И как она ко мне привязалась! А вот Любовь Димитриевна — напротив. Почему-то терпеть меня не может. — Заячьи уши взлетают и падают.

Минута молчания, чтобы дать мне, несообразительной, сообразить — из ревности — и пожалеть бедную жену Блока.

Теперь мне, конечно, следует задать ей несколько наводящих вопросов. Но мне неловко за нее, ведь она рассказывает все это не только мне, совершенно посторонней, но и моему двоюродному брату.

— Прочтите еще что-нибудь из ваших стихов, — прошу я.

И она снова начинает торжественно:

> Моя судьба совсем по мне. Другой,
> Счастливой, пусть и легкой, мне не надо.
> . . . .
> И просто я гляжу в твои большие
> Угрюмые и светлые глаза.
> И две судьбы за нашими плечами
> Перекликаются, как сосны на скале.

Цитирую тоже по памяти — нигде я их не читала.

Стихи мне нравятся. Особенно перекликающиеся сосны. И я их хвалю. Она самодовольно улыбается.

— Вы, конечно, поняли, что это про Александра Александровича?

Я сбита с толку. Я недоумеваю.

— Неужели? А перекликающиеся судьбы? Как же так?

— Не расспрашивайте. Я больше ничего сказать не могу.

Расспрашивать, конечно, я не стала.

После обеда мы благополучно добираемся до клуба поэтов на Литейном.

Москвичка зорко оглядывает вешалки в прихожей.

— Александр Александрович уже здесь! Вот его пальто! — вскрикивает она. — Я ведь вас предупреждала, он очень аккуратный. А вы возились, причесывались, наряжались. Из-за вас мы опоздали. Из-за вас!

— Но ведь только десять минут девятого, а начало — в восемь, — защищаюсь я.

Она сердито разматывает свой платок, снимает свой тулупчик, повторяя:

— Из-за вас мы опоздали. Александр Александрович думает, наверно, что я не решилась прийти. Он, наверно, беспокоится...

Мы входим в гостиную. Да, Блок действительно уже тут. Он стоит с Гумилевым, Мандельштамом и Лозинским.

Гумилев — ведь он здесь хозяин, — гостеприимно улыбаясь, идет навстречу нам и приветствует нас:

— Как я рад!..

Но Москвичка, небрежно кивнув ему, бросается к Блоку.

— Александр Александрович, я опоздала из-за Одоевцевой, — захлебываясь, объясняет она. — Я торопила ее, а она...

— Но ведь вы совсем не опоздали, — успокаивает ее Блок, — только напрасно вы пришли, раз у вас болят зубы.

— Что вы, Александр Александрович, — с чувством восклицает она. — Ведь я знала, что и вы придете...

Она берет Блока под руку:

— Сядем у камина. Я совсем замерзла.

Я отступаю на шаг, чтобы не мешать ей, не навязываться Блоку.

Но он пододвигает к камину два кресла: одно для нее, одно для меня — и стул для себя.

Мне ничего не остается, как сесть в кресло.

Так, почти против своей воли, я оказываюсь с Блоком совсем близко. На расстоянии двух аршин, не больше.

Остальных ни в этой гостиной, ни в соседней с ней нет. Остальных вовсе не существует.

Но Москвичка тут и звонко напоминает о себе, повествуя о московских литературных событиях, о Шершеневиче, Пастернаке, Маяковском.

Зубная боль не мешает ей говорить необычайно быстро: десять слов и больше в секунду.

Я не слушаю. Я смотрю на Блока и понимаю, что и он тоже не слушает. Он только притворяется, что слушает. У него усталое, грустное лицо.

И как он тяжело молчит. «Бездонно молчит», по определению Белого, «молчит похоронным молчанием».

Ему, должно быть, очень тяжело сидеть здесь у камина и слушать эту звонкую трескотню.

Как он бледен. И какое у него странное, отчужденное выражение лица.

В моей голове неожиданно начинают звучать его строки:

> Как трудно мертвецу среди людей
> Живым и страстным притворяться.

Вздор, вздор, говорю я себе. Он совсем не похож на мертвеца. Он просто очень устал, и ему очень скучно.

Но мысли не слушаются, и строки продолжают звенеть в моей голове:

> — Усталый друг, мне страшно в этом зале,
> Усталый друг, могила холодна...

Москвичка вдруг обрывает свой монолог и, вся изогнувшись, протягивает к нему руку. На ее изуродованном флюсом лице с опухшей, подвязанной черным платком щекой явственно проступает

> Бессмысленный восторг живой любви.

Она с минуту молчит. Я жду. Что она ему скажет?

И она говорит:

— Александр Александрович, дайте папироску!

Нет, этого ей говорить не следовало. Нет. Все, что угодно, но не это.

«Разве она не знает — мне рассказывал Гумилев, — Блок «позволяет» себе выкурить только пять папирос в день. У него каждая папироса на счету. Если она сейчас возьмет одну папироску, у него на завтра останутся всего четыре».

Но Блок беспрекословно и любезно протягивает ей свой открытый портсигар.

— А вы ведь еще не курите? — спрашивает он меня.

Мне хочется ответить: «Не еще, а уже. Я бросила курить в прошлом году. Доставать папиросы сложно, а я курила по коробке в день».

Да, хорошо бы так ответить. Но я киваю, смутившись.

— Не курю...

— И отлично делаете, — одобряет Блок. — Успеете еще.

Москвичка закуривает папиросу о поднесенную ей Блоком спичку, глубоко затягивается и снова пускается в рассказы о Москве. На этот раз о лито, о Пастернаке, об Асееве, о Брюсове.

— Я в молодости увлекался Брюсовым, — вдруг медленно и тяжело говорит Блок. — Я был просто одержим его «Urbi et orbi». Я читал его каждую ночь наизусть. Сколько в нем было для меня почти гениальных озарений. Сердце пронзалось каждой его запятой. Я даже отказался печататься в альманахе Брюсова, считая себя недостойным такой чести, и когда...

— А теперь, — звонко перебивает его она, — вы ни в грош его не ставите, и он этим огорчен. Впрочем, теперь все его развенчали, а он перед всеми расшаркивается, всем кланяется, особенно молодым. Рассыпается бисером перед всякими ничевоками. Однажды, на вечере в лито, он...

Блок даже не пытается вставить слово. Он опять «похоронно молчит» и, отвернувшись от огня, смотрит прямо перед собой.

Он сидит с правой стороны камина. Москвичка посередине, поближе к огню, я — слева.

Я как раз в фокусе его зрения. Его глаза встречаются с моими. Я смотрю в его глаза.

Вот они, эти синие очи
На его постаревшем лице.

Вот они, так близко передо мной. Нет. Они не синие. Они бесцветные. Они полны тумана. Они холодны, и все-таки их тяжелый, усталый взгляд как будто обжигает меня.

Ахматова права:

У него глаза такие,
Что запомнить каждый должен;
Мне же лучше, осторожной,
В них и вовсе не глядеть...

Да, мне лучше не смотреть в его глаза. Я беру кочергу и начинаю, чтобы скрыть смущение, поправлять поленья.

Москвичка продолжает:

— Маяковский кричал с эстрады: «Коммуна! Кому — на! Кому — нет! Кому зубы прикладом выставила, кому, — как мне, — вставила зубы». И улыбался новой великолепной вставной челюстью... А Есенин и Мариенгоф...

— Вы умеете растопить печку? — неожиданно спрашивает Блок.

Вопрос поставлен мне, и на него необходимо ответить. Москвичка удивленно и обиженно замолкает.

— Нет, — говорю я. — Совсем не умею. Я даже не пытаюсь, когда я одна дома.

Он кивает.

— И я не умею, — говорит он серьезно и вдумчиво, как о чем-то очень важном. — Не умею. А надо уметь. Непременно. Все надо уметь делать самому. Толстой прав...

Москвичка снова наклоняется к нему:

— Александр Александрович, дайте папироску!

Блок вторично и так же охотно протягивает ей портсигар.

Я не выдерживаю — если она будет продолжать, она лишит его всех завтрашних папирос. Я незаметно толкаю ее ногой.

— Вы чего брыкаетесь? Если хотите папиросу, скажите прямо.

— Простите, я нечаянно толкнула вас, — бормочу я, краснея.

Москвичка, полузакрыв глаза, затягивается папиросой. Блок переводит с меня на нее свой тяжелый взгляд.

— Очень хорошо, — медленно говорит он, — что вы молчите. Так и продолжайте. Объяснения ни к чему не ведут, ничего никогда объяснить нельзя. Кончилось бы только неприятностью. А так все к лучшему. Для меня во всяком случае. Меньше работы. Пусть торжествует и трудится Гумилев.

Ах, вот он о чем — о переизбрании в Союзе поэтов. Ведь Москвичка решила (по ее же выражению) «подарить Союз поэтов Блоку», но им завладел Гумилев.

Москвичка сжимает свои маленькие, твердые кулачки.

— Если бы не вы, Александр Александрович! Я бы с ним поговорила! — клокочет она, тряся своими заячьими ушами.

— Тише, тише, — успокаивает он ее. — Не забывайте, что молчание — золото. И ведь все к лучшему! Все к лучшему в этом лучшем из миров!

Он улыбается усталой и насмешливой улыбкой и встает.

— Очень приятно греться у камина. Жаль уходить, но мне еще здесь со многими повидаться надо, — и он, поклонившись нам, идет в соседнюю гостиную, откуда доносятся взволнованный голос Мандельштама и барственный баритон Лозинского.

Москвичке — я вижу — хочется вскочить и побежать за ним. Но она сдерживается. Здесь, у огня, в тепле, у нее, должно быть, меньше болят зубы.

— Вы чего брыкались? — недовольно спрашивает она.

— Как вам не совестно обкуривать Блока? Ведь у него мало папирос!

Она пожимает плечами.

— Вы же сами видели, как охотно он предлагал мне их.

— Из вежливости, только из вежливости, — убеждаю я ее. — И сидел он с нами и разговаривал только из вежливости. Ему тяжело, ему скучно было.

Заячьи уши на ее голове приходят в движение.

— С вами-то он, наверно, только из вежливости говорил, и с вами ему, наверно, тяжело и скучно было, — заявляет она мне.

Я не спорю. Я встаю и на носках, чтобы не шуметь, подхожу к дверям соседней гостиной.

Мандельштам сидит в кресле под яркой хрустальной люстрой, откинув голову и делая протянутыми вперед руками пассы, сомнамбулически распевает, то повышая, то понижая голос:

> Веницейской жизни мрачной и бесплодной
> Для меня значение светло...
> Вот она глядит с улыбкою холодной
> В голубое, дряхлое стекло.

На диване Блок, Кузмин и Лозинский.

Гумилев, скрестив руки на груди, слушает с видом Наполеона, осматривающего поле битвы после одержанной им победы.

Рядом с ним Георгий Иванов, как всегда подчеркнуто элегантный, насмешливый, с челкой до бровей. Мне очень не нравится эта челка, хотя ее и придумал «сам Судейкин».

Анна Радлова, сверкая тяжеловатой восточной красотой, слушает, картинно застыв. Пяст в своих клетчатых панталонах, прозванных «двухстопными пястами», прислонился к стене с чрезвычайно независимым выражением лица, будто он здесь случайно и все это его не касается.

Я уже слышала «Веницейскую жизнь» и все-таки с наслаждением, затаив дыхание, слушаю ее снова.

Мандельштам привез ее из своих «дальних странствий» и читал ее у Гумилева. Георгий Иванов успел уже сочинить на нее пародию, переделав «Веницейскую» жизнь на «Милицейскую». Переделав ее всю нелепо и комично, вплоть до последних строк.

У Мандельштама:

> Человек родится.
> Жемчуг умирает.
> И Сусанна старцев ждать должна.

А у Георгия Иванова:

Человек родится.
Он же умирает.
А милиция всегда нужна.

Георгий Иванов пошел на пари (на коробку папирос) с Гумилевым и Мандельштамом, что прочтет «Милицейскую жизнь» на вечере какой-то рабочей ячейки, где они втроем должны выступать. И никто ничего не заметит.

Георгий Иванов выиграл пари. Он действительно прочел «Милицейскую жизнь» с эстрады вместе со своими стихами, и ей, как и его стихам, похлопали должным образом.

А в антракте к нему подошел Кривич, сын Иннокентия Анненского, тоже поэт, и рассыпался в комплиментах:

— Меня просто потрясло ваше стихотворение о милиции! Совсем новая манера! Волшебное преображение реальности...

Но «Милицейская жизнь», хотя я и смеялась над ней до слез, нисколько не мешает мне наслаждаться чтением Мандельштама.

Что же ты молчишь? Скажи, венецианка,
Как от этой смерти праздничной уйти? —

страстно и горестно вопрошает он, сладостно, блаженно замирая на высоком звенящем «уйти». Пауза. И он, понизив голос, торжественно скандирует:

Черный Веспер в зеркале мерцает.
Все проходит. Истина темна...

Мандельштам кончил и, широко открыв глаза, испуганно озирается, будто вынырнул из омута поэзии и не понимает, что с ним случилось и где он находится.

Минута напряженного молчания. И вот уже все начинают говорить, и отдельные слова сливаются в нестройный хор восторга.

Конечно, я могу войти туда, в гостиную, я могу участвовать в этом хоре восторга. Я даже могу поздороваться с Мандельштамом, и Георгием Ивановым, и Кузминым — я с ними всеми знакома.

Ведь я с этой осени равноправный член Дома литераторов и Союза поэтов и скоро буду — что еще бóльшая честь — членом Цеха поэтов, который Гумилев собирается восстановить.

Но в гостиной на диване сидит Блок. Я не хочу снова попадаться ему на глаза. Я уже и так слишком благодарна судьбе за эти полчаса у камина, совсем незаслуженно щедро подаренные мне.

И я возвращаюсь на свое прежнее место.

Теперь у камина сидит Наталия Грушко, грациозно поджав длинные, стройные ноги.

Наталия Грушко — молодая, хотя уже не только дореволюционная, но и довоенная «поэтесса».

Она удивительно хорошенькая. Высокая, тонкая, с маленькой круглой головкой и точеным бледным лицом. У нее глаза как черешни. Но она никому не нравится — даже Гумилеву. Совсем не нравится. К тому же она автор четверостишия, «прославившего» ее:

> Эх, поедем к Фелисьену
> Пить вино и есть икру.
> Добрый муж простит измену,
> Если ж нет, то я умру.

— Вот у кого надо учиться! — воскликнул Гумилев, впервые прослушав его. — Краткость газетного происшествия и трагизм Эсхила! И какая динамика в развитии темы. Скажите, как вы это делаете? Научите!

Наталия Грушко так и не поняла, что он издевается над ней.

Пока у камина сидел Блок, никто из молодых поэтов — ни Оцуп, ни Рождественский — к камину не подходили. Теперь они стоят перед ним.

Москвичка говорит о преимуществе Москвы над Петербургом. Спор в полном разгаре.

— Прошли те времена, — вызывающе заявляет она, — когда

И перед младшею столицей
Главой склонилася Москва.

Теперь извольте вы, петербуржцы, нам, москвичам, в пояс кланяться.

Все дружно накидываются на нее, как стая борзых на зайца.

— Чего же вы не возвращаетесь в вашу Москву, а сидите здесь, у нас?

Она старается придать своему подпухшему лицу таинственное выражение.

— По причинам личного характера, — важно заявляет она. — О них я не обязана вам давать отчет. — Она гордо поднимается с кресла. — Пора. Наверно, Александр Александрович уже собирается домой. — И, сделав прощальный жест рукой, она удаляется.

Из той гостиной, из высших сфер, «спускаются» Лозинский, Гумилев, Георгий Иванов и Мандельштам и тоже подходят к камину.

— Вечер удался на славу, — констатирует Гумилев. — Все, кому полагалось, пришли. Блок мог убедиться, что мы...

Но в эту минуту снова появляется Москвичка.

— Александр Александрович! Где Александр Александрович?!

— Александр Александрович уже ушел. Он просил всем кланяться... особенно вам обеим... Он...

— Не может быть, — перебивает она Гумилева, — ведь мы должны вместе вернуться домой... Он не мог уйти!

Гумилев разводит руками:

— Представьте себе, все-таки ушел. Невероятно, но факт. Ушел!

Она бежит в прихожую, и мы все идем за ней.

Никаких сомнений. Пальто и шляпа Блока исчезли.

Москвичка окидывает диким взглядом пустую вешалку и вдруг хватается за щеку:

— Зубы, проклятые зубы!

Лозинский кивает сочувственно:

— Да. Знаю по опыту — зубная боль убийственная вещь. Я читал, что какой-то швейцарец даже застрелился, не мог ее вынести. А уж на что швейцарцы стойкий и разумный народ.

Все полны участия и наперебой дают советы:

— Главное, не застудите, а то на всю жизнь останетесь с кривым лицом. Закутайте щеку потеплее!

— Смажьте десну йодом!

— Примите аспирин!

— Выпейте горячего чая, когда вернетесь домой. И сейчас же ложитесь!

О Блоке ни слова. Но легенде о любви Блока к Москвичке в этот вечер нанесен непоправимый удар.

Она уходит одна в своем тулупчике на рыбьем меху, закутанная до глаз серым шерстяным платком. Такая несчастная, такая одинокая.

Никому с ней не по дороге. Никому не приходит в голову пойти с ней, проводить ее.

Все начинают понемногу расходиться. Гумилев, чувствуя себя здесь хозяином, любезно прощается с гостями.

Мандельштам, не отставая от него ни на шаг, задает ему в десятый раз все тот же вопрос:

— Ты уверен, Николай Степанович, ты совершенно уверен, что Блоку действительно понравилось?

Гумилев отмахивается от него:

— Брысь! Я не попугай, чтобы повторять без конца одно и то же. Не приставай, Златозуб!

Мандельштам огорченно вздыхает:

— Блок, наверно, только из любезности... Ведь правда, Михаил Леонидович, Блок только из любезности похвалил?.. — обращается он уже не к Гумилеву, а к Лозинскому, и тот серьезно и терпеливо, как взрослый ребенку, объясняет ему:

— Нет, Осип Эмильевич, будьте уверены, Блоку действительно понравилась ваша «Веницейская жизнь». Не только понравилась, но и взволновала его. Существует неоспоримая примета. Когда Блока что-нибудь по-настоящему задевает и волнует, он встает и молча топчется на месте. О, совсем недолго, с полминуты, не больше. Вы же не могли не заметить, что он встал и потоптался перед тем, как произнести: «Мне нравится»?

— А я думал, что он ногу отсидел, — вскрикивает Мандельштам. — Значит, правда? правда? Но почему он ничего не сказал, кроме «мне нравится»?

Лозинский пожимает плечами:

— Да разве вы не привыкли к его лаконичной манере говорить? От него не дождетесь, чтобы он клохтал по-куриному от восторга. Ахи и охи не для Блока.

Пяст резким решительным жестом снимает с вешалки свое соломенное канотье, служащее ему круглый год, и бывшее непромокаемое пальто. Оно по старости и по количеству прорех давно потеряло право называться непромокаемым и стало, как многое теперь, «бывшим».

Должно быть, Пяст недоволен тем, что ему не предложили прочесть своих, всем нам уже известных и надоевших стихов, описывающих красавицу революционной эпохи:

Опухшее от длительных бессонниц
Одно из нижних век,
Но захоти, любой эстонец
Умчит тебя навек.
И порчею чуть тронутые зубы,
Но порча их сладка...

Дойдя до «сладкой порчи зубов», Пяст обыкновенно весь исходит от неописуемого блаженства, а слушатели начинают потихоньку давиться от смеха.

Пяст не только поэт. Он еще и преподаватель чтения стихов в Институте живого слова. «Чтец-декламатор», как его прозвали. Он вначале учил там и меня.

Он действительно читает стихи на удивление всем — даже поэтам, — то звонко отщелкивая ритм, как метроном, то вдруг заливаясь по-соловьиному бесконечными трелями, то спотыкаясь на каждом слове, будто поднимается в гору по усыпанной камнями дороге.

У Пяста, безусловно, должны быть какие-то мне неведомые большие достоинства. Ведь он был одним из очень немногих друзей Блока. Он, Зоргенфрей и Евгений Иванов — рыжий Женя — составляли его окружение или, вернее, свиту. С ними Блок совершал прогулки в окрестностях Петербурга, с ними проводил бессонные ночи в ресторанах.

Но Пяст, несмотря на всю свою пламенную любовь и безграничное преклонение перед Блоком, порвал с ним из-за «Двенадцати». Единственный из всех поэтов, если не считать Зинаиду Гиппиус и ее знаменитого ответа на вопрос встретившего ее в трамвае Блока:

— Зинаида Николаевна, вы мне подадите руку?

— Общественно — нет. Человечески — да! — скрепленного рукопожатием.

Пяст пошел дальше даже Зинаиды Гиппиус. Ни «общественно», ни «человечески» он не подавал больше Блоку руки. И чрезвычайно мучился этим, стараясь всем, и главное себе, доказать свою правоту.

Он своей скользящей походкой, вызванной, вероятно, слишком длинными, узкими ботинками, похожими на лыжи, подходит к Мандельштаму.

— Я чувствую, Осип Эмильевич, что мне необходимо высказать вам, как вы меня очаровали. Да, вы действительно имели право приказать:

Останься пеной, Афродита,
И, слово, в музыку вернись!

Да, вы вернули слово в музыку. Даже смысл у вас становится музыкой. Вы — волшебник, вы — маг. Это уже не стихи и даже уже не музыка — это магия.

Мандельштам явно польщен. Он гордо закидывает голову и поправляет галстук.

— Вы маг и волшебник, — восклицает Пяст восторженно. — Из всех современников я могу сравнить вас только с

Блоком, только с ним одним, тоже волшебником, он тоже творит чудеса. Магия... Да, иначе не назовешь его стихов. — По лицу Пяста проходит нервная дрожь. — Но в этом большая опасность, Осип Эмильевич. Сможете ли вы справиться с духами, которых вызвали к жизни? А? Не погубят ли они вас, как погубили Блока, заставив создать «Двенадцать»? Достаточно ли вы сильны? И сумеете ли вы отличить белую магию от черной? Не станете ли и вы, незаметно для самого себя, как он, служить дьяволу?

Георгий Иванов с комическим отчаянием поднимает руки к потолку:

— Увы, увы! Блок не сумел... Заметили ли вы, что от него чуть-чуть, легонько, а все же попахивает серой со времени «Двенадцати»?

Все смеются и больше всех, как всегда, Мандельштам.

Пяст улыбается кривой улыбкой. Нет, он не обиделся — или вернее — он не обижен больше, чем обыкновенно.

Лозинский подает Гумилеву его доху:

> Пора, мой друг, пора! Покоя сердце просит...

а кроме того, если мы сейчас не пустимся в обратный путь домой, нам придется познакомиться с прелестями «милицейской жизни». Ведь

> Уж десять пробило давно,
> И стало в городе темно
> И страшно...

Все веселье сразу соскакивает с Мандельштама. Он безумно боится милиционеров, как прежде боялся городовых. Он начинает суетиться, неумело кутает шею в клетчатый шарф и никак не может попасть в рукав своего пальто. Лозинский отнимает у него пальто.

— Позвольте ваш макферланчик. Я вам помогу. Я всегда следую старинному испанскому правилу: «В борьбе поддерживай слабого, а не сильного, и посему помогай человеку надевать верхнюю одежду, ибо в борьбе человека с нею человек слаб».

Все снова смеются. Да, наверно, нигде и никогда так много не смеялись поэты, как «в те баснословные» года.

— А где Кузмин? — спрашивает Лозинский, застегивая свою шубу с бобровым воротником. Ее, кстати, он сам надел, не позволив никому помочь ему в этом, несмотря на испанское правило.

— Кузмин ушел вместе с Блоком, — объясняет Гумилев. — Ведь его дома Юрочка Юркун ждет. Он нигде не бывает без Юрочки, но в Клуб поэтов — ведь Юрочка прозаик — он привести его не решился.

Все спускаются по неосвещенной лестнице.

У подъезда долго прощаются. Георгий Иванов берет Мандельштама под руку:

— Берите его под другую руку, Михаил Леонидович, чтобы наш «юный грузин» не замерз. Будем его отогревать собственными боками. Только не болтай, Осип. Мигом доставим тебя в Дом искусств, в твою конуру. Шагай молча, дыши в шарф.

— Чик! — произносит Лозинский, церемонно отвешивая поклон, и объясняет Мандельштаму: — Чик — сокращение «честь имею кланяться». Теперь сокращения в моде. Нельзя отставать от века.

— Чик! — повторяет Мандельштам, заливаясь хохотом.

Из-за крутящегося снега ни его, ни ведущих его Лозинского и Георгия Иванова уже не видно. Но ветер еще доносит взрывы его неудержимого, захлебывающегося хохота.

...Черный вечер,
Белый снег,
Ветер, ветер...
На ногах не стоит человек.

Стоять на ногах действительно трудно. Гумилев берет меня под руку, чтобы я не упала.

— И зубная боль бывает иногда во спасение, — сентенциозно произносит он. — Москвичке было бы, наверно, еще невыносимее, если бы у нее сейчас не трещали зубы. А так одна боль заглушает другую.

Разве заглушает? По-моему, наоборот, увеличивает. Мне очень жаль Москвичку. Бедная, бедная. Как ей, должно быть, тяжело.

— Блок поступил с ней жестоко, — говорит Гумилев. — Всем кажется, что он добр, а на самом деле он жесток. Он то, что называется идеалист-эгоист. Его прекраснодушие приносит зло. Если бы он сразу откровенно и просто показал ей всю безнадежность ее надежд... Но он так вежлив и мягок в обращении. И бессердечен. Он и не подозревает, как она из-за него мучится.

Нет, конечно, он не подозревает, что она мучится из-за него. Иначе он не бросил бы ее одну. Но он не жесток, он не бессердечен. И если он даже иногда жесток и бессердечен,

> ...разве это
> Сокрытый двигатель его?
> Он весь — дитя добра и света,
> Он весь — свободы торжество, —

говорю я про себя.

А Гумилев продолжает:

— Это пойдет ей на пользу. Хороший урок.

> Не верь, не верь поэту, дева,
> Его своим ты не зови —

в особенности без всяких оснований.

Я смеюсь, хотя мне и очень жаль Москвичку.

Снежный ветер дует мне в лицо. Я кричу, стараясь перекричать ветер:

> Разыгралась что-то вьюга!
> Ой, вьюга, ой, вьюга!
> Не видать совсем друг друга
> За четыре за шага!

Даже на шаг не видать. Я не вижу Гумилева, шагающего рядом со мной.

Снег воронкой завился,
Снег столбушкой поднялся.

Снег завивается, и кружится, и слепит мне глаза.

Порыв и полет ветра, и вдруг — на одно только мгновение — я вижу, ясно вижу во взлетающем к небу снежном столбе грустное, усталое, прекрасное лицо Блока.

У меня захватывает дыхание. Вот сейчас ветер собьет меня с ног, закружит, унесет в снежную мглу, и я рассыплюсь на миллионы снежинок и поднимусь к небу вьюжным столбом...

Но Гумилев крепко держит меня под руку и не дает ветру сбить меня с ног.

— На редкость удачный вечер. На удивление. Ни сучка ни задоринки, — деловито и самодовольно говорит он. — Учитесь: все в правильной организации, без нее...

Снежный ветер заглушает его слова, да я и не стараюсь слушать.

Мы почти дошли. А Москвичке, наверно, еще далеко до дома. Она сейчас, должно быть, еще на Невском

идет, шатаясь, сквозь буран.

Платок обледенел, стал твердым и колючим, и на ресницах заледенелые слезы. И зубная боль не заглушает, а еще увеличивает боль сердца и чувство обиды.

Я вздыхаю. Бедная, бедная. Как хорошо, что у меня не болят зубы. Как хорошо, что я не влюблена несчастно. Как хорошо, как чудно жить. Особенно сегодня...

Уже потом, в Париже, я прочла в Дневнике Блока его запись об этом вечере. Делаю из него выписку:

«Вечер в клубе поэтов 21 октября.

...Верховодит Гумилев — довольно интересно и искусно... Гвоздь вечера — О. Мандельштам, который приехал, побывав во врангелевской тюрьме. Он очень вырос...

Пяст топорщится в углах (мы не здороваемся по-прежнему). Анна Радлова невпопад вращает глазами. Грушко подшлепнутая... У... больные глаза... Она и Рождественский молчат. Крепкое впечатление производят одни акмеисты.

Одоевцева».

Как бы я была счастлива, если бы я знала, что Блок нашел нужным написать мое имя отдельной строкой, как то, что непременно следует запомнить. Как бы я была безмерно счастлива тогда. Но и сейчас, через столько лет, мне это еще очень приятно.

В тот день я пришла в Дом искусств на лекцию Чуковского уже не в качестве студистки, а для собственного удовольствия.

У подъезда я встретила Николая Оцупа, румяного, улыбающегося, белозубого, в ярко-желтых высоких сапогах, с таким же ярко-желтым портфелем, в суконной ловкой поддевке, с серым каракулевым воротником и в серой каракулевой шапке.

Вся эта амуниция досталась ему из шведского Красного Креста, где когда-то служил его теперь эмигрировавший старший брат. Она придает ему такой нагловатый комиссарский вид, что «хвостящиеся» перед кооперативом граждане безропотно и боязливо уступают ему очередь, как власть имущему.

В прошлое воскресенье мне и самой удалось воспользоваться магической силой портфеля и желтых сапог.

Мы с Мандельштамом и Оцупом проходили мимо цирка Чинизелли, осаждаемого толпой желающих попасть на дневное представление.

Мандельштам останавливается и, закинув голову, произносит с пафосом:

> ...Так, но, прощаясь с римской славой,
> С капитолийской высоты
> Во всем величье видел ты
> Закат звезды ее кровавый.
> Блажен, кто посетил сей мир
> В его минуты роковые... —

блажен, вот как, например, мы. Блаженны — иначе не назовешь! Чем это вам не Древний Рим? Хлеба и зрелищ! Или, за неимением хлеба, — зрелищ! Зрелищ. Львов и тигров. А я достоверно знаю, что их, вместо христиан, кормят трупами расстрелянных буржуев. Правда, не на арене, а в клетках.

— Что за чепуху вы несете, Осип Эмильевич! — возмущается Оцуп. — Ведь никаких львов и тигров сейчас в цирке нет.

Мандельштам сбит с толку:

— Разве нет? Вы уверены, что нет? Впрочем, это дела не меняет. Нет, но могут быть. И пшенной каши львы и тигры есть не станут. Уж поверьте!

— А вы любите цирк? — спрашивает меня Оцуп.

— В детстве страшно любила, а теперь не знаю, я так давно...

— А я любил и продолжаю любить, — перебивает меня Мандельштам уже без всякого пафоса, скороговоркой. — Мы с Георгием Ивановым раньше постоянно ходили в цирк по субботам. Мы с ним были неразлучны. Даже общую визитную карточку завели. Он хотел, чтобы на ней значилось:

Осеоргий Эмирович
Мандельштанов.

Он ведь свою карьеру эгофутуристом начал, но я предпочел классическую форму. А цирк мы оба любили. И Блок тоже любил. Особенно — французскую борьбу. Мы его часто встречали в цирке.

— А почему бы и нам в цирк сейчас не пойти? — предлагает Оцуп. — Хотите? Я это мигом устрою.

— Что вы, что вы, Николай Авдеевич.. Это невозможно, — испуганно протестует Мандельштам. — По такому холоду да в очереди мерзнуть. И ведь «толпа-многоножка» уже все билеты разобрала. В другой раз. Весной. Когда теплее будет.

Но Оцуп, не слушая Мандельштама, уже размахивает, как саблей, своим желтым портфелем, прокладывая дорогу в толпе, и пробирается к кассе, увлекая нас за собой.

— Осип Эмильевич, не отставайте! Но и не лезьте на первый план. — В голосе Оцупа неожиданно появляются властные нотки. — А у вас, — обращается он уже ко мне, — «вид что надо» в вашей котиковой шубке с горностаевым воротником. Отлично, за «совкомку» сойдете. Ну, пошли! — И он, взяв меня под руку, наклоняется к окошку кассы.

— Вот что, товарищ кассир, — говорит он отрывисто командирским, не терпящим возражений тоном. — Схлопочите-ка нам ложу. Хотим ваших лошадок и клоунов поглядеть. Товарищ Троцкий шибко хвалил...

Эффект полный.

Через пять минут мы, с трудом разыскав прячущегося за чужими спинами перепуганного Мандельштама, уже сидели в ложе, куда нас провели с поклонами...

— Вы, Николай Авдеевич, тоже на Чуковского пришли? — спрашиваю я Оцупа.

Оцуп кивает:

— На Чуковского.

Мы вместе поднимаемся по лестнице и входим в одну из гостиных Дома искусств, служащую студистам классом.

Мы усаживаемся в дальнем углу и приготовляемся слушать.

Слушать Чуковского во время его студийных занятий с учениками действительно наслаждение.

Трудно себе представить лучшего лектора.

Чуковский сидит за маленьким столом на низком — не по росту — стуле, далеко протянув вперед длиннейшие ноги, весь извиваясь и как бы ломаясь пополам.

Студисты зорко подметили этот его «перелом» и увековечили его в своем студийном гимне.

> У входа в Студию Корней Чуковский
> Почтительно «ломался пополам».

«Почтительно» — тоже правильно подмечено: Чуковский полон почтения не только к поэтам и писателям, но и к своим ученикам. И даже к своим собственным детям. Ведь его знаменитый «Крокодил» посвящен: «Коле и Лиде Чуковским, моим многоуважаемым детям».

Сегодня Чуковский особенно в ударе.

Он широко жестикулирует своими длиннейшими руками, похожими на щупальца спрута, и весь исходит блеском и вдохновением.

— Не находите ли вы, — шепчет Оцуп, — что он похож на того зеленого человека-змею в цирке?

Я не отвечаю, но он не унимается.

— Отсюда, должно быть, и его змеиная мудрость. И, боже мой, до чего он трудолюбив и работоспособен. Ведь он встает в пять утра...

Я прижимаю палец к губам: не мешайте слушать — и Оцуп замолкает на полуфразе.

Да, я знаю, что Чуковский неправдоподобно трудолюбив и работоспособен, что он встает в пять часов, чтобы позаняться спокойно: весь день у него расписан лекциями, заседаниями, практическими занятиями и прочим — некогда дух перевести.

Исследуя творчество Некрасова — он им теперь занят, — он тратит бесконечное число часов на подсчеты повторяющихся у Некрасова слов и рифм, составляя целые картотеки и статистические таблицы.

Непонятно, каким образом из такого книжного, методичного, мертвящего труда получаются вдохновенные статьи и лекции, похожие на импровизацию, трепещущие жизнью, рассыпающиеся блестками остроумия.

Я как-то в присутствии Лозинского удивлялась странному несоответствию между упорством, с каким работает Чуковский, и блистательной манерой преподносить результаты этой работы.

— Ничего тут удивительного нет, — с профессорским видом заявил Лозинский. — Всему виной Лафонтен и наш дедушка Крылов, привившие нам ложное понятие о муравье и кузнечике-стрекозе, противопоставляя тип труженика-муравья типу стреко-кузнечика. А они прекрасно уживаются и дополняют друг друга в Чуковском, наперекор басне.

Публичные лекции Чуковского всегда проходят при полном сборе. Но на эстраде, в огромном зале Чуковский совсем иной, чем здесь, в Студии.

Там он не вскипает, не пенится, не взмахивает своими спрутообразными руками, не извивается, не ломается пополам под натиском вдохновения.

Там он сидит неподвижно, нагнув голову, и читает по тетрадке страницу за страницей, монотонно, без пауз, не подчеркивая, не выделяя отдельные слова и фразы, ни разу даже не взглянув на слушателей.

Да, конечно, его публичные лекции пользуются большим успехом. Но что бы это было, если бы он преподносил их так, как в Студии!

По-видимому, Чуковскому, чтобы показаться во всем своем блеске, нужна интимная обстановка, не более двух десятков молодых, преданных ему учеников, а не огромная аудитория — «анонимное тысячеухое чудовище», по определению Гумилева.

Сегодня Чуковский особенно в ударе. С какой убедительностью он предостерегает поэтов от опасности, подобно Маяковскому, перегружать стихи парадоксами, вычурными образами, метафорами. Необходимо помнить о шкале читательской восприимчивости. За пределом ее сколько чудес или ужасов ни нагромождай, до читателя они «не дойдут».

Но Маяковский неистово, щедро забрасывает читателя все новыми и новыми диковинками.

— Хотите, — громогласно вопрошает Чуковский, подражая трубному голосу Маяковского,

— Хотите, выну из левого глаза
Целую цветущую рощу?

И вдруг, весь съежившись, безнадежно машет рукой, отвечая сонно:

— Вынимай что хочешь. Мне все равно. Я устал.

Чуковский непередаваемо изображает этот диалог Маяковского с читателем, и класс так грохочет и рокочет от смеха, что даже подвески хрустальных люстр начинают заливчато позванивать и перекликаться.

* * *

После лекции мы, как всегда, не спешим расходиться. Никто не торопится домой. Тут, в Доме искусств, в Диске, мы чувствуем себя гораздо больше «дома», чем в собственных нетопленых квартирах.

Ко мне подбегает стриженая как мальчик Ада Оношкович-Яцына, лучшая и любимейшая ученица Лозинского, автор стихотворения:

— Я иду с своей судьбой не в ногу
На высоких каблучках французских,
Я устало села на дорогу,
Пусть судьба уходит — мне не жалко, —

которое, к моему негодованию, часто приписывают мне — неизвестно почему.

— Как хорошо, что вы пришли. Я даже звонила вам по телефону, да вас уже не было. У нас — конкурс вольса.

— Вальса, — поправляю я.

— Нет, не вальса, а вольса.

И Ада сбивчиво и торопливо рассказывает мне, что вчера, во время класса переводов, Лозинский, объясняя строку дю Белле: «опьянев от пьянящего танца», сообщил им, что речь шла о вольсе, из которого впоследствии вышел вальс. Вольс танцевали при французском дворе, танцевали его и на свадьбе Генриха Наваррского с Маргаритой Валуа, и только Людовик XIII наложил на него запрет.

Начиналось чем-то вроде польки, но через несколько тактов кавалер должен был приподнять свою даму, продолжая кружить ее. Танец этот требовал большой силы и ловкости и вызвал моду дамских подвязок, украшенных драгоценными камнями.

Вольсом заинтересовались в Студии, и студисты стали сейчас же упражняться в нем. Но никому из танцоров не удалось приподнять свою даму. Услышав о вольсе, Николай Оцуп сейчас же решил, что он отлично протанцует его, и предложил мне быть его партнершей, должно быть, из-за моей крайней «легковесности».

И вот в столовой, пустующей в эти послеобеденные часы, мы с Оцупом начинаем кружиться по паркету все быстрей и быстрей. Я крепко держу его за шею обеими руками. Толчок, и я чувствую, что отделяюсь от земли, и от страха закрываю глаза. Мне кажется, что он упадет вместе со мной или уронит меня, и я сломаю себе спину. Мне так страшно, что я даже не могу кричать. Но он продолжает кружиться и кружить меня.

— Видите, так отлично выходит, — говорит он над самым моим ухом. — И совсем не трудно. Могу еще сколько угодно...

И я начинаю смеяться, но все же не решаюсь открыть глаза. И вдруг — резкий толчок. Оцуп выпускает меня из рук. У меня кружится голова, я с трудом удерживаюсь на ногах.

Отчего все вдруг замолчали? Отчего у Оцупа такое растерянное лицо?

Я поворачиваюсь и вижу — в дверях стоит Блок и серьезно и внимательно смотрит на эту дикую сцену.

— Что же вы перестали танцевать? — говорит он глухо и медленно. — Разве я уж такое страшилище? Я очень люблю, когда веселятся, когда смеются и танцуют. Я и сам бываю очень веселый.

Я готова умереть на месте, провалиться в преисподнюю, навсегда исчезнуть. Боже, какой позор!

Но Оцуп уже идет здороваться с Блоком и что-то объясняет ему.

— Очень красиво, — говорит Блок. — Как балет. В танцах не только прелесть, но и мудрость. Танцы — важнее философии. Следовало бы каждый день танцевать.

Все обступают Блока.

— А вы, Александр Александрович, любите танцевать? — спрашивает Ада Оношкович-Яцына.

— Нет, — серьезно отвечает он ей. — Я не танцую, к сожалению. Мною всегда владел дух тяжести. А для танцев надо быть легким. Надо, чтобы душа была легкая. И чувства. И мысли.

Все наперебой задают ему вопросы. И он отвечает им.

Я стою одна, совсем близко от двери. Шаг, и я уже за порогом. Я бегу. Я уже далеко. Я уже не слышу голосов.

Я останавливаюсь и прихожу в себя.

Ведь, в сущности, ничего непоправимого не произошло. Ну да, у меня был, должно быть, ужасно глупый вид, когда я летала с закрытыми глазами в воздухе и еще так идиотски смеялась. Но он, наверно, не обратил внимания. Он там, он разговаривает так просто со всеми. Мне хочется вернуться. Но я бегу все дальше и останавливаюсь только в писательском коридоре.

Вот дверь комнаты Лозинского, а рядом живет Мандельштам. Мандельштам... Я вернусь вместе с ним — и все будет в порядке. Я стучу в дверь Мандельштама.

— Entrez!

Почему — «entrez», а не «входите», — ведь мы не во Франции. Но мне некогда подумать об этом. Я открываю дверь и вхожу в многоугольную комнату Мандельштама.

Она полна дыма и чада. Мандельштам сидит перед печкой на корточках среди разбросанных поленьев и обугленных газет.

— Осип Эмильевич, что у вас тут?

Он смотрит на меня отсутствующим взглядом. Глаза его красны и воспалены.

— Подумайте только. Чуть пожар не произошел. Я хотел разжечь проклятые мокрые дрова. Плеснул в печку керосину. А огонь полохнул обратно, и газеты загорелись. Еле потушил. А то бы я сгорел, как белая страница.

«Немного дыма и немного пепла» — вот все, что от меня осталось бы. Вам, наверно, смешно, — неожиданно негодует он. — Вы здесь все привыкли надо всем смеяться. А мне тошно. Я не кочегар. И не ведьма. Я не умею обращаться с огнем. Меня никто не жалеет...

Нет, мне совсем не смешно. Но и не жаль Мандельштама. Я думаю только о том, чтобы скорее вернуться в столовую, к Блоку.

— Бросьте печку. Пойдем. Я пришла за вами. Пойдем в столовую. Там Блок.

Мандельштам вскакивает.

— Блок здесь? Пойдем, пойдем!

Я подхожу к зеркальному шкафу и поправляю растрепавшиеся волосы и съехавший на сторону бант.

Мандельштам, стоя за моей спиной, тоже смотрится в зеркало и проводит рукой по подбородку и щекам, поросшим рыжим пухом.

— Я не брился сегодня. Может быть, побриться? Как вы думаете?

— Не надо! — уверенно говорю я. — Совсем не заметно.

— Подождите, я только галстук перевяжу. Мигом! — Он начинает суетиться. Достает из ящика ночного столика помятый синий галстук в крапинках. — Хорошо бы его выгладить. Да у меня утюга нет.

Я убеждаю его, что зеленый, который на нем, гораздо красивее.

— Разве красивее? Артур Лурье находит, что галстук в крапинку элегантнее всего, а он arbiter elegantiarum[1]. Может быть, переодеть пиджак? Надеть клетчатый? А?

— Бросьте, Осип Эмильевич, Блок ведь не дама вашего сердца. Ему безразлично, какой на вас пиджак. Идем скорее, — тороплю я его.

— Да, конечно, ему безразлично, — соглашается он и протягивает мне щетку. Я смахиваю с него пепел.

Мы наконец идем в столовую.

Мандельштам волнуется.

— Я с того вечера в клубе поэтов не видел Александра Александровича. Мне о многом, об очень многом хочется с ним поговорить. Но ведь так трудно заставить его говорить.

Я успокаиваю Мандельштама:

— Сегодня он очень разговорчивый. Вот увидите сами.

Но увидеть ему не удалось. Когда мы пришли в столовую, Блока там уже не было. Чуковский увел его с собой, к великому огорчению студистов.

— Куда вы пропали? — накидывается на меня Оцуп. — Блок спрашивал о вас. Я сказал, что вы ушли домой. Он просил вам кланяться. И жалел...

---

[1] Законодатель в области изящного *(лат.)*.

Нет, конечно, он не жалел. Он сказал это только из вежливости. Но я-то, — о Господи, — я-то до чего жалела!

Приглашение на «Торжественное собрание в 84-ю годовщину смерти Пушкина» в Доме литераторов получить было нелегко.

Из-за недостатка места число приглашений было крайне ограничено — в расчете на одну лишь «элиту».

Заведующие Домом литераторов Волковысский, Ирецкий и Харитон вежливо, но твердо отказывали в них рядовым членам, ссылаясь — по Диккенсу — друг на друга. Волковысский говорил:

— Я, конечно, с удовольствием дал бы вам билет. Я понимаю, вам необходимо его дать, но это зависит не от меня, а от Ирецкого. Это он составляет список приглашенных. Я тут ни при чем.

А Ирецкий, со своей стороны, ссылался на злую волю Харитона, хотя Харитон заведовал «хозяйственной частью» Дома:

— Ничего поделать не могу. Конечно, я разделяю ваше возмущение. Но Харитон вообразил себя диктатором и сам раздает приглашения, совершенно не слушая меня.

Рядовые члены бегали от Волковысского и Ирецкого к Харитону, упрашивали, убеждали и, ничего не добившись, уходили, затаив чувство обиды и жажду мести.

Месть — что, впрочем, и естественно для Дома литераторов — вылилась в четверостишие:

Даже солнце не без пятен,
Так и Харитон.
Очень часто неприятен
Этот Харитон.

Неизвестно, почему «мстители» избрали своей мишенью одного Харитона. Но ему, бедному, они действительно испортили много крови. Четверостишие это в продолжение многих месяцев ежедневно появлялось на стенах Дома литераторов. Его не успевали уничтожать, как оно уже красовалось на другой стене. Обиженных было очень много. И, как это ни странно, среди обиженных оказался и Гумилев.

Не потому, конечно, что он не получил билета, а потому что его не сочли нужным попросить выступить с речью о Пушкине.

Об этом он упомянул только один раз и то вскользь, как о чем-то незначительном:

— Могли бы, казалось, попросить меня, как председателя Союза поэтов, высказаться о Пушкине. Меня, а не Блока. Или меня и Блока.

Больше он к этому вопросу не возвращался, но я поняла, что его самолюбие сильно задето.

— Я надену фрак, чтобы достойно отметить пушкинское торжество, — заявил он тут же.

Я удивилась. Фрак на литературный вечер? Гумилев презрительно пожал плечами:

— Сейчас видно, что вы в Париже не бывали. Там на литературных конференциях все более или менее во фраках и смокингах.

Я все же старалась отговорить его от нелепого намерения.

— Ведь мы не в Париже, а в Петербурге. Да еще в какое время. У многих даже приличного пиджака нет. В театр и то в валенках ходят...

— Что же из этого? А у меня вот имеется лондонский фрак и белый атласный жилет. — Он самодовольно взглянул на меня. — Я и вам советую надеть вечернее, декольтированное платье. Ведь у вас их после вашей покойной матушки много осталось.

Но я, несмотря на все послушание Гумилеву, этому его совету, как он ни убеждал меня, не последовала.

Гумилев стал заблаговременно готовиться к торжественному выходу. Фрак и жилет, покоившиеся в сундуке под густым слоем нафталина, были тщательно вычищены и развешаны на плечиках в неотапливаемом кабинете — на предмет уничтожения нафталинного духа.

Гумилев сам разгладил белый галстук, не доверяя его не только грубым рукам Паши, но и мне.

Все шло отлично, пока не выяснилось, что черные носки — единственную пару черных носков, хранящуюся на парадный случай в шляпной картонке между дверьми прихожей, — съели мыши.

Гумилев в полном отчаянии вынул их из прогрызенной мышами картонки, и они рассыпались кружевом в его руках.

— Слопали, проклятые! А я-то о них заботился!

О мышах Гумилев действительно «заботился», то есть не позволил Паше, когда в квартире появились мыши, взять напрокат соседского кота или поставить мышеловку.

— Кому мышь мешает? Даже веселее, не так одиноко себя чувствую. Все-таки живое существо! Пусть себе бегает! — И он нарочно оставлял на полу прихожей крошки хлеба. — Катастрофа! Не смогу надеть фрак. Ведь все мои носки белые, шерстяные. В них невозможно, — повторял он, горестно вздыхая.

Мне было смешно, но я старалась выразить сочувствие. Я вспомнила, что у меня дома, по всей вероятности, найдется пара черных носков моего отца.

— Пойдемте ко мне, Николай Степанович, поищем.

— Если не будет черных носков, — неожиданно решил Гумилев, — я вообще не пойду. Без фрака не пойду! Ни за что не пойду.

Но, к великой радости Гумилева, носки у меня нашлись. И ничто не помешало его триумфальному появлению во фраке 13 февраля 1921 года на «Торжественном собрании в 84-ю годовщину смерти Пушкина».

Появление Гумилева во фраке было действительно триумфальным. Я уже сидела в зале, когда он явился, и видела ошеломляющее впечатление, произведенное им на присутствующих.

Должно быть, желание Гумилева появиться во фраке в сопровождении молодой дамы в декольтированном платье было настолько сильно, что оно как бы материализовалось.

Ничем иным нельзя объяснить то, что Ходасевич в своих воспоминаниях об этом вечере пишет: Гумилев явился во фраке под руку с молодой дамой в бальном платье.

Могу засвидетельствовать, что никакая «молодая дама в бальном платье» не сопутствовала Гумилеву. Он пришел один.

А среди всех присутствующих представительниц прекрасного пола — почтенных и заслуженных — ни одной молодой дамы в бальном платье не только не было, но и быть не могло.

Я уверена, что этого выступления Блока и его речи никто из присутствовавших забыть не мог.

В этот вечер на эстраде Дома литераторов он держался, как всегда, очень прямо. И совершенно неподвижно. Казалось, он даже не открывал рта, произнося слова. Его глухой, усталый голос возникал как будто сам собой. Блок был скорее похож на статую, чем на живого человека. Но от его светлых вьющихся волос исходило сияние.

Конечно, это была только игра света и теней — электрическая лампа, как прожектор, освещала верхнюю часть его головы, оставляя в тени и без того темное лицо.

Но сияние это тогда многие заметили и рассказывали на следующий день неполучившим приглашения на торжество:

— Блок был такой удивительный. Вся публика принарядилась кто как мог. Гумилев, подумайте, даже фрак надел! А Блок в синем костюме и в белом свитере, как конькобежец. Такой стройный, тонкий, молодой. Если бы не лицо. Ах, какое лицо! Темное, большеглазое, как лики святых на рублевских иконах. И над ним сияние, да, да, настоящее сияние, как на иконе. Не верите? Спросите других...

Блок действительно произвел в тот вечер на всех присутствовавших странное, неизгладимое впечатление.

Он стоял на эстраде. Его все ясно видели. И в то же время казалось, что его здесь нет. Но несмотря на это смутное ощущение отсутствия — или, может быть, благодаря ему, — все, что он говорил своим глухим, замогильным голосом, еще и сейчас звучит в моих ушах. С первой же фразы:

— Наша память хранит с малолетства веселое имя Пушкина. Это имя, этот звук наполняет собой многие дни нашей жизни... Это легкое имя Пушкина...

Никогда до Блока никому и в голову не приходило назвать имя Пушкина веселым и легким.

Ничего легкого. Ничего веселого. Ведь Пушкин — от пушки, а не от пушинки. Что веселого, что легкого в пушке?

Но вот усталый, глухой, потусторонний голос произнес эти слова, и в ответ им, как ветер, пронесся радостный вздох слушателей. И все сразу почувствовали, как метко, как правильно это определение — «веселое, легкое имя Пушкина».

На мгновение отсвет веселого, легкого имени Пушкина лег и на темное лицо Блока. Казалось, он сейчас улыбнется. Но нет, Блок не улыбнулся. Только электрический свет над его головой как будто засиял еще ярче.

И всем стало ясно, что никто из современников поэтов — никто, кроме Блока, — не мог бы так просто и правдиво говорить о Пушкине. Что Блок прямой наследник Пушкина. И что, говоря о Пушкине, Блок говорит и о себе.

— Пушкина убила вовсе не пуля Дантеса. Пушкина убило отсутствие воздуха...

Слова гулко и тяжело падают на самое дно сознания.

И многим в этот вечер стало ясно, что и Блока убьет «отсутствие воздуха», что неизбежная гибель Блока близка, хотя никто еще не знал, что Блок болен. Но весь его вид и даже звук его голоса как бы говорили:

Да, я дышу еще мучительно и трудно.
Могу дышать. Но жить уж не могу.

Блок кончил. С минуту он еще постоял молча, в задумчивости, безучастно глядя перед собой. Потом — не обращая внимания на восторженный гром аплодисментов — повернулся и медленно ушел.

Ушел с эстрады. И, не появившись больше на требовательные вызовы, — ушел домой.

А зал продолжал бесноваться. Такой овации в стенах Дома литераторов еще никогда не было.

Даже Гумилев, на минуту забыв о своем «фрачном великолепии», вскочил с места и, яростно отбивая ладони, исступленно кричал: «Блок!.. Блок!..»

На эстраду выбежал растерянный, смущенный Волковыский и, разведя руками, произнес, будто извиняясь:

— Александра Александровича здесь больше нет! Александр Александрович уже ушел!

К Гумилеву сразу вернулось все его олимпийское величие. Он спокойно обернулся ко мне:

— Надо сознаться, уход на редкость эффектный. Но ведь он даже не отдал себе в этом отчета, не заметил. Пойдемте и мы. Поциркулируем в кулуарах.

И он стал прокладывать дорогу в толпе зрителей, говоря громко, так, чтобы все слышали:

— Незабываемая речь. Потрясающая речь. Ее можно только сравнить с речью Достоевского на открытии памятника Пушкину. Но, знаете, и она тоже, как речь Достоевского, когда ее напечатают, наверно, многое потеряет. Только те, кто сам слышал... А так даже не поймут, что тут особенного.

Он остановился у стены и, сложив руки на груди, благосклонно, с видом царствующей особы, присутствующей на спектакле, принялся обозревать публику.

Все, кто был знаком с ним — а таковых было большинство, — подходили к нему. Всем было интересно посмотреть на давно невиданное зрелище: на «человека во фраке».

И он, принимая это всеобщее внимание к себе как вполне заслуженное, находил для каждого улыбку и любезное слово.

Так «Собрание в 84-ю годовщину смерти Пушкина» превратилось в апофеоз Блока и — по выражению Георгия Иванова — в «самофракийскую победу» Гумилева.

Через неделю, сидя в столовой с Лозинским и мною за неизменным дежурным блюдом «заячьи котлеты», приготовленным неизвестно из чего, но только не из зайца, Гумилев восхищался стихами Блока «Имя Пушкинского Дома».

> Имя Пушкинского Дома
> В Академии Наук!
> Звук понятный и знакомый,
> Не простой для сердца звук...

Он их, к удивлению Лозинского, читал наизусть. Он утверждал, что прекрасные стихи запоминаются сразу и что поэтому-то «Имя Пушкинского Дома» он и запомнил с первого чтения.

Ему особенно нравилась строфа:

Пушкин! Тайную свободу
Пели мы вослед тебе!
Дай нам руку в непогоду,
Помоги в немой борьбе...

— Как просто, по-пушкински ясно и гармонично.

Вот зачем, в часы заката
Уходя в ночную тьму,
С белой площади Сената
Тихо кланяюсь ему.

Как хорошо и как безнадежно: «Уходя в ночную тьму...» Знаешь, Михаил Леонидович, Блок действительно уходит «в ночную тьму». Он становится все молчаливее, все мрачнее. Он сегодня спросил меня: «Вам действительно так нравится мой «Пушкинский Дом»? Я рад, что мне удалось. Ведь я давно уже не пишу стихов. Но чем дольше я живу, чем ближе к смерти, тем больше я люблю Пушкина. — И, помолчав, добавил: — Мне кажется, иначе и быть не может. Только перед смертью можно до конца понять и оценить Пушкина. Чтобы умереть с Пушкиным».

Гумилев недоуменно развел руками:

— Мы с Блоком во всем различны. Мне, наоборот, кажется, что Пушкина поэт лучше всего принимает «на полдороге странствия земного», в полном расцвете жизненных сил и таланта, — как мы с тобой сейчас, Михаил Леонидович.

Он улыбнулся, и его косящие глаза весело заблестели:

— Я никогда еще не любил Пушкина так, как сейчас. Не умирать с Пушкиным. А жить с ним надо.

Декабрь 1920 года. В Доме литераторов, как всегда, светло, тепло и по-домлитски уютно. Уютно совсем новым уютом, о котором до революции никто и понятия не имел.

Длинный хвост тянется к стойке, где две милые дамы наливают в тарелки, миски и жестяные банки — навынос — похлебку с моржатиной, стараясь сдобрить ее любезным: «Сегодня, кажется, очень удалась».

Все как всегда. И посетители все те же. И вдруг, именно вдруг, неожиданно в хвосте появляется странная фигура, совершенно не похожая ни на писателей, ни на спутников кавалерственных дам. Вообще ни на кого не похожая. Ни на кого и ни на что. Малиновые высоченные валенки, меховая шапка повязана сверху по-бабьи серым шерстяным платком, под меховой шапкой большие очки, за ними глаза, зоркие, как у охотников в северных лесах. Пальто перетянуто ремнем, из кармана выглядывают пестрые варежки. В одной руке ярко начищенная медная кастрюля, в другой — зеленый мешок и палка.

— Ремизов, Алексей Михайлович, — шепчет мне Гумилев и поспешно встает. — Пойдемте. Я вас представлю ему.

«Представлю», а не познакомлю с ним — от почтения. Я и сама не знаю, куда деваться от почтения и смущения. Но все же иду за Гумилевым.

Ремизову уже успели налить полную кастрюлю похлебки. Он, горбясь, пристраивает ее в свой мешок, что-то по-старчески ворча. Гумилев склоняется перед ним в преувеличенно церемонном поклоне:

— Алексей Михайлович, позвольте вам выразить... Ваше посещение — честь для Дома литераторов и для нас всех...

Ремизов выпрямляется, быстро кладет свой мешок на чей-то стол перед каким-то едоком и, освободив руку, делает ею что-то вроде козы, собирающейся забодать Гумилева:

— А вот он где, кум-Гум, куманек-Гумилек! — задорно взвизгивает он, сразу из старичка превращаясь в школьника. — А мне моржатинки захотелось. Никогда не едал. Грех не попробовать. Как услыхал, что тут моржатину дают, решил Серафиму Павловну угостить и сам полакомиться — если съедобная.

Ремизов поворачивается ко мне:

— А вы такая, как я думал.

Я смущенно краснею. Что значит «такая»? И разве он мог обо мне «думать»?

— Ну, домой, чтобы не простыла.

Он подхватывает свой мешок с кастрюлей. Мы провожаем его в прихожую, Гумилев открывает входную дверь.

— Заходите, Николай Степанович, чайку морковного попить, Серафима Павловна вам рада будет, — с чисто московским гостеприимством приглашает Ремизов. — И вы приходите, — это мне. — И вам Серафима Павловна рада будет.

Меховая шапка, повязанная платком, кивает еще раз на прощание, и вот уже Ремизов, ловко балансируя на скользких обледенелых ступеньках, спустился с крыльца, не пролив ни капли похлебки.

— Донесет. И не прольет. — Гумилев смотрит ему вслед и добавляет: — Такой уж он удивительный. Во всем.

Да, удивительный. Я не могу не согласиться. Я удивлена, поражена. Мне кажется, что в наш трехмерный мир вдруг на минуту ворвалось четвертое измерение. Но что в Ремизове такого четырехмерного, я ни тогда, ни сейчас сказать не могу. Особенность Ремизова, его «несхожесть» с другими, его «нечеловечность» — не могу найти нужное слово, — я ее чувствовала всегда.

Гордость его была невероятна. Все писатели более или менее гордые, даже часто не в меру гордые. Но гордость Ремизова заключала в себе что-то высшее, люциферическое. Как и его «униженность». Ремизов был живым подтверждением исконно русского «унижение паче гордости».

Легенды о том или ином человеке обыкновенно возникают после его смерти. Но Ремизову удалось самому создать легенду о себе. Другие, конечно, помогали ему в этом, разнося слухи и сплетни. И он этому очень радовался.

Как-то вечером ко мне пришел Гумилев, весь белый от снега, и долго в кухне стряхивал снег со своей самоедской дохи.

— Я к вам не по своей воле пришел, — сказал он наконец, с каким-то таинственным видом оглядываясь и косяя еще сильнее, чем всегда. — Меня Кикимора привела. Шел от Ремизова домой. Ведь близко. Но тут меня закружило, занесло глаза снегом, завертело, понесло. Сам не знаю, по каким улицам. Отпустило. Смотрю — ваш подъезд. И свет в окнах. Отдохну у вас немного. А то, боюсь, собьет меня с дороги Кикимора.

Мы устроились на медвежьей полости перед камином и стали печь картошку в золе. Гумилев посыпал солью, единственной тогда приправой к картошке, поленья в печке, чтобы они «трещали, как в сказках Андерсена».

В кабинете было полутемно, тени скользили и тянулись по стенам и потолку, и косоглазое лицо Гумилева, освещенное красным пляшущим отсветом, чем-то напоминало мне никогда мной не виданную Кикимору, и мне казалось, что голос его звучит тоже по-кикиморски.

— Через всю комнату протянута веревка, как для сушки белья. «Они» — то есть Кикимора и прочая нечисть — все пристроены на ней. А за письменным столом сидит Алексей Михайлович, подвязав длинный хвост. Без хвоста он и писать не садится. Не верите? А я сам видел!

Голос его падает до шепота.

— Я как-то зашел к ним. Открыла мне Серафима Павловна. Сейчас же, как всегда, стала «чайком поить». Она такая пышная, белая, как сдобная булка. С ней и пустой чай пить вкусно. «А Алексей Ремизов пишет. Пойдите позовите его. Он вас любит».

Я пошел. Открываю тихо дверь, чтобы не помешать, и вижу — собственными глазами вижу: Ремизов сидит за столом, спиной ко мне, размахивая хвостом справа налево, слева направо. На табурете сидит, хвост высоко равномерно взлетает в воздух, будто мух отгоняет. А на веревке Кикимора и вся нечисть пляшут, кувыркаются. Я понял — вдохновение снизошло. Мешать, боже упаси! Закрыл дверь и на носках вернулся к Серафиме Павловне. Так в тот раз и не дождался Алексея Михайловича.

Косящий взгляд останавливается на мне.

— Неужели не верите? А ведь все это истинная правда. Такая же и даже бóльшая, чем холод, голод и аресты. Стыдно не верить.

Гумилев достает из кармана пиджака ярко разрисованный картонный квадратик.

— Знак Обезьяньего достоинства, — объясняет он. — Ремизов просил передать вам вместе с грамотой Обезьяньего царя Асыки. Здесь все сказано. По молодости лет он вас произвел только в оруженосцы. В моего оруженосца.

В грамоте — изумительном произведении графического искусства — действительно «все было сказано» витиеватым обезьяньим стилем. Этот орден стал предметом моей гордости и зависти «Серапионовых братьев» и прочих молодых писателей. Все мы безгранично уважали Ремизова. Помню, меня шутя «с монаршей милостью» поздравили и Замятин, и Георгий Иванов, и Лозинский. Вспоминаю об этом, чтобы подчеркнуть, как в литературных кругах, близких к Гумилеву и Цеху, чтили Ремизова.

В конце лета 1920 года Гумилев решил «расширить сферу своей деятельности» и взяться за уже создавших себе имя молодых поэтов.

Первая лекция была назначена 20 августа в Доме искусств.

На ней я присутствовала уже не в качестве кандидата, а как молодой поэт — и тоже, как и в Цехе потом, была здесь единственной женщиной.

Слушать Гумилева собрались Георгий Адамович, только что приехавший на несколько дней в Петербург, и неразлучный с ним Георгий Иванов, «два Жоржика», как их называли.

Кроме них Оцуп, Нельдихен, если не ошибаюсь, Всеволод Рождественский, какой-то молодой латышский поэт в военной форме и несколько членов только что основанного Союза поэтов — имен их я не запомнила.

Все происходило по-домашнему — и лектор, и слушатели сидели за одним и тем же длинным столом.

Тут, как в «Живом слове» когда-то, совместно писали стихи.

На первой лекции к следующему разу было задано стихотворение о бульдоге со сложным чередованием четырехстопных и двустопных хореев.

К моему удивлению, оказалось, что молодые поэты не так уж сильны и в теории стихосложения, и что у них очень смутные понятия даже о такой общепринятой форме стиха, как сонет, и что им неизвестно, что такое рифмоид, анакруза и т. д. И они мало интересуются всей этой премудростью.

Из лекций и занятий этих большого толка не вышло, и они довольно скоро прекратились. Но если бы их не существовало, я, по всей вероятности, не стала бы женой Георгия Иванова.

Гумилев относился очень покровительственно к нашей начинающейся дружбе.

— Хорошо, что вы нравитесь Жоржику Иванову. Вы ему даже очень нравитесь, но он мальчик ленивый и за вами никогда ухаживать не станет и в верные рыцари вам не годится.

Гумилев ошибся, в чем он сам сознался мне впоследствии:

— Вот никак не думал, не гадал. Голову бы дал на отсечение. Мне всегда казалось, что вы можете влюбиться в одного только Блока, а Жоржик, Оцуп и все остальные для вас безразличны и безопасны.

И, разводя руками, прибавил:

— Плохой я оказался психолог. Впрочем, не совсем. Ведь я догадался, что он в вас влюблен, когда Жоржик прочел мне зимой свои новые стихи:

> Не о любви прошу, не о весне пою,
> Но только ты одна послушай песнь мою.

Я сразу понял, о каких глазах идет речь. Он, может быть, и сам еще тогда не понимал, что это о вас...

Возвращаясь со мной с первой лекции, Гумилев спросил меня, как мне понравился Георгий Адамович, — я его еще никогда не видела — он не жил тогда в Петербурге.

— Очень, — ответила я, не задумываясь. — Он такой изящный — у него необычайное, «необщее» лицо, словно составленное из двух, совсем неподходящих друг к другу половин. Подбородок, рот и нос одно, а глаза и лоб совсем другое. Разные, как небо и земля. Особенно глаза, глаза действительно небесные. Будто это про них:

> Поднимет — ангел Рафаэля
> Так созерцает Божество.

Гумилев смеется.

— Ну это вы уже хватили! Но глаза у него действительно красивые. И вы правы, он очень изящен. Я помню, как-то еще до революции я его встретил в коридоре университета. Он, хотя и небольшого роста, выделялся среди толпы студентов, и я тогда подумал, что он скорее похож на произведение искусства, чем на всех этих вихрастых юнцов-студентов. И вы знаете, он очень умненький и острый мальчик. И стихи он пишет совсем хорошие. Лучше многих. Я рад, что он вам понравился.

Второй день Рождества 1920 года, последнего Рождества Гумилева.

Он только что вернулся из Бежецка и рассказывает мне о своей рождественской поездке.

— До чего стало трудно путешествовать. Прежде легче было до Парижа добраться, чем теперь до Бежецка. Особенно обратно — вагон полон пьяных. И где они самогон достают? Вонь, крики, гармошка, гам. Я ужасно устал.

Да, у него усталый, грустный вид. Он вздыхает.

— А как я любил Рождество. Всегда любил. Для меня, — говорит он, — слова «Рождество», «сочельник», «елка» казались совсем особенными, магическими, полными тайны. Но я мальчиком-гимназистом скрывал это, снобировал, считал елку пережитком детства. Мне очень хотелось казаться взрослым, поскорее выкарабкаться из всего, что связано с детством, а теперь наоборот — мне часто хочется нырнуть туда, в глубь детства, на самое дно его, не только в младенчество, но даже в до-младенчество, в до-рождения, улечься там в утробной позе, сося большой палец в блаженном безмыслии. Не в бессмыслице, а в безмыслице.

Он смеется:

— Надоело быть взрослым, вечно быть взрослым.

Он подбрасывает новое полено в печку.

— Мне бы хотелось, чтобы тут в углу стояла пышная елка до потолка, вся в золоте и серебре, в звездах и елочных свечках. И чтобы много подарков под ней лежало.

Он поворачивается ко мне.

— Ведь и у вас нет елки? Мне вас очень жаль. Вам, наверно, страшно грустно?

Елки у меня действительно нет. Но мне совсем, совсем не грустно. Даже напротив.

А он продолжает:

— Подарков вы, конечно, никаких не получили? Как же без подарков? Ах вы, бедная, бедная. Нет, этого нельзя так оставить. Вы непременно должны получить подарок — настоящий, стоящий подарок. Что вам такое подарить? А?

Он смотрит на меня выжидательно и повторяет уже нетерпеливо:

— Скажите скорее, что вам подарить?

Я трясу головой.

— Ничего, ничего. Правда, ничего не надо.

— Перестаньте играть в Девочку-Неточку. Зачем вы отказываетесь? Глупо отказываться. Я ведь знаю, вы обожаете подарки. Хотите, я подарю вам леопарда?

Леопарда, на котором я сейчас сижу. Он обыкновенно лежит перед кроватью в спальне, изображая коврик.

О нем Гумилев писал:

> Колдовством и ворожбою
> В тишине глухих ночей
> Леопард, убитый мною,
> Занят в комнате моей...

Я почему-то не верю, что Гумилев сам его убил, а не просто купил его где-нибудь на базаре в Африке. Но, конечно, я никогда не говорила ему об этом.

Леопард небольшой, плохо выделанный, жесткий и ничем не подбит. И хотя Гумилев и сокрушался в том же стихотворении:

> Ах, не слушал я совета,
> Не спалил ему усов...

усов у леопарда не видно. Я обратила на это внимание Гумилева, когда он мне впервые прочел «Леопарда», но он недовольно поморщился:

— Вздор какой! Должно быть, негр, когда дубил его шкуру, отрезал ему усы. Или моль съела их. Но я сам не спалил их — в этом-то все дело.

Нет, леопард мне ни к чему, и Гумилев не настаивает.

— Не хотите, и не надо! — Он задумывается. — Что бы такое вам подарить? Ведь у меня здесь собственных вещей — раз-два и обчелся. Хотите мой черепаховый портсигар? Но к чему вам, раз вы не курите? Нашел! Забирайте Судейкина! Ведь вы им всегда любуетесь. Он-то уж вам нравится!

Я отказываюсь почти с испугом. Нет, я никак не могу принять такого ценного подарка. Но он уговаривает меня горячо и властно:

— Если не возьмете, сожгу его в печке. Честное слово! Сейчас сожгу.

Конечно, он преувеличивает, он картину жечь не станет — на такое варварство он не способен. Но я понимаю, что он действительно хочет мне подарить Судейкина.

И я соглашаюсь. Это чудесный подарок. Я страшно рада. Но разве ему не жалко? Ведь раз он привез его сюда из Царского, значит, он ему дорог. Он любит его...

— Конечно, люблю. И даже очень, — перебивает он меня. — Дарить надо то, что сам любишь, а не — на тебе, Боже, что мне не гоже...

Ему, по-видимому, совсем не жалко, и он рад не меньше, чем я.

Мы идем в спальню, где висит Судейкин в золотой старинной раме. Гумилев становится на стул и снимает картину. На стене остается светлое пятно и большой черный крюк, и от этого плохо обставленная спальня становится еще некрасивее.

— Крюк завтра же вырву, — говорит он, — крюк — приглашение повеситься, даже когда к этому ни расположения, ни повода нет. К тому же у вас дома крюк вряд ли найдется, и — опять к тому же — они, крюк и картина, друг к другу привыкли и сдружились, сжились, два года она на нем висела — разлучать их не следует. Завтра я приду к вам и собственноручно вколочу этот крюк в вашу стену. А Судейкина забирайте с собой.

Мы снова сидим перед печкой. Теперь не только я, но мы оба в превосходном, праздничном настроении.

— Вы так сияете, — говорит Гумилев, — что вас можно в угол вместо елки поставить.

Но и он сам сияет не меньше меня.

Кто выдумал, что Гумилев черствый эгоист? Разве можно быть щедрей, добрей и милей, чем он сейчас? Чем он вообще?! А он теперь рассказывает о своем сыне.

— Левушка читает «Всадника без головы» Майн Рида и водит гулять Леночку, как взрослый, оберегает ее и держит ее за ручку. Смешно на них смотреть, такие милые и оба мои дети. Левушка весь в меня. Не только лицом, но такой же смелый, самолюбивый, как я в детстве. Всегда хочет быть правым и чтобы ему завидовали. Раз, еще до Бежецка, я повез его в трамвае в гости к его матери, к Анне Андреевне. Он всю дорогу смотрел, не отрываясь, в окно и вдруг спрашивает: «Папа, ведь они все завидуют мне, правда? Они идут, а я еду». Бедный ребенок. Я не стал его разочаровывать и ответил: «Конечно, Левушка, они завидуют тебе».

Гумилев смеется и продолжает:

— Леночка, та нравом пошла в Аню и очень капризна. Но уже понимает, с кем и когда можно капризничать.

Он вдруг перебивает самого себя и меняет тон:

— А со мной, когда я ехал к ним, странный случай произошел. Вы ведь на Званку ездите и знаете, какая теснота, мерзость и давка в поезде. В купе набилось тринадцать человек — дышать нечем. До тошноты. К тому ж я терпеть не могу число тринадцать. Да еще под Рождество, в сочельник. Вот я с трудом, через мешки и сидящих на них мешочников, и пробрался на площадку.

Холод волчий. Окно все в узорах, заледенело, ничего сквозь него не видно. Я подышал на стекло и стал смотреть в оттаявшую дырку на серое небо, на белый снег и черные деревья. Как, помните, у Андерсена Кай в сказке «Снежная королева».

Колеса стучат та-та́, та-та́-та́! Та́. Однообразно, ритмично. И я совсем машинально, не думая ни о чем, стал повторять про себя строчки Мандельштама:

Сегодня дурной день,
Кузнечиков хор спит... —

ведь тот же ритм, как и стук колес. Повторяю еще и еще:

Сегодня дурной день...

И чувствую — я ведь очень нервный, — за мной стоит кто-то. Оборачиваюсь — высоченный красноармеец через мое плечо смотрит в надышанное мною, оттаявшее пятно на оконном стекле. И вдруг он, не меняя позы, продолжая смотреть на снежные поля и деревья, громко и раздельно произносит:

— Сегодня дурной день.

Больше ничего. Потом широко зевнул, повернулся и ушел.

Я просто обалдел. Смотрю ему вслед. Ведь он одновременно со мной сказал то, что я повторял про себя. И от этого я совсем неожиданно почувствовал полное, абсолютное слияние с поэзией. Такое, как редко, как почти никогда.

Только одна минута. Но такая полная, глубокая, тяжеловесная и вместе с тем невесомая. Будто в ней все прошлое и все будущее и, главное, настоящее сегодняшнего дня, того времени, что сейчас идет. Минута, которую обыкновенно невозможно почувствовать. Остановка времени — на одну минуту. Нет, я не умею объяснить. Я всегда смеюсь над Блоком и Белым, что у них многое «несказанно». А тут и сам испытал это «несказанное» — иначе назвать не могу.

Слияние с поэзией. Будто она во мне и я в ней. Нет, вернее, будто я сам — часть поэзии. На одну минуту мне все стало ясно и понятно. Я все понял, все увидел...

Нет, я еще совсем не хочу умирать. Я еще совсем не готов к смерти и не изжил всего, предназначенного мне. Мне еще многое предстоит...

Он смотрит в огонь, продолжая ворошить угли. Он наклоняется к печке, и мне начинает казаться, что он говорит не со мной, а с огнем в печке.

Знакомое, неприятное ощущение — Гумилев забыл обо мне, и сейчас не я, а огонь, полумрак и тишина его собеседники. Очень неуютное ощущение. Оно как будто вычеркивает меня из жизни. Я как будто перестаю существовать.

Я сижу, не двигаясь, на леопарде. Если бы в прихожей висело зеркало, оно, наверное, отразило бы Гумилева перед печкой и у ног его леопардовую шкуру. Больше ничего. Меня бы оно не отражало. Оттого, что меня тут нет. Не только тут, меня вообще нет. «Но это длится миг, короткий миг. И нет его».

Гумилев отворачивается от огня, его двоящийся, внимательный взгляд останавливается на моем лице, и я сразу снова чувствую себя. Я здесь. Вся здесь, со всеми моими мыслями и чувствами. Со всем своим настоящим и будущим.

Он говорит медленно:

— Напишите балладу обо мне и моей жизни. Это, право, прекрасная тема.

Но я смеюсь, я протестую, я утверждаю свое присутствие, свою независимость отказом.

— Нет. Как о вас напишешь балладу? Не могу! Нет!

Он не понимает. Я вижу, что он обижен моим отказом, моим смехом.

— Почему? — спрашивает он. — Почему вы не можете?

— Потому что вы не герой, а поэт.

— А вам не приходило в голову, что я не только поэт, но и герой?

— Нет, — говорю я решительно, продолжая смеяться, — нет! Одно из двух: или вы поэт, или герой.

— Что же? — Он снова наклоняется к печке. Пламя освещает его задумчивое, неожиданно осунувшееся, постаревшее лицо. — Что ж? Не надо, если вы не хотите. А жаль!.. Это, право, прекрасная тема.

Я вскакиваю. Мне хочется двигаться. Мне хочется поскорее забыть о тягостном ощущении, пережитом мною сейчас.

— Если бы вы даже были героем, — говорю я, — о героях баллады пишут не при жизни, а после смерти. И памятники ставят, и баллады пишут после смерти. Вот когда вы через шестьдесят лет умрете... Только я к тому времени буду такая ветхая старушка, что вряд ли смогу написать о вас. Придется кому-нибудь другому, кто сейчас даже и не родился еще.

Гумилев тоже встает.

— Хорошо. Согласен. Уговорили. А сейчас, пока я еще жив, давайте есть рождественскую кутью. Я ее из Бежецка привез. Целый горшок. На меду с орехами, очень вкусная.

Уже в 1924 году, в Париже, я описала в «Балладе о Гумилеве» этот рождественский вечер. Все было так. Совсем так!

«На пустынной Преображенской снег кружился и ветер выл. К Гумилеву я постучала, Гумилев мне двери открыл.

В кабинете... (единственная неточность: не в кабинете, а в прихожей) — топилась печка, за окном становилось темней.

Он сказал: «Напишите балладу обо мне и жизни моей. Это, право, прекрасная тема». Но, смеясь, я ответила: «Нет! Как о вас написать балладу? Ведь вы не герой, а поэт».

Он не спорил. Но огорченье промелькнуло в глазах его. Это было в вечер морозный в Петербурге на Рождество...»

Солнечный майский день. Я иду с Гумилевым по Дворцовой набережной, после его лекции в Доме искусств. Он вдруг останавливается и, перебивая самого себя на полуфразе, говорит:

— Поворачивайте обратно. Дальше вам меня провожать неудобно. Ведь там конспиративная встреча. О ней никто не должен знать. И вы забудьте. Идите себе домой с Богом. Через Летний сад. Кланяйтесь от меня статуям и деревьям. Дайте мне только на прощанье ветку сирени.

Весной и летом я всегда хожу с цветами. Они почти ничего не стоят и доставляют мне столько радости. Я разгуливаю с ними весь день и вечером ставлю в воду на ночной столик, чтобы, проснувшись, сразу увидеть их. Об этой моей странной манере разгуливать с цветами Георгий Иванов вспоминал в стихах в последний год своей жизни:

Ты улыбалась. Ты не поняла,
Что будет с нами, что нас ждет.
Черемуха в твоих руках цвела...

И в другом:

> Поговори со мной о пустяках,
> О вечности поговори со мной.
> Пусть — как ребенок, на твоих руках
> Лежат цветы, рожденные весной.

Я протягиваю Гумилеву ветку сирени.

— До завтра, Николай Степанович.

— До завтра. Не забудьте, кланяйтесь от меня деревьям и статуям Летнего сада. — И, понижая голос, добавляет: — Никому не говорите, куда я иду.

По-моему, ему вообще не следовало сообщать мне о «конспиративной встрече», раз о ней никто не должен знать. Все это несерьезно, а только игра в заговоры, театр для себя. Но я и вида не подаю, что не верю ему. Я говорю:

— Будьте осторожны, Николай Степанович. Ведь всюду провокаторы и даже у стен уши.

— Не бойтесь за меня. Я в огне не горю и в воде не тону. — И он, самоуверенно улыбаясь, удаляется, размахивая веткой моей сирени.

Я возвращаюсь по набережной. Как все вокруг величественно и красиво. Какая чистая, какая синяя вода в Неве. Нигде в мире нет подобного города.

Я вхожу за кружевную решетку Летнего сада, дважды низко кланяюсь и говорю вполголоса:

— Один большой поклон всем статуям и один большой поклон всем деревьям — от Гумилева. Всем, оптом. А то шея заболит, если всем вам отдельно кланяться.

Я иду и прислушиваюсь к легкому волшебному шуму деревьев. Нигде в мире так легко, так волшебно не шумят деревья, как в Летнем саду. Может быть, оттого, что здесь часто звучит музыка Чайковского и отголосок ее слышится в их шуме? Или это от немого разговора статуй между собой? Не знаю. Но здесь все — даже воздух совсем особенный.

Сад почти пуст. Только там вдали медленно идут, держась за руки и глядя друг на друга, двое подростков, как в стихах Гумилева:

Вот идут по аллее так странно нежны
Гимназист с гимназисткой, как Дафнис и Хлоя.

Нет, не «гимназист с гимназисткой», а комсомольцы. Но они так же странно тихи и влюблены. Я сворачиваю на боковую дорожку, чтобы не встретиться с ними, не вспугнуть их мечтательной тишины.

На одной из скамеек между зеленеющей липой и белой статуей сидит кто-то. Именно «кто-то», как у символистов. Сидит неестественно и странно. Даже будто не сидит, а полувисит в воздухе. Совсем неподвижно. Только длинные сияющие на солнце седые пряди волос слегка извиваются вокруг измученного бледного лица с закрытыми глазами.

Мне хочется как можно тише и быстрее пройти мимо него. Но он, должно быть, уже почувствовал мое присутствие. Он резко поворачивается, вытягивает шею вперед. Он смотрит на меня широко открытыми, большими глазами — смотрит с отчаянием. И я узнаю его. Это — Андрей Белый.

Я останавливаюсь, я растерянна. Ведь я увидела то, чего не имею права видеть, будто подглядела за ним сквозь замочную скважину. Мне хочется убежать, скрыться, но я бессмысленно стою на месте и, сознавая, насколько это глупо, громко говорю:

— Здравствуйте, Борис Николаевич! — И, сознавая, что гибну, прибавляю еще громче: — Простите ради Бога. Я сейчас, сейчас уйду. Совсем уйду.

Он взмахивает руками, взлетает, и вот он уже стоит передо мной и крепко держит меня за локоть.

— Нет, нет, не уходите, — почти кричит он. — Не пущу.

Лицо его передергивается широкой сияющей улыбкой, будто он дернул себя за невидимую ниточку, и — дерг-передерг — сразу весь пришел в движение.

— Как хорошо, что вы пришли! Я здесь погибал на скамье. Я бы умер на ней, если бы вы не пришли. У-у-умер!

Я сбита с толку. За кого он меня принимает? Ведь он, наверно, даже не помнит, где он меня видел и кто я такая.

А он уже радостно:

— Я тут погибал от одиночества и тоски. Я в оцепенение впал. А вы пришли и расколдовали меня. Сразу. Позвали по имени, назвали — Борис Николаевич! И я снова ожил, восстал из праха и хаоса. Вот — я весь тут. Могу двигаться. Видите?

Да, я вижу. Он, не выпуская моего локтя, притоптывает и пританцовывает.

— Как хорошо, что вы пришли! — В его сияющих глазах ужас. — Но вы пришли!

Он благословляет мой приход, он бурно благодарит меня, не слушая моих робких возражений.

— Пойдем, пойдем, сядем скорей!

Все еще приплясывая и держа меня за локоть, он ведет меня к скамье. Я говорю:

— Но раз вам было так тяжело на этой скамье, не надо на нее снова садиться. Поищем другую, Борис Николаевич!

Но он качает головой, седые пряди его волос высоко взлетают и падают, сверкая серебром на солнце.

— Нет, нет, именно на нее сядем. Именно на нее, а не на другую. Она теперь безвредная, добрая. Она теперь своя, родная. Вы ее тоже расколдовали. На ней нам будет очень хорошо, очень уютно. Ведь там, где много страдал, туда и тянет больше всего.

Он опускается на скамейку, подгибает одну ногу под себя и блаженно вздыхает:

— Сижу, как паша на тахте, роскошно раскинувшись, и вы тоже устраивайтесь поудобнее. Вот так. — Он, широко жестикулируя, показывает, как мне сесть.

Я сажусь на край скамьи, подальше от него, чтобы не мешать беспрерывному движению его рук. Это какой-то танец на месте, разворачивающийся на скамейке на расстоянии аршина от меня, — необычайно грациозный танец. Неужели все это для меня одной? Ведь я — единственная зрительница этого балета, этого «небесного чистописания» его рук. Я единственная слушательница безудержного водопада его слов. Неужели он расточает все это богатство для меня?

Но ему — я это помню — нет дела до меня. Я только повод для его прорвавшегося наконец наружу внутреннего монолога. И он говорит, говорит... Ему необходимы уши, слушающие его. Все равно чьи уши. Ведь они для него всегда «уши вселенной». Он всегда говорит для вселенной и вечности. Казалось бы, великая честь. Но Ефим, слуга Дома искусств, знаменитый своим баснословным сходством с Николаем II и гордящийся им — он даже носит серую суконную тужурку, как покойный государь на портрете Серова, — рассказывал мне:

— Борис Николаевич любят являться поздно, когда в столовой больше никого нет. Закажут стакан чаю и даже не притронутся. Начнут рассуждать. Уйти невозможно — обидятся! Вот и стоишь, как чурбан. И не поймешь, о чем это они так жалостливо разливаются, будто плакать собираются. Я им говорю: «Спокойной ночи, Борис Николаевич! Простите, я устал за день». А они хвать меня за рукав: «Да садитесь, голубчик. Садитесь. Усталость пройдет!» Усаживают меня рядом с собой. Хоть революция и господ больше нет, а все же сидеть мне неловко. А они моего протеста в расчет вовсе не принимают и так и сыпят, так и сыпят, заговаривают меня до одури. Хороший барин. Деликатный. Жаль только, что с мухой.

Да, я сознаю, что сейчас я заменяю Ефима. Но я, не в пример Ефиму, стараюсь не пропустить ни одного слова. Все понять и все запомнить.

— Петербург, — вдохновенно говорит Белый. — Нигде в мире я не был так несчастен, как в Петербурге... Сколько было приездов с предчувствием неминуемой гибели, сколько ужасающих, постыдных отъездов-бегств. Я всегда тянулся к Петербургу и отталкивался от него. Я и свой лучший роман назвал «Петербург» — по совету Вячеслава Иванова, правда. Я хотел безвкусно «Лакированная карета». С таким бездарным названием весь роман мог провалиться в небытие. А ведь это лучшее, что я создал. Запись бреда. Такого ведь до меня нигде не было. Даже у Достоевского. Когда я писал, все время жил в кошмаре. Ужас! Ужас! Кошмар и днем, и ночью! Наяву и во сне бред.

Он поворачивает ко мне бледное лицо. Его широко раскрытые глаза сияют каким-то странным фосфорическим блеском. От него — я это явственно чувствую — исходят магнетические лучи.

— Я тогда, — продолжает он шепотом, будто доверяя мне тайну, — пересоздал Петербург. Мой Петербург — призрак, вампир, материализовавшийся из желтых, гнилых лихорадочных туманов, приведенных мною в систему квадратов, параллелепипедов, кубов и трапеций. — Он указательным пальцем вытянутой длинной руки чертит в воздухе геометрические фигуры. — Видите? Я вот так воссоздал Петербург. Это не только Петру, это и мне Евгений крикнул: «Добро, строитель чудотворный! Ужо тебе!» Ужо тебе!

Он откидывается на спинку скамьи и закрывает глаза. Но не замолкает. Нет, он говорит еще быстрее, еще более взволнованно и напряженно:

— Я населил свой Петербург автоматами, живыми мертвецами. Я сам тогда казался себе живым мертвецом. Я и сейчас мертвец. Да, мертвец — живой мертвец. Разве вам не страшно со мной?

Дрожь проходит по моей спине. Да. Мне страшно. Страшно, как от присутствия существа другого мира. Но встать, уйти? Ни за что! Я понимаю, что мне сейчас дана, может быть, единственная, неповторимая возможность с глазу на глаз видеть и слушать гения.

А он взмахивает руками, будто готов отделиться от скамьи. И мне вдруг начинает казаться, что он в своем черном пиджаке похож на огромную летучую мышь. На летучую мышь, раскинувшую крылья надо мной, над Летним садом, над Петербургом, действительно созданным им. Мне начинает казаться, что и я только один из персонажей, созданных им, что сама по себе я перестала существовать. О чем это он? Я не понимаю...

— Сократ. Толстой — перевоплощение Сократа... Ясная Поляна — звезда России... Россию спасет эфирное явление Христа...

Я слушаю. Теперь слова тяжело и гулко падают, а не взлетают водопадом, не пенятся, не рассыпаются искрами. Слова падают, как камни: Дорнах! — пауза, — Гетеанум! — пауза, — доктор Штейнер!..

Ах, вот он о чем! Антропософия! Я знаю, что Белый — антропософ, хотя и не представляю себе ясно, что это значит. Гумилев относится к антропософии отрицательно, даже враждебно, и не пожелал мне объяснить толком: «Незачем вам антропософской чепухой заниматься. О переселении душ, о карме слышали? Ну и довольно с вас».

Я в недоумении смотрю на Белого. Он вдруг медленно поднимается со скамьи и, высоко подняв руки, провозглашает певучим, звенящим голосом:

— Близится эфирное явление Христа! Уже недолго ждать. Оно спасет мир. Спасет Россию. Оно избавит меня от страданий. — Он резко поворачивается ко мне, протягивая руки вперед: — Я несу на себе все страдания мира, — исступленно выкрикивает он. — Я один!.. Все страдания...

Я вскакиваю. Сирень падает на землю. Я вся дрожу и не могу справиться с собой. Я стараюсь не смотреть на него, не слушать его... Но он берет меня за плечи, заглядывает мне в глаза.

— Я вас испугал? Простите, я не хотел, голубушка! Успокойтесь, сядьте.

Я молчу, подбирая упавшую на землю сирень. И снова сажусь рядом с ним.

— Ну зачем я ломаюсь? Зачем я безумствую? Скажите, зачем? Скажите, голубушка, зачем? Я ведь всегда ломаюсь. Всегда ломался. Не мог не ломаться — это моя самозащита — с самого младенчества.

Он снова вдохновенно торопится, заливая меня неудержимым потоком слов, и я, успокоившись, слушаю его, прижимая сирень к груди.

— Это все чушь про золотое детство. Тюрьма, пустыня детства. В сущности, и мое детство можно назвать золотым. Еще бы! У меня даже колесо и палочка, которой я его подгонял, были золоченые и волосы совсем золотые. Золото. Всюду было золото. Я ходил в кружевном платьице, обвешанный золотыми локонами. Мальчик или девочка? Вернее — ангелочек. Тогда-то я и научился ломаться.

Родители вели из-за меня борьбу. Я был с уродом папой против красавицы мамы и с красавицей мамой против урода папы. Каждый тянул меня в свою сторону. Они разорвали меня пополам. Да, да. Разорвали мое детское сознание, мое детское сердце. Я с детства раздвоенный. Чувство греха. Оно меня мучило уже в четыре года. Грех — любить маму. Грех — любить папу. Что же мне, грешнику, делать, как не скрывать грех? Я был замкнут в круг семейной драмы. Я любил и ненавидел, — и шепотом и почти с ужасом: — Я с детства потенциальный отцеубийца. Да, да! Отцеубийца. Комплекс Эдипа, извращенный любовью. Мама била меня за то, что я любил папу. Она плакала, глядя на меня: «Высоколобый, башковатый. В него, весь в него. В него, а не в меня».

Как странно, что Белый, лысый и седой, говорит: мама и папа, а не отец и мать, как все. Но Блок тоже говорит: «Мама мне вчера писала», «Мама приехала». Я знаю это от Гумилева.

А Белый уже во весь голос все вдохновеннее продолжает:

— Мама была настоящей красавицей. Ах нет, Достоевский не прав — красота не спасет мир! Какое там — спасет! Мама была очень несчастна. Знаете, красивые женщины всегда несчастны и приносят несчастье другим. Особенно своим единственным сыновьям. А она была красавицей. Константин Маковский писал с нее и со своей тогдашней жены, тоже красавицы, картину «Свадебный обряд». Раз они обе сидели на обеде в честь Тургенева. И Тургенев все время разглядывал их сквозь лорнет на широкой черной ленте. И жмурился, как кот, от удовольствия. А маме от ее красоты радости не было никакой. Одно горе. Ей и мне.

Он задумывается на мгновение и вздыхает.

— У меня в детстве только и было хорошего, что гувернантка Бэлла Радек. Некрасивая старая дева. Да, да, Радек, как теперешний Радек. Может быть, его сестра? А? Спросить бы у него? Она мне говорила: «Зачем ты, Боренька, ломаешься под дурачка? Ведь ты совсем другой». Она одна меня понимала. Если бы ее не выгнали, я бы, наверно, и стал другой. Но мама приревновала меня к ней. И я остался один — в четыре года. И с тех пор уже не переставал ломаться. Даже наедине с самим собой. Строю себе и теперь гримасы в зеркале, когда бреюсь. Ведь гримаса та же маска. Я всегда в маске! Всегда.

Он весь поворачивается, как на оси. Поворот не только в пространстве, но и во времени.

— Я, знаете, однажды семь дней не снимал маски, не символической, а настоящей, черной, бархатной. Я ее нашел в шкафу у мамы. Я тогда сходил с ума по Любови Дмитриевне Блок. Хотел покончить с собой. Лето. Жара. Я один в Москве. Мама за границей. Я сижу в маске в пустой квартире. И вдруг приходит Эллис. Он даже не спросил, отчего я в маске. Не удивился. Как будто несчастно влюбленному так и полагается сидеть в маске.

Когда он ушел, я снял маску и выбросил ее на улицу в окно. Выбросил. А все-таки с тех пор я всегда ношу маску. Даже наедине. Боюсь увидеть свое настоящее лицо. И знаете, — он скашивает глаза в мою сторону и высоко поднимает и без того высокие брови, — это тяжело. Не-вы-но-си-мо тяже-ло! Не-вы-но-си-мо-о!

Я молчу. Я полна сочувствия, но не умею его выразить. Да он вряд ли и ждет от меня чего-нибудь, кроме молчаливого присутствия. Ведь я для него только уши. Ушам полагается слушать, а не говорить.

Он снова вздыхает и задумчиво смотрит вдаль.

— Любовь, — произносит он медленно. — Для меня любовь всегда была трагедия. Всегда. И теперь тоже. Ася... Моя жена Ася... Да, да. С самого начала папа и мама. А потом, когда я вырос, Нина Петровская. Вы ведь, конечно, знали, помните Нину? Нину Петровскую, «Огненного ангела» Брюсова?

Нет, я «конечно» не знала Нину Петровскую. Не могла знать. Ведь все это происходило еще в 1903 году, в Москве. Но я слышала от Гумилева, что героиня «Огненного ангела» Рената списана с нее, что Белый — граф Генрих, а сам Брюсов — Рупрехт.

Я знаю, что двадцатидвухлетний Белый «очищал» и спасал Нину Петровскую после «испепеляющей роковой страсти» Бальмонта — тогда все страсти были «испепеляющие» и «роковые» — других не полагалось. Я знаю, что Нина Петровская молилась на Белого и предалась ему всем сердцем. Он был для нее Орфеем, выводящим Эвридику из ада. Но ему это, как и Орфею, не удалось. Она осталась в аду. Вместо девятого платоновского неба, куда он стремился ее поднять, она захотела посетить с ним третье небо, где царствует Венера. Златокудрый молодой пророк отверг вспыхнувшую в ней «земную, звериную страсть». И она, смертельно оскорбленная, не переставая любить Белого, певца Вечной Женственности, преисполнилась к нему ненавистью. Брюсов, «Великий Маг», в свою очередь влюбился в нее и предложил ей с помощью черной магии овладеть душой Белого. Ей казалось, что он предлагает ей договор с дьяволом. И все же она согласилась на тайный союз с дьяволом и с «Великим Магом». Брюсов долго занимался с нею «магическими опытами», но не мог — или не захотел — приколдовать к ней Белого. Из всей этой безвыходной путаницы возникла влюбленность Нины Петровской уже не в Белого, а в самого Брюсова. Но Брюсов к тому времени, воплотив Нину Петровскую в свою Ренату, «Огненного ангела», уже перестал интересоваться той, которая послужила ему моделью для его героини.

— Да, да, — говорю я. — Да, я знаю. Когда Брюсов наконец бросил Нину Петровскую, она на вечере в Политехническом музее стреляла в вас как в главного виновника всех ее несчастий. Но револьвер дал осечку.

Белый отчаянно машет на меня руками.

— Ах, нет, нет! Совсем нет! То есть и нет, и да! Она действительно навела на меня револьвер, прицелилась в меня. А я не шелохнулся. Я стоял перед ней на эстраде, раскинув руки и ждал. Ждал смерти. Но она не выстрелила в меня. Она перевела револьвер на Брюсова. А он, как барс, — и откуда в нем такая ловкость, в нем, неповоротливом и хилом? — прыгнул с эстрады и выхватил у нее из руки револьвер. Она все же успела выстрелить, но пуля попала в потолок. Никто не был убит. Никто даже ранен не был. Но бедная Нина — она в письмах всегда подписывалась «бедная Нина» — погибла от этого выстрела в потолок. Она больше не оправилась. Ее жизнь кончилась в ту ночь. Нет, она не застрелилась, не отравилась. Нет, хуже. Она уехала за границу, потом спилась, стала морфинисткой. И все звала Брюсова. Но он не вернулся к ней. И она погибла.

— Но, — говорю я робко, — мне рассказывал Ходасевич, что она стреляла именно в вас и даже часто повторяла потом, что, хотя револьвер и дал осечку, она вас все же убила.

Белый трясет головой.

— Нет, я очень люблю, очень и очень уважаю Владислава Фелициановича, но здесь он ошибается. Забыл, путает. Нина стреляла в Брюсова, а не в меня. И я потом, во времена Любови Дмитриевны, жалел, что она не убила меня в ту ночь в Политехническом музее.

Белый говорит, говорит, говорит, затопляя все вокруг всплесками звуков и слов. Сколько слов в секунду — и ни одно слово не пропадает даром.

Я слушаю. Я вспоминаю его недавно слышанную мною лекцию о мифологии звуков. «Люди произошли из звуков и света», — утверждал он с пафосом с кафедры. — «Звуколюди, звуколюди, выдыхаемые светом». «Волны света в нас глухо живут. Иногда мы выражаем их звукословием».

Тогда это казалось мне туманным и непонятным. Но сейчас я понимаю, что он сам и есть один из этих звуколюдей, выражающий волны света звукословием. Что он сам произошел из звуков и света.

В тот вечер, возвращаясь со своей лекции, он говорил Гумилеву. Гумилеву, а не мне. Я только шла рядом и слушала.

— Я переделал Евангелие от Иоанна. Помните? «В начале бе Слово». Но «слова» по-французски — mots и «страдания» — тоже maux, фонетически совпадает, одинаково произносится. И это правильно. Ясно, в начале — mots, или maux — страдания. Мир произошел из страданий. И оттого нам необходимо столько слов. Оттого, что слова превращаются в звуки и свет и избавляют нас от страдания.

«Les mots nous délivrent des maux»[1]. Разве вы не согласны, Николай Степанович?..

Тогда я не поняла. Но сейчас, когда он затопляет меня безудержными всплесками звуков и слов, когда я залита, как фантастической радугой, сиянием и светом его глаз, я согласна принять все, что он говорил тогда и что говорит теперь.

А он, закинув голову, как будто уже обращается не ко мне, а к проплывающим закатным облакам в небе:

— Саша Блок! Ах, как я его любил!.. — Пауза, вздох. — Как любил!.. Любил по его стихам, еще не видя его. Для меня его стихи были откровением. Все, что я хотел и не умел выразить. Я катался по полу от восторга, читая их. Да, да, катался и кричал, как бесноватый. Во весь голос. И плакал.

Знаете, — сияющий взгляд снова заливает меня светом, — с самого начала все между нами было мистерией, роком. Я написал ему и в тот же день получил от него чудесное письмо, как мистический ответ. Так началась наша дружба. Потом он пригласил меня быть шафером на его свадьбе. Но у меня тогда умер отец. Я не мог приехать. И в этом тоже таинственное предзнаменование — у него свадьба, у меня похороны. В тот же самый день.

Помните, у Лермонтова в драме «Странный человек»?.. «Свадьба, которая происходит в день похорон, всегда будет несчастной». То есть, конечно, брак будет несчастен, а не свадьба, — поправляется он. — Так и вышло. Хотя все предвещало им счастье, неземное счастье...

Я слушаю его. Не только его слова, но и то, что между слов, за словами, над словами. Слушаю ритм, музыкальный строй его водопадно льющихся фраз. Слушаю паузы, образующие провалы молчания между ними. Слушаю, зачарованная, околдованная Андреем Белым.

— Мы с Сашей познакомились только зимой, — говорит Белый. — Он и Любовь Дмитриевна приехали в Москву. Как я ждал его! Ночь перед нашей встречей я провел без сна. Я даже не ложился. Я слонялся по залитой лунным светом квартире,

---

[1] Слова избавляют нас от страданий *(фр.)*.

как привидение, останавливался перед зеркалами гостиной — завтра в них будет отражаться Саша.

Завтра... Но я боялся не дожить до завтра... Я его слишком любил. Я боялся, что его поезд сойдет с рельс, что он погибнет в железнодорожной катастрофе, так и не встретившись со мной.

Но в условленный час — минута в минуту — раздался звонок. Я понесся в прихожую. Горничная уже успела впустить их. Я смотрел на них, на него. Я весь дрожал. Никогда в жизни — ни прежде, ни потом — я не испытывал такой жгучей неловкости. И разочарования. Обман, обман! Меня обманули. Это не Блок. Не мой Саша Блок.

Но до чего он был красив! Высокий, стройный, статный. Курчавый. Весь как в нимбе золотых лучей, румяный с мороза. В студенческом сюртуке, широкоплечий, с осиной талией. От синего воротника его дивные глаза казались еще голубее. До чего красивый, но до чего земной, здоровый, тяжелый. Я почему-то — по его стихам — представлял его себе изможденным, худым, бледным и даже скорее некрасивым. А он оказался оскорбительно здоровым, цветущим, фантастически красивым. Он всем своим видом будто затмевал, уничтожал, вычеркивал меня.

Я не выдерживаю.

— Но, Борис Николаевич, — прерываю я его, — вы ведь и сами были фантастически красивы тогда. Я знаю, я слышала, что у вас были звездные глаза, опахала-ресницы, что вы очаровывали решительно всех.

— Вздор, вздор, вздор! — трижды вскрикивает он. — Миф. Легенда. Никакого сравнения с Сашей. Или нет. Может быть, я и был красив, но как Ставрогин. Слишком. На грани безобразия. И это я уже тогда чувствовал. Хотя у меня еще не было ни лысины, ни морщин, ни этого лягушиного рта. Но урод уже тогда проглядывал сквозь красавца, истерически ломаясь и хихикая. А Саша... Нет, я не умею объяснить.

Я поздоровался с ними за руку, для чего-то схватил муфту Любови Дмитриевны и, спохватившись, вернул ей ее с извинениями.

Я видел, что Саша смущен не меньше меня. Но он владел собой. Она же, совершенно спокойно и непринужденно смотрясь в зеркало, поправляла светлые волосы под большой шляпой со страусовыми перьями. Я запомнил ее палевые перчатки. Молодая светская дама, приехавшая с визитом.

Мама ждала нас в гостиной. Любовь Дмитриевна села рядом с мамой на диван. И так же спокойно и непринужденно молчала. Мы с Сашей в креслах напротив них ужасно мучились. Боже, до чего томительно и тяжело было! Говорила одна мама. О театре. И вдруг я, как сорвавшийся с горы камень, полетел и понес чепуху. И Саша застенчиво улыбнулся. Не тому, что я говорил, а мне. Улыбнулся душой моей душе. И с этой минуты я по-новому, без памяти влюбился в него. И тут же почувствовал — наша встреча не пройдет мне даром. Я за нее заплачу. За все заплачу. — Пауза. — И заплатил.

А потом я стал ездить к Блокам каждый день — они две недели прожили в Москве. Мы тогда втроем, с Блоком и Сережей Соловьевым... Ах, какой он был милый, славный мальчик-гимназист, а мы с Сашей уже студенты. Мы втроем основали Братство Рыцарей Прекрасной Дамы. Любовь Дмитриевна была для нас Женой, Облаченной в Солнце, Софией Премудростью, Прекрасной Дамой. Мы все трое бредили идеями Владимира Соловьева — у ее ног. А она? Хотела ли она быть Прекрасной Дамой? Она стремилась на сцену, а мы поклонялись ей, как Богородице. Мы даже в лицо ей смотреть не смели, боялись осквернить ее взглядом. Все трое, Саша, как и мы с Сережей. Он признавался в стихах — ведь его тогдашние стихи — дневник.

> Сердцу влюбленному негде укрыться от боли...
> Я не скрываю, что плачу, когда поклоняюсь...

Она, розовая, светловолосая, сидела на диване, свернувшись клубком, и куталась в платок. А мы, верные рыцари, на ковре экзальтированно поклонялись ей. Ночи напролет... До зари... Зори, зори, зори... Зори дружбы. Зори любви...

Он замолкает на минуту, будто весь уйдя в воспоминания.

Мне хочется знать, что было дальше. Я смутно слышала, что Белый влюбился в жену Блока и она хотела бросить Блока из-за Белого. Но почему-то ушла от Блока не с Белым, а с кем-то другим. Тогда-то Блок и написал:

Но час настал, и ты ушла из дома.
Я бросил в ночь заветное кольцо.
Ты отдала свою судьбу другому,
И я забыл прекрасное лицо.

Летели дни, кружась проклятым роем,
Вино и страсть терзали жизнь мою.
И вспомнил я тебя пред аналоем
И звал тебя, — как молодость мою.

Я звал тебя, но ты не обернулась,
Я слезы лил, но ты не снизошла.
Ты в синий плащ печально завернулась,
В сырую ночь ты из дому ушла.

Я так полна мыслями о Блоке, что не замечаю, что читаю его стихи вслух. И только дойдя до

Не знаю, где приют своей гордыне
Ты, милая, ты, нежная, нашла —

я вдруг слышу, явственно слышу свой собственный голос, произносящий нараспев эти звенящие в моей памяти строки...

О Господи! Как я могла так забыться? Что подумает Белый? Я в страхе оглядываюсь на него.

Но он, как и я, не замечает, не слышит моего голоса. Но мой взгляд он, должно быть, все-таки почувствовал. Он мигает, как спросонок, и оборачивается ко мне. Глаза его полны тумана. Он с удивлением и любопытством разглядывает меня. Наверное, он забыл, что сидит со мной на скамье в Летнем саду.

Сейчас он встанет. Поднимет шляпу с земли и уйдет, даже не кивнув мне. И я не посмею пойти за ним.

Но он не встает, не уходит. Он снова продолжает свой монолог, как будто не было этой длительной паузы:

— А из дружбы и любви, из зорь, вышла вражда и ненависть. Как это могло случиться? Я и сейчас не понимаю...

Саша изменился. Тогда вторым летом в Шахматове. Дни и ночи по-прежнему проходили в мистериях. Но он иронизировал. Отвратительно. Бездарно. Или молчал. Бездонно молчал. И я почувствовал — мы духовные враги. Но я не смел сознаться ни ему, ни даже себе в этом. Исступленно объяснялся ему в любви и в статьях превозносил его безмерно. Я дико вдохновлялся его стихами и мистическим опытом. Я был мистически влюблен и в него, и через него в нее. Я тогда написал статью «Апокалипсис в русской поэзии» — о нем и о ней — чушь бесчеловечную: «Цель поэзии найти лик музы, лик жены, облеченной в солнце» — это о ней. «Ты воскресла! Явись! Мир тоскует по тебе! Явись!» — громко и гулко на весь сад выкрикивает он. И вдруг неожиданно заливается мелким, беззвучным смехом, широко раскрывая рот и показывая зубы, белые, не тронутые порчей, молодые зубы, совсем не подходящие к его морщинистому лицу, к его, как он сам определяет его, «лягушиному рту».

— А из всего этого, — продолжает он грустно, словно и не смеялся только что, — вышел «Балаганчик». Даже не балаган, а уменьшительно-уничижительно — балаганчик. «Чик! Голову долой!» — как в армянском глупейшем анекдоте. Так Саша и чикнул нам всем голову долой. Всем нам, Аргонавтам, как золоторунным баранам. И ей — «Жене, облеченной в Солнце», «Прекрасной Даме». Она, обезглавленная, стала картонной куклой. Я чуть не помешался от негодования и обиды за нее. Ведь я любил ее священной любовью. А она оказалась картонной куклой. Ужас. Ужас. Но он был прав — картонная кукла. С кукольной душой. Нет, и кукольной души у нее не было. Ничего не было. Пар. Пустота. И все-таки изза нее все погибло. Мы очутились в петле. Ни разрубить. Ни развязать. Ни с ней, ни без нее. О, до чего она меня измучила! Меня и его, Сашу. Тогда я и почувствовал:

Меня несут
На Страшный суд.

За вину мою, за грех перед Сашей. Ведь это я погубил их жизнь. Он продолжает ее любить и по сегодняшний день, он всегда о ней заботится. Только для нее живет. Но не общей с нею жизнью. Жизни их никогда по-настоящему больше не сошлись. Я разбил их жизни. Хотя виноват не я, не я... Видит Бог! — Он вдруг опускает глаза и внимательно и пристально рассматривает свое колено. Что он там нашел интересного?

— Вот, скоро совсем продерется, — деловито замечает он. — Дыра, придется заплату положить. Но ведь на сердце заплатку не положишь. А оно у меня дырявое тоже. Но оно исходит не клюквенным соком, а кровью. И как это больно!

Гримаса боли или гримаса насмешки над самим собой, и он продолжает еще торопливее:

— Год «Балаганчика», самый роковой год. Для него, для нее и для меня. Да, «Балаганчик» — гениален. Но «Балаганчик» — низость, измена, предательство. И его совершил самый честный, самый благородный, самый справедливый человек на свете. Кому после этого верить? Кому? Из-за «Балаганчика» Саша потерял право на Любовь Дмитриевну. Она это сама поняла. Но она изменчива, как морская волна, как луна... Она просила меня спасти ее, увезти. И мы решили уехать за границу. Но один день она любила меня, а на следующий его, Сашу. А на третий — ни меня, ни его. Обоих ненавидела.

Саша готовился к государственным экзаменам. Кончал университет, зубрил, запершись в кабинете. А ночи проводил в кабаках и пил там, среди пьяниц с глазами кроликов. In vino veritas[1].

После такой ночи, нет, во время такой ночи, он и написал «Незнакомку». Может быть, лучшее... Нет, у него лучшее почти все. Но «Незнакомка» — особенно строка «дыша духами и туманами» — заставляла меня кричать от восторга, как когда-то.

Чудовищная, трагическая весна тысяча девятьсот шестого года... Я не расставался с Любовью Дмитриевной. Она по-

---

[1] Истина в вине *(лат.)*.

требовала — сама потребовала, — чтобы я дал ей клятву спасти ее, даже против ее воли. А Саша молчал, бездонно молчал. Или пытался шутить. Или уходил пить красное вино.

И вот мы пришли с нею к Саше в кабинет. Ведь я дал ей клятву. Его глаза просили: «Не надо». Но я безжалостно: «Нам надо с тобой поговорить». И он, кривя губы от боли, улыбаясь сквозь боль, тихо: «Что ж? Я рад». И так открыто, так по-детски смотрел на меня голубыми, чудными глазами, так беззащитно, беспомощно.

Я все ему сказал. Все. Как обвинитель. Я стоял перед ним. Я ждал поединка. Я был готов принять удар. Даже смертельный удар. Нападай!..

Но он молчал. Долго молчал. И потом тихо, еще тише, чем раньше, с той же улыбкой медленно повторил: «Что ж... Я рад...» Она с дивана, где сидела, крикнула: «Саша, да неужели же?..» Но он ничего не ответил. И мы с ней оба молча вышли и тихо плотно закрыли дверь за собой. И она заплакала. И я заплакал с ней. Мне было стыдно за себя. За нее. А он... Такое величие, такое мужество! И как он был прекрасен в ту минуту. Святой Себастьян, пронзенный стрелами. А за окном каркали черные вороны. На наши головы каркали.

Я в тот же вечер умчался в Москву. Достать деньги на отъезд за границу. У меня денег ведь никогда не было. Подготовить маму. Совсем сумасшедший. Раздираемый жалостью к Саше. Не веря ни ей, ни себе. Никому.

И все пошло прахом. Кубарем, кубарем с горы полетело. Разбилось на тысячу кусков. Но я все еще хотел их склеить. Надеялся. Хотел спасти ее — ведь клялся. А не то буду клятвопреступник. От нее ливень писем — страшно противоречивых.

Потом она простудилась. Заболела серьезно. Саша вежливо, очень вежливо написал: «Лучше не приезжай сейчас, Боря...» Но я заподозрил заговор. И на следующее утро был в Петербурге. Сколько страданий, и как все глупо было. Саша слишком дружественный, а она в смятении, в нерешительности. Больная. Я просил, умолял, даже грозил. И наконец ее окончательное решение — через два месяца мы едем в Италию. Безотлагательно. В Италию!

Но мы никуда не поехали. Она провела лето с Сашей в Шахматове. Он, несмотря ни на что — такая у него дисциплина, — сдал все экзамены. И осенью все опять волчком завертелось. Свидание с Сашей в «Праге» на Арбате. Минутное. Предъявили друг другу ультиматумы. Расходимся без рукопожатий. А лакей, ничего не понимая, откупоривает бутылку и разливает вино в бокалы — перед пустыми стульями.

По лестнице Саша идет впереди, твердо и быстро, не оборачиваясь. Я сбежал вниз, следом за ним. Бросился в пролетку извозчика. На вокзал! Через два часа был у Сережи Соловьева в его Дедове. Решил заморить себя голодом. Но Сережа помешал. Потом вернулся в Москву. Там и засел в пустой квартире, в маске, и мечтал, что

> Полумаску молотком
> Приколотили к крышке гроба.

И слышал стук молотка о крышку гроба. И опять умереть не удалось. Тогда я вызвал Сашу на дуэль. Через Эллиса. Но Саша отказался: «Поводов нет. Просто Боря ужасно устал».

Наконец, уже в сентябре я могу увидеть ее. Она принимает меня — чтобы уничтожить. Сбросить с Тарпейской скалы — раз и другой, еще и еще, — чтобы от меня даже мокрого места не осталось. Дьяволица, а не Богородица! Я не успел опомниться, я ничего не сумел ответить. Не оправдывался. Не защищался. И вот, оскорбленный, униженный, раздавленный — о, как она меня презирала, как сумела заставить и меня себя презирать! Я побежал топиться — броситься в Неву. Но — насмешка рока — там баржи, гнусные, живорыбные садки. И все кругом рыбой провоняло. Даже утопиться нельзя. Прилично утопиться. И вот я в гостинице написал прощальное письмо маме. А наутро чуть свет записка от Любови Дмитриевны. Новое свидание. Сдержанное предложение встретиться через год. Не писать и не видеться. Не выяснять отношений. Ждать год. Я соглашаюсь. Но не верю. Ничему больше. Еду в Москву, а оттуда — надолго — за границу.

Пауза. Длиннее прежних.

Мне хочется спросить, встречался ли он с ней еще? Неужели так все и кончилось? И он, точно читая мои мысли, кивает:

— Да. Так все и кончилось. Для нее, для него. Но не для меня. Для меня и сейчас не кончилось. И никогда не кончится. Даже после смерти. Любовь? Нет, нет, какая там любовь? Но боль. И угрызения. Угрызения совести. Угрызение сердца. Грызу свое сердце. Если бы можно было забыть. Но забыть нельзя.

Подумать, ведь я могла не пойти в Летний сад, не свернуть на эту аллею. И никогда не узнать бы всего того, что мне сегодня посчастливилось услышать от Андрея Белого. От самого Андрея Белого!

В моей переполненной стихами голове уже звенят строки:

Счастье, шаг твой благосклонный
Не всегда проходит мимо.

Да, сегодня «благосклонный» шаг счастья не прошел мимо меня. Я не могу сдержать волнения. Как я благодарна судьбе. Как я благодарна Андрею Белому. Я прижимаю сирень к сердцу, чтобы оно не стучало так громко, и, не в силах сдержаться, говорю:

— Борис Николаевич, спасибо. Как я вам благодарна. Как благодарна!

Протестующий взмах рук.

— Что вы? Что вы? Это я вам благодарен за то, что вы так ангельски терпеливо слушаете меня. — Восторженные, сияющие глаза приближаются ко мне. Я чувствую его горячее дыхание на моем лице. — Скажите, ведь вы еще будете приходить сюда, на эту скамейку? Приходить меня слушать? Потому что я теперь буду часто, я буду каждый день приходить сюда. Слушатель — это такая нежданная радость. Голубушка, если бы вы знали, как мне тяжело молчать. Никто меня не хочет слушать. Каждый только о себе. Мнение о стихах своих у меня выпытывают. Похвал ищут. Что ж? Я хвалю. Я щедро хвалю. Всех — без разбора. А стихи не слушаю. Кроме Блока да еще Ходасевича, нет никого... Еще о болезнях любят и о своих бедах. Но у меня у самого болезни, у меня у самого беды — неисчислимые беды. Я не желаю знать чужие. Хватит с меня и своих. Настоящий, даровитый слушатель — редкость. Я страшно ценю. Я знаю ведь — это нелегко. Я до обморока заговариваю. Да, да, я — без преувеличения — до обморока заговорил Сережу Соловьева. Да и не его одного. Мы с Сережей у него в Дедове часто до зари сидели. Я говорил, он слушал. И, как вы, никогда не прерывал. Только страшно бледный становился. И вот однажды, уже под утро, он молча встал с кресла и — бряк о пол, во всю длину. Еле откачали. Мог умереть.

Отлет головы и:

— Но мне необходимо. Совершенно необходимо говорить. Как другим дышать. — В расширенных глазах ужас. — Я могу задохнуться. Я цепенею от молчания. Прошлое, как трясина, засасывает меня. Я иду ко дну, я гибну. Я не могу молчать. Не мо-гу! А они не понимают...

Он вздыхает глубоко и закрывает глаза.

— Вот сейчас мне легко. Я и спать, наверно, буду хорошо. — Он останавливается на мгновение. — Я сам не понимаю, почему мне так необходимо говорить, вспоминать. Ведь я в сотый раз уже рассказываю все это. А надо снова и снова. И каждый раз как впервые. Будто — вот пойму, почему это так было. Вот сейчас разрешу загадку. А ведь знаю — никогда не разгадаю. Я не Эдип. Хотя еще несчастнее Эдипа. Самое страшное, что и загадки-то нет. Любовь Дмитриевна — сфинкс без загадки. Я знаю, а все-таки... Хочу разгадать, понять...

Вот гадалки предсказывают, открывают будущее. Я бы пошел к гадалке, я бы пошел к десяти гадалкам, если бы они вместо будущего открывали прошлое. Объясняли, что, зачем и почему было. — Он продолжает уже мечтательно: — Ах, если бы можно было приказать прошлому — помните, Али-Баба и сорок разбойников? — «Сезам, отворись!», и прошлое отворилось бы и впустило меня в себя. Но прошлое заперто на тридцать три поворота, и ключ брошен на дно моря.

Он вздыхает и задумывается. И вдруг нагнувшись, поднимает с земли камушек, кладет его на ладонь и, раздув щеки, старательно дует на него.

Я смотрю на него с удивлением. Он поворачивается ко мне и, застенчиво улыбаясь, объясняет:

— Мне в детстве всегда казалось, что можно оживить камушек, если долго на него дуть. Вдохнуть в него жизнь, и камушек вдруг начнет шевелиться. Станет жуком и улетит или червяком и уползет. А вам разве не казалось?

Я не успеваю ответить, что нет, не казалось. Он уже продолжает:

— Как давно и как недавно все это было... Детство... Молодость... Я теперь на вид старик. Седой. Лысый в сорок лет. Мне на днях в трамвае какой-то бородатый рабочий место уступил: «Садись, отец!» Хорошо еще, что не «Садись, дед!». Я поблагодарил, но вылез на следующей станции, хотя мне надо было далеко ехать. От обиды. И с тех пор не пользуюсь трамваями.

Он проводит рукой по лбу.

— Какой вздор, какая чушь — «что пройдет, то будет мило». Если бы можно было не помнить. Забыть. Теперь все совсем другое. Я люблю Асю. Невыразимо люблю. Она нежная, легкая, прелестная. Ася Тургенева — «тучка золотая» — так ее звали в Москве. Она чудная. Она в Дорнахе у доктора Штейнера. Она ждет меня. Ждет, хотя и не пишет. А может быть, и пишет, но письма перехватывают, крадут. Всюду враги, шпионы. — Он испуганно оглядывается. — А здесь за деревьями никто не прячется, не следит за мной? Вы уверены? И за статуей никто не подслушивает? Ведь они выслеживают меня, ходят за мной по пятам. Они хотят помешать мне вернуться к Асе. А я тоскую о ней. Она все, что у меня осталось.

Он выпрямляется и, закинув голову, медленно и проникновенно декламирует, с какой-то старомодной выразительностью:

Мой вешний свет,
Мой светлый цвет.

Я полн тобой,
Тобой — судьбой...

И вдруг, будто снова дернув себя за невидимую ниточку — дерг-передерг, — весь превращается в движение и «звукословие».

— Это я о ней. Асе. Я тоскую, мечтаю о ней. А думаю и говорю о Любови Дмитриевне. Не дико ли? Ведь от нее прежней ничего, решительно ничего не осталось. Ее узнать нельзя. Прекрасная Дама, Дева Радужных Высот. Я ее на прошлой неделе встретил на Офицерской. Несет кошелку с картошкой. Ступает тяжело пудовыми ногами. И что-то в ней грубое, почти мужское появилось. Я распластался на стене дома, будто сам себя распял, пропуская ее. Она взглянула на меня незрячим взглядом. И прошла. Не узнала меня. А я все глядел ей вслед. Помните, у Анненского:

Господи, я и не знал,
До чего она некрасива!..

Но от этого ничего не изменилось. Мне не стало легче. — Пауза. Вздох. — А он, Саша... Он все так же прекрасен. Или нет, иначе. Трагически прекрасен. Он измучен еще сильнее, чем я измучен. И как странно. Мы живем в одном городе. Мы часто встречаемся — то в Доме искусств, то во «Всемирной литературе» на Моховой. Здороваемся. «Здравствуй, Саша». — «Здравствуй, Боря». Рукопожатие. И все. Ни разу за все это время не разговаривали. Почему? — Недоумение в голосе. Недоумение в глазах. — Почему? Ведь мы были друзьями. И мы все друг другу простили. Все... Так почему? Почему?..

Он вдруг вскакивает, хватает меня за руку, заставляет встать.

— Знаете что? Пойдем сейчас к нему. Пойдем! Это будет чудесно. Чудесно! Мы позвоним, и он сам откроет. Он, наверно, даже не удивится. Но он будет рад. Ужасно рад. Мне, — и, спохватившись, быстро и убедительно: — И вам тоже будет ужасно рад! На вас розовое платье. И вы подарите ему вашу сирень. Вы напомните ему юность, розовую девушку в цветущем саду. Он поведет нас в кабинет, и мы втроем, потому что она-то не выйдет, она не простила, о нет! Но это хорошо, что она спрячется, скроется. Мы втроем просидим всю короткую белую ночь до зари. Нет, не белую, серебряную. Видите, и сейчас уже все стало серебряным. — Он широким жестом охватывает небо и сад. — Все серебряное — и луна, и статуи, и деревья, и шорох листьев, и мы с вами. Сегодня волшебная ночь. Сегодня, я чувствую, я знаю, мы с Сашей будем прежними, молодыми. А вы будете сидеть на диване, свернувшись клубком, и слушать нас. Как она когда-то. Она ведь тоже умела прекрасно слушать. Идем, идем скорее. Ведь это совсем близко...

О, я знаю, — взволнованно повторяет он, — все будет чудесно, волшебно. Сон в летнюю ночь. Серебряный сон волшебной серебряной ночью. Идем скорее!..

Он почти бежит к выходу, увлекая и меня за собой. Но я не хочу. Не могу. Я сопротивляюсь.

— Нет, нет, нет! Ни за что!

Разве я могу, разве я смею пойти к Блоку? Ведь Блок для меня не только первый, не только любимейший поэт. Блок для меня святыня, полубог. Мне даже страшно подумать, что я могу так — без длительной подготовки, — сейчас, сегодня пойти к нему. Я умру от страха. Сердце мое кувыркается в груди, и горло сжимается. Я с трудом говорю:

— Нет. Я не могу. Мне надо домой. Меня ждут. Будут беспокоиться. Ведь очень поздно. Очень поздно...

О, мне безразлично. Пусть дома беспокоятся. Но довод о беспокойстве домашних производит неожиданное действие.

— Ваша мама? Она будет ждать, и волноваться, и плакать. Тогда... Тогда вам действительно нельзя идти. — Он останавливается, выпускает мой локоть и говорит изменившимся, трезвым тоном: — Значит, ничего не будет. Все провалилось.

— Может быть, в другой раз, — робко предлагаю я. — Завтра?..

Но он вытянутой рукой проводит резкую черту в воздухе, словно вычеркивает все возможности будущего.

— Другого раза не будет. Сегодня это было возможно. Все углы сошлись на один раз. И это никогда не повторится.

Я уже колеблюсь. Я уже готова сдаться, готова просить, умолять: «Поведите меня к Блоку!..»

Но он надевает шляпу, как в Англии судья накрывает голову, произнося смертный приговор, и говорит мрачно и торжественно:

— Другого раза не будет. Может быть, и лучше, что не будет.

И сразу, будто мое присутствие теперь тяготит его, прощается со мной:

— Спокойной ночи. Бегите домой, торопитесь. Помните, у Блока:

> Ведь за окном в тревоге давней
> Ее не ждет старушка мать...

А вас мама ждет. Бегите к ней. У вас ноги молодые. Бегите!

Я иду по Невскому. Нет, я не бегу. Я иду очень медленно — и плачу. Слезы текут по моему лицу и падают на сирень. На сирень, которую я могла отдать Блоку. Если бы я не испугалась так позорно. О, я отдала бы десять, двадцать лет своей жизни, чтобы сейчас стоять на лестнице перед дверью Блока и видеть, как его дверь медленно открывается...

Я останавливаюсь на Аничковом мосту и бросаю сирень в Фонтанку. Раз она не досталась Блоку, она мне не нужна. Я вытираю глаза и прибавляю шаг. Ведь дома, наверное, беспокоятся. С ума сходят, куда я пропала.

«Другого раза не будет», — сказал Белый. Но я все же надеюсь. Я хожу каждый день в Летний сад, сажусь на ту скамейку и жду. Жду долго. Целую неделю.

Я даже не хожу в Дом литераторов. Гумилев недоволен.

— Чем это вы так заняты? Вчера я звонил вам — и дома вас тоже не оказалось. Где вы пропадаете?

Я краснею, как всегда, когда лгу.

— Я хожу к тете. Она заболела.

Гумилев пожимает плечами:

— Ну вряд ли вы хорошая сестра милосердия. Без толку время тратите. Зря.

Да, он прав. Без толку, зря. И все же я не в силах прекратить это изводящее меня бессмысленное ожидание. А вдруг. Ведь Белый может вспомнить, что обещал «часто сюда приходить», и действительно прийти.

Возвращаясь из Летнего сада, я каждый вечер захожу в Дом искусств. И сейчас я, усталая и разочарованная, поднимаюсь по внутренней лестнице в столовую. Может быть, встречу кого-нибудь.

За длинным столом, накрытым скатертью, сидит Ходасевич. И рядом с ним Белый. От удивления и обиды я останавливаюсь. Он здесь распивает чай, а я его там ждала целых два часа.

Я подхожу и здороваюсь с ними.

— Подсаживайтесь к нам, — говорит Ходасевич. — Вот Борис Николаевич завтра возвращается в Москву. Это его последний вечер здесь.

— Да, да, — оживленно подтверждает Белый. — Слава Богу, последний. У-ез-жаю! Хватит! Не могу больше. Выпили меня здесь, выпотрошили. Ведь страшно подумать — я в Вольфиле пятьдесят лекций прочел. Нет, пожалуй, даже больше! Как не спятил? Бегу в Москву. Там отдохну. Пора...

Он обращается только к Ходасевичу, словно меня нет за столом.

— Владислав Фелицианович, возвращайтесь и вы. Ведь мы — москвичи, нам в Петербурге не по себе, нам тут плохо! Очень! Право, а? Вернулись бы вместе со мной, — убеждает он, близко заглядывая Ходасевичу в глаза.

Я слушаю молча и вдруг, набравшись храбрости, решаюсь:

— Борис Николаевич, вы больше не ходили в Летний сад?

Белый поворачивает голову и смотрит удивленно, явно не узнавая меня.

— В Летний сад? — брезгливо тянет он. — Нет, зачем? Я его терпеть не могу. Я ничего там не потерял.

И он снова начинает страстно уговаривать Ходасевича вернуться в Москву вместе с ним.

— Я даже готов отложить отъезд на сутки. Если вы согласитесь, Владислав Фелицианович!.. Едем! Едем вместе!

Ходасевич, поблескивая пенсне, смеясь, отказывается ехать.

Я незаметно встаю и, не прощаясь, выхожу из столовой.

Что ж? Понятно. У Белого сейчас гораздо лучший слушатель, чем я.

А меня он даже не узнал...

Гумилев любил читать вслух, особенно по-французски.

Однажды, читая мне какой-то рассказ Теофиля Готье о молодом поэте, собравшемся топиться от несчастной любви и представляющем себе, насколько увеличится его посмертная слава от такого романтичного конца, Гумилев сказал, отложив книгу:

— Очень правильно. Смерть действительно играет огромную, даже иногда решающую роль в славе поэта. Героическая смерть может поставить поэта на пьедестал.

Он задумался и продолжал:

— Я очень надеюсь, что Бог услышит мои молитвы и пошлет мне достойную, героическую смерть. Но, — он лукаво улыбнулся, сощурив глаза, — не сейчас, конечно. Лет так через пятьдесят. Не раньше. Ведь я еще столько должен сделать в жизни, хотя и сейчас немало делаю. — В этих словах, конечно, был скрытый намек.

Гумилев часто намекал на свою контрреволюционную деятельность, но мне казалось, что он, как и многие тогда, только играет в заговорщика.

Когда, возвращаясь со мной с лекции в кронштадтские дни, он остановился перед подъездом какого-то дома и сказал с таинственным видом, подавая мне свой портфель: «Подождите меня минутку. Я только за револьвером зайду. Обещали достать к сегодняшнему вечеру», я спокойно осталась ждать, положив его тяжелый портфель на снег. Я не верила ему, и мне совсем не было страшно за него.

Он скоро возвратился, похлопывая себя по боку.

— Достал, ну, идемте! Только не проболтайтесь! Ведь это и для вас опасно.

Да, я знала, это очень опасно. Опасно даже играть в заговорщиков. И конечно, никому не рассказала о «заходе за револьвером».

В Петербурге в те кронштадтские дни напряжение, волнение и ожидание достигли наивысшей точки.

Я иду по Бассейной. Пусто и тихо. В тишине явственно доносятся глухие выстрелы с оставшихся верными революции крейсеров. Снег лежит большими сугробами, и над белыми, покрытыми снегом крышами дымно-красный, трагический закат. Страшно? Да, конечно, страшно. Страшно и все-таки весело.

Вот наконец и Дом литераторов.

Я вбегаю в прихожую, стряхивая с себя снег. Дом литераторов переполнен и жужжит, как улей. Будто это какой-то пролетарский митинг, а не чинное собрание поэтов, кавалерственных дам и сановных стариков.

Ко мне, последней пришедшей с улицы, кидаются со всех сторон за новостями.

— Ну, что?.. что нового?

Но я ничего нового не знаю, ничего не слышала, я только что из дома и никаких слухов — всегда «самых достоверных и последних» — не могу сообщить. От меня разочарованно отходят, а я подхожу к группе, собравшейся вокруг Кузмина. Тут, конечно, Олечка Арбенина, Юрочка Юркун и Люся Дарская. Тут Георгий Иванов, пришедший с Каменноостровского, и Зоргенфрей, и Мандельштам, и Оцуп. Все слушают Кузмина, а он упоенно убеждает их:

— Да, да, мы еще увидим сияющие фонари на Невском. Мы еще будем завтракать у Альбера, мы еще будем ездить бриться к Моллэ, мы еще... — но, увидев меня, новое лицо с улицы, он, не доканчивая, что еще сделаем, обращает ко мне свои огромные, нежные, верблюжьи глаза: — Что нового? Что? Что? Что?..

Почему бы мне не сфантазировать что-нибудь насчет форта «Золотое Семечко» или что мой кузен — белый офицер — умудрился прислать мне письмо, в котором точно описывает создавшуюся конъюнктуру и обещает...

Но у меня нет ни белого кузена, ни фантазии, чтобы создать его письмо.

И Кузмин, разочарованно фыркнув, продолжает прерванное описание неминуемого блаженства, ждущего нас.

Входная дверь снова открывается, и Гумилев входит в Дом литераторов.

Да, никаких сомнений, это он. Но в каком виде! В каком-то поношенном рыжем пальтишке, перетянутом ремнем в талии, в громадных стоптанных валенках, на макушке вязаная белая шапка, как у конькобежца, и за плечами большой заплатанный мешок.

Вид его так странен, что все молча и недоумевая смотрят на него. С минуту никто даже не задает ему обязательного в эти дни вопроса: «Что нового? Что вы слышали?»

Первым опомнился Кузмин:

— Коленька, ты что — на маскарад собрался? Не время, кажется.

Гумилев гордо выпрямляется, счищая рукавицей снег с груди.

— Я, Мишенька, спешу. Я иду на Васильевский остров агитировать и оделся так, чтобы внушить пролетариям доверие, — произносит он с достоинством.

Кузмин всплескивает руками.

— Бога ты побойся, Коленька! Какое уж тут пролетарское доверие? Ты похож на воронье пугало. А что у тебя в мешке? — Он хлопает ладонью по мешку, и мешок начинает раскачиваться, как маятник. — Чем ты его набил? Воздухом, что ли, накачал?

— Старыми газетами, — объясняет Гумилев.

Я кусаю губы, чтобы не рассмеяться, но тут не выдерживаю и заливаюсь хохотом. За мною Олечка Арбенина. Люся Дарская срывается с места и визжа начинает скакать вокруг Гумилева, ударяя кулаком по его мешку.

Гумилев холодно отстраняет ее рукой и, обернувшись к нам с Олечкой Арбениной, медленно и веско произносит:

— Так провожают женщины героя, идущего на смерть!

Но тут к нашему смеху присоединяются и все остальные.

Смеется Кузмин, смеется Георгий Иванов, смеется редко улыбающийся Юрочка Юркун, даже мрачный Зоргенфрей, а Мандельштам хохочет до слез.

Гумилев с минуту молча смотрит на нас холодно и с презрением, потом, кивнув головой в нелепой вязаной шапке, поворачивается и медленно молча идет к выходу, унося свой, болтающийся у него за плечами, заплатанный мешок.

А мы продолжаем смеяться и долго еще не можем успокоиться, повторяя: «Так провожают женщины героя, идущего на смерть...»

21 октября 1920 года.

Сегодня день рождения моего отца. По этому случаю у нас дома «торжественный обед», с гостями и, главное, с телячьим жарким.

Телятину привез со «Званки», где он служит, мой двоюродный брат. Вчера вечером, когда он шел с драгоценной телятиной на вокзал через лес, на него чуть на напали волки, и тогда бы не было не только торжественного обеда, но и его самого.

К счастью, он сумел выбраться из леса прежде, чем шедшие по его следам, привлеченные запахом мяса волки решились наброситься на него.

Конечно, мне совершенно необходимо быть дома к приходу гостей.

Опоздать сегодня к обеду было бы — я это прекрасно понимаю — просто невозможно.

Но как грустно уходить из Дома искусств, когда там готовятся слушать Ремизова.

Ремизов будет читать — и как читать! Никто — ни один актер — не умеет так читать. Недавно я слышала «Вия» в «ремизовском исполнении», как говорит Гумилев.

Это было восхитительно и страшно. Казалось, Ремизов непонятным образом сам превращался то в Хому Брута, то в мертвую панночку, то в Вия. Это уж не было чтение, а сама жизнь.

Я все еще дрожала от ужаса, когда он, снова став Ремизовым, маленьким, сутулым, в громадных очках, весело кивал в ответ на восторженные аплодисменты и с деланным недоумением спрашивал, лукаво улыбаясь, Лозинского:

— И чего, Михаил Леонидович, они так беснуются? Неужели они все впервые слышат «Вия»? Неужели «Вия» так и не читал никто из них?

И вот мне приходится уходить. Я не смогу пять минут послушать Ремизова. Надо спешить. Уже семь часов. А у нас сядут за стол в половине восьмого.

И я, скрепя сердце, ухожу. Одна. Никому в голову не приходит уйти, не услышав Ремизова.

Я иду по Невскому.

В этом году снег выпал очень рано. Не то что в «Евгении Онегине»:

Зимы, зимы ждала природа,
Снег выпал только в январе.

Нет, ни природе, ни нам зимы в эти революционные годы ждать не приходилось — зима всегда являлась сама и гораздо раньше, чем ей по календарю полагалось.

Черный вечер,
Белый снег.
На ногах не стоит человек.
Ветер, ветер на всем Божьем свете.

Я иду против ветра, торопясь и увязая в снегу.

Нет, вечер не черный, а синий, и в небе огромная сияющая луна.

Чья-то рука вдруг просовывается под мою руку. Я вскрикиваю и, оглянувшись, вижу улыбающееся лицо Юрия Анненкова с круглым блестящим левым глазом. В нем, в этом блестящем глазу, отражается луна, и в памяти сразу выплывают строчки — не помню чьи:

И сумасшедшая луна
В твоем глазу отражена...

Нет, кажется, там «в твоих глазах», но у Анненкова, как у циклопа, виден только один глаз — круглый, блестящий, расширенный моноклем. Анненков — единственный человек в Петербурге, носящий монокль. Он с ним никогда не расстается. Какая-то хорошенькая молодая балерина — балерины, молодые актрисы и художницы всегда окружают Анненкова прелестным, прельстительным роем бабочек — уверяла, стыдливо опуская ресницы, что он даже спит с моноклем.

Юрия Павловича Анненкова я постоянно встречаю в Доме литераторов и в Доме искусств.

Он почти «свой», несмотря на то что он не поэт, а художник. Он еще с тех баснословных, собачьебродячих лет на «ты» с Гумилевым, как, впрочем, на «ты» был с ними никогда мной не виданный, успевший эмигрировать «мэтр Судейкин».

Анненков, по определению Гумилева, «чертовски талантлив» — «физически талантлив».

— Я в его присутствии себя всегда как-то особенно чувствую, — объясняет Гумилев. — Он возбуждает во мне энергию. Он как аккумулятор энергии, жизненной силы и способностей, способностей решительно ко всему. Просто диву даешься — универсальный талант. Даже стихи он крепко, ловко и находчиво делает.

Действительно, ловко «делает» — ведь кроме того, что он стихи сочиняет, он еще и сам печатает их маленькими книжечками с рисунками. Недавно он выпустил такую книжечку — «Четверть девятого».

Я знакома с Юрием Анненковым, как знакома и с Добужинским, нарисовавшим для моей «Лунной поэмы», помещенной во втором номере журнала «Дом Искусства», заставки.

Но с Добужинским, с Анненковым и с другими художниками у меня знакомство скорее «шапочное». Ни с кем из них я не стараюсь сблизиться.

Не только с художниками, но даже с прозаиками я не сближаюсь. По-настоящему для меня существуют только поэты.

Даже на собраниях «Серапионовых братьев», сделавших мне неслыханную честь, приняв меня, поэта, в свою семью, я бываю редко. Они не интересуют меня, я исключительно и всецело предана поэзии. Одной только поэзии.

— Я испугал вас? — спрашивает меня Анненков.

Я качаю головой.

— Нет. Но так неожиданно. Я не слышала ваших шагов.

— Еще бы. Я в валенках. По снегу. Бесшумно.

Он, как всегда, в валенках, в своей голубой куртке на баране и при монокле.

У него, хотя и в другом роде, почти такой же ряженый вид, как у Гумилева и Ремизова.

И он, как и они, явно подчеркивает его и гордится им.

Одно из неожиданных «революционных завоеваний»: теперь в петербургском художественном мире, как в мире птиц и зверей, самцы наряднее и эффектнее самок.

Не все, конечно. Блок, Лозинский, Георгий Иванов, Адамович, Добужинский, Лурье, Козлинский и другие по-прежнему стараются сохранять петербургский подтянуто-эстетический вид. Но многие студисты и актеры и художники безудержно рядятся в какие-то необычайные тулупы, зеленые охотничьи куртки, френчи, сшитые из красных бархатных портьер, и фантастические галифе. Не говоря уже о разноцветных обмотках и невероятно высоких и лохматых папахах. И где только они добывают весь этот маскарадный реквизит?

Анненков говорит:

— Как вы быстро шагаете. Я едва догнал вас. Даже запыхался.

Я недоумеваю. Догнал? Но зачем Анненкову понадобилось догонять меня? Ведь мы с ним при встречах ограничиваемся рукопожатием, сопровождаемым улыбками и стереотипным вопросом-ответом:

— Как поживаете? — Отлично. Спасибо.

Но он уже сам объясняет:

— Я, собственно, шел в Диск послушать Ремизова. У меня сегодня выдался свободный вечер — ведь я завален работой. Только собрался завернуть на Мойку, вижу — вы идете. Такая тоненькая, на длинных ножках. Спотыкаетесь. Такая одинокая, беззащитная. И как-то, чем-то страшно похожая на мою первую любовь. Она такую же круглую шапочку носила, только соломенную, а не котиковую. У меня даже сердце сжалось от нахлынувших воспоминаний, так вы ее мне вдруг напомнили. Я и пустился почти бегом за вами.

— Я на нее похожа, правда? — спрашиваю я. Ведь всегда лестно быть похожей на чью-нибудь любовь, в особенности на любовь художника.

Но он смеется и взмахивает рукой.

— Совсем не похожи. Куда там! Только силуэтом. Она была чернобровая, глаза — как вишни, и смуглая. Было это на Волге. Мой отец был директором большого пароходного дела... У нас на пароходе целая квартира была, и мы всю Волгу взад и вперед исколесили. И как чудесно! Вот там-то, в Сызрани, и разыгралась моя первая любовь.

Он рассказывает мне про свою первую любовь и про Волгу. Я, к сожалению, Волгу никогда не видела — я иду с ним под руку, в ногу, с интересом слушая его.

На Аничковом мосту стоит собака. Стоит на задних лапках и машет передними. Просит подаяния. Как нищий. Этих нищих-собак всегда много около продовольственных лавок. Они становятся рядами у стены. Каждая на своем узаконенном месте, просят и ждут, чтобы сердобольные граждане бросили им кусочек от своего скудного хлебного пайка. Они никогда не грызутся. Не вступают в бой из-за брошенного куска, а чинно и терпеливо ждут, чтобы им «подали».

Они стоят и возле церквей, но здесь на Невском я никогда не видела собаки-нищенки.

— Бедный несмышленый песик! Что ему подать? Хлеба ведь у нас нет. А деньгами он не берет. Ужасно жаль его. — Анненков горестно вздыхает. — Не могу видеть голодных. Особенно детей и стариков. И собак. Я собак очень люблю. А вы?

Мне тоже ужасно жаль бедного песика... И я тоже люблю, до страсти люблю собак. Настолько люблю, что в детстве мечтала о стране собак, где только собаки и ни одного человека, а я — собачья королева. И я, растроганная видом собаки-нищенки, рассказываю о «собачьей стране» Анненкову.

Рассказываю ему, этому почти незнакомому мне человеку, то, что я никому, даже Гумилеву, не рассказывала. Так просто, так откровенно. И это удивляет меня.

Ведь я от природы очень застенчива. Мне всегда как-то совестно и неловко говорить о себе.

То, что я застенчива, знают немногие. Большинству, напротив, я кажусь на редкость самоуверенной. Они составили себе мнение обо мне по моему «светскому» тону и манерам, по тому, с каким самообладанием я выхожу на сцену, читаю стихи и как я, в ответ на аплодисменты, «кланяюсь непринужденно».

Но все это только результат дрессировки — ведь даже зайца можно научить играть на барабане.

Для меня заячьей игрой на барабане явилось главным образом преодоление застенчивости, победа над ней.

Впрочем, только внешняя победа — внутренне я осталась прежней, — тут уж никакое, самое бесчеловечное «воспитание», никакая «полировка» и дрессировка ничего поделать не могли. Но, к счастью, моим внутренним миром мои воспитательницы занимались меньше всего. Ведь их идеалом благовоспитанности считалось не être, a paraître[1].

Я, рассказывая Анненкову о собачьей стране, не перестаю испытывать радостного удивления от возможности так легко говорить о себе.

---

[1] Быть... казаться *(фр.)*.

Я чувствую, что между нами уже установилась крепкая нерушимая связь дружбы, что он правильно поймет меня и не станет надо мной смеяться.

И он действительно не смеется надо мной.

— Значит, — говорит он, — вы в детстве не были особенно счастливым ребенком.

— Разве не была? Право, не знаю. Но люди мне тогда были гораздо менее понятны и дороги, чем собаки.

— У меня был чудный сенбернар Каро. Как мы любили друг друга. Не собака, а брат.

Теперь уже Анненков катится кубарем в заповедное царство неисчерпаемых детских воспоминаний, а я «навостряю уши» — ведь слушать и запоминать слышанное одно из главных моих занятий.

Я узнаю, что Каро, как и полагается всем четвероногим друзьям, был замечательным псом, образцом всех собачьих достоинств и добродетелей.

— Однажды, когда мы с ним гуляли, какой-то уличный мальчишка стал к нему приставать, дразнить его и даже осмелился схватить его за хвост. Этого гордый Каро, при всей своей выдержке, не смог стерпеть. Он укусил мальчишку за руку. Мальчишка удрал, отчаянно крича.

А через час к нам в дом явился пристав и безапелляционно заявил, что раз собака укусила мальчика, то она, по всей вероятности, бешеная.

— Узнать, бешеная она или нет, легко. Бешеные собаки, как всем известно, страдают водобоязнью, — произнес он с профессорским видом. — Если она не станет пить воду, дело ясно.

И он приказал прислуге принести миску воды.

Каро сидел в своей будке во дворе. Пристав поставил перед ним миску с водой и сделал пригласительной жест. Каро недружелюбно посмотрел на пристава — в России собаки почему-то терпеть не могли полицейских, почтальонов и велосипедистов — и презрительно и величественно отвернулся от него и от миски с водой.

— Никаких сомнений — бешеная. Не пьет! Боится воды, — торжествовал пристав. — Надо пристрелить. — И уже ко мне: — Отойдите, молодой человек, в сторонку. Не трогайте ее. Она и вас цапнуть может.

Но я встал на колени перед Каро, обнял его за шею, шепча:

— Пей, Каро, пей. Пей!

Каро высунул язык, лизнул им меня по лицу и, наклонив голову, принялся гулко и старательно лакать воду — вылакал всю до последней капли.

Приставу осталось только ретироваться, предварительно получив двадцать пять рублей за «собачий укус».

С Каро воспоминания Анненкова, махнув через десять лет, перенеслись на его попугая. На говорящего попугая, весь день свободно летавшего по его квартире и только на ночь для сна заглядывавшего в свою клетку.

Попугай часами сидел на плече Анненкова, свистел, пел романсы и приветствовал гостей, нравившихся ему, картавым криком: «Здравствуйте, здравствуйте. Как я рад». А тех, кто ему был не по сердцу, звонким: «До свиданья. Всего наилучшего. Счастливо оставаться!»

Может быть, если бы я жила не на Бассейной, а где-нибудь подальше, я узнала бы еще многое из детства и молодости Анненкова.

Но мы уже — совсем незаметно для меня — дошли до моего дома.

Я благодарю его за проводы. Это было так неожиданно и так приятно. Я и не предполагала, что художник может быть таким милым, уютным и «настоящим», таким, будто я с ним сто лет знакома, и не фунт, а пуд соли съела.

Мы прощаемся у моего подъезда. Теперь уже совершенно ясно, что мы друзья навсегда и будем часто встречаться и разговаривать.

Поднимаясь ощупью по темной лестнице, я задаю себе вопрос: «А как отнесется Гумилев к моей внезапно возникшей дружбе с Анненковым?»

Как отнесется? Но отнестись ему к нашей дружбе никак не пришлось. По той простой причине, что мы со следующего же дня оба забыли о ней. При встречах обменивались лишь прежними рукопожатиями и прежними: «Как поживаете? Спасибо, отлично», сопровождаемыми улыбками.

Отчего? Наверное, оттого, что мы оба были слишком заняты нашими шедшими параллельно, но никогда больше не скрещивавшимися судьбами.

Лишь зимой 1921 года по желанию Якова Ноевича Блоха, издававшего книгу портретов поэтов работы Юрия Анненкова и пожелавшего, чтобы в ней был и мой портрет, мы опять встретились «по-настоящему».

Анненков тогда был в расцвете славы. Он рисовал не только всех знаменитых политических деятелей — Ленина, Троцкого, Луначарского и многих других, — но и писателей и поэтов, актеров и актрис.

Словом, всех, кто тогда играл какую-нибудь роль в Петербурге и Москве. Нэпманы и нэпманши были готовы заплатить что угодно, чтобы добиться чести быть изображенными «самим Анненковым».

В его прихожей на Кирочной я столкнулась с одной из таких нэпманш, кутавшейся в мех, шуршащей шелками, дышащей духами, с бледным до голубизны лицом, кроваво-красными губами и удлиненно подведенными глазами — новый тип женщины в революционном Петербурге.

Анненков встретил меня так сердечно и дружески, как будто он вчера, а не год тому назад, провожал меня домой.

Но этот год — трагический год смерти Блока и расстрела Гумилева — все же послужил основной темой нашего разговора. И к воспоминаниям детства мы уже не возвращались. К тому же я за это время успела выйти замуж, о чем мы, конечно, тоже поговорили.

Анненков показал мне уже сделанные им портреты Анны Ахматовой, Замятина и Сологуба, предназначавшиеся для его книги. Между прочим, и портрет Георгия Иванова.

— У него на редкость интересное лицо, — сказал он. — Совсем особенное. Да он и сам особенный.

Телефон беспрерывно звонил, отрывая Анненкова от работы.

— Нет, нет, никак не могу, — раздраженно отвечает он на клекот, доносящийся до меня. — Цена? Дело не в цене, а в том, что у меня нет времени. Понимаете, нет времени. — И уже повесив трубку, добавляет: — И желания нет, сколько бы мне ни заплатили.

Я позировала Анненкову больше двух часов. Я терпеть не могу позировать, мне тяжело и скучно сидеть неподвижно и чувствовать на себе внимательный, будто ощупывающий меня взгляд.

Но с Анненковым я не чувствовала ни скуки, ни тяжести. Мне даже жаль, что сеанс уже кончен и надо уходить.

Следующий назначен на понедельник.

Я ухожу, не увидав наброска.

— В следующий раз покажу, а сейчас нельзя. Так не забудьте. В понедельник, в три.

Я смеюсь.

— У меня память хорошая. Да если бы и плохая была, все равно не забыла бы. Ведь мне очень лестно, что мой портрет будет в вашей книге. Будьте спокойны — приду, Юрий Павлович.

Но я не пришла. В тот же вечер меня телеграммой вызвали в Москву к моему опасно заболевшему брату.

А когда я через полтора месяца вернулась в Петербург, Анненкова там не было. Он куда-то уехал. Книга вышла без моего портрета, о чем я еще и сейчас жалею.

Но в книге в перечне портретов он указан.

Лето 1921 года. Москва.

Я гощу у брата и, как здесь полагается, живу с ним и его женой в одной комнате, в «уплотненной» квартире на Басманной.

У нас в Петербурге ни о каких «жилплощадях» и «уплотнениях» и речи нет. Все живут в своих квартирах, а если почему-либо неудобно (из-за недействующего центрального отопления или оттого, что далеко от места службы), перебираются в другую пустующую квартиру: их великое множество —

выбирай любую, даром, а получить разрешение поселиться в них легче легкого.

Здесь же в квартире из шести комнат двадцать один жилец — всех возрастов и всех полов — живут в тесноте и обиде.

В такой тесноте, что частушка, распеваемая за стеной молодым рабочим под гармошку, почти не звучит преувеличением:

Эх, привольно мы живем —
Как в гробах покойники:
Мы с женой в комоде спим,
Теща в рукомойнике.

Большинство жильцов давно перессорились. Ссоры возникают главным образом на кухне между жилицами, мужья неизменно выступают на защиту жен, и дело часто доходит до драки и, во всяком случае, до взаимных обид и оскорблений.

Ко мне как к элементу пришлому и, главное, временному здесь относятся довольно гостеприимно.

Мне совсем не нравится в Москве, несмотря на то что меня закармливают всякими вкусностями. Но мне скучно. К тому же, что меня удивляет и огорчает, жена моего брата ревнует его ко мне. Я бы уже уехала домой, но боюсь огорчить брата, всячески старающегося угодить мне.

Сейчас он на службе, а его жена ушла на рынок за покупками. Я одна, и это очень приятно.

Я берусь за свою новую балладу, как всегда, когда остаюсь одна.

Вышло четверо их,
Хлопнула дверь:
— Улик никаких,
Ищи нас теперь.
Четверо — каждый убийца и вор.
Нанимают мотор...

Дверь не хлопает, а отворяется без предварительного стука. В нее просовывается голова молодой беременной соседки, жены того самого рабочего, что распевает частушки. Она почему-то зауважала меня, должно быть, за то, что я «из Питера». Она поверяет мне свои семейные тайны и советуется со мной, как с оракулом, о самых разнообразных предметах.

Так, она спросила меня сегодня утром в коридоре: «Правда ли, скажите, Ленин издал декрет, что нам, пролеткам, носить всего шесть месяцев, а буржуйкам двенадцать?»

На что я, чтобы не разбивать ее иллюзий, уклончиво ответила, что о таком декрете еще не слыхала.

— Там вас какой-то гражданин спрашивает, — звонко заявляет она.

Меня? Должно быть, ошибка. Я никого здесь не знаю.

— Вестимо вас. Гражданку Одоевец из Питера.

Я бросаю карандаш и тетрадку и бегу в прихожую.

У окна стоит Гумилев, загорелый, помолодевший, улыбающийся, в белой парусиновой шляпе, лихо сдвинутой набок.

— Что, не ожидали? — приветствует он меня. — Нелегко было вас найти. Я боялся, что вас дома не застану. И что тогда делать?

Я так удивлена, что даже не чувствую радости. Нет, я совсем не ожидала его. Мы расстались с ним около месяца тому назад. Я уехала к брату в Москву, а он отправился с Неймицем в черноморское плавание.

Я веду его в нашу комнату и усаживаю на диван, служащий мне постелью.

— Как же вы меня разыскали?

— Я ведь хитрый, как муха, — отвечает он весело.

Это хвастливое «хитрый, как муха» показатель его особенно хорошего настроения.

— Я только утром приехал и завтра пускаюсь в обратный путь, домой. Но сегодня, — он поднимает указательный палец, — я все же задам пир на весь мир. Быстрота и натиск. Буду вечером выступать в Доме искусств. Ну, конечно, как же без вас? К тому же тут Сологуб со своей Анастасией Николаевной. Он тоже придет на мой вечер. Я вас с ним познакомлю. Ах, как я чудесно плавал...

И, перебивая себя, оглядывает комнату.

— Вам здесь тяжело, да? Слишком мало пространства, и предметы все какие-то будничные, лишенные души. Вот эта ширма — от нее скука и даже страх. Здесь нельзя писать стихи. Ведь вы, наверное, за все это время ничего не написали?

Я киваю:

— Все бьюсь над одной и той же балладой. Никак не могу кончить.

Он торжествует:

— Я так и знал. Здесь вам не хватает пространства, главное, психологического пространства. Эта ужасная скученность людей и вещей — скученность скуки. Вам надо как можно скорее вернуться домой: завтра, самое позднее послезавтра. Брат огорчится? Вздор. Нечего ему огорчаться.

И вот уже вечер — «Вечер Гумилева в Доме искусств».

Но определение «пир на весь мир» совсем не подходит ему.

Гумилев выступает не в большом зале, где обыкновенно проходят литературные вечера, а в каком-то маленьком длинном помещении, заставленном рядами стульев. Даже эстрады нет. Гумилев сидит за столиком на расстоянии аршина от первого ряда.

Но он, по-видимому, легко переживает это «отсутствие пространства», эту «скучную скученность» и, попирая «скудные законы естества», чувствует себя триумфатором и победителем.

Слушателей немного, и они — это как-то сразу чувствуется — настроены не в унисон Гумилеву. Стихи его не «доходят» до слушателей.

Рядом со мной Сергей Бобров, автор «Лиры лир», как всегда взъерошенный, несмотря на духоту и жару, в зеленом измятом непромокаемом пальто. Он криво усмехается, не скрывая презрения.

В Москве нас, петербуржцев, презирают, считают «хламом и мертвечиной», о чем мне без стеснения и обиняков было заявлено при первом моем посещении Союза поэтов:

— Все у вас там мертвецы, хлам и бездарности. У вас только одна Одоевцева. Да и то...

И когда я, покраснев, призналась, что я и есть «эта Одоевцева, да и то...», мне не поверили, пока я в доказательство не предъявила своей трудкнижки.

Впрочем, и тогда ко мне отнеслись без энтузиазма.

Я оглядываю слушателей. Они не похожи на наших петербургских — какие-то молодые люди кокаинистического типа, какие-то девушки с сильно подведенными глазами, в фантастических платьях и шляпах.

В первом ряду Сологуб. Я сразу узнаю его по портрету Юрия Анненкова. Он совсем такой, как на портрете. Нет, не совсем. Там он все-таки кажется менее застывшим и неподвижным. Менее неживым.

«Кирпич в сюртуке», как его называют. Но он не похож на кирпич. Кирпич красный. И грубый. А он беломраморный и барственный, как вельможи времен Екатерины Великой. Он скорее напоминает статую. Надгробную статую. Каменного Гостя. Памятник самому себе.

Он слушает с отсутствующим видом, застыв в собственном величии, и никак нельзя понять, нравится ему или нет.

Но большинству слушателей, я чувствую, стихи Гумилева совсем не нравятся. Это не только равнодушная, это враждебная аудитория.

Правда, выбор стихов неудачен. Гумилев как будто нарочно читает то, что должно вызвать здесь, в Москве, отталкивание: «Душу и тело», «Персидскую миниатюру», «Молитву мастеров», «Перстень»...

Нет, всего этого здесь читать не надо было. И в особенности — «Либерию». Зачем? Зачем он читает эту «Либерию»?

Но Гумилев не замечает, вернее, не хочет замечать настроения слушателей. Он торжественно произносит:

> Вы сегодня бледней, чем всегда,
> Позабывшись, вы скажете даме,
> И что дама ответит тогда,
> Догадайтесь, пожалуйста, сами.

— Ответит то же, что и мы: дурак! — раздается звонкий театральный шепот.

Это Бобров. Все слышали, и почти все смеются.

Я холодею от ужаса.

Гумилев не мог не слышать звонкого, хлесткого «дурак», брошенного в него. Что он ответит? Неужели афоризм Сологуба «Где люди, там скандал» получит здесь подтверждение?

Но Гумилев еще выше поднимает голову и гордо смотрит прямо перед собой поверх слушателей на стену, рот его растягивается широкой, самодовольной улыбкой — будто он принял смех за одобрение. Ведь действительно смешно сказать негритянке, что она бледна. Как тут не рассмеяться?

И он спокойно продолжает:

> То повиснув на тонкой лозе,
> То запрятавшись в листьях узорных,
> В темной чаще живут шимпанзе
> По соседству от города черных...

— Притворяется, что не слышал, — шепчет Бобров. — И вы тоже делаете вид, что не слышали, как смеются над вашим мэтром. Слушайте его внимательно, восхищайтесь, наслаждайтесь.

Я ничего не отвечаю. Он наклоняется ко мне:

— А лучше послушайте-ка стихи, тоже обращенные к негритянке и тоже о негритянских странах, — и начинает читать, прекрасно выговаривая:

> Mon enfant, ma sœur Songe à la douceur
> D'aller là-bas vivre ensemble![1]

Я прижимаю палец к губам.

— Молчите! Перестаньте!

Гумилев кончил, встает и кланяется. Жиденькие аплодисменты, я напрасно отбиваю себе ладони, стараясь «подогреть аудиторию». У нас в Петербурге это безошибочно

---

[1] Дитя, сестра моя,
Уедем в те края,
Где мы с тобой не разлучаться сможем.
(Ш.Бодлер. Приглашение к путешествию, перевод И. Озеровой)

удается. Я в этом деле «спец», меня в Цехе так и называют «мастер клаки».

Надо почти пропустить первую волну аплодисментов, вступить в нее, когда она уже начинает падать, вступить с бешеной энергией и этим вызвать овацию.

Но здесь мои расчеты не оправдываются. Мало кто следует моему примеру. Слушатели шумно спешат к выходу, как ученики после скучного урока.

Я растерянно остаюсь на своем месте. Гумилев подходит ко мне. Весь его вид свидетельствует о том, что вечер прошел как нельзя лучше и он очень доволен и рад.

— А вас ждет приятный сюрприз, — говорит он мне, улыбаясь. — Мы сейчас отправимся с Федором Кузьмичом и Анастасией Николаевной к Пронину. Он и вас пригласил. — Широкий жест в сторону. — Позвольте вам представить Бориса Константиновича Пронина.

И сразу из-под протянутой руки Гумилева, как из-под земли, появляется Пронин.

Так вот он какой: Пронин — перпетуум мобиле, Пронин — громокипящий кубок несбыточных проектов, Пронин — муж знаменитой Веры Александровны — «la maitresse du chien»[1] и сам хозяин «Бродячей собаки» — иллюзионист Пронин.

Внешность — обыкновенная. Без особых примет. Но до чего он симпатичен. Он энергично и «задушевно» трясет мою руку и в порыве дружеских чувств как вихрь налетает на меня, чуть не сбивая с ног. Вот, вот он заключит меня в объятия и прижмет к своему любящему сердцу. Я отступаю на шаг.

Но до объятий все же не доходит. Он неожиданно кончает восторженную тираду вопросом:

— Надеюсь, вы не откажетесь осчастливить меня своим посещением?

И я, конечно, не отказываюсь.

А он уже, расталкивая встречных, летит, размахивая руками, к Сологубу, почтительно и шумно приветствуя его.

— Что, огорошил он вас? — спрашивает Гумилев. — К нему надо привыкнуть. Милый, но неправдоподобный чело-

---

[1] Хозяйка собаки *(фр.)*.

век. Весь разрывается от жажды деятельности. Если такую энергию к чему-нибудь путному приложить, мир перевернуть можно. Пойдемте в буфет, выпьем чаю.

И мы идем. Гумилев оглядывается.

— А этот рыжий уж опять тут как тут. Как тень за мной ходит и стихи мои себе под нос бубнит. Слышите?

Я тоже оглядываюсь. Да, действительно, — огромный рыжий товарищ в коричневой кожаной куртке, с наганом в кобуре на боку, следует за нами по пятам, не спуская глаз с Гумилева, отчеканивая:

Или, бунт на борту обнаружив,
Из-за пояса рвет пистолет,
Так, что сыплется золото с кружев,
С розоватых брабантских манжет...

Гумилев останавливается и холодно и надменно спрашивает его:

— Что вам от меня надо?

— Я ваш поклонник. Я все ваши стихи знаю наизусть, — объясняет товарищ.

Гумилев пожимает плечами:

— Это, конечно, свидетельствует о вашей хорошей памяти и вашем хорошем вкусе, но меня решительно не касается.

— Я только хотел пожать вам руку и поблагодарить вас за стихи. — И прибавляет растерянно: — Я Блюмкин.

Гумилев вдруг сразу весь меняется. От надменности и холода не осталось и следа.

— Блюмкин? Тот самый? Убийца Мирбаха? В таком случае — с большим удовольствием. — И он улыбаясь пожимает руку Блюмкина. — Очень, очень рад...

Вернувшись в Петербург, Гумилев описал эту сцену в последнем своем стихотворении «Мои читатели»:

Человек, среди толпы народа
Застреливший императорского посла,
Подошел пожать мне руку,
Поблагодарить за мои стихи...

Кстати, читая мне это стихотворение, он особенно веско произнес:

И когда женщина с прекрасным лицом,
Единственно дорогим во вселенной,
Скажет: я не люблю вас,
Я учу ее, как улыбнуться,
И уйти, и не возвращаться больше...

Он взглянул на меня и улыбнулся.

— Вот видите — так улыбаться, как я сейчас улыбаюсь. Это я о вас писал.

Но я не поверила и рассмеялась.

— Обо мне и многих других в прошлом, настоящем и будущем. Ах, Николай Степанович, ведь это вздор.

Я тогда была невестой Георгия Иванова. Гумилеву не хотелось, чтобы я выходила замуж. Он старался меня отговорить. Не потому, что был влюблен, а потому, что не хотел, чтобы я вышла из сферы его влияния, перестала быть «его ученицей», чем-то вроде его неотъемлемой собственности.

Но сегодня здесь, в Москве, мы не вспоминаем о том, что я чья-то невеста. Мы идем к Пронину все вместе — Сологуб и Анастасия Николаевна, Гумилев и я.

У Пронина — и это очень удивительно — в Москве большая пустая квартира. В ней явно никто не живет. Пустая не только оттого, что не видно и не слышно обитателей-жильцов, но и благодаря отсутствию мебели.

В комнате, в которую Пронин нас вводит, стоит только длинный некрашеный кухонный стол. Но Пронин с грохотом и шумом сразу вкатывает в нее кресло с высокой спинкой, вносит венский стул, табуретку и маленькую, вышитую бисером скамеечку для ног.

Все размещены по рангам. Сологуб восседает, а не просто сидит на кресле с высокой прямой спинкой. Рядом с Сологубом, на венском стуле, его жена Анастасия Николаевна Чеботаревская, маленькая, смуглая, вечно встревоженная — чаще всего без всякого основания. Но сейчас ее тревога вполне обоснованна. Скоро-скоро, через несколько дней, они наконец вырвутся за границу. И начнут новую жизнь. Для того чтобы скорее вырваться из «этого ада», они с Федором Кузьмичом и явились в Москву. Хлопоты увенчались успехом. Завтра же они с Федором Кузьмичом вернутся в Петербург и будут готовиться к отъезду.

Сколько ей еще предстоит тревог и волнений! И она, нервно поводя плечами, ежится и щурится, куря папиросу за папиросой. Да, тревог и волнений предстоит столько, что она не выдержит их бурного натиска и в день, когда наконец будет получено разрешение на выезд в «заграничный рай», выбежит из дома без шляпы и побежит стремглав к Тучкову мосту. Там, постояв в задумчивости, будто решая вопрос: куда же теперь идти, что теперь делать? — она вдруг широко взмахнет руками и бросится с моста в Неву.

Но все это произойдет через несколько недель. После того, как умрет Блок и будет расстрелян Гумилев.

Пока же Гумилев, веселый и загорелый, каждым словом и жестом подчеркивает свое почтительнейшее отношение к Сологубу.

Гумилев сидит на некрашеной табуретке. Сам хозяин, без пиджака, в неестественно белой по тем временам рубашке, пристроился на углу большого кухонного стола. Мне досталась скамеечка, с которой я и смотрю на Сологуба снизу вверх — вся внимание и слух.

Разговор, несмотря на дружные старания Гумилева и Пронина, совсем не клеится. Сологуб величаво, с невозмутимым спокойствием, холодно, каменно молчит. Гумилев, переходя с темы на тему, стараясь всеми силами вывести Сологуба из молчания, коснулся вскользь сорванного имажинистами посмертного юбилея не помню уж какого писателя.

— Безобразие! Мерзавцы! — шумно возмущается Пронин.

И тут вдруг неожиданно раздается каменный, безапелляционный голос Сологуба:

— Молодцы, что сорвали! Это имажинистам надо в актив записать. Для писателя посмертный юбилей — вторые похороны. Окончательные. Осиновый кол в могилу, чтобы уж не мог подняться. Надо быть гением, титаном, как Пушкин или вот еще Толстой. Тем ничто повредить не может. Никакие посмертно-юбилейные благо- и подло-глупости и досужие домыслы. А для остальных писателей посмертный юбилей свинцовая стопудовая крышка. Даже мороз по коже, как подумаю, что обо мне напишут через десять или двадцать пять лет после моей смерти. Ужас!..

Он не спеша достает из кармана пиджака большой серебряный портсигар и закуривает папиросу от спички, подчеркнуто почтительно поднесенной ему вскочившим со своей табуретки Гумилевым.

— Из-за страха посмертного юбилея, главным образом, и умирать не хочу, — важно и веско продолжает Сологуб и, выпустив струю дыма из ноздрей, медленно прибавляет: — Хотя и вообще умирать-то не очень хочется. Еще по Парижу погуляю... Подышу легким воздухом земным...

От звука голоса Сологуба Чеботаревская еще нервнее дергает плечами и, рассыпая пепел по полу, звонко и быстро говорит, сверкая глазами:

— Конечно, Федор Кузьмич прав. И конечно, Толстой гений и титан. Тургенев его недаром слоном назвал. Но, — она вызывающе закидывает голову, — но всем известно, что он был неумен и необразован. Он даже университета не кончил! И что за слоновую чушь он нес о Шекспире. Нет, не спорьте, пожалуйста! Не спорьте!..

И она, раздраженно фыркнув, обиженно замолкает.

Но никто и не думает спорить. Толстой забыт. Разговор о славе пожизненной и посмертной уже катится неудержимо, как с горы.

Кстати, Сологуб напрасно страшился посмертного юбилея. Этот страх, как, впрочем, большинство страхов, не оправдался. И в России, и в эмиграции ничем не отметили ни его десятилетнего, в 1937 году, ни его двадцатипятилетнего, в 1952 году, посмертного юбилея. Сологуба забыли «всерьез и надолго». И теперь кажется странным, что он когда-то считался среди поэтов «первым из первых».

Сологуб непоколебимо верил и в свою прижизненную, и посмертную славу, тогда как Гумилев только мечтал завоевать и ту, и другую. И, надеясь прожить еще лет пятьдесят, не предчувствовал, как близка к нему смерть. И как велика будет его посмертная слава.

Но я сейчас, сидя у ног Сологуба, не думаю о славе — ни о прижизненной, ни о посмертной. Вопрос о посмертных юбилеях совсем не интересует меня. Я смотрю на Сологуба, я слушаю его, и мне трудно поверить, что он, восседающий так каменно-величественно передо мной, написал эти легкие, качающиеся, тающие, превращающиеся в музыку стихи:

Друг мой тихий, друг мой дальний,
Посмотри —
Я холодный и печальный
Свет зари.

Я напрасно ожидаю
Божества.

В этой жизни я не знаю
Торжества.

Одинокий и печальный
Поутру,
Друг мой тихий, друг мой дальний,
Я умру.

Как он мог? Я не понимаю. Я повторяю про себя его сомнамбулические строки:

Лила, лила, лила, качала
Два тельно-алые стекла.
Белей лилей, алее лала
Была бела ты и ала...

Как может он произносить: лила, лила, лила, качала — своим каменно-тяжелым, деловым, трезвым голосом? Мне страшно хочется попросить его прочесть какие-нибудь его стихи. Но я не решаюсь. Я перебираю в памяти его стихи, отыскивая строки, которые не противоречили бы так чудовищно резко его внешности. И нахожу:

В тени косматой ели
Над сонною рекой
Качает черт качели
Мохнатою рукой.
Качает и смеется...

Да, я могу себе представить, что Сологуб написал это. Я могу даже себе представить, как он это читает. Наверное, хорошо. Но разве можно произнести его голосом:

Я на ротик роз раскрытых росы тихие стряхну,
Глазки-светики-цветочки песней тихою сомкну.

Откуда у Сологуба эта, как снежинка тающая, ангельская нежность? В стихах? А может быть, и в жизни?

Пронин, жестикулируя так, что белые рукава его рубашки мелькают, как крылья ветряной мельницы, восторженно-возмущенно рассказывает о том, что здесь, в Москве, на вечере Блока имажинисты кричали ему: «Мертвец! Мертвец! В гроб пора!» На что Блок спокойно сказал: «Да, они правы. Я давно умер».

— Я давно умер, — медленно и веско повторяет Сологуб, прерывая неистовый словесный поток Пронина.

Минута молчания. И снова раздается размеренный тяжелый голос Сологуба:

— Да, ощущение своей смерти — «я давно умер» — иногда посещает поэтов. Особенно нестарых. Поэты постоянно думают о смерти — своей и чужой. В сущности, у них только две темы: смерть и любовь. Но вот я, чем дальше живу, тем больше начинаю сомневаться в своей смерти. Мне все чаще кажется, что я не умру. Совсем не умру. Никогда. Какая-то во мне появилась надежда на бессмертие. Даже уверенность, что не все люди смертны, что самым достойным — одному на сотни миллионов — будет даровано бессмертие.

Сологуб говорит, вдохновляясь и оживая. Но теперь его окаменелость передалась его слушателям. Все окаменели, застыли, не смея шевельнуться. Только что буйно взлетавшие рукава белой рубашки Пронина безжизненно повисли. Рука

Анастасии Николаевны с потухшей папиросой застыла в воздухе. Ведь нельзя курить, когда Федор Кузьмич говорит.

— Возможно, что бессмертие выпадет именно на мою долю, — убедительно продолжает Сологуб. — У меня о бессмертии возникла целая теория. Видите ли... — Он задумывается. — Нет, это слишком сложно. В двух словах не объяснишь. К тому же пора расходиться. Завтра нам предстоит трудный день. Завтра мы с Анастасией Николаевной, да и вы, Николай Степанович, пускаемся в обратный путь. И потому...

Он встает со своего трона. И все, как по команде, оживают, встают, начинают двигаться и говорить. Пронин бросается к Сологубу, восторженно тряся его руку.

— Спасибо, что навестили меня, Федор Кузьмич! И как интересно вы говорили! Я тоже убежден в бессмертии, — и, спохватившись: — В вашем! В вашем, не моем! Спасибо!..

Я встала со своей скамеечки и стою перед Сологубом, выжидая, что он и со мной попрощается. Его маленькие ледяные глаза останавливаются на мне. Он осматривает меня с головы до ног своим строгим «инспекторским» взглядом. И вдруг лицо его оживает — губы раздвигаются, обнаруживая крепкие, будто тоже каменные зубы, большая бородавка на щеке медленно поднимается к глазу, и он улыбается.

Не мимолетно, не «улыбка блеснула и исчезла». Нет, улыбка застывает на его лице и так и не исчезает, пока он говорит со мной:

— Вас совсем недавно еще можно было в угол ставить. С вашим бантом. А правда, что вы пишете стихи, как уверяет Николай Степанович?

— Правда. — От смущения я картавлю еще сильнее, чем обычно.

Он, продолжая улыбаться, качает головой:

— Напрасно. Лучше бы учились чему-нибудь путному. Только ведь, я сам знаю, поэтов не переубедишь. Главное, не торопитесь стать взрослой. Лучшее время жизни — ранняя молодость. Это понимают, когда она прошла. А вы постарайтесь сейчас понять и радоваться, что вы так молоды.

Мы вчетвером спускаемся по лестнице. Пронин успел опередить нас и распахивает перед Сологубом входную дверь.

К подъезду, будто они только и ждали нашего появления, подкатывают несколько извозчиков.

— Пожалуйте, граждане, пожалуйте!

— Пожалуйте, барин! Прокачу на резвой! — звонко кричит самый щеголеватый из них.

И Пронин широким распорядительским жестом приглашает Сологуба и Анастасию Николаевну сесть в его пролетку и бережно подсаживает их обоих. Происходит новый обмен прощальными приветствиями и пожеланиями счастливого пути.

Только после отбытия Сологуба Гумилев принимается за выборы достойного возницы для нас. Делает он это со вкусом и знанием дела.

— У этой буланой, верно, хорошая рысь, по ушам вижу.

Я сажусь в пролетку. Меня никто не подсаживает — ни Пронин, ни Гумилев. Мы прощаемся с Прониным. Он машет рукой:

— Кланяйтесь Петербургу!

Гумилев, смеясь, цитирует:

Извозчик дернет вожжой,
Лошадь дернет ногой
Извозчик крикнет: Ну!

Лошадь ногу поднимет одну.
Извозчик щелкнет кнутом —
И двинутся в путь с трудом.

Нет, в путь мы двигаемся без труда. Буланая бежит резво и весело, а не «трусит усталой рысцой», как в моей балладе. Мы едем по незнакомым, ярко освещенным улицам. Здесь, в Москве, нэп уже цветет пышно, не то что у нас в Петербурге. Гумилев рассказывает мне о своем плавании с Неймицем.

— Чудесно было. Сплошное наслаждение. Во мне на корабле заговорила морская кровь. Ведь мой дядя был адмиралом, а отец морским врачом. Вот я и почувствовал себя настоящим морским волком. Если бы вы видели, как красивы берега Крыма, особенно на закате. А утром...

Я не перебиваю его. Но мне хочется говорить о Сологубе, а не красотах Крыма. Он, должно быть, замечает, что я слушаю «без должного интереса». И недовольно морщится.

— Устали? Спать хотите? Ничего. Сейчас приедем.

Но я совсем не устала и не хочу спать. Я спрашиваю быстро:

— Скажите, насчет своего бессмертия он серьезно или только чтобы удивить?

Гумилев снисходительно улыбается:

— Ах, вот вы о чем. А мне показалось, что вы отвыкли от меня, одичали, разучились слушать. Ну, слава Богу, все в порядке, раз вам по-прежнему необходимо знать, «отчего и почему». И в кого только вы такая ненасытно любознательная уродились?

Вопрос риторический, не в первый раз мне задаваемый и не требующий ответа. Гумилев продолжает:

— И почему это вас так интересует? Ведь это какая-то декадентская чепуха. Я о ней уже слышал. Мы с Сологубом както возвращались вместе из «Всемирной литературы». Он вдруг стал, как сегодня, говорить о бессмертии и даже разволновался. Но тут нас нагнал Лозинский. Мы пошли втроем. И как я ни старался, мне не удалось заставить Сологуба вернуться к его «теории бессмертия». Он очень трудный собеседник. Если его прервут, он сразу замолкает. А иногда может без конца говорить, и до странности искренно и просто.

Я живу на Басманной. К сожалению, это недалеко, и мы уже приехали. И уже надо прощаться. На целых три дня.

— Не вздумайте откладывать отъезд, — говорит Гумилев. — Чего вам тут сидеть? У меня куча проектов. Откроем Дом поэтов. Весело заживем. А знаете, — прибавляет он неожиданно, — вы можете гордиться — вам улыбнулся Сологуб. Он крайне редко улыбается. Заслужить его улыбку лестно. Вроде ордена. Ну, спокойной ночи. И надеюсь, до скорого. Чтобы не позже чем через три дня вы были дома. Непременно!

В эту ночь я плохо спала. Я вспоминала рассказы Гумилева и Георгия Иванова о Сологубе. Их было много, очень много. Как, впрочем, и о всех поэтах. Я действительно была «ненасытно любознательна», мне хотелось знать все, решительно все, что касается поэтов. В этом отношении мне очень повезло. Гумилев, как впоследствии и Георгий Иванов, с удовольствием отвечали на все мои бесчисленные вопросы и с увлечением рассказывали о тех баснословных аполлоно-бродяче-собачьих годах. Они вводили меня в тот зачарованный надзвездно-подводный мир поэзии и поэтов, о котором я мечтала с самого детства.

Да, рассказов о Сологубе было много. Вот несколько из них. Прежде всего о том, кто был Сологуб. Сологуб — псевдоним. И зачем ему понадобилось брать графскую фамилию и еще писателя? Правда, он отбросил титул и второе «л», но все же... Настоящая фамилия его Тетерников. Ну и был бы, скажем, Терников[1]. Он сын портного и прачки. Говорили даже, что незаконный. Но я не берусь утверждать. Ему удалось окончить учительскую семинарию и стать учителем — нелюбимым учителем. Потом инспектором. Еще более строгим и еще менее любимым. Грозой уже не только учеников, но и учителей. Писать он стал поздно, но быстро прославился. И стал зарабатывать хорошо. Конечно, не стихами, а прозой. Стихами прокормиться удалось одному Блоку в первые годы женитьбы. Правда, Блок писал невероятно много стихов, и питались они с Любовью Дмитриевной изо дня в день исключительно гречневой кашей и пили шоколад. Но все же другого случая существования на поэтические гонорары я не знала.

---

[1] В 20-х годах в Берлине в Доме искусств Н. М. Минский так рассказывал о происхождении псевдонима «Сологуб». Свои первые стихи Ф. К. Тетерников за своей подписью послал в журнал, где отделом стихов заведовал Н. М. Минский. Стихи редакции понравились, но подпись Минскому показалась для поэта «невозможной», и, чтобы найти какую-нибудь «подходящую для поэта» фамилию, Минский обратился к лежащей на столе газете. В ней он увидел фамилию «Соллогуб» и подписал стихи Тетерникова этой фамилией, но с одним «л». Так, по рассказу Минского, родился в русской литературе поэт Федор Сологуб. *(Примеч. авт.)*

А Сологуб своим «Мелким бесом», «Навьими чарами», «Жалом смерти» и прочим почти разбогател, бросил инспекторство и зажил не только в «палатах каменных», но и в «золотом терему», по собственному определению.

Вся квартира Сологуба была обставлена золоченой мебелью, на стенах картины и зеркала в широких золоченых рамах. Золоченые люстры и консоли. Портьеры бархатные или атласные, пунцовые с золотыми кистями. От золота в глазах рябило. Все это было довольно аляповато, скорее всего купленное в Апраксином рынке.

— Как пышно, как богато! — воскликнула впервые посетившая его Зинаида Николаевна Гиппиус, стоя среди раззолоченной столовой и поднося лорнетку к своим зеленым, русалочьим, близоруким, но все подмечающим глазам. — И чашки золоченые, и ложки, и в птифуры, наверно, золотые пятирублевки запечены!

Сологуб каменно поклонился:

— Непременно воспользуюсь вашим советом насчет пятирублевиков. Сознаюсь — люблю золото. Я бы и лысину себе с удовольствием вызолотил, да доктор говорит, вредно — талант пропадет и стану завистливым. А хуже этого я ничего не знаю.

— Вам ведь тоже не нравится? — спросил как-то Сологуб Георгия Иванова. — Ведь вы эстет. А я о такой именно обстановке мечтал, когда сидел в своей учительской каморке. На трясучем столе груда ученических тетрадей. И до чего они мне осточертели! Сижу под керосиновой лампой и ставлю болванам двойки и единицы — с удовольствием. Авось его за мою двойку или единицу папенька с маменькой выпорют. А печка чадит. Из окна дует. И такая тоска, такая тоска. Закрою глаза и представлю себе, что сижу в алом шелковом кресле, по стенам зеркала и картины в золоченых рамках, на полу ковер в розы — точь-в-точь как у меня здесь теперь. И казалось мне, что в этом золотом тереме я, если его добьюсь, буду проводить золотые дни. Ну, конечно, слегка ошибся. А все же жаловаться не могу. Недурно, совсем недурно себя чувствую. Конечно, в мечтах все много волшебнее, а все ж я доволен.

Как-то Сологуб сказал Гумилеву:

— Вот часто удивляются, как я мог создать Передонова. Какая жуткая, извращенная фантазия. А я его, видите ли, большей частью с себя списывал. Да, да, очень многое. И даже «недотыкомку». То есть она, наверно, появилась бы, материализовалась, если бы не было стихов как отдушины. Впрочем, и с поэзией надо осторожно, тоже многих к гибели приводит. А мне вот помогает... Вы меня поймете, Николай Степанович, вам самому поэзия мать, а не мачеха. Оберегает вас, помогает вам. А вот Блока ведет к гибели. И не его одного. Надо быть очень сильным, чтобы суметь справиться с поэзией, не дать ей проглотить себя. «В мерный круг твой бег направлю укороченной уздой», — мне всегда кажется, что это Пушкин о поэзии. Он-то умел с ней справиться. А Лермонтов — нет, не мог. Оттого и погиб.

Гумилев, хотя он совсем не был согласен, слушал не перебивая, не споря. Перебьешь — насупится и замолчит. Надо ждать, пока Сологуб сам задаст вопрос. А Сологуб продолжает отчеканивать:

— Вот еще меня упрекают в жестокости. Будто «Мелкий бес» жестокая книга. Но ведь без капельки жестокости не бывает великих произведений. Это, как вы знаете, Николай Степанович, еще Лопе де Вега сказал. И как это правильно. Капелька жестокости необходима. Без нее, как без соли, — пресно.

Сологуб, устроившись роскошно, завел у себя журфиксы. Сологуб был радушным, но чрезвычайно важным хозяином. Гости не могли не чувствовать, что он оказывает им немалую честь, принимая их у себя.

Анастасия Николаевна же совсем не годилась для роли хозяйки «раззолоченного терема». По внешности — типичная курсистка, синий чулок, небрежно причесанная и одетая, с вечной папиросой в руке, она всегда была чем-то взволнована и боялась каких-то интриг и заговоров против обожаемого ею Федора Кузьмича.

— Ах, Федору Кузьмичу все завидуют. Все хотят повредить ему, подкопаться под него. Погубить, но пока я жива, я не позволю его врагам... Но как обнаружить врагов? Они часто скрываются под видом друзей.

Самое трудное в положении бедной Анастасии Николаевны было то, что Сологуб требовал от нее ровно-любезного отношения ко всем гостям, а у нее сердце разрывалось от любви к друзьям и от ненависти к врагам. Но показывать чувства нельзя — Федор Кузьмич рассердится, не дай Бог. Страшнее этого она ничего представить себе не могла.

Гумилев сочувственно кивал головой:

— Нелегко, несладко быть женой великого поэта. И, откровенно говоря, вообще поэта. Даже, к примеру, моей женой.

И еще рассказ о Сологубе. Я вспомнила рассказ Гумилева о том, как он еще до революции вздумал вместе с Городецким издать какой-то альманах. Осведомившись по телефону, не помешают ли они, Гумилев и Городецкий не без робости отправились к Сологубу просить стихи для альманаха.

Сологуб принял их в своем раззолоченном кабинете, в шелковом халате. На письменном столе, среди рукописей, стоял крохотный серый котенок, пушистый клубочек шерсти, еле державшийся на тоненьких лапках, и усердно лакал молоко с блюдца, а Сологуб, нагнувшись над ним, внимательно и восторженно-удивленно наблюдал за ним.

— Нет, посмотрите, как старается! — проговорил Сологуб, кивнув им наскоро. — Почти все блюдце вылакал. Ах ты, маленький негодяй. Утопить тебя хотели!

Он осторожно поднял котенка и посадил себе на ладонь. Городецкий слегка погладил котенка по шейке:

— Прелесть. И глазки зеленые, — льстиво восхитился он.

Сологуб отвел руку Городецкого.

— Осторожно, Сергей Митрофанович. Не трогайте. Вы ему спинку сломаете. Ведь у него такие нежные косточки, а у вас грубые пальцы. — И, распахнув халат, Сологуб спрятал котенка на груди. Лицо его приняло умиленное выражение. — Я его вчера на лестнице нашел. Дворничиха четырех котят уже утопила, а этот неизвестно как добрался до ступенек и мяучит, жалуется. Я нагнулся, взял его, а он открыл ротик и стал сосать мой мизинец. Язык у него шершавый, теплый. И так странно вдруг я себя почувствовал. Будто во мне что-то утробное зашевелилось где-то там внутри. Что-то такое влажное, материнское, женское. Нет, даже кошачье. Во всем теле отдалось. Смешно и странно. Я хотел положить котенка на ступеньку и не могу. Жаль мне его. Ведь утопят. Принес его домой. И вот второй день вожусь с ним. Он меня уже узнает, такой шустрый.

Гумилев, начав с похвал котенку: «Да, удивительный котенок», — перешел к делу. Сологуб благосклонно согласился.

— С удовольствием, с большим удовольствием дам. Вот, выбирайте любые стихи. — И он протянул Гумилеву красную сафьяновую тетрадь. — Сколько хотите — берите, берите!

Обрадованный Гумилев стал громко читать стихотворение за стихотворением и восхищаться ими.

— Если позволите, эти пять. И как мы вам благодарны, Федор Кузьмич. Это такое украшение для нашего альманаха. Как мы вам благодарны...

— Но, к сожалению, — Городецкий откашлялся и продолжал быстро, — к большому нашему сожалению, мы можем платить только по семьдесят пять копеек за строчку. Конечно, для вас это не играет роли, но мой долг предупредить...

Лицо Сологуба вдруг снова окаменело.

— В таком случае... — Он не спеша, но решительно протянул руку и отнял тетрадь у растерявшегося Гумилева. — Анастасия Николаевна, принесите, там на рояле стихи лежат, — крикнул он в зал.

Дверь отворилась, и вошла Анастасия Николаевна с двумя листками в руке.

— Вот эти могу дать по семьдесят пять. А остальные, извините...

Опешившие Гумилев и Городецкий поспешно откланялись и покинули квартиру Сологуба. Только на лестнице они прочли стихотворения, полученные для альманаха. Я запомнила строфу из первого:

За оградой гасли маки,
Ночь была легка-легка,
Где-то лаяли собаки,
Чуя нас издалека.

Второе кончалось загадочной строкой: «Не поиграть ли нам в серсо?», не имевшей никакого отношения к содержанию стихотворения и даже ни с чем не рифмовавшейся. Гумилев, недоумевая, взглянул на Городецкого:

— Что же это значит, Сергей Митрофанович? Объясни, пожалуйста.

Но Городецкий безудержно хохотал, держась за перила, чтобы не скатиться с лестницы.

«Не поиграть ли нам в серсо?» — повторяли потом в течение многих месяцев члены Цеха в самых разнообразных случаях жизни. А альманах, для которого предполагались эти стихотворения, так и не вышел.

— А что стало с котенком? — спросила я, выслушав Гумилева. Но о дальнейшей судьбе котенка Гумилев ничего не знал.

В январе 1921 года Гумилев решил издавать журнал Цеха поэтов «Новый Гиперборей» — на гектографе. Стихи в нем появлялись в автографах с «собственноручными графиками» членов Второго цеха.

Всего было выпущено четыре тетрадки, все обозначенные «№ 1». Для радости библиофилов, по определению Гумилева: «Известно — библиофил особенно ценит первый номер журнала. Вот мы ему и потрафим». Гумилев сам шил тетрадки «Гиперборея», хотя, как он утверждал, хуже владел иглой, чем саблей.

— А все же, — самодовольно говорил он, — красиво получается!

В первом «№ 1» появились «Перстень» Гумилева, «В меланхолические вечера» Георгия Иванова и мой «Поэт»: «Белым полем шла я ночью», явно написанный о Гумилеве.

Мандельштам, увидев мой рисунок, неодобрительно покачал своей «отягченной баками головой».

— Польстили, не в меру польстили вы вашему мэтру! Какой он у вас молодой, элегантный!

— Я и не думала рисовать Гумилева, — защищалась я. — Я не умею схватывать сходства. Ведь мой поэт совсем, совсем не похож на Гумилева.

— Мы-то это знаем. А те, кто не видел, будут думать, что он такой. Грех на вашей душе.

Но тут возмутился Гумилев:

— Я вовсе не желаю быть похожим на вашего конфетного поэта. Даже отдаленно. Не желаю!

— Тогда, — советует Мандельштам, — подпиши под «Поэтом»: «Не с меня рисован. Я совсем не такой. Даже напротив. Н. Гумилев».

Во втором «№ 1» «Гиперборея» были гумилевский «Слоненок» с его рисунком, «Не о весне пою» Георгия Иванова с автопортретом в снежно-чернильном раю и моя «Птица» с изображением орла.

Этот орел всем почему-то чрезвычайно понравился, особенно Мандельштаму.

Гумилев, всегда желавший всюду и во всем быть лучше остальных, заявил, что птиц рисовать легче всего, и для третьего «№ 1» дал свою «Канцону», иллюстрировав ее петухом.

Петух получился голенастый, длинноногий и пернастый.

— Это страус, а не петух! — решил Мандельштам.

— Не страус, а петух. Самый настоящий африканский петух, — объяснил Георгий Иванов. — Ты, Осип, в Африке не бывал, так и судить об африканском петухе не можешь, и потому «Пепли плечо и молчи»!

Я в этот номер дала «Балладу о Роберте Пентегью» с девятью котами в виде иллюстрации. Георгий Иванов нарисовал закат, как персидскую шаль, к своему стихотворению «И дальний закат, как персидская шаль...».

Мандельштам — «Я слово позабыл» и обратился ко мне с просьбой немного помочь ему в его «собственноручной графике» — прибавить к ней слепую ласточку.

Я, конечно, согласилась. Он протянул мне чистый лист бумаги.

— Вот тут, в правом углу, прибавьте ласточку.

— Лучше вы все сперва нарисуйте, а потом уже я прибавлю ласточку.

— Но ведь все уже готово, только ласточки не хватает! — Мандельштам широким жестом указал на белый лист. — Вот они, горячие снега! Не хватает только детали — слепой ласточки, упавшей на них!

Я не стала спорить с ним и нарисовала ласточку. Мандельштам остался ею очень доволен.

— Только слепой не разглядит, что она слепая, действительно слепая! — Он провел под ласточкой волнообразную черту и подписался. — Жаль даже отдавать. В рамку бы вставить мой рисунок! «Музейная вещь», как говорит сынишка Анны Радловой. Прелесть! — восхищался он.

Четвертый «№ 1» собирался почему-то очень долго, и я не могу утверждать, что он «в соответствующем количестве экземпляров» вышел в свет. Я видела только оригинальный номер.

В нем Гумилев поместил свое «Слово», Мандельштам — «По каменным отрогам», Георгий Иванов — «В половине сентября», Оцуп — стихи про гвоздь, я — «Балладу об извозчике».

Рукописные оригиналы продавались дорого только уезжающим за границу. Остальным — по сходной цене или просто раздавались на добрую память добрым же знакомым.

Третий «№ 1» был отпечатан в пяти экземплярах, второй тоже в пяти, зато первый «№ 1» — ему повезло — в двадцати пяти экземплярах. Объяснялось это отсутствием бумаги и прочими «сложностями и техническими трудностями» того времени.

Весной «Новый Гиперборей» прекратил свое существование, надобность в рукописных журналах исчезла. Наступил нэп.

Вскоре вышел первый сборник Цеха поэтов в «нормально благопристойном виде».

Яков Ноевич Блох основал книгоиздательство «Петрополис», стал печатать сборники стихов в «изысканно-эстетическом оформлении».

Он отдался своему делу всей душой и с невероятным энтузиазмом привлек к участию в нем не только поэтов, но и художников.

Начались споры о том, полезно или нет слишком эстетическое оформление для стихов?

Гумилев считал, что стихи должны издаваться классически просто и строго, без всяких художественных украшений, превращающих сборник стихов в предмет искусства.

Лозинский и Георгий Иванов, напротив, стояли за «художественное оформление».

Мандельштам, смотря по настроению, склонялся то на одну, то на другую сторону.

Издатель «Петрополиса» разрывался от волнения и сомнений, страстно советовался с поэтами и с художниками, стремясь, по выражению Лозинского, создать «книгоиздательство, равного коему не было, нет и не будет на свете».

Конечно, как и всякое явление тогдашней литературной жизни, книгоиздательское волнение и сомнения Я. Н. Блоха нашли отражение в комических стихах, и Георгий Иванов написал свою «Балладу об издателе».

Неправильно названная в собрании сочинений Н. Гумилева «поэмой», «Баллада об издателе» не является коллективным творчеством, а сочинена Георгием Ивановым, им одним.

Ни Гумилев, ни Мандельштам не принимали в ее сочинении ни малейшего участия. Она явилась для Гумилева и для Мандельштама такой же неожиданностью, как и для меня. Я присутствовала при первом чтении ее весной 1921 года на квартире Гумилева и помню впечатление, произведенное ею на нас троих.

Гумилев пришел от нее в восторг, тут же записал и стал читать ее всем, с кем в те дни встречался. Отсюда, должно быть, и возникло мнение, что он ее автор.

Я. Н. Блох ошибается, считая Гумилева «основным автором» «Баллады», которую он тоже называет «поэмой». Ошибается он также, считая, что Гумилев придумал для нее и особый размер «молоссы» (?).

«Баллада об издателе» просто написана размером моих тогдашних баллад, в подражание им, с теми же, как и в моих балладах, мужскими рифмами.

Поднял Блох руку одну —

переделка строки моей «Баллады об извозчике».

Мне наконец удалось восстановить в точности всю балладу, которую я и привожу:

БАЛЛАДА ОБ ИЗДАТЕЛЕ

На Надеждинской жил один
Издатель стихов,
Назывался он Господин
Блох.
Всем хорош — лишь одним плох:
Фронтиспис очень любил
Блох.
Фронтиспис его и погубил,
Ох!
Труден издателя путь и тернист, и кремнист,
А тут еще титул, шмуцтитул, заставки и титульный лист,
Книгу за книгой Блох отсылает в печать,
Издал с десяток и стал безнадежно скучать.
Добужинский, Чехонин не радуют взора его,
На Митрохина смотрит, а сердце, как камень, мертво.
И шепнул ему дьявол, когда он ложился в постель:
— Яков Ноич! А есть еще Врубель, Рембрандт, Серов,
Рафаэль!
Всю ночь Блох
Плохо спал,
Всю ночь Блох
Фронтисписы рвал.
Утром рано звонит в телефон —
На обед сзывает поэтов он.
И когда пришел за поэтом поэт,
И когда собрались они на обед,
Поднял Блох руку одну —
Нож вонзил в зад Кузмину,
Дал Мандельштаму яда стакан —

Выпил тот и упал на диван.
Дорого продал жизнь Гумилев,
Умер не пикнув Жорж Иванов.

И когда всех поэтов прикончил Блох,
Из груди вырвался радостный вздох:
— Теперь я исполню мечту мою,
Книгоиздательство я открою в раю. Там Врубель, Рембрандт, Рафаэль, Веласкес и Бердслей,
Никто не посмеет соперничать с фирмой моей!..

Кстати, прибавлю еще специально для литературоведов.

В комментариях к экспромту № 393, написанному весной 1921 года, сказано, что составителям его не удалось узнать, кто был автор поэмы об «Умеревшем офицере».

Автором ее был Оцуп, тогда же уничтоживший свою поэму, кончавшуюся строками:

И лежит раскинув руки
Умеревший офицер.

Приведу и маленькую справку pro domo sua (в свою защиту). В примечаниях № 398 к письму Гумилева сказано: «и... Стих 18 «(Над Волховом встает луна)», очевидно, взято из «Поэмы о Луне» самой Одоевцевой».

Нет. Совсем не очевидно. И даже напротив. Оно никак не могло ни по ритму, ни по содержанию быть взято из «Поэмы о Луне», напечатанной во II номере журнала «Дом Искусства», а также в моем сборнике стихов «Двор Чудес».

«Над Волховом встает луна» — просто строчка из моего четырехстопного письма, на которое письмо Гумилева явилось ответом.

Добавлю, что строка «Слегка стареющий поэт» взята Гумилевым из его стихотворения памяти Анненского: «Слегка седеющий поэт».

В начале моего «ученичества» Гумилев подарил мне маленький in octavo, очень толстый альбом из пергамента, купленный им, по его словам, еще когда-то в Венеции.

— Я буду в него записывать стихи, посвященные вам, — сказал он, подавая его мне. — Он пергаментный, вечный. Он перейдет к вашим внукам и праправнукам. Берегите его.

На первой странице сверху стояло: «Н. Гумилев», а посередине: «Стихи, написанные Ирине Одоевцевой», внизу был нарисован чернилами один из всегдашних его пейзажей — пальма, необычайно высокая и разлапистая, крошечные негры, два громадных льва, один стоит, другой лежит, и на длинноногом, двугорбом верблюде «я сам с ружьем в руках». Под этим рисунком, изображающим охоту на львов, подпись:

$$\text{N. G. fecit } \frac{23}{8} \text{ 1919.}$$

Страницы альбома были очень малы, но Гумилев умудрялся помещать на одну страницу три строфы своим мелким, некрасивым, «неинтеллигентным», как он сам его называл, почерком.

Альбом этот погиб 5 августа 1921 года, после ареста Гумилева. Он был уничтожен моими родными вместе с письмами ко мне Гумилева, черновиком его автобиографии и всеми его книгами с надписями.

Сделано это было против моей воли, в мое отсутствие, из понятного страха — возможного у меня обыска.

Но страх, как и большинство страхов, оказался неоправданным — обыска у меня никто не производил, и мой альбом погиб совершенно напрасно.

Да, конечно, я очень болезненно пережила гибель моего альбома, я еще и сейчас с грустью вспоминаю о нем.

Но с чисто историко-литературной точки зрения гибель его не представляет собой большой потери. Ведь Гумилев успел еще при жизни составить свою последнюю книгу и включить в нее все стихи, которые он считал достойными быть напечатанными.

Остальные — их было немало — не представляли собой ценности, а являлись, по выражению Гумилева, «дифирамбиальными упражнениями, далеко не всегда удачными».

Впрочем, я все же сообщила несколько из них Г. Струве, и они включены во II том собрания сочинений Гумилева.

Приведу еще два стихотворения из моего альбома. Они интересны тем, что показывают, насколько Гумилев был аккуратен и экономен в своем поэтическом хозяйстве.

Первое:

Конквистадор в панцире железном,
Признаю без битвы власть твою
И в сопротивленьи бесполезном
Не грущу, а радостно пою —
В панцире железном, в тяжких латах, —
Бант, сидящий словно стрекоза,
В косах золотисто-рыжеватых,
И твои зеленоватые глаза,
Как персидская больная бирюза.

Строчки:

На твои зеленоватые глаза,
Как персидская больная бирюза

были им повторены в стихотворении «Лес», написанном через две недели после «Конквистадора».

И второе:

На веснушки на коротеньком носу,
И на рыжеватую косу,
И на черный бант, что словно стрекоза,
И на ваши лунно-звездные глаза
Я, клянусь, всю жизнь смотреть готов.
Николай Степаныч Гумилев.

О сравнении «бант словно стрекоза» Гумилев вспомнил больше чем через год и перенес его во второе стихотворение, написанное уже в декабре 1920 года.

Гумилев иногда из «экономии» даже посвящал свои мадригалы различным лицам.

Всем, например, известно — об этом уже не раз говорилось в печати, — что «Приглашение в путешествие» посвящалось многим, с измененной строфой, смотря по цвету волос воспеваемой:

> Порхать над царственною вашей
> Тиарой золотых волос.

Или:

> Порхать над темно-русой вашей
> Прелестной шапочкой волос.

Были и «роскошные», и «волнистые» шапки волос, и «атласно-гладкие» шапочки волос.

Сам Гумилев в минуты откровенности рассказывал мне, сколько раз это «приглашение» ему «служило», как и второе его «ударное» стихотворение: «С тобой мы связаны одною цепью».

В моем альбоме их, конечно, не было, но в нем рукой Гумилева были записаны почти все его лирические стихи, сочиненные им в это время, вплоть до «Моим читателям».

Гумилев совершенно серьезно уверял меня, что они все написаны мне. Но я, несмотря на всю мою тогдашнюю наивность и доверчивость, не верила этому, что иногда сердило его.

Все же мой альбом мог послужить материалом для датирования стихотворений — Гумилев всегда ставил под ними точную дату.

Иногда, правда довольно редко, попадались и «разночтения», как теперь принято говорить.

Так, в «Канцоне первой», открывающей мой альбом, вместо двух последних строф, начинающихся:

> В этот час я родился,
> В этот час я умру,

были строки:

Лишь несчастно влюбленным
Снятся райские сны.

В этом мире полночном
Мне дороже весны
Ты, со взглядом зеленым
И такой глубины,
Что одним беспорочным
На земле суждены.

Я удивилась необычайному чередованию рифм.

Гумилев обиженно пожал плечами:

— Пожалуйста, без критики. Много вы понимаете. Правила существуют для начинающих. А я, слава Богу, могу рифмовать как хочу. Кальдерон недаром говорил, что, изучив правила, надо запереть их на ключ, а ключ бросить в море — и только тогда приступить к творчеству. И писать по вдохновению...

Но через несколько дней он прочел мне измененный конец этой канцоны, такой, как он напечатан в «Огненном столпе».

Я попросила его записать мне в альбом окончательный вариант, но он, не без злорадства, отказался:

— Нет уж, пусть у вас остается прежний конец, хотя вы его и критикуете.

Больше я никогда — даже когда они мне совсем не нравились, как, например, «Перстень», — не позволяла себе «критиковать» его стихи.

Было и еще одно существенное «разночтение» — во втором стихотворении триптиха «Душа и тело» — вместо:

И женщину люблю... Когда глаза
Ее потупленные я целую,
Я пьян, будто близится гроза
Иль будто пью я воду ключевую.

В моем альбоме стояло:

И девушку люблю, что у судьбы
Я отвоюю с яростью во взгляде,
Ее прикосновенья жгут, как бы
В ней соки бродят, будто в винограде.

Гумилев любил читать свои старые стихи, и напечатанные и те, которые он считал недостойными появиться в его книгах. Все их помнил наизусть.

Так, он не раз читал мне стихи, опубликованные уже в Париже после его смерти под названием «К синей звезде», которое им дал Мочульский.

Из них — неизвестно почему — Гумилев включил в «Костер» далеко не лучшие, «Розу» или «Телефон».

Гумилев читал мне наизусть и надписи, сделанные им когда-то на книгах. Привожу из них две.

Первая на «Чужом небе» барышне, в которую он был влюблен во время войны, — не называю ее имени — написавшей строчку с двумя спондеями:

Спондеическая поэтесса,
Связной надписи не требуй
К. этому «Чужому небу»,
Где лишь ты одна принцесса.

И вторая на «Шатре», — сделанная приблизительно в то же время его будущей жене Ане Энгельгардт:

Об Анне, пленительной, сладостной Анне
Я долгие ночи мечтаю без сна.
Прелестных прелестней, желанных желанней
Она!..

Мне она очень не понравилась, особенно усеченная последняя строка. Я немного поморщилась, хотя «критиковать» не стала.

Он все же накинулся на меня:

— А вы думаете, что так легко «мадригалить»? Но, слава Богу, не все так требовательны, как вы, и приходят в восторг от всякого посвящения. Ведь я — в этом они твердо уверены — дарю им бессмертие, посвящая им стихи.

— Даже если эти стихи вами посвящены целой дюжине? Всем им дарите бессмертие? — спрашиваю я. — Оптом и в розницу?

Гумилев уже смеется.

— Каждая считает, что ей, и только ей одной. И счастлива этим.

Отправляясь на свидание, Гумилев всегда брал с собой заготовленный «мадригал». Но иногда, занятый спешной работой, он не успевал его сочинить.

Однажды, когда мы с Георгием Ивановым сидели в саду Дома литераторов, Гумилев подошел к нам с озабоченным видом и, наскоро поздоровавшись, спросил, не найдется ли у меня или у Георгия Иванова какого-нибудь подходящего к случаю стихотворения. У меня, конечно, ничего подходящего не оказалось, но Георгий Иванов вспомнил какую-то свою строфу о Психее, глядящейся в зеркало.

Гумилев, нахмурившись, выслушал ее и одобрительно кивнул.

— Ничего, сойдет. Скажу ей, что она похожа на Психею. — И тут же записал эту строфу под диктовку Георгия Иванова, поставив под ней свою подпись и дату — июль 1921 года, а над ней — посвящение.

Эта «Психея» вернулась к Георгию Иванову, когда он собирал стихи Гумилева для посмертного сборника, но он, к негодованию приславшей ее, не счел возможным включить свою строфу в сборник Гумилева.

Так как часто одно и то же стихотворение приносилось или присылалось с различными посвящениями, Георгий Иванов решил печатать такие стихи без посвящений, что вызывало ряд обид и возмущений.

Кстати, забавное недоразумение: Георгий Иванов дал и сам стихотворение Гумилева, но зачеркнул посвящение себе.

В типографии же сочли, что он подчеркнул посвящение, а не вычеркнул, и в сборнике оно появилось сделанным необычайно крупным шрифтом, к комическому отчаянию Георгия Иванова.

Говоря о неизвестных стихах Гумилева, я вспомнила, что мне известны два стихотворения Мандельштама, не попавшие в его собрание сочинений.

Они были написаны еще во времена Первой мировой войны.

Первое было напечатано в газете «Копейка», кажется, в 1916 году.

Вот оно:

Германская каска. Священный трофей
Лежит на камине в гостиной твоей.
Дотронься, она, как пушинка, легка.
Пронизана воздухом сталь шишака.
Нам только взглянуть на блестящую медь,
А им, им, героям, в бою умереть.

В те дни и в газетах, и в журналах охотно печатали военные стихи, и это приносило поэтам немалый доход. Мандельштам тоже решил, скрепя сердце, писать для денег.

Но дальше этой неудачной попытки, как он сам со смехом рассказывал мне, он не пошел:

— Напечатать напечатали и заплатили шесть рублей. Но редактору стихотворение совсем не понравилось — двусмысленное. Непонятно, кто «герои» — немцы или русские? Надо было определенно, ура-патриотично. А я не умел! Так и пришлось бросить...

Мандельштам в дореволюционные годы во время писания стихов сам варил себе крепчайший кофе и пил его в неограниченном количестве. Теперь же, когда кофе и в помине не было, он часто повторял с трагикомическими вздохами сочиненную им когда-то строфу:

Я давно полюбил нищету,
Одиночество, бедный художник.
Чтобы кофе варить на спирту,
Я купил себе легкий треножник, —

и прибавлял:

— Подумайте только, как я был счастлив.

А разве я ценил?..

Раз я упомянула о «Лесе», мне следует рассказать, отчего в «Огненном столпе» посвящение мне было снято.

Произошло это по моей просьбе, так как из-за этого посвящения в сборнике Цеха поэтов «Дракон» вышла неприятная история.

Некоторые участники «Всемирной литературы» повели кампанию против Гумилева, обвиняя его в том, что он открыто признается мне в любви и описывает мою наружность.

Голлербах даже нашел возможным высказать это мнение в своей критической статье о «Драконе».

Гумилев счел меня и, главное, себя оскорбленными, и дело чуть не дошло — а может быть, и дошло — до третейского суда.

О суде я толком так ничего и не узнала. Эта история меня страшно волновала, и Гумилев стал делать вид, что все уладилось.

Я просто сходила с ума и тряслась от страха, что это станет известно у меня дома. Я умоляла Гумилева не обращать внимания на сплетни и враждебные выпады и не разыгрывать роль рыцаря, защищающего честь прекрасной дамы.

Я не чувствовала себя оскорбленной. Ничего, кроме пустого зубоскальства, в статье Голлербаха я не находила, а реакция на нее Гумилева действительно могла принести мне немало зла — вплоть до запрещения встречаться с Гумилевым и бывать в литературных кругах.

Но, слава Богу, все для меня обошлось без неприятных последствий и вскоре совсем забылось.

Гумилев не сразу согласился снять посвящение с «Леса». Но слезы и упреки Ани — ей тоже все это стало известно — подействовали на него. Он не только снял посвящение мне, но даже посвятил весь «Огненный столп» ей — что я очень одобрила, а ее привело в восторг.

Все же оставить меня совсем без посвящения в своем сборнике стихов он не желал и решил посвятить мне «Заблудившийся трамвай». Но я отказалась и от этого, что его не на шутку обидело.

— Мне кажется, я имею право посвящать свои стихи кому хочу, по своему собственному выбору — хоть китайской императрице.

— В следующем сборнике — сколько угодно, я буду ими страшно гордиться. А сейчас, во избежание разговоров, пожалуйста, не надо, — просила я.

В конце концов он послушался меня, но все же сказал с упреком:

— Вы пожалеете, и очень пожалеете, что отказались от такого подарка.

Да, он оказался прав — я жалею, и очень жалею, что «Заблудившийся трамвай» — мое самое любимое стихотворение Гумилева — не посвящено мне.

Все же я с удовольствием вспоминаю, что я была первой, услышавшей его.

Было это весной 1921 года. Я зашла за Гумилевым в 11 часов утра, чтобы идти вместе с ним в Дом искусств.

Он сам открыл мне дверь кухни и неестественно обрадовался моему приходу. Он находился в каком-то необычайно возбужденном состоянии. Даже его глаза, обыкновенно сонные и тусклые, странно блестели, будто у него жар.

— Нет, мы никуда не пойдем, — сразу заявил он. — Я недавно вернулся домой и страшно устал. Я всю ночь играл в карты и много выиграл. Мы останемся здесь и будем пить чай.

Я поздравила его с выигрышем, но он махнул на меня рукой.

— Чушь! Поздравить вы меня можете, но совсем не с выигрышем. Ведь мне в картах, на войне и в любви всегда везет.

«Разве всегда?..» — спросила я себя.

А он уже продолжал:

— Поздравить вы меня можете с совершенно необычайными стихами, которые я сочинил, возвращаясь домой. И так неожиданно. — Он задумался на мгновение. — Я и сейчас не понимаю, как это произошло. Я шел по мосту через Неву — заря, и никого кругом. Пусто. Только вороны каркают. И вдруг мимо меня совсем близко пролетел трамвай. Искры трамвая, как огненная дорожка на розовой заре. Я остановился. Меня что-то вдруг пронзило, осенило. Ветер подул мне в лицо, и я как будто что-то вспомнил, что было давно, и в то же время как будто увидел то, что будет потом. Но все так смутно и томительно. Я оглянулся, не понимая, где я и что со мной. Я постоял на мосту, держась за перила, потом медленно двинулся дальше, домой. И тут-то и случилось. Я сразу нашел первую строфу, как будто получил ее готовой, а не сам сочинил. Слушайте:

Шел я по улице незнакомой
И вдруг услышал вороний грай,
И звоны лир, и дальние громы —
Передо мной летел трамвай.

Я продолжал идти. Я продолжал произносить строчку за строчкой, будто читаю чужое стихотворение. Все, все до конца. Садитесь! Садитесь и слушайте!

Я сажусь тут же в кухне за стол, а он, стоя передо мной, взволнованно читает:

Как я вскочил на его подножку,
Было загадкою для меня.

Это совсем не похоже на прежние его стихи. Это что-то совсем новое, еще небывалое. Я поражена, но он и сам поражен не меньше меня.

Когда он кончил читать, у него дрожали руки, и он, протянув их вперед, с удивлением смотрел на них.

— Оттого, должно быть, что я не спал всю ночь, пил, играл в карты — я ведь очень азартный — и предельно устал, оттого, должно быть, такое сумасшедшее вдохновение. Я все еще не могу прийти в себя. У меня голова кружится. Я полежу на диване в кабинете, а вы постарайтесь вскипятить чай. Сумеете?..

«Это ведь почти чудо», — говорил Гумилев, и я согласна с ним. Все пятнадцать строф сочинены в одно утро, без изменений и поправок.

Все же одну строфу он переделал. В первом варианте он читал:

Знаю, томясь смертельной тоскою,
Ты повторяла: Вернись, вернись!
Я же с напудренною косою
Шел представляться Императрикс.

Вместо:

Как ты стонала в своей светлице...

и так далее...

Машенька в то первое утро называлась Катенькой. Катенька превратилась в Машеньку только через несколько дней, в честь «Капитанской дочки», из любви к Пушкину.

Догадка Маковского, что «Машенька» — воспоминание о рано умершей двоюродной сестре Гумилева, неправильна, как и большинство таких догадок...

Сам Гумилев очень ценил «Трамвай».

— Не только поднялся вверх по лестнице, — говорил он, — но даже сразу через семь ступенек перемахнул.

— Почему семь? — удивилась я.

— Ну вам-то следует знать почему. Ведь и у вас в «Толченом стекле» семь гробов, семь ворон, семь раз прокаркал вороний поп. Семь — число магическое, и мой «Трамвай» магическое стихотворение.

Он улыбался, и я не знала, шутит ли он или говорит серьезно.

«У цыган» было написано им дней через десять.

— Я все еще нахожусь под влиянием «Заблудившегося трамвая», — говорил он. — «Цыгане» одной семьи с ним. Но они, я сам знаю, гораздо слабее. Надеюсь все же, что мне удастся перемахнуть еще через семь ступенек. Конечно, не сегодня и не завтра, а через полгода или год — ведь «великое рождается не часто». Через полгода...

Кстати, о неправильных догадках. Тот же С. Маковский называл стихотворение Гумилева «Дева-птица» «запутанной криптограммой в романтически-метерлинкском стиле» и считал его чуть ли не центральным в поэзии Гумилева, тогда как это стихотворение действительно стоит особняком в творчестве Гумилева, но совсем по другой причине.

«Дева-птица» — единственное стихотворение Гумилева, написанное... по рифмовнику.

Гумилев неизвестно где раздобыл этот рифмовник — старый, затрепанный, в голубой бумажной обложке и со смехом читал его мне.

— Отличное пособие. Я им непременно как-нибудь воспользуюсь и вам советую.

Я выразила сомнение в том, что он им воспользуется.

— Не верите? Хотите пари держать, что я напишу стихи по этому рифмовнику? Ведь

И в мокром асфальте поэт
Захочет, так счастье находит,

а не то что стихи в рифмовнике.

Через несколько дней он, торжествуя, прочел мне «Деву-птицу».

— Вот видите, я сказал, что напишу, и написал! Вслушайтесь в качающийся, необычайный ритм. А началось с рифм: младенец — пленниц, прохладой — стадо, коровы — тростниковой, — я от них оттолкнулся и стал плести кружево, пользуясь все новыми готовыми рифмами: высокий — щеки, нагретой — браслеты, рифмоидом жальче — мальчик и так далее, а потом привел все в порядок, кое-что кое-где подчистил, и получилось совсем хорошо. И даже глубокомысленно.

Нет, по-моему, совсем не хорошо. Мне эта «Дева-птица» совсем не понравилась, в особенности

Никому не нужны мои губы
И бледные, длинные щеки

первого варианта.

Мы с Георгием Ивановым, Мандельштамом и Оцупом дружно осудили эту «Деву-птицу», будто сошедшую, по выражению Георгия Иванова, с картины Самокиш-Судковской. И даже посмеялись над ней — конечно, не в присутствии Гумилева, а за его спиной.

Но когда на следующем собрании Цеха Гумилев огласил свою «Деву-птицу», никто не только не осудил ее, а все покривили душой и превознесли ее.

Было это так: на собраниях Цеха, происходивших в Доме искусств, пили чай с пирожными-эклерами — ведь нэп уже начался.

Каждому члену Цеха полагалось по эклеру. Георгия Адамовича не было, и решили его оставшимся эклером наградить автора лучшего прочитанного стихотворения.

В тот вечер Мандельштам читал: «Я слово позабыл, что я хотел сказать», Георгий Иванов: «Легкий месяц блеснет», я — «Балладу об извозчике», Нильдихен — о двух с половинноаршинной кукле, остальные — уже не помню что и о чем.

Голосование производилось поднятием рук.

И вот все руки, как по команде, поднялись за «Деву-птицу».

Все — за исключением одного Лозинского, голосовавшего за моего «Извозчика».

Вряд ли Лозинскому больше нравился мой «Извозчик», чем мандельштамовское «Я слово позабыл» или «Легкий месяц блеснет» Георгия Иванова, — вкус у него был безукоризненный. Лозинскому просто очень хотелось, чтобы пирожное досталось мне, единственной женщине в Цехе поэтов.

К стыду моему, и я не задумываясь подняла руку за «Деву-птицу» — так велик был престиж и власть громовержца-самодержца Зевса-Гумилева.

Никто из цеховцев при нем не мог даже

...сметь
Свое суждение иметь.

Гумилеву, впрочем, и в голову не пришло, что мы все занимаемся «подхалимажем». Наше голосование его ничуть не удивило, он принял эклер — как заслуженную награду. И съел его.

Я привела этот забавный случай с эклером как пример взаимоотношений между Гумилевым и нами всеми.

О причине гибели Гумилева существует много догадок, но, в сущности, мало что известно достоверно.

На вопрос, был ли Гумилев в заговоре или он стал жертвой ни на чем не основанного доноса, отвечаю уверенно: Гумилев участвовал в заговоре.

Да, я знала об участии Гумилева в заговоре. Но я не знала, что это был заговор профессора Таганцева, — ни имени Таганцева, ни вообще каких-либо имен участников заговора он мне никогда не называл.

О его участии в заговоре я узнала совершенно случайно.

Вышло это так.

В конце апреля я сидела в кабинете Гумилева перед его письменным столом, а он, удобно расположившись на зеленом клеенчатом диване, водворенном по случаю окончания зимы из прихожей обратно в кабинет, читал мне переплетенные в красный сафьян «Maximes» Вовенарга.

— Насколько они глубже и умнее, чем «Maximes» Ларошфуко. Это настоящая школа оптимизма, настоящая философия счастья, они помогают жить, — убежденно говорил он. — А вот пойдите, о маркизе Вовенарге у нас мало кто даже слышал, зато Ларошфуко все знают наизусть. Слушайте и постарайтесь запомнить: «Une vie sans passions ressemble á la mort»[1]. До чего верно!

Я, как я это часто делала, слушая то, что меня не особенно интересовало, слегка вдвигала и выдвигала ящик его письменного стола. Я совершенно не умела сидеть спокойно и слушать сложа руки.

Не рассчитав движения, я вдруг совсем выдвинула ящик и громко ахнула. Он был туго набит пачками кредиток.

— Николай Степанович, какой вы богатый! Откуда у вас столько денег? — крикнула я, перебивая чтение.

Гумилев вскочил с дивана, шагнул ко мне и с треском задвинул ящик, чуть не прищемив мне пальцы. Он стоял пере-

---

[1] Жизнь без страстей подобна смерти *(фр.)*.

до мной бледный, сжав челюсти, с таким странным выражением лица, что я растерялась. Боже, что я наделала!

— Простите, — забормотала я, — я нечаянно... Я не хотела... Не сердитесь...

Он как будто не слышал меня, а я все продолжала растерянно извиняться.

— Перестаньте. — Он положил мне руку на плечо. — Вы ни в чем не виноваты. Виноват я, что не запер ящик на ключ. Ведь мне известна ваша манера вечно все трогать. — Он помолчал немного и продолжал, уже овладев собой: — Конечно, неприятно, но ничего непоправимого не произошло. Я в вас уверен. Я вам вполне доверяю... Так вот...

И он, взяв с меня клятву молчать, рассказал мне, что участвует в заговоре. Это не его деньги, а деньги для спасения России. Он стоит во главе ячейки и раздает их членам своей ячейки.

Я слушала его, впервые понимая, что это не игра, а правда. Я так испугалась, что даже вся похолодела.

— Боже мой, ведь это безумно опасно!

Но он спокойно покачал головой.

— И совсем уж не так опасно. Меня вряд ли посмеют тронуть. Я слишком известен. И я ведь очень осторожен.

Но я все повторяла, не помня себя от страха:

— Нет, это безумно опасно. Как бы вы ни были известны и осторожны, безумно опасно!

Он пожал плечами:

— Даже если вы правы и это безумно опасно, обратного пути нет. Я должен исполнить свой долг.

Я стала его умолять уйти из заговора, бросить все. Слезы текли по моему лицу, но я не вытирала их.

— Подумайте о Левушке, о Леночке, об Ане, о вашей матери. О всех, кто вас любит, кому вы необходимы. Что будет с ними, если... Ради Христа, Николай Степанович!..

Он перебил меня:

— Перестаньте говорить жалкие слова. Неужели вы воображаете, что можете переубедить меня? Мало же вы меня знаете. Я вас считал умнее. — Он уже снова смеялся. — Забудьте все, что я вам сказал, и никогда ни о чем таком больше не спрашивайте. Поняли?

Я киваю.

— И клянетесь?

— Клянусь.

Он с облегчением вздыхает.

— Ну тогда все в порядке. Я ничего вам не говорил. Вы ничего не знаете. Помните — ровно ничего. Ни-че-го! А теперь успокойтесь и вытрите глаза. Я вам сейчас чистый носовой платок из комода достану.

И все же с этого дня я знала, что Гумилев действительно участвует в каком-то заговоре, а не играет в заговорщиков.

Да, я знала. Но это было какое-то «абстрактное знание», лишь слегка скользнувшее по моему сознанию, не вошедшее в него, не связанное с реальностью.

Оттого ли, что Гумилев больше никогда не напоминал мне о «том» разговоре, будто его действительно не было, или оттого, что я в те дни уже начала понемногу отдаляться от него и чувствовать себя слегка вне его жизни и всего, что происходит в ней, — ведь я только что стала невестой Георгия Иванова, и Гумилев, не сочувствовавший этому браку, всячески старался отговорить меня от него, — но хоть это и странно, я действительно, по своему невероятному тогдашнему легкомыслию, совсем не думала об опасности, грозящей Гумилеву.

Гумилев вернулся в Петербург в июле 1921 года в Дом искусств, куда он переехал с женой, еще до своего черноморского путешествия.

Гумилев всегда отличался огромной работоспособностью и активностью, хотя и считал себя ленивым, а теперь, отдохнув и освежившись за время плаванья, просто разрывался от энергии и желания действовать.

Он только что учредил Дом поэтов, помещавшийся в доме Мурузи на Литейном. В том самом доме Мурузи, где когда-то находилась Литературная студия, с которой и начался, по его определению, весь «Новый Завет».

— Вы только вспомните, кем вы были, когда впервые переступили этот священный порог, — насмешливо говорит он мне. — Вот уж правда, как будто о вас: «Кем ты был и кем стал». А ведь только два года прошло. Просто поверить трудно. И все благодаря мне, не вздумайте спорить.

Да. Я не спорю. Я сознаю, что я ему многим — если не всем — обязана.

— Без вас, Николай Степанович, я бы никогда в жизни...

Но он не дает мне докончить.

— Предположим даже, что вы мне благодарны, — говорит он, меняя шуточный тон на серьезный. — Пусть так. И все-таки вы скоро отречетесь от меня, как, впрочем, и остальные. Вы и сейчас уже отреклись от меня и только притворяетесь, чтобы не обидеть меня. Но я ведь чувствую, я знаю!

— Неправда, — быстро говорю я. — Я никогда, никогда не отрекусь от вас.

Но я не успеваю объяснить ему, почему я всегда буду ему верна, — к нам подходят Лозинский и Адамович, и разговор становится общим.

Здесь в сутолоке Дома поэтов «выяснять отношения» трудно. Да к тому же сам Гумилев учил меня никогда не «объясняться».

Дом поэтов своего рода клуб, почти ежевечерне переполняемый публикой.

Гумилев нашел необходимого капиталиста — некоего Кельсона. Гумилев уговорил своего брата Димитрия, юриста по образованию, стать юрисконсультом Дома поэтов и даже... кассиром. Гумилев всем заведует и все устраивает сам. Он душа, сердце и ум Дома поэтов. Он занимается им со страстью и гордится им.

В Доме поэтов очень весело. Судя по аплодисментам и смеху посетителей, им действительно очень весело, но нам, участникам и устроителям, еще гораздо веселее, чем им.

Мы с Гумилевым по-прежнему продолжаем ежедневно видеться, но всегда на людях — в Доме искусств, в Доме поэтов, в Доме литераторов, где он теперь, ведь он далеко живет, редко показывается.

Никаких «задушевных» разговоров с глазу на глаз мы больше уже не ведем. Хотя и он успел сообщить мне, что снова влюблен, счастливо влюблен, — с чем я его и поздравила. Все же он снова и снова уговаривал меня не выходить замуж за Георгия Иванова. Но все это происходило как-то вскользь, мимоходом, случайно — я была слишком занята своей личной жизнью.

Гумилев мечтал создать из Дома поэтов что-то совершенно небывалое.

Кроме чтения стихов предлагается еще и «сценическое действо», сочиненное и разыгранное поэтами.

— Я чувствую, что во мне просыпается настоящий Лопе де Вега и что я напишу сотни пьес, — говорит он смеясь. — Они будут ставиться у нас, как в Испании семнадцатого века, грандиозно и роскошно, со всяческими техническими усовершенствованиями и музыкальным аккомпанементом.

Пока же представления скорее походят на веселый балаган.

Гумилев, большой поклонник и почитатель д'Аннунцио, решил достойно почтить его на сцене Дома поэтов.

Сюжетом для одного из первых спектаклей послужило взятие Фиуме.

Несмотря на то что в Доме поэтов еще отсутствовали «технические усовершенствования», сражения на воде и суше происходили в невероятном грохоте и треске «орудий».

Гумилев, конечно, играл главную роль — самого д'Аннунцио и был довольно удачно загримирован по его портрету.

Мне поручили «символическое воплощение победы», что было нетрудно.

Мне полагалось только носиться по полю сражения с распущенными волосами и лавровым венком в протянутой руке, а в сцене апофеоза возложить лавровый венок на чело д'Аннунцио — «увенчать его славой».

Все шло благополучно, но когда я, стоя за спиной сидящего на табурете д'Аннунцио, торжественно возложила венок на его голову, венок сразу соскользнул на его глаза и нос.

Мне пришлось снять его и держать его над его головой в вытянутой руке.

Гумилев не изменил своей величественной позы и, сохраняя невозмутимое спокойствие, «даже бровью не повел».

Уже за кулисами он, указывая широким жестом на себя и на меня, произнес с трагикомическим пафосом:

— Венчанный и развенчанный победой.
Нет, не д'Аннунцио, а Гумилев!.. —

и только тогда присоединился к неудержимому хохоту всех участников «Взятия Фиуме».

Я зашла к Гумилеву на Преображенскую — он собирался переезжать в Дом искусств — и застала его за странным занятием.

Он стоит перед высокой книжной полкой, берет книгу за книгой и, перелистав ее, кладет на стул, на стол или просто на пол.

— Неужели вы собираетесь брать все эти книги с собой? — спрашиваю я.

Он трясет головой.

— И не подумаю. Я ищу документ. Очень важный документ. Я заложил его в одну из книг и забыл в какую. Вот я и ищу. Помогите мне.

Я тоже начинаю перелистывать и вытряхивать книги. Мы добросовестно и безрезультатно опустошаем полку.

— Проклятая память, — ворчит Гумилев. — Недаром я писал: «Память, ты слабее год от года!»

Мне надоело искать, и я спрашиваю:

— А это важный документ?

Он кивает:

— И даже очень. Черновик кронштадтской прокламации. Оставлять его в пустой квартире никак не годится!

Черновик прокламации? Я вспоминаю о заговоре. Да, он прав. Необходимо найти его. И я продолжаю искать с удвоенной энергией.

— А вы уверены, — спрашиваю я снова, безрезультатно просмотрев еще несколько десятков книг, — вы уверены, что действительно положили его в книгу?

Он раздраженно морщится.

— В том-то и дело, что совсем не уверен. Не то сунул в книгу, не то сжег, не то бросил в корзину для бумаг. Я с утра тружусь, как каторжник, — все ищу проклятый черновик. Ко мне заходил Жоржик Иванов и тоже искал. Кстати, он просил передать вам, что будет ждать вас в Доме литераторов с двух часов.

С двух часов? А теперь скоро четыре, и, значит, он стоит уже два часа на улице, поджидая меня. Он всегда ждет меня перед входом в Дом литераторов, а вдруг я — зная, что опоздала, — не зайду туда, а пройду мимо.

Гумилев оборачивается ко мне.

— Вам, конечно, хочется бежать? Ну и бегите. Все равно мне не найти проклятого черновика. Верно, я его сжег. И ведь никто здесь не поселится. Ключ от квартиры останется у меня. Я смогу приходить сюда, когда хочу, — уже улыбаясь, он оглядывается на дверь, — смогу назначать здесь любовные свидания. Очень удобно — pied-á-terre[1], совсем как в Париже.

Он начинает ставить книги обратно, а я торопливо надеваю свою широкополую шляпу и прячу под нее бант.

— До свидания, Николай Степанович.

— Не говорите никому о черновике, — доносится до меня его голос, и я, кивнув наскоро Ане, готовящей что-то в кухне на примусе, выбегаю на лестницу.

После ареста Гумилева, при обыске на Преображенской, 5, чекисты искали более умело и тщательно и нашли, кажется, черновик.

В списке предъявленных Гумилеву обвинений значилось: принимал деятельное участие в составлении контрреволюционной прокламации.

Моя последняя встреча с Гумилевым.

Та последняя встреча, неожиданно открывающая глаза вспоминающего на многое, чего он не только не видел, но о чем даже не подозревал, освещающая «нездешним светом»

[1] Временное пристанище *(фр.)*.

того, с кем происходит она, эта последняя, роковая, незабываемая встреча, звучащая последним, траурным аккордом, ставящая последнюю необходимую точку, после которой уже ничего добавить нельзя.

Такой последней роковой встречи, редко происходящей в действительной жизни, но совершенно неизбежной в разукрашенных фантазией воспоминаниях, у меня с Гумилевым не было.

Не было ни «нездешнего света», ни траурного аккорда, ни необходимой последней точки.

Ведь в жизни чаще всего как у Кузмина в «Картонном домике». Судьбой не точка ставится в конце, а клякса.

Мы теперь жили далеко друг от друга и уже вместе не возвращались домой.

Все же Гумилев был по-прежнему откровенен со мною.

Так, я узнала от него, что его роман развивается очень удачно.

— Я чувствую, что вступил в самую удачную полосу моей жизни, — говорил он. — Обыкновенно я, когда влюблен, схожу с ума, мучаюсь, терзаюсь, не сплю по ночам, а сейчас я весел и спокоен. И даже терпеливо ожидаю «заветный час свиданья». Свидание состоится в пятницу, пятого августа, на Преображенской, пять, и, надеюсь, пройдет «на пять».

Я поздравила его и, смеясь, спросила:

— Раз вы так счастливо влюблены, вы, надеюсь, не будете больше уговаривать меня не выходить замуж?

Но он покачал головой.

— Еще как буду! Влюбляйтесь сколько хотите, но замуж выходить за Георгия Иванова не смейте!

— А оставайтесь навсегда ученицей Гумилева! — прибавила я. — У вас пренесносный характер, Николай Степанович. Удивляюсь, как я могла так долго терпеть. — И я, смеясь, сделала ему глубокий реверанс.

— Как это прикажете понимать? Вежливое: вот хомут вам и дуга, я вам больше не слуга, то есть больше не ученица? — спросил он тоже, смеясь. — Так, что ли?

Разговор этот происходил 2 августа 1921 года в столовой Дома искусств, куда я зашла на минутку по дороге в Летний сад, где меня ждал Георгий Иванов.

Взглянув на часы, я вдруг вспомнила, что он уже давно ждет, и, не отвечая на вопрос Гумилева, торопливо попрощалась с ним.

— До свидания, Николай Степанович, всего вам наилучшего-лучшего.

Он проводил меня до внутренней винтовой лестницы.

Я сбежала по ступенькам, обернулась и взглянула наверх.

Он стоял, перегнувшись через перила, и улыбаясь смотрел на меня.

— Кланяйтесь Жоржику и будьте счастливы! До свидания! — сказал он и помахал мне рукой на прощанье.

Гумилева арестовали в среду 3 августа.

В тот вечер, проходя мимо Дома искусств, Георгий Иванов предложил мне зайти к Гумилеву.

Но я торопилась домой, был уже десятый час.

У подъезда Дома искусств ждал автомобиль. Но это нас не удивило.

Нэп уже успел пышно расцвести, и автомобиль у подъезда не наводил больше ужаса.

Если бы мы в тот вечер поднялись к Гумилеву, то, конечно, тоже попали бы в засаду, как в нее попали многие обитатели Дома, желавшие навестить Гумилева, в том числе и Лозинский.

Впрочем, всех их, продержав сутки на Гороховой, 2, выпустили, убедившись в их полной непричастности к заговору.

О том, как Гумилев вел себя в тюрьме и как погиб, мне доподлинно ничего не известно.

Письмо, присланное им из тюрьмы жене с просьбой прислать табаку и Платона, с уверениями, что беспокоиться нечего, «я играю в шахматы», приводилось много раз.

Остальное — все только слухи.

По этим слухам, Гумилева допрашивал Якобсон — очень тонкий, умный следователь. Он якобы сумел очаровать Гумилева или, во всяком случае, внушить ему уважение к своим знаниям и доверие к себе. К тому же, что не могло не льстить Гумилеву, Якобсон прикинулся — а может быть, и действительно был — пламенным поклонником Гумилева и читал ему его стихи наизусть.

По слухам, Гумилев во время долгих бесед с ним не только не скрывал своих монархических взглядов, но даже сильно преувеличивал их. Так, он якобы с восторгом вспоминал о своем пребывании в лазарете Александры Федоровны в Царском. Гумилев действительно находился там на излечении после контузии и уверял, что он был влюблен в великую княжну Татьяну, ухаживавшую за ним.

О том, что великие княжны прелестны, особенно Татьяна Николаевна, он говорил и мне, но о своей влюбленности никогда не упоминал.

О причине гибели Гумилева ходили разнообразные слухи, но так как они все не поддаются проверке и ничего не уясняют, то я их и приводить не хочу.

Смерть Блока. Его похороны.

Арест Гумилева. Неудачные попытки его спасти. Даже заступничество Горького ни к чему не привело. Расстрел Гумилева.

Нет, я ничего не могу рассказать о том, что я тогда пережила.

У французов существует выражение douleur sacrée — священная боль.

О ней лучше всего молчать.

И ведь уже сколько раз описывали смерть и похороны Блока.

И столько было рассказов «очевидцев» о том, как умирал Гумилев...

...И нет на его могиле
Ни холма, ни креста, ничего.

Но любимые им серафимы
За его прилетели душой,

И звезды в небе пели: —
Слава тебе, герой!...

То, что Анастасия Николаевна бросилась с Тучкова моста в Неву, выяснилось лишь весной 1922 года. После ледохода ее труп прибило к берегу. Тогда же обнаружился и очевидец-свидетель — какой-то матрос видел, как пожилая гражданка «из бывших барынь, наверно», без шляпы, в черной разлетайке вбежала на Тучков мост и остановилась. Шел дождь. Торопиться, бежать естественно, а останавливаться и смотреть через перила в воду — и чего в ней увидишь? — странно. Он уже хотел подойти к ней, спросить, не потеряла ли она что-нибудь, как вдруг она перегнулась и бросилась в воду. Он подбежал. Но ее уже не увидел. Только круги по воде. Потонула, что тут поделаешь? Ведь не сигать же за ней в Неву?

Неизвестно, сообщил ли он властям о происшествии. Во всяком случае, Сологуб о том, что какая-то «из барынь» утопилась, ничего не знал. Все его поиски не дали результатов. Впрочем, мало ли женщин бесследно исчезало в те дни? Ничего контрреволюционного в таких исчезновениях не усматривалось.

Анастасия Николаевна ушла, когда Сологуба не было дома. На вопрос прислуги: «Скоро ли она вернется?» — она ответила: «Не знаю». «Не знаю» — значит, предполагала, что может задержаться. Задержаться надолго. И Сологуб стал ее ждать. Она вернется. Она непременно вернется.

Обед по-прежнему готовили на двоих, и на стол ставилось два прибора. Постель Анастасии Николаевны ежедневно стелилась. Сологуб сердился, если прислуга забывала менять простыни на ее постели, как было заведено, два раза в месяц.

Вернется... Теперь уже скоро вернется... По вечерам он писал стихи и переводил французские бержереты[1] вроде:

Что со мной случилось ночью,
Знает только Ипполит.

---

[1] Пастушеские песни, пасторали.

Но, наверно, милый мальчик
Эту тайну сохранит.

Весной, когда стало известно, что Анастасия Николаевна никогда не вернется, Сологуб недели две не выходил из дома. И все опасались за его жизнь. Но навещать его никто не решался.

Появился он совершенно неожиданно, к всеобщему изумлению, в Доме литераторов. Спокойный и каменно важный, как и прежде. На вопрос: «Как поживаете?» — он просто и уверенно отвечал: «Хорошо, спасибо».

Все недоумевали. Уж не сошел ли Сологуб с ума? Но нет, никаких признаков ни сумасшествия, ни нервного расстройства он не проявлял. И стал даже приветливее, чем прежде.

Вскоре выяснилась причина его хорошего настроения. Оказалось, что две недели, проведенные им безвыходно дома, он не переставая работал, разрешая вопрос о существовании загробной жизни. Подошел он к этому вопросу «научно» и с помощью высшей математики разрешил его для себя, убедился в существовании загробной жизни. Результатом чего и явилась уверенность в неминуемой встрече с Анастасией Николаевной и — хорошее настроение. Ведь он скоро, очень скоро встретится с Анастасией Николаевной. Навсегда.

В эту мою последнюю «петербургскую зиму» мне приходилось встречать Сологуба то тут, то там. Он стал заходить в Дом литераторов, даже бывал на поэтических вечерах, хотя сам и не соглашался выступать на них, сколько его ни упрашивали.

Да, я видела его довольно часто, но разговаривала с ним только один раз. Это было почти накануне моего отъезда за границу.

Мы с Георгием Ивановым зашли в Дом литераторов в поисках тех, с кем еще не успели проститься. Уезжали мы «легально» и отъезда своего не скрывали. Конечно, мы не предчувствовали, что уезжаем навсегда. Все же мы прощались как перед длительной разлукой, полагая, что год, а может быть, даже и два будем в отсутствии. Но, во всяком случае, никак не больше. Ведь нэп уже начался и, как тогда говорили в наших кругах, Россия семимильными шагами идет по пути к буржуазной республике. Может быть, мы вернемся и гораздо раньше домой.

Уезжали весело и беспечно. Ведь так интересно увидеть Берлин, Париж, а может быть, и Венецию. И прощались так же весело и беспечно. Принимали заказы на подарки, которые привезем, когда вернемся.

— Духи. И пудру... Парижскую шляпу... Галстук в крапинку... Шелковое вязаное зеленое кашне...

Я аккуратно записывала, кому что привезти.

— Кланяйтесь от меня Парижу. — Те, кто бывал в Париже, добавляли, щеголяя своим знакомством с ним: — Особенно кланяйтесь Елисейским Полям, или — Булонскому лесу, или — Сорбонне.

Ирецкий горячо настаивал:

— Непременно побывайте в Италии. Непременно. Без Италии заграничное путешествие не в счет. Италия — венец всего.

Рукопожатия. Поцелуи. Объятия.

— Счастливая! Как я вам завидую! — вздыхает Олечка Арбенина.

Я согласна. Странно было бы не завидовать мне, уезжающей в Париж. Мы шумной гурьбой обходим все комнаты. В гобеленной столовой возле окна сидит Сологуб. Сидит и курит, задумчиво глядя в небо. Спокойный и величественный, как всегда.

Мне вдруг приходит в голову дерзкая мысль. Я хочу попрощаться с Сологубом. Очень хочу. Хочу пожать ему руку и чтобы он пожелал мне счастливого пути. Я сейчас же признаюсь в своем желании Георгию Иванову, пусть он пойдет и скажет Сологубу, что я хочу проститься с ним. И Георгий Иванов подходит к Сологубу. Сологуб кивает. И я уже иду к нему — с замиранием сердца. Он поворачивает голову и смотрит на меня маленькими ледяными глазами. Под его взглядом мне, несмотря на жару, становится холодно. Не надо было. Зачем я это выдумала? Но он уже протягивает мне руку.

— А я вас узнал, — говорит он, держа мою руку в своей тяжелой, каменной руке. — По банту. Вы успели замуж выйти за Георгия Иванова, но с бантом не расстались. Это хорошо. А что за поэта замуж вышли — плохо. В поэзии толка нет. Один обман и ложь. За нее слишком дорого платить приходится. А знаете, — добавляет он, — Анастасии Николаевне тоже понравился ваш бант. И как вы картавите. Она очень забавно передразнивала, как вы произносите «прррравда» через четыре «р». А я так не могу. У меня не выходит.

— Я уезжаю, — говорю я растерянно, только чтобы сказать что-нибудь. — В Берлин. И в Париж.

Он кивает.

— И вы, конечно, думаете, что скоро вернетесь? Только прокатитесь по Европе? Да? А вернетесь вы лет через пятьдесят. Если вообще вернетесь. Запомните. Это прррравда, через четыре «р».

Каменный раскат четырех «р» еще больше смущает меня. Я чувствую, что краснею. Сологуб явно доволен моим смущением.

— Раз вы захотели, — продолжает он, не спуская с меня своего ледяного взгляда, — со мной проститься, что мне лестно и приятно, я вам сделаю подарок. Подарю два совета. Первый — бросьте писать по-русски. Вы ведь, наверно, знаете иностранные языки? Да? Ну так вот. Начинайте сейчас же, как обоснуетесь, писать по-немецки, или по-французски, или по-английски. На языке страны, в которой живете, а не по-русски. Непременно. А второй совет — научитесь курить. Не сейчас. Если бы вы теперь вздумали курить, вас за это надо было бы в угол поставить. Нет, потом, когда вас уже в угол ставить нельзя будет и вы перестанете носить бант. Вот тогда непременно начните курить. Табак единственное удовольствие. И утешение в старости. И в горе.

Он снова протягивает мне руку.

— Ну, прощайте. Прощайте, а не до свидания. Мы никогда больше с вами не увидимся. Да и вряд ли вы увидите кого-нибудь из ваших здешних молодых приятелей. Ну, ну, не огорчайтесь. Я же не пифия и не цыганка, чтобы знать будущее. Могу и ошибиться.

Неужели правда? Неужели больше никогда не увижу всех тех, кого я так люблю? И Петербурга больше не увижу? Мне было так весело, когда я подходила к Сологубу. А теперь у меня от смущения и грусти даже в носу щекочет.

— Не огорчайтесь, — повторяет он. — Это ни к вашему банту, ни к вашим веснушкам не идет. Кто может знать? Может быть, еще и вернетесь? Во всяком случае — счастливого пути. — Он крепко, до боли, пожимает мою руку своею каменной рукой и улыбается. Вторично улыбается мне. — Пусть не прощай, а до свидания. До свидания — если не на этом, так на том свете.

— До свидания, Федор Кузьмич. Спасибо за советы.

— Обязательно исполните их. Не забудьте.

Я не забыла. Но я не стала писать по-французски. Георгий Иванов воспротивился этому — чтобы русский писатель писал не по-русски? Он считал это чем-то вроде измены. Я послушалась его, хотя тогда я и жалела об этом. Зато я не жалею, что не последовала второму совету Сологуба и не выучилась курить.

Сологуб умер в 1927 году в Царском Селе. Но я и сейчас еще вижу его, бредущего по аллеям Царскосельского парка между статуями, похожего на ожившую на время статую. Кругом тихо и пусто. Деревья легко шумят, падают золотые осенние листья, кружатся в осеннем воздухе и ложатся на землю шуршащим золотым ковром. Он идет, устало опираясь на палку, и вполголоса читает свои стихи:

Подыши еще немного
Тяжким воздухом земным,
Бедный, слабый воин Бога,
Весь истаявший, как дым.

Что Творцу твои страданья?
Капля жизни в море лет!
Вот — одно воспоминанье,
Вот — и памяти уж нет.

Но как прежде — ярки зори,
И как прежде — ясен свет.
«Плещет море на просторе».
Лишь тебя на свете нет.

Прочитав в «Последних новостях» о его смерти, я вспомнила тот вечер у Пронина в Москве и странную уверенность Сологуба, что он бессмертен.

И вот он умер.

Но, может быть, он умер только оттого, что сам пожелал умереть, чтобы встретиться с Анастасией Николаевной, подумала я смутно.

Может быть... Кто знает...

В ту зиму мне очень часто пришлось встречать Кузмина. Он постоянно бывал в Доме литераторов. Он жил близко, на Надеждинской, и предпочитал, как и многие тогда, проводить дни и вечера в хорошо натопленном и ярко освещенном Доме литераторов, чем у себя в холодной и темной квартире на Кирочной.

Он всегда приходил с Юрочкой Юркуном, красивым и удивительно молчаливым. А вскоре к ним присоединилась и Олечка Арбенина, молодая актриса, подруга жены Гумилева Ани Энгельгардт. Прежде Олечка находилась в орбите Гумилева и часто сопровождала его, пока под новый 1921 год не познакомилась с Юрочкой Юркуном и не стала неотъемлемой частью окружения Кузмина. С тех пор они всюду и везде появлялись втроем, «троицей единосущной», как их окрестили. Впрочем, мне так и осталось неясно, почему «единосущной»?

В обращении Кузмин был как-то по-старушечьи старомодно ласков. Гумилева он называл Коленька, Георгия Иванова — Егорушка, Георгия Адамовича — Жоржик. На «ты», что было так принято среди поэтов, был только с Гумилевым. Интересовался он исключительно «злобою дня», то есть домлитовскими слухами и сплетнями. Главным образом любовными.

В Домлите и в Диске стояла особая атмосфера влюбленности, как в доме Ростовых в «Войне и мире». Все были более или менее влюблены, и Кузмин внимательно следил за завязками и развязками романов.

Кузмин мелкими, торопливыми шажками, опережая Юркуна и Олечку Арбенину, подходит к нам с Гумилевым.

— Слышал, Коленька, говорят, жена сбежала от твоего, — тут имя поэта всем известного. — С музыкантом!

Гумилев недовольно морщится.

— Вздор. Просто поехала в деревню подкормиться.

— Нет, сбежала, сбежала, — упрямо настаивает Кузмин, — не спорь! Она сама призналась двоюродной сестре одной знакомой приятеля Юрочки.

Гумилев перебивает его:

— Даже если и так — вернется. Непременно вернется.

Глаза Кузмина еще увеличиваются от любопытства.

— Почему ты так уверен, что вернется?

И Гумилев важно отчеканивает:

— Потому что он — мой друг.

И Кузмин, поняв, что это значит — жена моего друга, как и жена Цезаря, выше всяких подозрений, — перепрыгивает на другую тему.

— А вы тут что? Опять о стишках? И как не надоест? Стихи надо писать, а говорить о них скучно. Что? Что?

И он, улыбаясь, мелко кивая, уже спешит к противоположному концу стола, к более чутким собеседницам, чтобы с ними подробно обсудить происшествие, осудить и сбежавшую жену с музыкантом, и оставленного мужа — всем воздать по их заслугам, «всем сестрам по серьгам»

Нет, эта «бытовая» сторона Кузмина мне всегда не нравилась. Как и его страсть погружаться с головой в воспоминания и захлебываться ими. Его воспоминания, к сожалению, никогда не касаются того, что интересует меня. Чаще всего он вспоминает Тамару Карсавину и Тамару Персиц. Об этих двух Тамарах, одинаково им любимых, он может рассказывать часами. Об их платьях и прическах, о том, какими булочками и пирожками они его угощали.

— Никто в Петербурге не одевался так хорошо, как Тамара Персиц, — в сотый раз рассказывал он. — У нее было замечательное платье цвета gorge de pigeon[1] с отделкой из шеншиля...

Нет, этот Кузмин мне не нравился. Но со временем я привыкла к нему. Меня уже не поражали его огромные подведенные глаза. Вблизи они казались не такими неправдоподобно огромными. «Византийские»? Да, пожалуй. Но больше всего они, когда я их хорошо рассмотрела, напоминали глаза верблюда. Ведь у верблюда глаза выпуклые, томные, совсем как у прелестных персианок на картинках «Тысячи и одной ночи». И у Кузмина точь-в-точь такие. Из-за этих глаз он и сам стал для меня кем-то вроде персонажа «Тысячи и одной ночи», которому нельзя вполне доверять.

Я увидела Кузмина впервые в августе, а теперь ноябрь. Я успела привыкнуть к его наружности с его «рожками и ножками» и ко всем его странностям — к постоянной прибавке к каждой фразе: «Что? Что?» Эту манеру говорить многие поэты, в том числе Георгий Иванов, у него переняли.

— Как вы поживаете? Что? Что? Сегодня страшный мороз. Что? Что?

Эти «что? что?» меня долго сбивали с толку. Я не знала, чем на них ответить. Пока не поняла, что они просто одна из форм риторических украшений речи. И никакого ответа не требуют.

Другая — уже житейская, бытовая — странность Кузмина: он не позволяет делать запасов. Никаких продовольственных запасов. К отчаянию ведущей его и Юрочкино хозяйство матери Юрочки. Как-то ей удалось выменять на предметы своего скромного гардероба несколько фунтов сахара и четыре бутылки подсолнечного масла, но Кузмин тут же, несмотря на ее слезы и мольбы, вылил масло в раковину умывальника, оставив только одну бутылку, и, выйдя на улицу, раздарил встречным детям сахар — кроме одного фунта. Фунт не представляет собой запаса.

Делал он это из суеверия. Из суеверного ужаса перед предусмотрительностью и заботами о будущем. Предусмотрительность, по его мнению, ведет к гибели прямым путем.

---

[1] Сероватый, переливчатый *(фр.)*.

Не знаю, как это совмещалось с тремястами шестьюдесятью пятью жилетами — цифрой фантастически, как я впоследствии узнала, преувеличенной. Жилетов было не больше двенадцати. Но все же и дюжину жилетов можно считать «жилетным запасом».

Да, Кузмин был крайне суеверен. Еще суевернее Гумилева. Суеверие Гумилева было скорее «театром для себя». Он слишком часто подчеркивал его:

— Я сегодня три раза возвращался к себе перед тем, как выйти, — объяснял он мне. — Первый раз споткнулся о порог кухни, второй раз кошка на дворе шмыгнула мне наперерез, а в третий я, спускаясь по лестнице, подумал, что, если я не вернусь сейчас же обратно, со мной случится неприятность. Большая неприятность. Вот оттого и опоздал. Уж вы извините.

Были у него всяческие удачные и неудачные места для встреч и расставаний. Плохо было встретиться около бывшего Бассейного рынка, над которым высоко в небе поднимался железный болт с развевающейся на его конце, громыхающей на ветру железной цепью.

— Как виселица, — говорил Гумилев. — Будто на ней все мои несбывшиеся надежды болтаются. И я сам с ними.

Зато встреча в Доме литераторов или по дороге в него неизменно считалась удачной. После нее полагалось ждать что-нибудь очень приятное...

Но был и другой Кузмин. Кузмин стихов, песенок и прелестного «Картонного домика».

Еще до революции вся Россия распевала: «Дитя, не тянися весною за розой». Но мало кто знал, что и музыка, и слова — Кузмина. На нотах «Дитя» красовался портрет певца-исполнителя. Ему и приписывали этот романс.

В Петербурге, в литературно-светских салонах, от песенок Кузмина были «без ума». И не только в светских салонах. Самые серьезные критики и ценители, как профессор Брауде и Метнер, превозносили их. Сам Кузмин, понимая свои недостатки и достоинства, говорил:

— У меня не музыка, а музычка, но в ней есть яд.

Я не присутствовала при том, как Кузмин «сводил с ума» своим пением весь светско-литературный Петербург, ни в салонах, ни в «Бродячей собаке». Я — и это одно из моих больших сожалений — никогда не была в «Бродячей собаке». Но судя по рассказам Георгия Иванова и Гумилева, это происходило хотя и пышнее, но почти так же, как и в гостиной Диска или в одном из гостеприимных домов «недорезанных буржуев».

— Спойте, Михаил Алексеевич! Пожалуйста! Просим! Просим!

Кузмина усадить за рояль нелегко. Он капризно отказывается:

— Нет, в другой раз... Я не в голосе... Не могу. У меня от пения зубы болят.

Но какой-нибудь ревностный поклонник уже берет его под руку и ведет к роялю. И Кузмин, не без удовольствия, уступает насилию. И вот Кузмин за роялем. По гостиной проносится восторженный вздох. Кузмин наклоняет голову к клавишам и весь как-то съеживается, на глазах стареет, становится старичком. Нет, даже не старичком, а старушкой. Вернее, старичком, похожим на старушку. Он жеманно, по-старушечьи касается клавишей маленькими коричневыми, высохшими ручками.

Кузмин поет. Голоса у него нет. Он пришепетывает и, как рыба, округлив рот, глотает воздух:

> Любовь расставляет сети
> Из крепких силков.
> Любовники, как дети,
> Ищут оков...

Я слушаю и чувствую, как мало-помалу в мои уши, в мое сознание, в мою кровь проникает яд его «музычки». Обольстительный, томный и страшный яд, идущий не только от этой «музычки», но и от его лукавых, широко открытых глаз, от его томной улыбки и жеманно взлетающих пальцев. Яд неверия и отрицания. Яд грации, легкости и легкомыслия. Сладкий, обольщающий, пьянящий яд.

Вчера ты любви не знаешь,
Сегодня — весь в огне,
Вчера ты меня презираешь,
Сегодня клянешься мне.

Полюбит, кто полюбит,
Когда настанет срок,
И будет то, что будет,
Что уготовил нам рок.

Кузмин прищуривает глаза. Лицо его принимает чуть-чуть хищное выражение. Сознает ли он власть над душами своих слушателей?.. Рядом со мною на диване хорошенькая студистка в волнении кусает губы, и я вижу, насколько ей кружит голову этот пьянящий яд. Кузмин неожиданно обрывает на высоком нежном «ля», захлопывает крышку рояля и жеманно оглядывается.

— Не слишком наскучил вам? Не заснули еще? Что? Что?

В ответ негодующие протесты и возгласы:

— Еще, Михаил Алексеевич, еще! Спойте «Дитя, не тянися». Спойте! Умоляю... Умоляем!..

И Кузмин уступает. «Дитя, не тянися весною за розой» — его коронный номер. Он исполняет его с несвойственным ему пафосом. В особенности строфу:

Теперь твои губы, как сок земляничный,
Щеки, как розы Gloire de Dijon[1],
Теперь твои кудри, как лен шелковистый,
Твои поцелуи, как липовый мед.

Кузмин произносит «Глуа де Дижон» торжественно, округло и гулко. «Глуа» звучит как удар колокола.

Он заливчато закатывается на «поцелуи». Четыре слога «па-ца-лу-и» вылетают из его рта с все возрастающей, взрывчатой силой. И, как четыре выстрела, укладывают слушате-

[1] «Слава Дижона» *(фр.)*, сорт розы.

лей наповал. Дальше спуск, скат до последнего всхлипывающего патетического полушепота: «Помни, что летом фиалок уж нет».

Крышка рояля снова хлопает. Кузмин встает, оправляет жилет и фалды визитки, протирает шелковым платком запотевшие стекла пенсне.

— Больше не буду! Не буду! У меня зубы разболелись. Не просите, — капризно и нетерпеливо заявляет он. — Дайте мне чаю! Горячего чаю!

Кузмин в моем присутствии почти никогда не говорил серьезно. Он был очень болтлив, но не выносил ученых разговоров, как он их называл.

— Нет уж, Коленька, избавь меня, — прерывает он Гумилева. — Дай мне уйти, тогда и выкладывай свою ученость на здоровье. А сейчас лучше ответь, правда ли, как я слышал, Анна Андреевна хочет развестись с Шилейко? Тебе, как ее бывшему мужу, наверно, известно. Правда, разводится?

Лицо Гумилева становится строгим.

— Если бы я даже что-нибудь и знал, Мищенька, я бы не счел себя вправе ответить на такой вопрос, — холодно отчеканивает он.

Кузмин всплескивает руками:

— И откуда ты такой респектабельно-деревянный? Даже жалко тебя, прости господи, Коленька. Пойдемте, Юрочка. Пойдемте, Олечка. От него ничего интересного не узнаешь. Только время зря тратишь...

Все же мне довелось однажды увидеть и услышать совсем другого Кузмина.

Было это после гибели Гумилева. Когда я уже стала женой Георгия Иванова. Зимой 1922 года. Моей последней «петербургской зимой».

Мы возвращаемся с Васильевского острова от Анны Радловой. Анна Радлова славится своей несколько тяжеловатой, но бесспорной красотой, своим мужем Сергеем Радловым, передовым режиссером, и особенно двумя строчками своих стихов:

Нет губ, чтоб с тобой целоваться,
Нет рук, чтоб с тобой обниматься...

Своей красотой, впрочем, она не гордится.

— Гордиться мне нечем, — объясняет она, опуская глаза, — ведь красота от Бога.

Кузмин в наилучших отношениях с Анной Радловой, покровительствует ей литературно и проводит у нее уютные вечера за чаем с булочками.

Мне не очень хотелось идти к ней сегодня. Но Олечка Арбенина, с которой я дружу еще с ее гумилевской, до юркуно-кузминской эпохи, уговорила меня.

— Не пожалеете, — предсказала она мне.

И вот мы возвращаемся по сонным, снежно-пушистым линиям Васильевского острова, голубоватым от луны. Впереди Олечка и Юркун. Сзади Кузмин и мы с Георгием Ивановым. Я стараюсь умерить шаг, идти в ногу с Кузминым. Он после приятно проведенного вечера настроен лирически.

— Ах, что за ночь! И какая восхитительная луна. И облака какие — прелесть. Летят, как дикие гуси. А вон то похоже на крокодила.

Георгий Иванов тоже смотрит на облака.

— А это на ангела, — говорит он.

Я, думая доставить удовольствие Кузмину, цитирую:

Если бы ты был небесный ангел,
Вместо смокинга носил бы ты орарь.

Но он не слушает и не отрываясь смотрит в небо.

— Вы правы, Егорушка. Совсем ангел. А знаете, ведь я когда-то видел ангела.

Он поворачивает ко мне лицо с огромными глазами. Они не такие, как всегда. В них сейчас, как в темных зеркалах, отражаются облака и луна. И мне кажется, что такими глазами можно видеть ангела.

Но когда? И где он видел его? А он, не дожидаясь вопросов, уже сам рассказывает взволнованно и отрывчато, с какой-то интимной задушевной откровенностью:

— Это было очень, очень давно. Я в молодости жил трудно. Мучительно трудно. Страдал от самого себя. Хотел стать праведником, святым, а выходило наоборот. «Мнозии страсти бороли меня», и я боролся с ними. Тяжело это. Невероятно, невыносимо тяжело.

Он вздыхает и останавливается. И мы останавливаемся рядом с ним.

— Я даже руки на себя наложить хотел. Верите ли, Егорушка, о самоубийстве стал помышлять. Но, конечно, только помышлял. Хотя и упорно. Все же до дела не дошло, слава Богу, — продолжает он. — Я даже вериги носил, а грешить не мог бросить. Так в веригах и предавался греху. И грех от этого даже как будто еще слаще становился. Зато потом до чего каялся. И вот и решил все бросить. Уйти из мира, постричься в монахи. Да, да, теперь мне смешно, а тогда другого выхода я не видел. Я почти год провел в Италии, в монастыре около Генуи. Постился, спал на досках, изнурял плоть. Молился. Ночи напролет простаивал на коленях. Молился почти до кровавого пота. Иногда совсем один в темной церкви. Страшно это. Нигде так не страшно, как в церкви ночью. Читаю молитву и боюсь обернуться. Боюсь увидеть возле себя свой двойник, черный, греховный. И еще страстнее молюсь о спасении. А кости ноют, трещат. Ноги затекли. И все, все болит. До тошноты в мозгу болит. И вот однажды под утро, когда запестрели витражи, чувствую, что умираю, что пришел мой конец. И не жалко, не боязно умирать. Напротив, легко. Спокойно. Вздохнул и чувствую, будто ниточка оборвалась в груди и душа вылетела из тела. И такая тишина, такое сияние. Нестерпимое сияние, как в «Раю» Данте.

Он замолкает. Неужели он не докончит? Не расскажет об ангеле?

Но он продолжает, все еще стоя на месте:

— Не знаю, сколько времени я лежал один в церкви на полу. В обмороке. Но когда я открыл глаза, я увидел ангела. Не такого, как на картинах, а настоящего ангела. Ангел нагнулся надо мной, взял меня на руки и понес. Будто я ничего не вешу. И я понял — это он мою душу несет. А я весь

13-1150и

исхожу от счастья. Никогда, ни прежде ни потом, я не испытывал такого блаженства, такой благодати. И вдруг ангел улыбнулся мне ангельской улыбкой и поцеловал меня прямо в губы. И вернул меня к жизни. И я очнулся. Пришел в себя. И узнал его. Это был молодой послушник Джиованни. И в то же время это был ангел. Да, ангел. Ангел принес меня в мою келью. Я с ним провел весь следующий день и ночь. А на второе утро я ушел из монастыря. Совсем. Навсегда. Все такой же счастливый. Я понял, что никакого греха нет. Люди придумали. И больше уже никогда себя не мучил. А он, ангел Джиованни...

— Что вы так отстали? — доносится голос Юрочки Юркуна. — Мы замерзли, вас ожидая.

Кузмин весь приходит в движение и суету.

— Ах, Господи! Идем, идем. Сейчас, Юрочка! Это я виноват, когда говорю, не могу быстро идти. А им холодно. Они могут простудиться.

Он почти бежит, повторяя: «Только бы Юрочка не простудился!» Мы нагоняем Юркуна и Олечку и уже впятером продолжаем путь до самого нашего дома на Почтамтской.

Мы живем у Георгия Адамовича, в квартире его тетки, успевшей уехать во Францию. Мы прощаемся. Мне очень хочется спросить Кузмина об ангеле. Видел ли он его еще раз или никогда больше? Но я не решаюсь.

Мы поднимаемся по лестнице. Георгий Иванов говорит, зажигая спичку, чтобы осветить ступеньки:

— Ты, конечно, поверила. А мне кажется, что он все это тут же придумал.

— Нет, он так искренно, так правдиво... — начинаю я.

Но Георгий Иванов перебивает меня:

— Оттого-то и так искренно и так правдиво, что он все выдумал. Послушник Джиованни, наверно, существовал, а остальное — фантазия.

— Нет, нет, я убеждена, все это правда. Даже если и не совсем так было — правда.

И Георгий Иванов не спорит.

— Кто его знает? Может быть, и правда. Кузмин прикидывается простым, а на самом деле очень сложный. Как всякий поэт.

Он зажигает новую спичку.

— И ведь любимое существо всегда кажется ангелом, — говорит он, глядя на меня.

Последняя прощальная встреча с Кузминым. В Домлите. Перед нашим отъездом.

— Счастливица! — щебечет Олечка. — Как бы я хотела душиться парижскими духами, носить парижские платья и шляпы, говорить с парижанами по-французски!

— Только не слишком засиживайтесь там. Возвращайтесь скорее, — советует Кузмин. — Помните: в гостях хорошо, а дома лучше. В Петербурге — дома. Ведь по-настоящему дома можно чувствовать себя только в Петербурге.

С чем и Георгий Иванов и я соглашаемся.

— Да, только в Петербурге... Но мы ведь скоро вернемся домой, в Петербург.

Я увидела Ахматову впервые летом 1918 года в Петербурге на Литейном проспекте.

Она шла мне навстречу.

Я сразу узнала ее, хотя до этого дня видела ее только на портрете Натана Альтмана. Там она вся состояла из острых углов — углы колен, углы локтей, углы плеч и угол горбинки носа.

Я узнала ее, хотя она была мало похожа на свой портрет. Она была лучше, красивее и моложе. И это в первую минуту даже слегка разочаровало меня — ведь я привыкла восхищаться той, альтмановской Ахматовой. Но я уже шла за ней, восхищаясь ее стройностью и гибкостью, ее легкой, летящей походкой. Шла с Литейного до Морской, где она, ни разу не обернувшись, исчезла в каком-то подъезде.

Я прождала ее больше часа у этого подъезда, но она так и не показалась.

С того дня я больше не видела ее до августа 1921 года. Но она все эти годы незримо присутствовала в моей жизни. Ведь она была первой женой Гумилева, и он постоянно рассказывал мне о ней, начиная с их общих царскосельских гимназических воспоминаний, о которых она писала:

В ремешках пенал и книги были.
Вместе возвращались мы из школы.
Эти липы, верно, не забыли
Наши встречи, мальчик мой веселый.

Только, ставши лебедем надменным,
Изменился сизый лебеденок.
А на грудь мою лучом нетленным
Грусть легла, и голос мой незвонок.

— Анна Андреевна, — говорил мне Гумилев, — почему-то всегда старалась казаться несчастной, нелюбимой. А на самом деле — Господи! — как она меня терзала и как издевалась надо мной. Она была дьявольски горда, горда до самоуничижения. Но до чего прелестна, и до чего я был в нее влюблен!

Я уверена, что Ахматова была главной любовью Гумилева и что он до самой своей смерти — несмотря на свои многочисленные увлечения — не разлюбил ее.

Уверенность моя основана на его рассказах о ней и, главное, на том, как он говорил о ней. Не только его голос, но даже выражение его лица менялось, когда он произносил ее имя. Я постоянно расспрашивала Гумилева об Ахматовой и задавала ему самые нелепые вопросы, вроде: любила ли она халву? Как она причесывалась еще гимназисткой? Хорошо ли она танцевала? Была ли у нее собственная собака? И даже: что вы подарили ей на Рождество в первый год свадьбы?

Он смеялся над моим неугомонным любопытством, но охотно отвечал, «погружался в прошлое». А о том, что он подарил Ахматовой на Рождество в первый год, рассказал даже очень подробно:

— Я купил у Александра на Невском большую коробку, обтянутую материей в цветы, и наполнил ее доверху, положил в нее шесть пар шелковых чулок, флакон духов «Коти», два фунта шоколада Крафта, черепаховый гребень с шишками — я знал, что она о нем давно мечтает — и томик «Les amours jaunes»[1] Тристана Корбьера.

Как она обрадовалась! Она прыгала по комнате от радости. Ведь у нее в семье ее не особенно-то баловали.

Когда я женился на Анне Андреевне (он почти всегда называл Ахматову Анна Андреевна, а не Аня), я выдал ей личный вид на жительство и положил в банк на ее имя две тысячи рублей, — продолжает он с плохо скрытым сознанием своего великодушия. — Я хотел, чтобы она чувствовала себя независимой и вполне обеспеченной.

Он подробно описывает мне их свадебное путешествие, все, что они видели и где побывали.

— Возвращаясь из Парижа домой, мы встретились с Маковским, с papa Мako, как мы все его называли, в wagon-lits[2]. Я вошел в купе, а Анна Андреевна осталась с papa Мако в коридоре, и тот, обменявшись с ней впечатлениями о художественной жизни Парижа, вдруг задал ей ошеломивший ее вопрос: «А как вам нравятся супружеские отношения? Вполне ли вы удовлетворены ими?» На что она, ничего не ответив, ушла в наше купе и даже мне об этом рассказала только через несколько дней. И долгое время избегала оставаться с ним с глазу на глаз.

Но я снова спрашиваю, была ли у нее в Царском собственная собака?

— Нет, собственной собаки у нее не было. В деревне у нас, в Слепневе, было много дворовых псов, но комнатных собак, за исключением моей старшей сводной сестры, у нас никто не заводил. Ни собак, ни кошек. Зато у Анны Андреевны был розовый какаду, тот самый, знакомый вам по ее стихам:

А теперь я игрушечной стала,
Как мой розовый друг — какаду...

Этот розовый друг какаду отличался не только красотой, но и пренеприятным голосом и, как только заговорят в со-

[1] «Желтая любовь» *(фр.)*.
[2] Спальный вагон *(англ.)*.

седней комнате, а в особенности если читают стихи, начинал кричать на весь дом. На его клетку натягивали большой черный мешок, и он успокаивался и замолкал, считая, должно быть, что настала ночь и пора спать.

— А когда, — спрашиваю я, — когда и где Ахматова впервые напечатала стихи?

— У меня, в моем журнале «Сириус», — не без гордости отвечает Гумилев. — Я первый напечатал ее еще в 1907 году в издаваемом мною журнале в Париже. Я был не только издателем «Сириуса», но и редактором и главным сотрудником его. Я печатал в нем свои стихи и свою прозу под всевозможными псевдонимами: Грант, Терин и сколько еще других... Но «Сириус», к сожалению, вскоре лопнул. Издатель не вынес полной убыточности этого великого предприятия, а редактор и сотрудники изнемогли под тяжестью литературной нагрузки. Мецената не нашлось. Вышло только три номера. Так бесславно провалилась «безумная мечта поэта» сразу завоевать славу.

И как это тогда было горько и обидно. И как забавно теперь! Ведь я плакал, плакал как девчонка.

Мне казалось, что я навеки опозорен, что я не переживу гибели своей мечты.

Я спрашиваю:

— Вы помните, какие стихи Ахматовой появились у вас в «Сириусе»?

— Конечно, помню! — И он читает мне наизусть:

На руке его много блестящих колец
Покоренных им девичьих нежных сердец.
Там ликует алмаз и мечтает опал,
И красивый рубин так причудливо ал.
Но на бледной руке нет кольца моего,
Никому, никому не отдам я его.

Я не пришел в восторг от этого стихотворения, а конец: «Мне ковал его месяца луч золотой...» я советовал вовсе отбросить. Но я все же напечатал его и даже с последней строфой. Я ведь был катастрофически влюблен и на все готов, чтобы угодить Ахматовой. Впрочем, она тогда была еще Анна Горенко. Ахматовой она стала позже, уже моей женой. Ахматова — фамилия ее бабушки-татарки, той самой, о которой она писала:

Мне от бабушки татарки
Были редкостью подарки...

Мне тогда еще и в голову не приходило, что она талантлива. Ведь все барышни играют на рояле и пишут стихи. Я был без памяти влюблен в нее. Как-то, когда я приехал к ней в Севастополь, она была больна свинкой. И она показалась мне с уродливо распухшей шеей еще очаровательнее, чем всегда. Она, по-моему, была похожа на Афину Палладу, а когда я сказал ей об этом, она решила, что я издеваюсь над ней, назвала меня глупым, злым и бессердечным и прогнала. Я ушел, но весь вечер простоял под ее окном, ожидая, что она позовет меня. А утром уехал, так и не увидев ее снова. Как она меня мучила! В другой мой приезд она, после очень нежного свидания со мной, вдруг заявила: «Я влюблена в негра из цирка. Если он потребует, я все брошу и уеду с ним». Я отлично знал, что никакого негра нет, и даже цирка в Севастополе нет, но я все же по ночам кусал руки и сходил с ума от отчаяния.

— Когда вышла ее первая книга «Вечер»? — спрашиваю я.

— В тысяча девятьсот двенадцатом году, в издательстве Цеха поэтов. Мы ее составляли вместе. Тогда я уже понял, что она настоящий поэт. Я понял свою ошибку и горько раскаивался. Но зла я ей своим неверием не принес. Она почти молниеносно прославилась. И как я радовался ее успехам!

— Я никогда не видела «Вечер» и нигде не могла, как ни старалась, его найти.

— Ну еще бы! Ведь всего триста экземпляров было отпечатано, и они в тот же год разошлись до последнего. «Вечер» теперь — библиографическая редкость, — объясняет он.

— А у вас сохранился «Вечер»?

Он кивает:

— Конечно. С надписью! Я его храню как зеницу ока, никому даже в руки его не даю...

Разговор этот происходил во время одного из наших совместных возвращений из Дома искусств.

Когда я на следующий день пришла к нему, он, не дожидаясь моей просьбы, протянул мне тоненькую книжку в голубой обложке. Я растерялась и не сразу решилась взять ее:

— Ведь вы сказали, что никому «Вечер» в руки не даете!

Он улыбнулся:

— Берите. Вы можете. Ведь вы так благоговейно относитесь к поэзии.

Но я все же не решаюсь взять «Вечер». Он раскрывает его и показывает мне репродукцию картины Ланкрэ — «Женщина с распущенными волосами в саду».

Картина не нравится мне и, по-моему, совсем не подходит к стихам Ахматовой.

На титульном листе, наверху, у самого края, мелким, еще не установившимся почерком надпись: «Коле. Потому что я люблю тебя, Господи!»

Он качает головой:

— Нет, это она только так, в шутку написала.

— Неужели только в шутку? Разве она не любила вас? Ведь столько ее чудных стихов...

Он нетерпеливо перебивает меня:

— Стихи — одно, а жизнь — другое. Если она и любила меня, то очень скоро разлюбила. Мы абсолютно не подходили друг другу. Абсолютно! — повторяет он, будто стараясь убедить не столько меня, как себя в том, что они не подходили друг к другу. — Наш брак был ошибкой. Впрочем, как всякий брак... Счастливых браков не бывает. Это уже Ларошфуко заметил.

Он замолкает на минуту, и лицо его принимает какое-то несвойственное ему, мечтательное, умиленное выражение.

— А как восхитительно все началось, и как я был счастлив. Я, как Толстой, думал, что такое счастье не может кончиться со смертью, что оно должно длиться вечно... — Он недоуменно разводит руками: — А оно не продлилось даже и года.

Нет повести печальнее на свете,
Чем повесть о Ромео и Джульетте...

если не считать повести о Николае и Анне, о ней и обо мне... Печальнее всего, что все было так просто, буднично и скучно. Сразу же выяснилось, что у нас диаметрально противоположные вкусы и характеры. Мне казалось, что, раз мы женаты, ничто на свете уже не может разъединить нас. Я мечтал о веселой, общей домашней жизни, я хотел, чтобы она была не только моей женой, но и моим другом и веселым товарищем. А для нее наш брак был лишь этапом, эпизодом в наших отношениях, в сущности, ничего не менявшим в них. Ей по-прежнему хотелось вести со мной «любовную войну» по Кнуту Гамсуну — мучить и терзать меня, устраивать сцены ревности с бурными объяснениями и бурными примирениями. Все, что я ненавижу до кровомщения. Для нее «игра продолжалась», азартно и рискованно. Но я не соглашался играть в эту позорную, ненавистную мне игру. Мы оба были разочарованы. Недаром я уже в первый год писал:

Из города Киева,
Из логова змиева
Я взял не жену, а колдунью...

А она, правда, позже, уже после рождения Левушки:

Он любил три вещи на свете:
За вечерней пенье, белых павлинов,
Истертые карты Америки.

Не любил, когда плачут дети,
Не любил чая с малиной
И женской истерики.
...А я была его женой...

Он высоко поднимает брови и щурится.

— Полагаю, что все ясно. Комментарии излишни. А казалось бы, кому как не ей быть счастливой? У нее было все, о чем другие только мечтают. Но она проводила целые дни, лежа на диване, томясь и вздыхая. Она всегда умудрялась тосковать и горевать и чувствовать себя несчастной. Я шутя советовал ей подписываться не Ахматова, а Анна Горенко. Горе — лучше не придумать.

— Разве слава не радовала ее? — спрашиваю я.

— В том-то и дело, что почти не радовала. Она как будто не желала ее замечать. Зато необычайно страдала от всякой обиды, от всякого слова глупца-критика, а на успехи не обращала внимания.

И все-таки я продолжал любить ее не меньше, чем прежде. И никогда, если бы она сама не потребовала, не развелся бы с ней. Никогда! Мне и в голову не приходило.

Я всегда весело и празднично, с удовольствием возвращался к ней. Придя домой, я по раз установленному ритуалу кричал: «Гуси!» И она, если была в хорошем настроении — что случалось очень редко, — звонко отвечала: «И лебеди», или просто «Мы!», и я, не сняв даже пальто, бежал к ней в «ту темно-синюю комнату», и мы начинали бегать и гоняться друг за другом.

Но чаще я на свои «Гуси!» не получал ответа и сразу отправлялся к себе в свой кабинет, не заходя к ней. Я знал, что она встретит меня обычной, ненавистной фразой: «Николай, нам надо объясниться!» — за которой неминуемо последует сцена ревности на всю ночь.

Да, конечно, — продолжает он, — теперь я сознаю, я был во многом виноват. Я очень скоро стал изменять ей. Ведь «Святой Антоний может подтвердить, что плоти я никак не мог смирить». Но я не видел греха в моих изменах. Они, по-моему, прекрасно уживались с моей бессмертной любовью. А она требовала абсолютной верности. От меня. И от себя. Она даже каялась мне, что изменяет мне во сне, каялась со слезами и страшно сердилась, что я смеюсь. Смеюсь, значит, разлюбил. Или, вернее, никогда не любил. Помните, у Блока:

Если сердце ищет гибели,
Тайно просится на дно...

Ее сердце всегда искало гибели, тайно просилось на дно. И теперь с Шилейко получило то, чего просило. Да, с ним действительно у нее:

Было горе,
Будет горе,
Горю нет конца.

С ним она настоящая Анна Горенко — Горе.

— Но ведь, — говорю я, — она, кажется, уже хочет разводиться с ним? Я слышала...

Выражение его лица сразу меняется.

— Об этом мне ничего не известно. А вам советую не слушать вздорные слухи. И не повторять их, — холодно и надменно произносит он.

В тот весенний день 1921 года я пришла к Гумилеву со специальной целью — проститься с его портретом, написанным молодой художницей Шведе, очень талантливой и милой.

Вечером она пришлет за ним, и это огорчает Гумилева.

— Я к нему привык. Мы с ним тут жили целых три недели и очень подружились. Без него будет пусто и скучно, — жалуется он, глядя на портрет. — Удивительно хорошо она меня передала. Будто я смотрю на себя в зеркало. И я разноглазый, как на самом деле. А все другие художники почему-то старались скрыть эту Божью отметину. Она сумела изобразить меня по-настоящему, передать меня всего, будто вывернула меня, как перчатку, наизнанку и показала меня всего — снаружи и внутри. Удивительно талантливо, — восхищается он.

Портрет действительно на редкость похож и удачен. Шведе нисколько не приукрасила Гумилева и все же придала его косящим глазам и всем чертам его лица какое-то не поддающееся определению, но явно ощутимое обаяние.

Портрет большой, в натуральную величину. Гумилев сидит на стуле очень прямо, слегка закинув голову назад, и держит в тонкой, поднятой, отлично выписанной руке маленькую красную книжку, что, по мнению Гумилева, придает портрету «нечто апокалиптическое». А за ним, как фон, десятки детских воздушных разноцветных шаров поднимаются в голубое небо.

— Да, жаль, что приходится с ним расстаться, — повторяет он. — Будто с частью самого себя, с лучшей частью.

— А вы попросите ее сделать для вас копию с портрета. Или подарить его вам, — ведь она такая милая, наверно, согласится.

Но он качает головой:

— Нет, не хочу ни подарка, ни копии. Пусть он живет у других. А я помещу фотографию с него в моем полном юбилейном собрании стихов, когда мне стукнет пятьдесят лет.

Он улыбается, он шутит, но по тому, как он нервно закуривает и, затянувшись папиросой только два раза, ожесточенно тушит ее и давит окурок в пепельнице, я вижу, что он раздражен. И даже очень раздражен.

— Что с вами, Николай Степанович? Что случилось?

— Ничего не случилось. Ни-че-го! — отчеканивает он резко.

— Так отчего вы... — начинаю я, но он не дает мне кончить.

— Не суйте, прошу вас, ваш короткий нос в то, что вас не касается! И откуда вы такая наблюдательная, такая кошачьи чувствительная, а?

Я продолжаю молчать, отвернувшись от него.

— Ну, ну, не сердитесь! Бросьте. Вы правы. Я действительно расстроился, возвращаясь из «Всемирной литературы» с Лозинским. Он рассказал мне, что его постоянно допытывают студисты, правда ли, что я из зависти мешал Ахматовой печататься, что я не мог удовлетвориться моей ролью принца-консорта и предпочел развестись с ней. Лозинский, конечно, старался их разубедить. Он-то лучше всех знает, насколько я высоко ставил и ставлю Анну Андреевну. Но они не верят, убеждены, что я и сейчас еще завидую ей. Ведь вы тоже слышали?

Еще бы не слышала! И сколько раз... Я киваю смущенно.

— Да. Но я знала, что это неправда. Всегда знала.

— Так я вам и поверил! Наверно, и вы, как они все, твердили: Ахматова — мученица, а Гумилев — изверг.

Он встает, с шумом отодвигая стул.

— Господи, какой вздор! Ведь, как вы знаете, хотя мне казалось, что ее стихи ровно ничего не стоят, — я первый стал печатать их. А когда я понял, насколько она талантлива, я даже в ущерб себе самому постоянно выдвигал ее на первое место.

Он, как всегда, когда волнуется, начинает шагать взад и вперед по кабинету.

— Сколько лет прошло, а я и сейчас чувствую обиду и боль. До чего это несправедливо и подло! Да, конечно, были стихи, которые я не хотел, чтобы она печатала, и довольно много. Хотя бы вот:

Муж хлестал меня узорчатым
Вдвое сложенным ремнем...

Ведь я, подумайте, из-за этих строк прослыл садистом. Про меня пустили слух, что я, надев фрак (а у меня и фрака тогда еще не было) и цилиндр (цилиндр у меня, правда, был), хлещу узорчатым вдвое сложенным ремнем не только свою жену — Ахматову, но и своих молодых поклонниц, предварительно раздев их догола.

Я не выдерживаю и хохочу, представляя себе эту нелепую картину.

Он круто останавливается.

— Смеетесь? А мне, поверьте, совсем не до смеха было. Я старался убедить ее, что таких выдумок нельзя печатать, что это неприлично — дурной вкус и дурной тон. И не следует писать все время о своих вымышленных любовных похождениях и бессердечных любовниках. Ведь читатели все принимают за правду и создают биографию поэта по его стихам. Верят стихам, а не фактам. И верят ей, когда она сознается, что

Боль я знаю нестерпимую —
Стыд обратного пути.

Страшно, страшно к нелюбимому,
Страшно к тихому войти...

то есть ко мне, к мужу, нелюбимому, тихому, хлещущему ее узорчатым ремнем. Но я ничего не мог поделать с ее украинским упрямством. Я только старался не заводить споров с ней при свидетелях. А она, напротив, жаловалась на меня многим, что я почему-то придираюсь к ее стихам.

Он проводит рукой по лбу.

— Никто не знает, как мне бывало тяжело и грустно. Ведь, кроме поэзии, между нами почти ничего не было общего. Даже Левушка не сблизил нас. Мы и из-за него ссорились. Вот хотя бы: Левушку — ему было четыре года — кто-то, кажется Мандельштам, научил идиотской фразе: «Мой папа поэт, а моя мама истеричка!» И Левушка однажды, когда у нас в Царском собрался Цех поэтов, вошел в гостиную и звонко прокричал: «Мой папа поэт, а моя мама истеричка!» Я рассердился, а Анна Андреевна пришла в восторг и стала его целовать: «Умница Левушка! Ты прав. Твоя мама истеричка». Она потом постоянно спрашивала его: «Скажи, Левушка, кто твоя мама?» — и давала ему конфету, если он отвечал: «Моя мама истеричка».

Она не только в жизни, но и в стихах постоянно жаловалась на жар, бред, одышку, бессонницу и даже на чахотку, хотя отличалась завидным здоровьем и аппетитом, и плавала как рыба, что при слабых легких никак невозможно, и спала как сурок — пушками не разбудишь.

Нет, это уже слишком! Нет, этого я не желаю слушать! Я вскакиваю с дивана.

— Николай Степанович! Разве можно так об Ахматовой! Перестаньте!

Но он, войдя в азарт, машет на меня рукой, заставляя меня замолчать.

— Можно и даже должно! Ведь и с Шилейкой все то же продолжалось. С первых дней...

От любви твоей загадочной
Как от боли в крик кричу,

Стала желтой и припадочной,
Еле ноги волочу...

Слава Богу, это уже от его, а не от моей любви. И это уже ему, а не мне она любезно предлагает:

Но когти, когти неистовей
Мне чахоточную грудь...

Это в доме Шилейко, а не в моем

И висит на стенке плеть,
Чтобы песен мне не петь...

Это уже о нем, а не обо мне:

Мне муж палач, и дом его тюрьма...

Конечно, Шилейко — катастрофа, а не муж. И все-таки я не могу не посочувствовать, не пособолезновать ему. Но и я в свое время немало потерпел от высокой чести быть мужем Ахматовой, от ее признаний вроде:

Любовникам всем своим
Я счастье приносила...

Мне было не очень-то весело гулять по Петербургу этаким ветвисторогим оленем!

— Но ведь этого не было! Это было только в стихах, — почти кричу я. — Ведь вы сами рассказывали, что никакого «замученного совенка» не существовало. Она все это придумала только для своих чудесных стихов.

Он разводит руками.

— Ну и что из того, что не существовало? Когда вся Россия свято верит, что студент-католик повесился из-за несчастной любви к Ахматовой! Верит, и эту веру ничем не уничтожить. Легенда создана и переживет нас всех. Что написано пером... а в особенности чудными стихами, — того действительно никаким топором не вырубишь. И второй легенде, о том, что Ахматова была без памяти влюблена в своего знаменитого современника с коротким звонким именем — Блок, вся Россия тоже верит свято и нерушимо. Сознайтесь, что и вы не составляете исключения?

Я молчу. Да, я тоже верила. Я считала естественным, что Ахматова любила Блока. Я даже немного разочарована. Неужели правда, что ничего между ними не было?

— Ровно ничего! Они даже были мало знакомы и редко встречались. Блок не бывал ни в «Бродячей собаке», ни у нас в Царском. К тому же, — что ее, конечно, раздражало, — он совсем не восхищался ее стихами. Он говорил: «Поэт должен стоять перед Богом, а Ахматова всегда стоит перед мужчиной». Она посвятила ему:

> Я пришла к поэту в гости
> Ровно в полдень в воскресенье...

и он отблагодарил ее стихами за ее стихи. На этом все и кончилось, а легенда все же создалась.

И он продолжает уже другим, менторским тоном:

— Запомните, надо быть крайне осторожным с посвящениями. Лучше всего вовсе обходиться без них. Читатели — ищейки, выдумают Бог весть что и пришьют вам легенду, от которой и после смерти не отделаться.

Он садится на диван рядом со мной и снова закуривает. Уже без прежней нервности.

— Но вот, — продолжает он, сделав паузу, — с чем я никак не мог примириться, что я и сейчас не могу простить ей, — это ее чудовищная молитва:

> Отними и ребенка, и друга...

то есть она просит Бога о смерти Левушки для того,

> Чтобы туча над скорбной Россией
> Стала облаком в славе лучей...

Она просит Бога убить нас с Левушкой. Ведь под другом здесь, конечно, подразумеваюсь я. Впрочем, меня она уже похоронила, как только я ушел на войну:

Но против извещения о моей смерти я не протестовал. Меня даже забавляла ее уверенность, что «Архистратиг Михаил меня зачислил в рать свою» и что теперь она может молиться мне, «заступнику своему».

Но просить о смерти сына, предлагать своего ребенка в кровавую жертву богу Молоху, нет, этого никогда нигде, с сотворения мира, не бывало.

— Но, Николай Степанович, — перебиваю я его, — вы ведь всегда утверждаете, что в стихах надо говорить то, что еще никто не говорил.

Я втягиваю голову и жмурюсь, ожидая взрыва его возмущения. Но он вдруг начинает громко смеяться.

— Правильно! Вы меня ловко подцепили!

Он вытирает слезы с глаз.

— Давно я так не хохотал! Да, оригинальнее этой молитвы днем с огнем не сыщешь! Конечно, я с моей точки зрения прав. Левушка мой сын, моя плоть от плоти. К тому же я суеверен. Но, слава Богу, эта чудовищная молитва, как и большинство молитв, не была услышана. Левушка — тьфу, тьфу, тьфу, чтобы не сглазить! — здоровый и крепкий мальчик.

Он вдруг неожиданно протяжно зевает.

— Довольно, довольно, а то я черт знает до чего договорюсь. Ни слова, ни звука о прошлом. Запрем его на три поворота, а ключ бросим в пучину морскую. Давайте жить сегодняшним днем. И для начала выпьем чаю. У меня от воспоминаний даже горло пересохло. И как я устал! Мне даже трудно двинуться. Будьте милой, скажите Паше, чтобы она нам чай подала, и достаньте из буфета в столовой кулек с изюмом. Бергсон недаром считает, что прошлое пожирает настоящее. Но я предпочитаю все же, чтобы не прошлое, а будущее пожирало настоящее. Ведь будущее всегда полно надежд — пусть несбыточных, — а в прошлом одни разочарования и огорчения!

Я не успеваю дойти до порога, как он останавливает меня:

— Еще минуточку, чтобы окончательно уже vider mon sac[1]... Впрочем, это уже не вчерашний, а сегодняшний день. Представьте себе, Анна Андреевна возмущена, что в журнале «Дом искусства» о ее «Подорожнике» появился недостаточно хвалебный отзыв Жоржа Иванова, и что из всех ее стихов, как будто на смех, приведено только:

Мурка, мурка, не мурлычь,
Бабушка услышит...

Замятин почтительно объяснил ей, что редакция здесь ни при чем — Георгий Иванов сам отвечает за свое мнение своей подписью. Но она, уже совершенно рассердившись, заявила: «Я знаю. Это все Колины проделки. Коля уговорил его не только кисло написать обо мне, но еще и привести детский стишок, как будто в «Подорожнике» ничего лучшего нет. Это все Коля, не спорьте! Он виноват. Он все еще мстит мне!»

Гумилев разводит руками:

— А я, видит Бог, здесь совершенно ни при чем — ни словом, ни духом. Жоржик чистосердечно привел «Мурку», очень понравившуюся ему. Конечно, не следовало поручать ему писать о «Подорожнике». Ведь он, как и Блок, не особенно восхищался стихами Ахматовой. Но я-то в редакции журнала «Дом искусства» не состою. При чем тут я? А она твердит: «Это Коля виноват. Он мне мстит». Я желаю ей только добра и с радостью расхвалил бы «Подорожник», если бы редакция обратилась ко мне, написал бы о нем, как когда-то написал о «Четках» в «Аполлоне». И — Господи! — сколько на меня за это собак вешали. Муж, видите ли, не вправе восхвалять свою жену! Но ведь я восхвалял не свою жену, а поэта Анну Ахматову. И всегда готов восхвалять ее. А теперь бегите за чаем!

Он прислоняется к стене и закрывает глаза, а я бегу на кухню к Паше.

За все время своего брака с Шилейко Ахматова ни разу не появлялась в Доме литераторов, ни в Доме искусств, ни на литературных вечерах.

---

[1] Выложить все начистоту *(фр.)*.

Но, разведясь с Шилейко, она стала всюду бывать. Конечно, она была и на похоронах Блока:

Принесли мы Смоленской Заступнице,
Принесли Пресвятой Богородице
На руках во гробе серебряном
Наше солнце, в муках погасшее,
Александра, лебедя чистого...

Я, должно быть, видела ее в то солнечное августовское утро, но я не запомнила ее, как не запомнила почти никого из провожавших Блока на Смоленское кладбище.

Панихида по Гумилеве в часовне на Невском.

О панихиде нигде не объявляли. И все-таки часовня переполнена. Женщин гораздо больше, чем мужчин.

Хорошенькая заплаканная Аня беспомощно всхлипывает, прижимая платок к губам, и не переставая шепчет: «Коля, Коля, Коля, Коля. Ах, Коля!» Ее поддерживают под руки, ее окружают.

Ахматова стоит у стены. Одна. Молча. Но мне кажется, что вдова Гумилева не эта хорошенькая, всхлипывающая, закутанная во вдовий креп девочка, а она — Ахматова.

Еще одно из моих немногих воспоминаний об Ахматовой, о ее первом, после многолетнего перерыва, публичном выступлении в Доме искусств.

Она стоит на эстраде — высокая, тонкая до хрупкости, легкая, почти воздушная. С ее угловатых плеч спадает знаменитая ложноклассическая шаль — большой черный «кустарный» платок в красные розы. Она очень бледна, и даже губы почти бескровны. Она смотрит вдаль, поверх слушателей. Да, Гумилев был прав, «назвать нельзя ее красивой». К ней не подходит «красивая». Скорее уж «прекрасная», но совсем по-особенному, безнадежно и трагически прекрасная.

И как она читает! Это уже не чтение, а магия:

Бесшумно ходили по дому,
Не ждали уже ничего,

Меня привели к больному,
И я не узнала его.

Казалось, стены сияли
От пола до потолка...

Это стихи из «Белой стаи». Я знаю их наизусть. Но сейчас мне кажется, что они написаны уже после расстрела Гумилева.

И сказала: Господи Боже,
Прими раба Твоего... —

смиренно, молитвенно и торжественно произносит она.

И, не делая паузы, будто не желая дать замершим, потрясенным слушателям прийти в себя, уже начинает новое, никому еще не известное стихотворение:

Пока не свалюсь под забором
И ветер меня не добьет,
Мечта о спасении скором
Меня, как проклятие, жжет.

...Войдет он и скажет: «Довольно!
Ты видишь, я тоже простил».
Не будет ни страшно, ни больно,
Ни роз, ни архангельских сил...

Она смотрит все так же вдаль, поверх слушателей, и кажется, что она читает не для них, а для него, для него одного, для него, который, «прежний, веселый, дневной», «уверенно в дверь постучался», в ее дверь.

Она кончила. Она стоит все в той же позе и все так же смотрит вдаль, будто забыв, что она на эстраде.

Никто не аплодирует, никто не смеет даже вздохнуть. В зале такая напряженная, наэлектризованная тишина, что я боюсь — нет, не выдержу! Я встаю и осторожно на носках пробираюсь к выходу.

В пустой полуосвещенной столовой, в темном углу, прижавшись к стенке, громко плачет одна из молодых участниц «Звучащей раковины».

Я с ней хорошо знакома, я знаю, что она была влюблена в Гумилева, и он нежно относился к ней.

Мне хочется подойти к ней, обнять ее. Но что я могу сказать ей, чем утешить? И я, делая вид, что не замечаю ее, так же осторожно и бесшумно прохожу мимо.

Я только один-единственный раз в моей жизни по-настоящему разговаривала с Анной Ахматовой.

Произошло это неожиданно и случайно, на вечере в Доме искусств.

Я в тот вечер выступала в последний раз перед моим отъездом за границу, и мне казалось, что еще никогда мне так много не аплодировали и никогда столько раз не вызывали. Я читала все свои баллады и две длиннейшие поэмы, а слушатели все не хотят отпускать меня. И когда я, наконец окончив чтение, вошла в зрительный зал, меня и тут встретили овацией.

Это был особенно многолюдный и пышный вечер. Или это только казалось мне? В буфете, еще не совсем придя в себя от волнения и радости, я всем улыбаюсь и невпопад отвечаю на вопросы. Леткова-Султанова, та самая, что когда-то соперничала в красоте с матерью Андрея Белого, обнимает меня и, как всегда, восхищенно повторяет: «Совсем наша Зина, ну совсем, совсем наша Зина!» Хотя, как я впоследствии удостоверилась, я ничем, кроме, пожалуй, волос, не походила ни внешне, ни внутренне на «ее Зину» — на Зинаиду Гиппиус.

Аня Гумилева, — овдовев, она из Ани Энгельгардт наконец превратилась в Аню Гумилеву и в Анну Николаевну, — только недавно сбросившая траур и нарядившаяся в розовую «дусю-блузку», как она называет ее, восторженно передает мне лестное мнение, высказанное о ней сегодня ее учительницей пластики: «Грации никакой! Зато бездна темперамента!» Она вся извивается и высоко взмахивает локтем: «Бездна темперамента!» — и так же восторженно продолжает: «Вы непременно должны познакомиться с Артуром Сергеевичем Лурье!» Я не успеваю спросить, почему «непременно должна»? Лурье уже стоит передо мной, и я протягиваю ему руку.

Конечно, я знаю с виду композитора и пианиста Артура Лурье. Я знаю даже, что он живет на Литейном в одной квартире с Олечкой Судейкиной и с «самой» Анной Ахматовой и что Артур Лурье не только один из самых элегантных представителей художественного Петербурга, но и создатель и разрушитель женских репутаций. Стоит ему заявить: «X очаровательна», как все тут же начинают ощущать ее очарование, которого они прежде не замечали, и у X появляется длинный хвост поклонников. Но стоит Лурье заметить вскользь, мимоходом: «Z не так уж хороша», — как вокруг бедной Z образуется зона пустоты и холода.

Он осматривает меня от банта до туфель на высоких каблучках и лениво произносит:

— Я вас слушал. Вы хорошо читаете. Вы, должно быть, очень музыкальны.

Я привыкла к всевозможным комплиментам и принимаю их как должное. Но тут я все же протестую:

— Нет, я совсем не музыкальна. Даже напротив...

— Неужели? — произносит он полуиронически, не споря и не настаивая.

Аня весело щебечет, уничтожая одно пирожное за другим.

— Ваш муж уже уехал? — спрашивает Лурье.

— Да, Георгий Иванов уже уехал на пароходе в Берлин по командировке. А я еду эшелоном по железной дороге, как латвийская гражданка. Мой отец, эмигрировавший уже зимой, ждет меня в Риге. Мы с Георгием Ивановым жили в квартире Адамовича на Почтамтской. А теперь я перебралась к себе, на Бассейную, чтобы последние дни перед отъездом провести в моей семье.

— Значит, — говорит Лурье, — мы можем вместе вернуться домой. Нам с Анной Андреевной с вами по дороге.

— С Анной Андреевной? Вы хотите сказать — с Ахматовой?

Он кивает:

— Ну, конечно. С Анной Андреевной Ахматовой. Чего вы так всполошились?

— И она согласится?

Он пожимает плечами.

— А почему бы ей не согласиться? Мы сначала проводим ее, а потом уж я один доведу вас до вашего «дома по Бассейной, 60».

Аня Гумилева шумно приветствует этот проект.

— Как жаль, что я не могу пойти с вами, — вздыхает она. — Я так люблю гулять ночью по Петербургу.

Неужели я действительно сейчас выйду на улицу вместе с Ахматовой и пройду рядом с ней всю длинную дорогу до ее дома?

С Ахматовой я знакома. Месяца два тому назад, на одном из здешних вечеров, Георгий Иванов подвел меня к ней.

— А это, Анна Андреевна, моя жена — Ирина Одоевцева.

Ахматова подала мне руку и чуть-чуть улыбнулась мне.

— Да, я знаю. Вы были ученицей Коли. Поздравляю вас.

Я не поняла, с чем она меня поздравляет — с тем, что я была ученицей Коли, или с тем, что я стала женой Георгия Иванова.

Я протянула ей свой недавно вышедший «Двор чудес». Для того чтобы самой отдать его ей, я и решилась познакомиться с ней.

Ахматова открыла его и прочла мою надпись. Я хотела написать «по-настоящему» восторженно. Но Георгий Иванов убедил меня, что надо писать сухо и коротко: «На добрую память» или «С приветом». Все остальное — дурной тон.

Я послушалась — и напрасно. Ахматова, прочтя мою «На добрую память», слегка сдвинула брови, захлопнула «Двор чудес» и заговорила с Георгием Ивановым, будто забыла обо мне. А я отступила на шаг и скользнула за широкую спину тут же стоявшего Лозинского...

Лурье оглядывается, ища в толпе Ахматову, но ее здесь в столовой нет.

— Она, должно быть, в гостиной, — говорит он. — Кончайте ваше пирожное и ждите. Не вздумайте уходить без нас.

Этого он мог бы и не говорить. Разве я могу уйти? Я оставляю пирожное недоеденным. Но я все еще не верю. Неужели сейчас действительно?.. И Ахматова действительно появляется в дверях вместе с Лурье.

Она здоровается со мной как с хорошей знакомой и, по-видимому, совсем не удивлена тем, что Лурье навязал меня ей в спутницы.

Мы втроем спускаемся по лестнице и выходим на улицу. Ахматова посередине, слева Лурье, справа я.

Ахматова спрашивает меня, успела ли я уже привыкнуть к аплодисментам.

— Я их просто боялась вначале, — говорит она. — Я страшно волновалась, читая стихи, и путала их. Для меня долгое время это было просто мукой. Я даже в Цехе не любила читать.

Нет, меня аплодисменты никогда, с самого начала, не пугали, а радовали и приводили в восторг.

Я не могу удержаться, я слишком поспешно выбегаю на вызовы. Я даже стала ставить стул у выхода на эстраду. Я садилась на него и старалась досчитать до десяти, прежде чем снова появиться перед слушателями. Я читала, что Байрон в молодости заставлял себя, прежде чем заговорить с дамой, досчитать до десяти. Но мне никогда не удавалось досчитать дальше семи — волна аплодисментов смывала меня со стула и выносила на эстраду.

Мне хочется рассказать об этом Ахматовой, но я не могу связать и двух слов и на все ее вопросы отвечаю односложно «да» или «нет». И она, убедившись в моей молчаливости, обращается уже не ко мне, а к Лурье. А я иду рядом с ней, слушаю их разговор и думаю о том, что с каждым шагом мы приближаемся к Литейному.

О, я дала бы пять, десять лет своей жизни, чтобы так идти с ней и слушать ее всю ночь, до утра.

Но вот уже Литейный. И вот уже конец. Сейчас она скажет мне «спокойной ночи» и войдет в подъезд своего дома. Я останусь одна с Лурье, и он, шагая со мной по бесконечной Бассейной, будет удивляться моей растерянности. Ведь он, наверно, слышал, что я очень веселая и живая. Даже, по мнению Георгия Адамовича, чересчур живая и веселая для такой «известной женщины». Он всегда советует мне притворяться скучающей и разочарованной. Но я не умею притворяться.

Ахматова неожиданно останавливается и обращается не к Лурье, а ко мне:

— Я тоже хочу проводить вас. Ночь такая чудесная. Жаль расставаться с ней. Идемте!

Она берет меня под руку, просто и дружески. Я чувствую сквозь рукав тепло ее руки. Я вижу совсем близко ее тонкий горбоносый профиль и спускающуюся из-под полей круглой шляпы незавитую челку, до бровей.

В лунном сиянии ее лицо кажется мне нереальным, будто это не ее живое лицо, а моя мечта о нем.

Я иду с ней нога в ногу, боясь от радости, захлестнувшей меня всю, сбиться с шага. Теперь она говорит совсем по-новому, доверчиво и откровенно, о чувстве сохранности, никогда не покидавшем ее даже в самые страшные, самые черные ночи революции.

— Нет, я никогда не боялась. Я возвращалась одна домой по совершенно пустым, глухим улицам. Я знала, что Бог хранит меня, и со мной ничего не может случиться. Других грабят, других убивают, но меня, я верила и знала, это не касается.

У меня сжимается сердце. Ведь и я тоже испытывала чувство сохранности и уверенности, что со мной ничего дурного не может случиться, я тоже ничего не боялась.

И я рассказываю ей о моих ежевечерних одиноких возвращениях домой из «Живого слова» зимой 1919 года.

Она внимательно слушает. Она кивает.

— Да. Мне кажется, все поэты испытывают это чувство сохранности и присутствия Бога. — Она на минуту замолкает. — И Коля, должно быть, тоже... Он вам не говорил?

— Нет. Он мне никогда не говорил. Но он был уверен, что его никто не посмеет тронуть, что он слишком знаменит, и ничего не боялся.

— Ах, это совсем не то! — В голосе ее звучит разочарование. — Если бы он испытывал чувство сохранности и Божьей защиты...

Она обрывает. Неужели ей кажется, что Гумилева, если бы он верил в Божью защиту, не расстреляли...

Мы проходим мимо темного, спящего Дома литераторов.

— Коля часто, я знаю, бывал здесь. Ведь он жил совсем близко, на Преображенской. — И прибавляет, вздохнув: — Я у него там ни разу не была. Я ходила смотреть на его дом. Уже после...

Я понимаю — после его смерти. Если бы я посмела, я бы объяснила ей, что Гумилев ни в чем не винил ее, что он уже давно мог сказать, как в ее стихотворении, «Довольно! Ты видишь, я тоже простил!», что он любил ее до самой смерти. Она сейчас — я в этом уверена — поверила бы мне. И перестала бы мучиться. Ведь она мучится — она думает, что он не простил. Если бы я решилась, если бы посмела... Но я молчу.

И вот уже серая громада «дома по Бассейной, 60». И надо прощаться. Луна ярко светит. Я смотрю в лицо Ахматовой и вдруг вспоминаю, что Гумилев иногда, в минуты нежности, называл ее «маленький зуб» — один из ее верхних зубов неправильно посажен и короче других, и это трогало и умиляло его, по его словам, «почти до слез». Мне хочется увидеть этот маленький зуб. Но хотя она сейчас и улыбается, она лишь слегка приоткрывает губы, не показывая зубов. Она улыбается скорее глазами и бровями, чем ртом.

— Спокойной ночи. — Она протягивает мне руку. — Я рада, что пошла вас проводить. Такая прелестная ночь. И Коля ведь постоянно ходил по этой длинной улице. Она вся исхожена его ногами.

Она больше не улыбается. Она говорит почти с осуждением, устало:

— А вы все-таки напрасно уезжаете. И Коля, наверно, не одобрил бы... Так не забудьте. Зайдите проститься. Я вечером почти всегда дома.

— Спокойной ночи, Анна Андреевна. — Я не решаюсь прибавить: «Спасибо!» Ведь это было бы смешно. Зато Лурье я горячо и бурно благодарю: — Спасибо, большое спасибо, Артур Сергеевич!

О, конечно, не за проводы, а за счастье этой неожиданной встречи с Ахматовой.

Он, как там, в Доме искусств, снова окидывает меня взглядом с головы до ног.

— Не стоит благодарности! — И прибавляет полуиронически: — Гулять по ночному Петербургу очень приятно. Спокойной ночи!

Я вхожу в подъезд своего дома, но вместо того, чтобы подняться по лестнице, снова выбегаю на улицу. Мне хочется еще раз, в последний раз увидеть прекрасное, бледное лицо Ахматовой, мне хочется догнать ее и крикнуть:

«Анна Андреевна, пожалуйста, ради Бога, поцелуйте меня! Поцелуйте меня на прощанье!»

Она, конечно, удивится. Но она рассмеется и поцелует меня, и скажет Лурье: «Нет, до чего она забавная!»

Вот они идут вдвоем по пустой, залитой лунным светом Бассейной. Идут, отбрасывая на белый тротуар длинные черные тени.

Я уже готова броситься за ними, но вдруг вижу, что их уже не двое, а трое, что справа от Ахматовой идет еще кто-то, тонкий и высокий. Кто-то, не отбрасывающий тени.

И я узнаю его.

Конечно, это только кажется мне, но я застываю на месте, не в силах двинуться, и вижу, ясно вижу, как они втроем, а не вдвоем удаляются в лунном сиянии. И я не смею бежать за ними.

Я долго смотрю им вслед. И вот их совсем не видно. Только прямая пустая улица, залитая лунным светом. Я снова вхожу в подъезд, медленно поднимаюсь по лестнице и отпираю входную дверь своим ключом.

Как тихо, как темно. Как пусто. Будто я одна во всей квартире. Я осторожно, чтобы никого не разбудить — ведь все уже спят, — на носках пробираюсь по темному коридору к себе в спальню. Шторы на окне не затянуты. В комнате совсем светло, и луна плавает в «лебедином озере» — в моем круглом туалетном зеркале, на лебедях.

Я смотрю на луну в окне, на луну, отражающуюся в зеркале. Конечно, там на улице мне только показалось... Но я не могу успокоиться. И до чего мне грустно!..

Я раздеваюсь, не зажигая электричества.

— Все хорошо, — уговариваю себя. — Я просто слишком много волновалась, слишком много переживала. Оттого мне и показалось. Ничего не было. Мне только показалось.

Я кладу голову на мягкую, прохладную подушку, натягиваю простыни до подбородка. Все хорошо, все чудесно! Через три дня я уеду в Берлин, в Париж — в запоздалое свадебное путешествие. А теперь надо спать. И я действительно засыпаю.

Я сплю, но сквозь сон слышу, как где-то в углу или за стеной скребутся мыши. Комната полна шелеста, и шороха, и шепота, и чей-то тонкий комариный голос звенит над моим ухом: «Бедная, бедная! Она спит, она не знает, что ее ждет!..»

Я открываю глаза. Нет! Я не сплю. Вздор, я ничего не боюсь. И трижды, как заклинание, громко произношу:

— Я всегда и везде буду счастлива!

Я прислушиваюсь к своему голосу в тишине: «Всегда и везде буду счастлива!»

Но нет. Я не верю своим словам. Мне вдруг становится страшно. Я прижимаю руки к груди. Зачем я уезжаю? Зачем? Что ждет меня там, в чужих краях?..

Мне еще сегодня вечером, когда я стояла на эстраде, казалось, что это только начало длинной восхитительной жизни, полной удач и успехов. А сейчас я чувствую, я знаю, что это не начало, а конец. Слезы текут по моим щекам. Я плачу все сильнее, уже не сдерживаясь, не стараясь убедить себя, что я везде и всегда буду счастлива.

Нет, я чувствую, я знаю, такой счастливой, как здесь, на берегах Невы, я уже никогда и нигде не буду.

1967